LA OTRA HEGEMONÍA

Armando Chaguaceda (Cuba, 1975). Licenciado en Educación (Instituto Superior Pedagógico, 2000) e Historia (Universidad de La Habana, 2006); máster en Ciencias Políticas (Universidad de La Habana, 2004) y doctor en Historia y Estudios Regionales (Universidad Veracruzana, 2012). Investigador en Gobierno y Análisis Político AC. Ha sido profesor en el Instituto Superior Pedagógico y la Universidad de la Habana (2001-2008); desde 2009 ha sido docente en El Colegio de Veracruz y las Universidades Veracruzana, Iberoamericana y de Guanajuato; profesor visitante en las Universidades Politécnica de Nicaragua (2010), Central de Venezuela (2011), de Girona (2018) y Sorbona la Nueva (2019-2020). Miembro del Sistema Nacional de Investigadores (SNI) del Consejo Nacional de Ciencia y Tecnología (México), nivel 1 (desde 2013); del proyecto V-Dem (Universidad de Gothemburg), como analista país para los casos de Cuba y Venezuela, y de Latin American Studies Association y Amnistia Internacional. Se ha especializado en el estudio de los procesos de democratización y desdemocratización, así como en la relación Estado-sociedad civil en Latinoamérica y en Rusia. Compilador y coautor de seis libros, y autor de alrededor de una treintena de artículos académicos sobre tales temáticas.

Armando Chaguaceda

LA OTRA HEGEMONÍA

Autoritarismo y resistencias en Nicaragua y Venezuela

De la presente edición, 2020:

© Armando Chaguaceda
© Editorial Hypermedia

Editorial Hypermedia
www.editorialhypermedia.com
www.hypermediamagazine.com
hypermedia@editorialhypermedia.com

Edición: Ladislao Aguado
Diseño de colección y portada: Herman Vega Vogeler
Corrección y maquetación: Editorial Hypermedia

ISBN: 978-1-948517-60-7

«… no hay cosa más difícil de abordar, ni en la que el éxito
sea más dudoso, ni se maneje con tanto peligro,
como el implante de un nuevo orden político…».

Nicolás de Maquiavelo, El Príncipe, 1513

PALABRAS PRELIMINARES

Este libro fue culminado, en su primera versión, hace cinco años. Desde entonces, algunas tendencias, anticipadas en sus páginas, se han agudizado. El cierre, paulatino y represivo, de los espacios democráticos se consolidó en Nicaragua y Venezuela. Ambos países pasaron de ser autoritarismos competitivos, con posibilidades limitadas pero reales para la participación opositora en la vida pública, a regímenes hegemónicos. Donde el partido de Estado proscribe cualquier organización o activismo auténticamente opositores, permitiendo apenas simulaciones títeres, pensadas para proporcionar una fachada y legitimidad «democráticas».

Asimismo, la situación de los derechos humanos —en sus diferentes dimensiones— se ha agudizado en ambas naciones. Si bien el apoyo al oficialismo se reduce en correspondencia con el incremento de la pobreza y la represión, las mayorías allí no pueden organizarse y manifestarse en libertad, pues la crisis se ha desbordado. Nicaragua y Venezuela exhiben hoy, incluso, niveles de tortura y desaparición similares a los de las viejas dictaduras de Seguridad Nacional de la Guerra Fría, apoyadas por Washington. Ante eso, el segmento democrático de la comunidad internacional ha reaccionado con justa indignación y poca eficacia práctica. Mientras, las autocracias globales cierran fila con los gobiernos de Maduro y Ortega.

Pese a los pedidos de que actualizara el libro, he decidido no hacerlo. Sin embargo, pedí a dos reconocidos y entrañables colegas que aportaran sendos epílogos que actualizan y mejoran, con mucho, mis propias ideas. Las razones para esta preservación son varias. Quiero demostrar, en primer lugar, que incluso con la información disponible entonces era posible identificar los horizontes autoritarios de esos regímenes. Justo cuando terminé el manuscrito, algunos colegas alertaban sobre lo exagerado de mis juicios acerca del carácter represivo de lo que entonces llamaban «gobiernos progresistas», «democracias plebeyas» o, con mucho, «nuevos populismos». Si eso fue así entonces, ¿qué razones intelectuales, éticas o ideológicas subsisten para negarse a calificar hoy ambas realidades como el oprobio tiránico que han llegado a ser? ¿Hasta cuándo se resistirán muchos académicos latinoamericanos —y de otras partes del orbe— a asumir que las formas políticas de la dominación no son solo las del neoliberalismo? ¿Y qué promesas redentoras, enarboladas en el nombre del pueblo, sustentaron, hasta el presente, regímenes de opresión perversamente camuflados y meticulosamente asesinos?

Además, deseo que esta obra sirva para reflexionar con honestidad sobre cómo nuestras posturas analíticas pueden evolucionar, acorde la realidad misma que es objeto de indagación. No temo reconocer que, si bien mi lectura sobre la deriva autocrática resultó lamentablemente certera, algunas de las interpretaciones sobre rasgos de ambos regímenes —su clasificación como formas menguadas de progresismo— pueden y deben ser revisados de manera radical, en sintonía con su propia degradación. El mayor tesoro esperado de y por un académico —«tener razón»— puede ser pasaporte a la arrogancia o incentivo para la revisión permanente de nuestros propios presupuestos teóricos. Y, en casos como este, cívicos.

Una última consideración. Como señalaba Maquiavelo en la frase que abre esta obra, pocas cosas son más complejas que construir y comprender un nuevo orden político. Una de ellas es intentar la preservación de la sindéresis, cuando aquello que estudiamos son sistemas que portan en su seno una carga infame de desgracia ajena. Durante estos últimos años, diferentes activistas y académicos que colaboraron con mi investigación, cuyos nombres aparecen en las páginas del presente libro, han sido reprimidos, encarcelados o expulsados de sus países. Varias organizaciones clausuradas, diferentes sueños aplastados o pospuestos. Si pudiera hoy borrar, al unísono, aquellos acontecimientos y mi propia lectura, no dudaría un instante en hacerlo. Asistir al asesinato, biológico y cívico, de las mejores personas y esperanzas de una nación, es lo más triste que puedo testimoniar.

Pero la gente, en medio del horror, sobrevive y se levanta. Sirvan estas páginas a todas las personas que, en Nicaragua, Venezuela y otros oscuros rincones del mundo, hacen aún realidad las palabras de aquel demócrata progresista: «Podrán avasallarnos, pero no se detienen los procesos sociales ni con el crimen ni con la fuerza. La historia es nuestra y la hacen los pueblos».

PRÓLOGO

¿Cómo es posible crear proyectos políticos incluyentes en América Latina? Esta respuesta no es una respuesta fácil. El proceso de democratización que se llevó a cabo durante las «transiciones» se desarrolló como un ejercicio de reforma institucional, ceñida a compromisos entre élites, pero con pocas transformaciones estructurales que supusieran —tal como interpretaron en su día Barrington Moore Jr., Rueschemeyer, Stephens y Stephens o Collier— grandes coaliciones donde las clases sociales más desfavorecidas obtuvieran algún tipo de activo y pudieran trepar en una pirámide social un poco más achatada. Tal como exponen estos autores, hasta la mitad del siglo xx la democratización representó el debilitamiento de las clases altas y el fortalecimiento de las clases trabajadora y media; por lo cual, dichos teóricos enfatizaron que no fueron el mercado, ni las élites económicas, sino las contradicciones del capitalismo las que hicieron avanzar la causa de la democracia. Pero hoy, ya iniciado el siglo xxi, ¿cómo puede pensarse una alianza social transversal que beneficie a grandes colectivos en el marco de un proceso de transformación de régimen?

Hace tres décadas los procesos de democratización supusieron una apertura institucional y una refundación simbólica, pero no la creación de «nuevas coaliciones» que empujaran a una alianza interclasista e integradora. En muchos casos, la democracia que se estableció entre los años 80 y 90 se puede interpretar a partir del declive del agro y del auge de una nueva economía dominada por el comercio, los servicios y la industria vinculada a la maquila. Y esta combinación de intereses emergentes no fue precisamente una base sólida para la inclusión de amplios colectivos en la arena política ni una base para generar políticas que indujeran a una mayor cohesión social. El hecho de que en la actualidad los recursos de las clases altas tengan una naturaleza menos «fija» que en el pasado ha supuesto que estas no teman ya a las posibles políticas redistributivas que se pueden llegar a ofertar desde los gobiernos; al mismo tiempo que se apela a la moderación de las «pretensiones reguladoras», pues estas podrían suponer la fuga de los recursos «movibles» y una señal para que los homólogos no inviertan en el país. El impacto de las políticas neoliberales sobre el tejido social también han dado al traste con la posibilidad de articular actores políticos basados en amplias y robustas coaliciones de carácter popular que puedan ser vistos como aliados apetecibles a disposición de las élites reformadoras e incluyentes.

A raíz de lo expuesto, resulta interesante el presente libro, fruto de una investigación doctoral, cuyo tema se centra en señalar cómo la llegada al poder, en el marco de elecciones competitivas, de dos proyectos liderados por Hugo Chávez (Venezuela) y por Daniel Ortega (Nicaragua) pretenden crear procesos de inclusión social y robustecimiento del Estado a la par que laminan algunos elementos consustancial del Estado de derecho y, por tanto, pueden «desdemocratizarlo». Ciertamente, el debate que presenta esta obra —siguiendo la estela de Charles Tilly— es la compleja relación entre el Estado como mecanismo de dominación a través de la imposición de reglas de juego, de implementación de políticas públicas y de regulación económica, y una sociedad cada vez más compleja y poliédrica en lo material y lo simbólico. Y en esta relación los equilibrios nunca son fáciles, pues el incremento de autonomía relativa del Estado a veces presupone su dominio frente a actores disidentes, y la democracia debería suponer inclusión desde la pluralidad.

De este modo, Chaguaceda procura analizar cómo se ha resuelto esta tensión en el pasado reciente en Nicaragua y Venezuela. Sus hallazgos son poco alentadores, ya que muestran cómo la mayor capacidad operativa de estos dos Estados del bloque «bolivariano» han supuesto un proceso de erosión de la *accountability* horizontal y vertical. Los últimos comicios acontecidos en Nicaragua desde 2006 hasta la fecha (2008, 2011 y 2012) señalan cómo todas las instituciones del país —incluso las que operan en las elecciones— han sido cooptadas por el Partido en el Gobierno. Algo semejante podría decirse de Venezuela, con la intensa gimnasia electoral a la que ha sometido a sus ciudadanos desde la llegada de Chávez. Todo en el marco de regímenes que, a la vez, gozan de un importante apoyo popular.

En este contexto ambos países podrían clasificarse como dos regímenes híbridos, nacidos al calor de democracias frágiles y cuestionadas por sus políticas neoliberales. Hoy, se caracterizan por tener un sistema híper presidencialista, un discurso que apela a la radicalidad democrática a pesar que desprecia los preceptos liberales de esta y, por tanto, han aumentado la capacidad del Estado a la par que tensionaban la democracia y disminuían la autonomía de sectores de la sociedad. De todas formas es preciso apuntar que los regímenes de partidos hegemónicos, como fue en su momento el priista en México, y ahora el orteguista o el chavista, no deben su longevidad solo —o primariamente— a prácticas autoritarias y coactivas, sino también a su apoyo popular.

Mucha agua ha corrido bajo los puentes de la historia política reciente de Latinoamérica desde que Chaguaceda culminó su primera versión de este texto, hace varios años. Sin embargo, los acontecimientos ulteriores han confirmado la validez de las tesis sobre la desdemocratización de Nicaragua y Venezuela sustentadas tempranamente por el autor; razón por la que he insistido en su publicación, sin retoques ni añadiduras innecesarias. El libro que tienen en las manos es un valioso aporte para la comprensión de las mutaciones que han acontecido en los Estados y en los regímenes de Nicaragua y Venezuela durante la última década. El manejo de los conceptos y las herramientas analíticas que utiliza el autor a lo largo de las siguientes páginas aportan al lector una visión didáctica, profunda y crítica de dos procesos que, ante todo, son complejos y despiertan recelos y enfrentamientos. Por todo ello recomiendo una lectura atenta y gozosa de esta obra.

SALVADOR MARTÍ I PUIG,
Universidad de Girona

INTRODUCCIÓN

Este libro —resultado de una investigación realizada para la obtención del grado de Doctor en Historia y Estudios Regionales, en el postgrado homónimo de la Universidad Veracruzana— aborda el estudio de diversos fenómenos vinculados al ejercicio del poder[1] en la historia reciente de dos naciones latinoamericanas. Para ello considera el poder y la autoridad como fenómenos característicos de lo social —y no como exclusivos de un tipo particular de institución, proceso o colectividad— y ubica su estudio dentro de una amplia gama de relaciones y procesos que rebasan las acciones e instituciones del Estado. Perspectiva que supone articular los aportes de diversas miradas específicas (históricas, politológicas, sociológicas) en procura de una mejor comprensión de las formas mediante las cuales dicho poder se ejerce en espacios estatales, societales y en los interfaces entre ambos.

Para ello, entendemos que *lo político*, en una dimensión más general, puede ser concebido como una relación social en cuyo seno diversos actores[2] disputan recursos materiales y simbólicos y se confrontan proyectos de sociedad. Lucha que se traslada a los terrenos específicos de *la política*, cuando se concreta en estrategias y acciones dentro de entornos institucionales y

---

[1] Por poder entendemos una relación social específica que atraviesa todos los espacios de la actividad humana, expresando la capacidad de un(os) actor(es) para disponer y distribuir bienes materiales y recursos simbólicos, aplicar coacción e inducir actitudes heterónomas en otros sujetos, bajo la sanción del sistema de normas, creencias y valores histórico-concretos de una sociedad y cultura específicos. Dentro de una escala mayor (social/nacional) el poder puede ser «leído» como la capacidad para lograr que las unidades de un sistema de organización colectiva cumplan sus obligaciones (Badie y Hermet, 1993:99) y estudiarse sus expresiones concretas atendiendo al peso de toda la adquisición histórica e institucional anterior y la acción (personal o colectiva) de agentes políticos relevantes.

[2] La noción de «actores» que alude a todo grupo de personas que se identifican por compartir una serie de intereses comunes y de ideas de cómo llevarlas a cabo, que actúan en campos específicos de lo social (Bourdieu y Wacquant, 2008:134-135) y que constantemente compiten en la práctica por imponer su visión y argumentos (Bourdieu, 1991:26).

societales determinados, en una realidad social siempre abierta a contingencias.[3] Estas disputas e interacciones, llevadas a un plano más concreto, constituyen elementos centrales para los actores societales toda vez que «[…] el reconocimiento de causas y la apertura de espacios es un proceso político cuyo eje es una lucha por el reconocimiento, esto es, el posicionamiento de causas y organizaciones. Este reconocimiento debe traducirse en cambios legales e institucionales, los cuales a su vez deben implicar la apertura de espacios de poder civil en el ciclo de la política pública» (Olvera, 2007:30).

Entre los problemas que, a partir de semejante enfoque sobre la problemática política, serán abordados en los capítulos de este libro, destacan la indagación en torno a las nuevas formas de poder estatal y protesta societal emergidos del Post-Consenso de Washington, los aportes recientes de las teorías política y sociológica para el análisis de la democracia y sus articulaciones dentro de gobiernos identificados dentro de la oleada *progresista* latinoamericana,[4] el desempeño de los nuevos movimientos sociales y sus nexos con lo territorial, la defensa de las identidades y las demandas de autonomía, etcétera.

La obra toma como objeto de su indagación el conjunto de actores, mecanismos y acontecimientos políticos que, interrelacionados a través del desarrollo conflictivo de las políticas de participación y las prácticas de autonomía, revelan la disputa entre proyectos políticos y los avances del proceso desdemocratizador[5] en los regímenes políticos en Nicaragua y Venezuela, en la etapa 2006-2011. A partir de los antecedentes históricos, el contexto social y las pautas del desarrollo institucional, procuraremos dar cuenta de los rasgos esenciales de estos procesos y proyectos políticos, considerando sus divergentes formas de entender y ejercer la participación y la autonomía ciudadanas, en los marcos de sus respectivos regímenes políticos; mediante la comprensión de las semejanzas y divergencias entre las respectivas trayectorias nacionales y las secuencias de mecanismos institucionales, los que tributan a las dinámicas desdemocratizadoras de ambos países en esa etapa.

La senda investigativa que me condujo hasta aquí arranca de una interrogante compartida en el marco de debates con varios de mis colegas: ¿por

---

[3] Esa lucha es también fuente genésica de nuevos actores toda vez que «La política, en fin, no solo es una arena de conflictos entre intereses/valores, sino que constituye simultáneamente un proceso de construcción y desarticulación de identidades personales y colectivas» (Maíz, 2001:86-87).

[4] Sobre ese tema volveremos más adelante.

[5] La noción de desdemocratización se asume aquí a partir de lo conceptualizado por Tilly (2010) como proceso que implica una merma o déficit de la incidencia ciudadana en la conformación de la política pública.

qué regímenes políticos que, bajo el signo del progresismo, han pretendido refundar el Estado, ampliando la inclusión política y disminuyendo la desigualdad, han terminado desdemocratizando la vida pública de diversas naciones latinoamericanas? Para afrontar semejante desafío, el libro aborda rasgos centrales de la evolución históricos de ambas naciones, así como los respectivos contextos económico, social y político. Tal antecedente debe permitirnos (re)construir un marco de comprensión adecuado para analizar las formas de interacción Estado-sociedad en los dos países —teniendo en cuenta su impacto en la participación y la autonomía societal— en la etapa contemporánea. Dicha interacción solo puede ser abordada en Nicaragua y Venezuela, caracterizando las políticas de participación —y abordando sus expresiones específicas en el espacio local—; así como el estado de las prácticas de autonomía de actores de la sociedad civil en ambas naciones. Esto permitirá, al cierre, comprender el nexo de los componentes estatal y lo ciudadano en el marco de la evolución del régimen político y los diversos procesos de desdemocratización vividos en esos dos países en años recientes.

Para el cumplimiento de estos objetivos seleccioné una *perspectiva* central —basada en un campo de estudios denominados *sociología política de la democratización*—, a la cual se vinculan aportes de diferentes teorías y pesquisas específicas (antropología del Estado, sociología del actor, teorías de la democratización) que buscan combinar de manera creativa variados conceptos: régimen político, procesos democratizadores/desdemocratizadores, Estado, sociedad civil, ciudadanía, proyectos políticos, políticas de participación, prácticas de autonomía, entre otros. Se trata de una temática relevante, cuya selección se «justifica» tanto en su dimensión específicamente científica como en su impacto sociopolítico, ya que su estudio permite evaluar las políticas desplegadas por los denominados gobiernos *progresistas* y comprender el potencial democratizador de las relaciones entre la institucionalidad estatal y los actores societales (organizaciones civiles y movimientos populares) en sus respectivos contextos nacionales. Contextos donde ha sido documentada la emergencia de nuevas formas de dominación que mezclan las lógicas de movimientos sociales con los mecanismos de involucramiento en la gestión participativa y descentralización típicos de la década de 1990 (Zibechi, 2008:17-19) con el reforzamiento de una tendencia específicamente distinguible por sus rasgos antidemocráticos (Chaguaceda y Cilano, 2011) ajenas al discurso y proyecto ciudadanizante y participativo (Dagnino, Olvera y Panfichi, 2008).[6]

---

[6] Progresismos que, entre otros elementos característicos «[...] tienen en común la recuperación de la centralidad estatal que supone la marginación de los movimientos [...]»

En el libro se exponen las trayectorias de dos países (Nicaragua y Venezuela) cuya historia reciente muestra tanto la presencia de actores, instituciones y culturas políticas autoritarios como la emergencia de nuevos movimientos ciudadanos y procesos de innovación democráticos, que impregnan su sello a los procesos de transición y desarrollo político en ambos contextos. Para ello, es preciso atender a un marco temporal desplegado en dos momentos principales: una fase preliminar que abarca momentos y procesos nodales de la evolución histórica y sociopolítica de ambos países —con énfasis en la segunda mitad del siglo xx— y luego una más reciente y acotada (2006-2011) que da cuenta del desarrollo de políticas de participación tendientes a reforzar la dominación política estatal, al tiempo que emergen y se consolidan prácticas que potencian la autonomía de sectores organizados de la ciudadanía.

La elección de los marcos temporales obedece a dos razones fundamentales: las etapas identificadas de los respectivos desarrollos políticos nacionales (construcción de la estatalidad y ciudadanía modernas, ascenso de gobiernos progresistas y procesos contemporáneos de lucha social vinculadas a su desempeño) y a mis posibilidades de acceso (el procesamiento de la información y trabajo de campo) a los fenómenos y objetos abordados en el libro. En ambos países existen leyes y mecanismos que promueven formalmente la participación ciudadana y la autonomía societal, los cuales se engarzan con las peculiares coyunturas políticas nacionales para conducir a procesos políticos que expresan la tensión entre democratización y desdemocratización.

Para responder a esas interrogantes, en el primer capítulo expongo algunas nociones y perspectivas teóricas y metodológicas que sustentan el análisis. En un segundo momento, se desarrollan los casos nacionales nicaragüense (segundo y tercer capítulos) y venezolano (cuarto y quinto) a partir de los antecedentes históricos recientes y los elementos esenciales de sus respectivos contextos económicos, sociales y políticos; los mismos que conforman el marco desde el cual se proyecta un análisis posterior de las relaciones Estado-sociedad, desde su expresión y vínculo en las políticas de participación —generadas desde la estatalidad— y las prácticas

---

por cuanto en algunos casos «[…] representan más continuidades que cambios» frente a las cuales «[…] una parte considerable de los movimientos aun no sacaron cuentas de los beneficios y perdidas que representó para el campo popular» semejante apuesta política, lo que los lleva a oscilar entre el apoyo incondicional a cambio de beneficios materiales y el enfrentamiento —con más o menos radicalidad y capacidad de convocatoria— a estos gobiernos progresistas (Zibechi, 2008:308- 309).

de autonomía societales. Por último, se ponen en relación los fenómenos abordados en ambos contextos nacionales (sexto capítulo) al indagar en los mecanismos y procesos que dan cauce a los procesos desdemocratizadores enmarcados en esta disputa entre proyectos políticos. Los epílogos redactados por los profesores Elvira Cuadra e Ysrrael Camero dan cuenta de acontecimientos acaecidos en temporalidades más cercanas al presente, que rebasan los marcos elegidos para la investigación que dio sustento a la presente obra.

A lo largo del proceso indagatorio y reflexivo que originó este texto, considero que *la relación entre los fenómenos estatal y asociativo* es un elemento central para *la configuración de regímenes políticos específicos*, en cuyo seno diferentes proyectos políticos —caracterizados por la heterogeneidad ideológica y la asimetría de recursos y mecanismo de acceso al poder— pondrían en disputa a actores específicos en los respectivos contextos nacionales. Concibo que, en el trasfondo histórico y geopolítico de la modernidad contemporánea latinoamericana (Domingues, 2009), *las relaciones entre aparatos estatales* —más o menos poderosos, coherentes y dominantes— y ciudadanías tendencialmente protagónicas —pero enmarcadas por relaciones sociales atravesadas por la desigualdad y la diversidad— derivan en conflictos prolongados caracterizados por *pautas de fortalecimiento de tendencias autoritarias y/o democratizantes*, en el marco de los respectivos procesos de modernización y desarrollo nacionales.

Los casos de Nicaragua y Venezuela —pese a sus diferencias de dimensión territorial, historia y desarrollos políticos, estructura social y base económica— revelan estas tensiones y disputas a lo largo de su historia reciente, íntimamente relacionada con la emergencia de proyectos políticos que cuestionan las condiciones desfavorables de inserción de estas naciones (y sociedades) en las dinámicas y circuitos de la globalización capitalista, y que buscan la salida a tal situación en el encumbramiento de élites y aparatos políticos poderosos, que apelan a una retórica refundacional y/o revolucionaria, en su proceso de consecución de una hegemonía política doméstica. Esta se expresa, en los últimos años, a partir de una relación conflictiva entre las políticas de participación —generadas desde la estatalidad— y aquellas prácticas de autonomía societales que pugnan por una mayor democratización.

El libro es fruto de una investigación desarrollada durante cuatro años —que incluye estancias de investigación en los dos países—, en la que procuré comprender realidades histórico-sociales específicas desde la propia naturaleza y complejidad del fenómeno abordado. Para este trabajo, fue

25

crucial el apoyo de expertos;[7] así como el seguimiento de algunas publicaciones periódicas de los países seleccionados.[8] En el decurso de la investigación acudí al análisis bibliográfico sobre los antecedentes y contextos históricos y políticos de ambas naciones; al igual que a la revisión de documentos producidos por diversas agencias gubernamentales, organismos internacionales/regionales y asociaciones civiles. Junto a ello, el empleo de una metodología cualitativa permitió entender las diversas posturas de los actores frente a las dinámicas locales y captar, de forma flexible y situada, la persistencia y/o emergencia de prácticas e identidades seleccionadas (autoritarias o democratizadoras) de Nicaragua y Venezuela.[9]

En Nicaragua se realizó un conjunto de entrevistas a investigadores, activistas y funcionarios, y se mantuvo un intercambio por vía electrónica con analistas;[10]

---

[7] Es menester agradecer, entre otros, la ayuda de los colegas María López, Ana Margarita Vigil, Mónica Baltodano, Guillermo Santibañez, Ángel Saldomando, Silvio Prado, Angie Largaespada y Héctor Cruz en Nicaragua, así como de Margarita López Maya, María Elena León, Rafael Uzcátegui, Edgar Córdova, Flor Martínez, Thais Maingón, Juan Romero y Leonardo Bracamontes en Venezuela

[8] Destacan entre estos —sin reducirse a ellos el seguimiento noticioso— las ediciones web de los diarios *La Prensa* (http://www.laprensa.com.ni/) y el *Nuevo Diario* (http://www.elnuevodiario.com.ni/), así como de las revistas *Envío* (http://www.envio.org.ni/) y *Correo de Nicaragua* (http://www.radiolaprimerisima.com/revista) en el caso nicaragüense; y las ediciones web de los diarios *El Universal* (http://www.eluniversal.com/), *El Nacional* (http://el-nacional.com/) y *Últimas Noticias* (http://www.ultimasnoticias.com.ve/), así como el semanario *Tal Cual* (http://www.talcualdigital.com/index.html) y los portales *Aporrea* (http://www.aporrea.org/) y *La Clase* (http://laclase.info/) en Venezuela.

[9] Ello incluyó la realización de entrevistas semiestructuradas, la observación participante y la organización de foros académicos y grupos de discusión. Estas técnicas permitieron obtener un volumen de información que no ha sido incluido en el libro en su totalidad, pero que he ido introduciendo en diversos artículos publicados en varias revistas académicas y de opinión. Las actividades de corte académico realizadas incluyeron, en el caso nicaragüense, la participación y/u organización de dos Análisis de Coyuntura (Universidad Politécnica de Nicaragua, Managua, 4/10/2010 y revista Envío, Managua, 26/10/2010) y un Taller de Investigadores de la Maestría en Investigación Cualitativa, (Universidad Politécnica de Nicaragua, Managua, 4 de octubre de 2010); además de dos conferencias relacionadas con el tema de la investigación, impartidas en la carrera de Sociología de la Universidad Centroamericana y en la maestría de ciencias sociales en el Instituto de Historia de Nicaragua y Centroamérica. En Venezuela, realicé actividades en la Universidad Experimental Rafael María Baralt (Cabimas, Estado Zulia, 24 de marzo de 2011); el Instituto de Filosofía Jurídica (Universidad de Zulia, 1 de abril de 2011); en el Centro de Estudios del Desarrollo (Universidad Central de Venezuela, 7 de abril de 2011) y en la Escuela de Historia (Universidad Central de Venezuela, 11 de abril de 2011).

[10] Los expertos consultados fueron Violeta Delgado y Ángel Saldomando, investigadores del Centro de Investigaciones de Comunicación (Managua, 25 de octubre de 2010), Héctor Cruz (Council on International Educational Exchange/UNAN-Managua, 6 de septiembre

además, sostuve fructíferos encuentros con activistas, vecinos y funcionarios implicados en procesos de participación local.[11] Durante la estancia en Venezuela, se hizo un conjunto de entrevistas a investigadores, activistas y exfuncionarios vinculados a la sociedad civil[12] y actividades relacionadas con la participación comunitaria, a la cual acudieron y aportaron su experiencia diversos ciudadanos, líderes y funcionarios del estado Zulia.[13]

Quisiera, por último, compartir un conjunto de sentidos agradecimientos a aquellas personas e instituciones que hicieron posible la investigación que, a la postre, sale a luz con la publicación de este libro. Con la certeza de que semejante empresa ha significado también el aporte cotidiano e invisible de muchísima gente amable que, en medio de la prisa y el espacio, de seguro olvidaré; a quienes pido disculpa por omitirlos en las cuartillas, no así en mi gratitud.

Muchos colegas acompañaron, con sus sugerencias, el parto de esta investigación. En México Nicaragua y Venezuela numerosos académicos que leyeron borradores del trabajo, aportaron sugerencias, hicieron críticas severas o benévolas y me conectaron con las experiencias y procesos sociales descritos en la tesis. En primerísimo lugar, quiero agradecer el apoyo y aliento de mi asesor, colega y compañero en luchas e ideas, Alberto J. Olvera Rivera, sin cuyos consejos, debates y afectos no habría llegado hasta aquí. A

---

de de 2011); además de realizarse posteriormente entrevistas por vía electrónica con Angel Saldomando (CINCO, 12 de septiembre de 2011) y Adolfo José Acevedo (Coordinadora Civil, 30 de diciembre de 2011).

[11] Estos abarcaron dos Talleres de Discusión sobre Participación Ciudadana: con integrantes del Grupo Venancia y actores sociales vinculados (Centro Cultural Guanuca, Matagalpa, 23 de octubre de 2010); con líderes populares y funcionarios vinculados a la Asociación Martín Luther King (Ranchón «Miguel Ramírez Goyena, Alcaldía de Managua, 29 de octubre de 2010) y con activistas sociales convocado por la Secretaría del Consejo de Fortalecimiento de la Participación Ciudadana (CFPC) de los Distritos 2, 4 y 5 de Managua y el CIELAC, Universidad Politécnica de Nicaragua (6 de octubre de 2010).

[12] Se entrevistó a Carlos Molina (26 de octubre de 2011), Nelson Freitez (25 de octubre de 2011; 24 de febrero de 2012) y Oscar Bastidas (25 de octubre de 2011), así como a miembros de la red de cooperativas Central Cooperativa de Servicios Sociales (CECOSESOLA) de la ciudad de Barquisimeto, Estado Lara (29 y 30 de marzo de 2011).

[13] A lo largo de marzo de 2011, en el municipio Lagunillas del estado Zulia, se realizaron las siguientes entrevistas: un responsable de la Dirección de Participación Ciudadana de la Alcaldía y dirigentes de seis Consejos Comunales ubicados en las diferentes parroquias urbanas que conforman el municipio. También se organizó un Taller sobre Participación Ciudadana en las instalaciones de la Alcaldía de Lagunillas (31 de marzo de 2011), en el cual tomaron parte seis funcionarios de la Alcaldía municipal, seis activistas de organizaciones sociales y trece líderes y miembros de diferentes Consejos Comunales (CC) (El Danto, Libertad, Las Morochas IV, y Juan Camión); además de cuatro personas de la comunidad.

Luis Daniel Vázquez, cuya juiciosa y profundísima lectura se convirtió en brújula para repensar el borrador original y reformular parte de la estructura e información. También a Salvador Martí, por nuestras discusiones e intercambios sobre los problemas latinoamericanos y, más específicamente, sobre la realidad de estos países que aquí abordo.

Un especial agradecimiento a los activistas sociales y prodemocráticos nicaragüenses y venezolanos por permitirme acompañar sus luchas, triunfos y derrotas, haciéndome sentir uno de ellos y, en suma, más latinoamericano.

No podría olvidar en este momento a mi familia, fuente inagotable de solidaridad, ejemplo y acicate, que incentivó desde mi más temprana infancia la curiosidad por la historia y la lectura, y acompañó, por todos estos años, mis dudas, temores, esperanzas y desafíos, personales y ciudadanos. A mi esposa Johanna, por su cariño, crítica, tolerancia y regaño; no hay ser humano que pueda soportarme y corregirme como ella, y hacerlo con un amor insuperable. A mis maestros de toda la vida, que ayudaron a forjar, espero, un buen profesional y un inquieto ciudadano. A mis compañeros de activismo civil en Cuba y la diáspora, pues nuestras búsquedas y encontronazos me inmunizan contra el cinismo y el desencanto.

Por último, quiero dedicar este libro a dos titanes de la ciencia política, cuya obra ha sido decisiva en mi formación intelectual, en particular en los últimos años. A Charles Tilly, al cual no pude conocer en persona, pero cuyo trabajo me permitió romper nudos epistemológicos hasta entonces insalvables; y a Guillermo O Donnel, con quien sostuve una muy corta pero fructífera comunicación y amistad. Ambos me permitieron entender mejor los problemas de las ciencias sociales y del mundo; desterrando cierta representación que asocia, falsamente, el quehacer académico a posturas llenas de pedantería, pragmatismo o cinismo desbordado. Tanto Tilly como Guillermo validaron, como certeza, una vieja intuición: que un buen intelectual debe ser, al mismo tiempo, una persona decente.

Algunos colegas —en un derroche de generosidad— me sugieren que los aportes de este libro pueden ayudar a desbrozar nuevos caminos en los estudios de los procesos latinoamericanos de democratización y desdemocratización. Adelantando, simultáneamente, un análisis impostergable a los procesos identificados con las luchas progresistas en nuestro continente. En lo más hondo, no creo ser merecedor de semejantes elogios, pero si tan solo aportase un poco a semejante empeño académico y ciudadanizador, me sentiría complacido. Al final, creo que aún habita en mí mucho de aquel muchacho criollo, inquieto y curioso, que se acercó a las ciencias sociales porque quería entender —para transformar— el pedacito de realidad que le tocó vivir.

1

DISCIPLINAS, TEORÍAS Y ENFOQUES: MARCOS Y COMPONENTES DE UNA INVESTIGACIÓN INTEGRADORA

Mirada integradora:
marco teórico y ejes analíticos fundamentales

Comprender la necesidad del estudio integral de una amplia gama de fenómenos sociales —los cuales acercan la historia, la teoría y las ciencias sociales en el estudio de contextos y procesos similares (Burke, 1997:36)—, supone un diálogo/integración entre disciplinas, donde la migración/préstamo de conceptos y métodos permita avanzar en nuevas perspectivas para el estudio de las problemáticas comunes; así como donde la mirada transdisciplinaria propicie la aparición de campos nuevos de estudio que desdibujen las fronteras previamente establecidas de cada ciencia social (Iuorno, 2010:45). La presente obra se ubica dentro de esta apuesta, por cuanto diversos conceptos que en ella se abordan (régimen político, participación, ciudadanía) son analizados tanto desde las coordenadas de disciplinas particulares (historia, ciencia política, sociología) como en los dominios híbridos que las entrecruzan. Seguir por ese camino supone una plena conciencia de que, más que una «moda epistémica», se trata de una construcción —siempre riesgosa y contingente— de nuevas sendas al saber,[1] a partir de una vinculación entre disciplinas, enfoques y herramientas que permita un mejor acercamiento a los procesos contemporáneos.

Este libro se orienta al análisis de facetas específicas de procesos que han tenido repercusión regional y mundial, lo cual supone ubicar los nexos (temporales, ideológicos, geopolíticos, etc.) que vinculan los casos y actores nacionales estudiados —en especial aquellos ligados a los procesos de desarrollo de la estatalidad latinoamericana (Burchardt, 2006:121-131)— con fenómenos

---

[1] Cada vez es más evidente la importancia del nexo entre la historia y la teoría social, por cuanto los investigadores sociales estarían «[...] tratando de conocer la historia antes de generalizar, para así poder generalizar a conciencia» (Tilly, 1991:103).

de construcción de ciudadanía y movilizaciones sociales. Se necesita comprender cómo las «grandes estructuras y los amplios procesos» (Tilly, 1991:29) que caracterizan nuestra época comparten nexos y legados que rebasan las fronteras nacionales. Todo lo cual lleva a definir, para la presente investigación, un marco temporal delimitado por tres momentos fundamentales:

a. La aparición de una nueva etapa histórica en América Latina y el mundo, caracterizada por la aguda confrontación ideológica, los amplios cambios culturales, científicos y geopolíticos globales, así como el predominio de los procesos políticos signados por la participación de masas —y los partidos y movimientos sociales como vehículos de esta—, cuyas fronteras epocales se inician a partir de mediados del siglo pasado. Este enfoque (Caballero, 2009) presenta un marco temporal coincidente con los antecedentes/orígenes más directos de diversos procesos y actores relevantes dentro de los casos nacionales abordados en el libro.

b. La emergencia, a partir de la década de 1980, de una *modernidad contemporánea* (Domingues, 2009), caracterizada en Latinoamérica por un conjunto de transformaciones económicas (implementación de políticas neoliberales e integración a globalización), cambios sociales (expansión de la pobreza y la desigualdad) y mutaciones políticas (debilitamiento del rol del Estado, derrota de izquierdas vinculadas al socialismo real, cuestionamiento de la ideología y políticas del desarrollismo latinoamericano, etcétera).

c. El desarrollo, en las últimas dos décadas, de un conjunto de transformaciones y conflictos sociopolíticos en la región que han propiciado la aparición de un campo de estudios —cuyo estatuto es motivo de debate por sus fronteras epistemológicas y epocales poco precisas— concebido como Historia Reciente (Iuorno), algunos de cuyos impulsores (López Maya, Romero) son estudiosos de los casos nacionales que se abordan en la obra.

Un análisis de tal magnitud no supone seleccionar los casos exagerando la similitud de sus trayectorias concretas, pues las causas pueden ser similares y su devenir diferente; sino establecer asociaciones y contrastes entre las varias características compartidas por los casos nacionales —para definir los proyectos políticos en pugna y ubicar los actores que los integran— sin desatender los fenómenos derivados de su divergente desarrollo y magnitudes. Ejemplos como los de Nicaragua y Venezuela solo pueden ser comparados considerando esas precauciones; sin obviar la presencia de elementos semejantes —a partir de su genealogía ideológica o rasgos institucionales— que destacan la influencia compartida de ciertas tradiciones histórico-políticas del devenir latinoamericano.

Se trata de un trabajo harto complejo, pues en la región los cambios políticos trascendentales del último medio siglo han estado íntimamente relacionados con la integración desigual a la globalización —como nueva fase de expansión del capitalismo— y los procesos de desarrollo y modernización de los respectivos Estados y sociedades nacionales. Estos procesos —acelerados desde la década de 1960— han generado mudanza de valores y expandido el potencial movilizativo de las ciudadanías, lo cual ha sido procesado de diferente forma, más o menos proactiva o represiva, por sus respectivas élites y Estados nacionales. En ese sentido, las relaciones Estado-sociedad, influidas por las dinámicas globales, se intersectan con las estructuras y coyunturas políticas y nacionales existentes para promover y moldear cambios en los diversos países; problemática cuya complejidad remite a la búsqueda de abordajes complejos e innovadores.

En tanto esta innovación supone el encuentro de lo novedoso y el enriquecimiento del patrimonio existente (Dogan y Pharé, 1993:34), se debe reconocer que, pese a la cantidad de trabajos disponibles sobre algunos fenómenos abordados en esta obra —como los llamados gobiernos *progresistas* y las nociones de democracia, participación y ciudadanía—, con frecuencia estos abordajes se sustentan en enfoques simples o unilaterales, realizados desde la (auto)referencia de una postura disciplinar o ideológica. Por ello, la construcción del presente trabajo ha presupuesto una ruptura con nociones preconcebidas; tales como la identificación mecánica y simple entre gobiernos *progresistas* y políticas de participación emancipadoras y exitosas, o la falsa contraposición entre mecanismos de democracia representativa y participativa.

La expansión del conocimiento social supone la integración y el diálogo entre las diversas ciencias sociales y humanidades, rechazando los efectos negativos de una especialización excesiva de las disciplinas. En consonancia con lo anterior, procuro integrar aquí aportes provenientes de la Historia, la Ciencia Política y la Sociología Política; pues sus conceptos permiten estudiar la interacción entre lo estatal y lo social —codificada en proyectos políticos enfrentados—, al tributar a un esfuerzo precedente y mayor por superar las separaciones artificiales erigidas, en décadas pasadas, entre los reinos, en teoría autónomos de la política, la economía y la sociedad (Wallerstein, 1999:76-101), así como la distancia entre aquellas disciplinas, artificialmente segmentadas, que las abordan.

Entonces, si toda separación entre historia y sociología es injustificada desde un punto de vista metodológico en tanto «[…] toda sociología debería ser histórica y toda historia sociológica» (Bourdieu y Wacquant, 2008:126) y considerando que «Ciencia política y sociología producen el volumen mayor de investigación reflexiva, comparativa y a gran escala sobre estructuras y procesos sociales» (Tilly, 1991:31), resulta imperativo avanzar en la conformación de *dominios híbridos* (Dogan y Pharé, 1993:80) a partir de desarrollos producidos en los márgenes de disciplinas particulares establecidas; que permitan crear puentes entre estas y llenar vacíos a su interior. El vínculo entre historia y sociología, específicamente enfocado en el abordaje de procesos políticos con una perspectiva comparada, ha derivado en la conformación de un área o corriente de estudios denominada Sociología Histórica de lo Político (Badie y Hermet, 1993:35), muy vinculada a la obra de autores como Charles Tilly, cuyos aportes constituyen una de las fuentes teóricas y metodológicas principales del presente análisis.

En el caso específico de este trabajo, se encuentra además una integración de perspectivas y conceptos procedentes de diversas disciplinas susceptibles de tributar al desarrollo de un nuevo dominio híbrido que denomino *sociología política de la democratización*.[2] Se expone, a continuación, lo que serían los presupuestos y características fundamentales de tal enfoque. Así, es posible definirla como un campo de estudio en expansión, que reúne los análisis sobre el desarrollo de —y la vinculación entre— las políticas de participación —diseñadas y desplegadas estable y sistemáticamente a través de las estructuras estatales— como parte del esfuerzo institucionalizador en los ámbitos del Gobierno y la administración pública, y aquellas prácticas de autonomía —que emergen de forma contingente y fragmentada desde la sociedad— procurando la representación de identidades y la canalización de demandas no reconocidas por el orden formal. Se trata de agrupar y analizar desarrollos recientes en temáticas tales como la innovación democrática, la participación ciudadana, la acción colectiva y el control social, aportados por disciplinas como la antropología, la ciencia política y la sociología; al igual que sugerir la necesidad de articular, en cada

---

[2] Campo donde destaco los aportes de autores latinoamericanos como Alberto Olvera, Ángel Saldomando, Ernesto Isunza, Evelina Dagnino, Leonardo Avritzer, Margarita López Maya y Maristela Svampa, entre otros. El acumulado de investigación, los diversos casos nacionales abordados y la sofisticación de los modelos de análisis desarrollados hacen de la sociología política de la democratización un ejemplo de cómo «teorías de nivel intermedio que se refieren a realidades observables representan el género más útil para el análisis» (Badie y Hermet, 1993:61).

estudio, miradas amplias y una acuciosa cartografía de las estructuras sociales y los decursos históricos que abrigan los nexos y desencuentros entre ambos procesos y dan cabida a la agencia humana.

Para el estudio de dos casos nacionales, las políticas de participación y las prácticas de autonomía —analizadas desde una mirada afín a la sociología política de la democratización—, se reúnen en esta investigación con el enfoque desarrollado poco antes de su muerte por el destacado investigador estadounidense Charles Tilly para el abordaje de procesos de democratización y desdemocratización (2010). También son seleccionados aportes de la antropología del Estado y de teóricos posthabermasianos —en torno a conceptos como proyecto político, participación, esfera pública, sociedad civil—, a los que se unen nociones puntuales desarrolladas a lo largo de la investigación. Se trata de una vinculación electiva —y no ecléctica— de aportes específicos de teorías particulares, que procuran armonizarse a partir de los objetivos y metodología seleccionados para el desarrollo de la investigación que da origen a este libro, con la mira puesta en comprender de forma integrada los procesos sociales y estatales. En los acápites siguientes del presente capítulo se explican en detalle algunas de las nociones y conceptos aquí señalados.

PROYECTOS POLÍTICOS EN DISPUTA: LO AUTORITARIO VERSUS LO DEMOCRÁTICO-PARTICIPATIVO

El estudio de las políticas de participación y las prácticas de autonomía —y de las interrelaciones entre actores estatales y societales en un plano amplio— cobran sentido para esta obra en tanto son ubicadas, dentro de cada contexto nacional, en las coordenadas de *proyectos políticos* específicos. Semejante noción remite a conjuntos de creencias, intereses, concepciones del mundo y representaciones de lo que debe ser la vida en sociedad, que orientan la acción política de los diferentes sujetos dentro y fuera de contextos sociales y nacionales (Dagnino, Olvera y Panfichi, 2006). Los proyectos constituyen construcciones simbólicas que mantienen relaciones cruciales con culturas políticas e ideologías particulares, expresadas en formatos organizativos y prácticas políticas diferenciadas, tanto potencialmente emancipadoras como dominantes.[3]

---

[3] En ese sentido, parece importante recordar que «interpretar la ideología es explicar el vínculo entre el significado movilizado por las formas simbólicas y las relaciones de dominación que este ayuda a establecer y sostener» (Thompson, 1993:321-322).

Los actores que formulan y difunden los proyectos políticos expresan, por un lado, un aprendizaje normativo e impulsan nuevos principios culturales; por otro reproducen —sobre todo en sus prácticas concretas— peculiares combinaciones que muestran la coexistencia y la tensión entre nuevos y viejos principios culturales y políticos (Dagnino, Olvera y Panfichi, 2006). Los proyectos políticos se llevan a cabo dentro de arenas específicas y campos de acción, de modo que cada proyecto se relaciona con los de otros actores, desencadenando complejos procesos de colaboración, competencia o conflicto.

La noción de proyecto político posee un indudable potencial analítico y descriptivo para el estudio de las historias y políticas nacionales; para ello, debe «nutrirse» de los rasgos específicos que cada proyecto adquiere en su respectivo contexto nacional y «anclarse» en las condiciones (económicas, sociales, culturales) de dicho contexto.[4] Dentro de la perspectiva que se propone —derivada de las condiciones históricas y procesos concretos estudiados a lo largo de la investigación—, se identifica como proyecto autoritario aquel que consagra un rol preponderante al Estado, bajo el comando de un liderazgo personalista y/o burocrático, en la promoción del desarrollo y el mantenimiento del orden social, relegando a los actores societales al papel de acompañantes o instrumentadores de las decisiones del liderazgo político, desarrollando mecanismos de cooptación y/o represión más o menos abarcadores y convirtiendo la deliberación/participación en espacios de consulta y movilización decididos desde la cumbre del aparato estatal. Encarnados en diversas configuraciones históricas particulares —regímenes burocrático-autoritarios, sultánicos, neopatrimonialistas, revolucionarios— el proyecto autoritario puede poseer un carácter conservador —defendiendo grupos y discursos dominantes, asociados al pensamiento de derechas y al impulso de políticas neoliberales, en los escenarios nacionales— o revolucionario, al producir una movilidad social ligada a redistribución de recursos y poder, proceso acompañado por cierta ideología revolucionaria y vanguardista perteneciente a una tradición de izquierda.[5] En todas sus manifestaciones, los autoritarismos implementan prácticas de

---

[4] Por ello no puede desconocerse que el desarrollo de esta noción en las ciencias sociales latinoamericanas se produjo en ciertos países (Brasil, México, zona andina) en las décadas de 1980 y 1990, por lo cual los tipos que describen sus impulsores (Dagnino, Olvera, Panfichi) tributan específicamente a ese contexto, lo que nos obliga a adecuar la noción a los diferentes procesos y casos nacionales que se abordan en esta investigación.

[5] Con frecuencia, en la realidad, se produce una mixtura de ambas orientaciones; donde lo revolucionario se va convirtiendo en mera retórica que encubre las ansias de poder

control estatal «benévolas» —que vinculan la movilización, la cooptación, el adoctrinamiento y los rituales (ej.: elecciones, desfiles)— con diferentes formas de represión (Badie y Hermet, 1993:206-209, 243-258) más o menos amplias y violentas.

El autoritarismo suele conceder o restringir, de modo selectivo, bienes y derechos a los miembros de una u otra colectividad; mientras concentra poderes en un liderazgo —a menudo individual— que los distribuye arbitraria y discrecionalmente. La ideología que sustenta el autoritarismo se basa en la creencia, bien arraigada en amplios sectores de nuestras sociedades, de que existen ciertos sujetos capacitados y legitimados para mandar, y otros destinados a aclamar e implementar las decisiones de aquellos. El discurso autoritario privilegia la búsqueda y preservación del orden como condición y fin deseable de toda acción colectiva, y concibe el debate y conflicto como concesiones peligrosas o disfuncionalidades de la convivencia colectiva. En tanto institucionalidad y práctica políticas, el autoritarismo se constituye «construyendo» condiciones que lo hacen insustituible en teoría —tanto a sus portadores como al discurso en sí mismo—, por lo que opera reforzando la imagen de enemigos (reales o virtuales) capaces de proveer las dosis de inseguridades y amenazas que hagan a la comunidad protegida un rehén del líder o élite dominantes.

El *proyecto autoritario* —encarnado en regímenes políticos concretos— puede operar como una suerte de *pluralismo limitado*; incapaz de excluir, de forma censataria, a las masas participantes —en una contemporaneidad política regida por la lógica universalizante de la ciudadanía—, pero sí de restringir selectivamente la presencia y actuación de partidos y sindicatos independientes (Badie y Hermet, 1993:207), y, en general, de toda forma de organización social autónoma. Los regímenes autoritarios —aun cuando no posean una ideología totalizadora ni nieguen la diversidad social o económica— vigilan y acotan en lo político las expresiones de autonomía política para que no amenacen su poder. Su objetivo es mantener grados aceptables de control y equilibrio entre las fuerzas diversas que conforman el bloque dominante y las poblaciones subordinadas, para lo que implementan —como la experiencia histórica lo revela— diversas prácticas *clientelistas, caudillistas, populistas y neopatrimonialistas.*

El *clientelismo* expresa un tipo de relaciones muy asimétricas y personalizadas, dentro de las cuales el apoyo político se cambia por la atribución

---

y prácticas de dominación de una nueva élite política que controla el aparato estatal y extiende su injerencia sobre la sociedad y economía nacionales.

de recursos públicos, puede darse entre personas u organizaciones de estatus y capacidades desiguales, proporcionando bienes materiales, servicios —o ambos— y retribuirse con comportamientos afines o información útil. Fenómeno relevante en el desarrollo político de nuestra región, combina una cierta forma de integración y solidaridad con la ausencia de libertad igualitaria de los individuos, pudiendo expresarse como clientelismo de corte tradicional —vinculado a élites oligárquicas—, inscribirse dentro de un esfuerzo modernizador —como el conducido por regímenes populistas décadas atrás— o expresarse mediante programas de combate a la pobreza de corte neoliberal desarrollados en regímenes formalmente democráticos dentro de la *modernidad contemporánea* latinoamericana (Domingues, 2009:55-57; Badie y Hermet, 1993:197-199).

Por su parte, el *caudillismo* es un fenómeno típico de la política latinoamericana, que se adaptó a los rasgos específicos de cada contexto nacional a lo largo de los siglos xix y xx, enmarcado en los contextos de evolución nacional —desde el Estado mínimo liberal a los modelos promotores del desarrollo (Burchardt, 2006:26-35)—, dentro de la integración a la economía y política internacionales. El caudillo, devenido «hombre fuerte» capaz de «resolver» las contradicciones entre las distintas facciones de la oligarquía criolla y garantizar la acumulación del capital foráneo, se convirtió en un símbolo de la autoridad que posibilitó la pacificación política doméstica al permitir la construcción del incipiente Estado que asumiría el control de la soberanía territorial, el comercio exterior y los ingresos fiscales.

En cuanto a las expresiones *populistas*, la historia de este fenómeno y su abordaje teórico es largo y accidentado (ibíd.:31-32). Estas suponen la existencia de un liderazgo que recupera el reclamo popular de participación —ante la decepción de las masas con el desempeño previo de elecciones y oligarquías corruptas—, y que a la postre lo canaliza mediante una manipulación pleisbiscitaria funcional a la relegitimación periódica del Gobierno y a la desactivación de la agencia ciudadana. Las estrategias populistas pueden reinterpretar el clientelismo desde una perspectiva urbana y centralizada, acompañándolo con un discurso moralizante y antioligárquico, idealizador del «proceso» y su líder.[6]

Mientras, el *neopatrimonialismo* estructura el régimen político en torno a un dominio personalizado, donde la élite procura el monopolio de la re-

---

[6] En sus formas más radicalizadas, el populismo puede incluso asimilarse a una especie de socialismo patrimonial, que une a los trabajadores con el líder electo y sienta las bases para una potencial evolución al totalitarismo (Badie y Hermet, 1993:202-206).

presentación política y el control de la modernización económica. En una lógica que deriva de la combinación de dos fenómenos típicos de sociedades en desarrollo: la valorización excesiva de los recursos específicamente políticos —lo cual explica el rol preponderante de la élite en alianza con una burguesía políticamente débil— y la escasa movilización social autónoma. El neopatrimonialismo genera una confusión del cargo político administrativo con su titular y una clientelización a través de redes —que excluyen de sus beneficios a actores periféricos u opositores— para extender su dominio político hasta la adquisición de cuotas de poder en ámbitos sociales diversos, sobre todo en la economía. A la vez, suele favorecer el crecimiento excesivo de la burocracia —al insertar representantes de la élite y de sus rivales en el aparato administrativo— y colocar a los militares como beneficiarios y actores del proceso político (Badie y Hermet, 1993:189-194).

En la acera de enfrente, el proyecto democrático-participativo supone una nueva forma de concebir la política, vinculada con experiencias innovadoras (de participación, rendición de cuentas, cogestión de políticas públicas, etc.) procedentes —en buena medida— de una izquierda democrática, cuyas acciones provienen tanto de gobiernos locales como de organizaciones y movimientos sociales afines. Bajo el proyecto democrático-participativo los ciudadanos intervienen en asuntos de interés colectivo a partir de la creación de espacios públicos donde se debate, decide y vigila la política y acciones de Gobierno (Olvera, 2007:23) y se establecen formas de interacción estatal-societal capaces de mejorar la democraticidad del sistema político, la eficacia de las políticas públicas y en general la legitimidad del orden social.

Como su nombre lo indica, el eje articulador de los componentes de este proyecto es la participación. En términos generales, la participación nos remite a una forma de acción emprendida deliberadamente por un individuo o colectivo para la solución de un problema específico, que supone un conjunto de procesos y prácticas de interacción, comunicación y diferenciación entre lo estatal y lo societal, relacionados con capitales económicos, sociales, culturales y específicos.[7] Para los fines del presente trabajo se define la participación ciudadana de forma más específica, como el involucramiento activo y plural de la ciudadanía (individuos y colectividades) en un conjunto de acciones (expresión, deliberación, creación de organización, disposición y ejecución de recursos) en el control de las instituciones es-

---

[7] Estudios de la participación la aprecian como un fenómeno institucionalizado, estrechamente ligado a la democracia representativa y a la acción de la sociedad civil y los movimientos sociales (Tamayo, 2010:59).

tatales y partidarias, el desarrollo, ejecución y evaluación de las políticas públicas, y en diversas formas de incidencia pública de la sociedad civil.

Entendida así, esta noción remite a un tipo de interacción particular entre lo estatal y lo societal en la que se pone en juego y se construye el carácter de lo público (Cunill, 1991). En este libro, la participación será analizada a partir de aquellas políticas específicas desarrolladas por el Estado con el objetivo de implementar sus agendas políticas e incidir sobre la sociedad a nivel comunitario;[8] así como desde el prisma de ciertas prácticas de autonomía, más o menos estructuradas, que canalizan las formas y visiones mediante las cuales los sujetos societales participan al interior de sus colectivos y de cara a las estructuras y políticas estatales.

Por otro lado, la participación no puede ser comprendida de un modo autorreferente sin relación con otras nociones y procesos sociopolíticos. Su ciclo incluye la participación individual de los ciudadanos hasta llegar a formas colectivas que se constituyen en prácticas y espacios de representación no electoral; por ejemplo, los consejos, los presupuestos participativos, etc. Esta participación colectiva/representación no electoral supone la pluralización de la representación política tradicional porque trasciende los parlamentos e incluye diversos lugares y actores incidentes sobre la fiscalización, gestión y formulación de las políticas públicas. De tal suerte, la relación entre participación y representación resulta complementaria, toda vez que la legitimidad y eficacia de sus respectivos procesos e instancias se presuponen.[9]

La participación ciudadana puede mejorar la producción o provisión de bienes y servicios públicos, legitimar arreglos socioestatales virtuosos, conciliar las prioridades de la sociedad con las capacidades institucionales. Pero también debe dar cuenta de las luchas y arreglos sociales y socioestatales necesarios para superar los problemas estructurales de nuestros países, sin debilitar la capacidad contestataria de la sociedad ni reducir la lucha por los derechos a la reivindicación individual que refuerce la autonomía dominante del mercado y el Estado. Al analizar diversas experiencias de políticas de participación —y su entrecruzamiento con prácticas autonómicas—, se

---

[8] Lo comunitario alude aquí a experiencias ancladas a una dimensión territorial local (barrios, poblados, comarcas) y a las formas de organización societales —y más en específico populares— vinculadas a esos espacios.

[9] Es reconocido el «[…] carácter artificioso de la tradicional contraposición liberal/comunitaria entre participación y representación. En efecto, el mercado y el fórum generan dos modelos diferenciados de tratamiento de la pluralidad de intereses» (Maíz, 2001:89). De hecho, actualmente la misma representación se constituye en un foco de atención para la innovación democrática.

podrá ver cómo ciertos actores se interrelacionan intencionalmente, des-mitificando la separación entre lo estatal y lo societal, y valorando las su-puestas virtudes o perversiones intrínsecas a tales procesos participativos.

El abordaje de la participación no puede hacerse en abstracto, desco-nectado del contexto y los decursos históricos y al margen de nociones tan relacionadas como las de democracia y ciudadanía. En las décadas de 1960 y 1970, la participación impulsada por actores progresistas en la región estuvo genéticamente vinculada a la solución de los problemas del (sub) desarrollo y el cambio social; procesos en los cuales la coordinación estatal resultaba un factor clave:[10] toda reforma se insertaba dentro de la búsqueda y construcción de un proyecto global de orden social, lo cual activaba y otorgaba una plenitud de sentido a la acción colectiva. Como saldo nocivo, la noción de participación, en el ambiente hiper-ideologizado de la Guerra Fría, sufrió los efectos de una divergencia perversa (Isunza y Gurza, 2010) que, en ambos bandos en disputa, propiciaba una polarización capaz de etiquetar las posturas intelectuales y los reclamos sociales bajo los rótu-los de disidencia —esgrimida por regímenes comunistas— y subversión —enarbolada por los gobiernos capitalistas—, contaminando los debates y procesos afines.

Las derrotas —materiales y simbólicas— de la izquierda y la hegemo-nía del neoliberalismo a partir de los años 80, unidos a la emergencia de nuevos sujetos e identidades sociopolíticas, modificaron el panorama y, por ende, los contextos desde los cuales se pensaba y gestaba la participación. Se evoluciona entonces a una situación de *confluencia perversa*, donde fuer-zas políticas (neoliberales, socialdemócratas, comunitaristas) entablan una disputa por las prácticas y las palabras, en la que se desdibujan los referentes ideológicos y proyectos políticos de cada actor. Sin embargo, pese a estos efectos nocivos, dicha confluencia también posibilitó el dialogo entre adver-sarios, tradiciones y temas, permitiendo la innovación democrática,[11] tanto

---

[10] A esa época —y su espíritu— se deben los trabajos pioneros de Carole Pateman, Orlando Fals Borda y otros autores. Desde ellos se puede leer no solo una preocupación sustantiva por el tema —a despecho de la centralidad excesiva otorgada a temas como «clase» o «toma del poder» por la izquierda tradicional—, sino una crítica al modelo que entendía la participación como movilización de masas y las organizaciones sociales como «correas de transmisión» de un partido vanguardista, burocratizado y autoritario.

[11] A nivel general, la innovación democrática supone un proceso de creación institucional que articula la participación directa y otras formas de incidencia para ampliar la democracia. Mediante una suerte de activismo institucional, se expanden las experiencias de fiscaliza-ción, formación y ejecución de las políticas y del gasto público (observatorios ciudadanos y

en la praxis como en la teoría (Isunza y Gurza, 2010) en el marco de los procesos de transición y consolidación democráticos de las décadas recientes.

Dentro del proyecto neoliberal, se concibe a la participación no como un proceso dinamizador del desarrollo integral; sino como un mecanismo concertador, integrado al funcionamiento del modelo vigente de mercado desregulado y su correlato de democracia restringida y desresponsabilización del Estado respecto a los derechos de la ciudadanía —en especial los sociales—, funcional a la mejora administrativa y procesual de la política pública (Olvera, 2007:23). Dentro de este proyecto, impulsado por instancias como el Banco Mundial (BM), y abrazando nociones como las de tercer sector, voluntariado y responsabilidad social empresarial, las demandas ciudadanas deben ser adaptadas a las capacidades de respuesta del modelo, timoneado por «gerentes políticos eficaces», por lo cual se da cauce a una apertura controlada y restringida —en lo temático, procedimental e institucional— de la participación, incapaz de ofrecer alternativas culturales y sociopolíticas al orden vigente.[12]

Sin embargo, como los actores con frecuencia reproducen en sus prácticas concretas combinaciones de culturas políticas que muestran la coexistencia y la tensión entre nuevos y viejos principios (Dagnino, Olvera y Panfichi, 2006) hoy podemos asistir a una nueva confluencia perversa[13] entre culturas y prácticas autoritarias heredadas de la tradición política latinoamericana e iniciativas nacidas del fragor de la lucha por la democratización participativa de la vida pública, en el seno de gobiernos calificados

---

electorales) con formas de incidencia amplia que afectan el diseño político; formas medias que supervisan las políticas y bajas que se dirigen a la petición de información.

[12] Así, la teoría del tercer sector borra los vínculos entre organizaciones civiles y movimientos —y las particularidades de cada uno— al ubicarlos en un campo indiferenciado de organizaciones de «servicios a terceros», eliminando discursos y prácticas vinculados a la reivindicación de derechos y al ejercicio de la ciudadanía. Además, la subcontratación de políticas sociales sirve para promover la fragmentación, privatización de política pública y desresponsabilización del Estado. En estos discursos y prácticas predomina una concepción del asistencialismo privado como noción dominante de bien público (Olvera, 2007:31). En oposición a este enfoque, el proyecto democrático-participativo concibe la participación como una forma de intervención organizada, mediante el diálogo, la crítica y el debate, en vinculaciones socioestatales —que pueden estar o no definidas por ley— que permiten decisiones sobre las políticas públicas, el control de gestión de Gobierno, con alguna capacidad vinculante (Olvera, 2007:27).

[13] Entendida como existencia de aparentes consensos en los discursos (como la apelación compartida a la participación) de actores sociopolíticos cuyas acciones, objetivos y proyectos (en tanto reunión de tradiciones, valores y formatos organizativos) los revela ideológicamente opuestos (Dagnino, Olvera y Panfichi, 2006).

como *progresistas*. En estos, el papel del Estado como actor se ve potenciado frente al de las organizaciones sociales —bloqueadas a la participación opositora—, a las cuales se les encomienda un rol de acompañante de las decisiones de aquel, se confunde la participación con concentraciones masivas de partidarios afines al oficialismo o con mecanismos de aprobación en foros públicos —por simple mano alzada y sin una mínima deliberación digna de ese nombre— de leyes y otras iniciativas de gran complejidad.

A nivel analítico, las invocaciones sobre la participación a menudo se reducen a aportar ideas generales sin especificar los mecanismos y efectos que permiten caracterizar, evaluar y comprender la diversidad de experiencias prácticas e instancias participativas. Es cuando se habla de participación ciudadana en abstracto, sin «aterrizarla» en alguna modalidad concreta, bien sea las prácticas de democracia directa (referéndum, plebiscito, iniciativa popular, consulta pública), participación política en partidos y elecciones, comunitaria en microespacios donde se habita, participación social en organizaciones sociales.[14] En el terreno de la praxis, las políticas participativas siguen siendo frecuentemente fragmentadas —y autocentradas— temática, social o territorialmente, de tal forma que su dispersión genera un fenómeno de fragmentación del espacio público (Olvera, 2007:29). Además, en ocasiones estas prácticas y mecanismos tienden a administrar en vez de empoderar, carecen de mecanismos de información —o se resumen a eso— para los involucrados y no proveen sanción contra los sujetos incumplidores, enfatizándose cierta dimensión simbólica de su desempeño e impacto. En no pocos casos se limitan a administrar y moderar los efectos de las políticas del proyecto dominante, o gestar espacios innovadores cuyos efectos terminan diluidos en la lógica de funcionamiento global del sistema.[15]

---

[14] Esta visión difusa de la participación a menudo viene acompañada de un discurso legitimador que la considera, junto a la noción de sociedad civil, como una suerte de solución para todos los problemas de la sociedad. Ignorando, entre otros factores, que mediante la participación ciudadana los actores no se habilitan para asumir una representación legítima de toda la sociedad, sino de intereses materiales, ideológicos o programáticos específicos, por cuanto al intervenir en la esfera pública solo pueden apelar a cierta representación simbólica de causas o intereses generales expresados por entes privados. El reconocimiento de estos intereses generales opera mediante mecanismos informales a partir del impacto del poder económico, político y simbólico de estos agentes.

[15] De tal suerte «[…] la mayor parte de las formas llamadas «exitosas» de la participación ciudadanas serán aquellas que suponen la participación de ciudadanos en lo individual, y que se enmarcan en un tiempo y un espacio acotado, es decir en un territorio y un arco temporal de corto plazo» (Olvera, 2007:28).

Por supuesto, la realidad sería peor sin la existencia de estas experiencias, que pueden funcionar como microincubadoras de culturas políticas o de políticas de la cultura alternativas al orden vigente. En los últimos años se han refinado los análisis de los procesos participativos, procurando comprender los nexos entre Estado y sociedad, la pluralidad de actores e identidades, los niveles y formas de la participación. Asimismo, se ha rescatado —con la noción de proyecto político— el sustrato ideológico y cultural que toda organización y acción colectiva posee, lo cual es valioso y apunta a una agenda promisoria de desarrollo. Sin embargo, está aún pendiente una reflexión sobre el aporte —o la incapacidad— de las experiencias participativas para responder, siquiera de forma indirecta, a los problemas estructurales persistentes en las naciones periféricas: la relación entre pobreza y modelo económico; la influencia de poderes fácticos y trasnacionales sobre el diseño institucional; la estructura de clases y sus nexos globales; el modo de acumulación y su estilo de desarrollo.[16]

A esos desafíos se han añadido, en los últimos años, la recuperación del debate en torno a la participación en estrecha vinculación con el análisis de los llamados gobiernos progresistas (Chaguaceda y Cilano, 2011). Entiéndase por *progresismo*, siguiendo una agenda de investigación y debate impulsada por un grupo de académicos en años recientes (Elías, 2006), el conjunto de gobiernos que arriban al poder por la vía electoral en las postrimerías de la década de 1990 e inicios del siglo XXI, enarbolando programas antineoliberales, redistributivos y de impulso a diferentes iniciativas de participación y reorganización políticas. En oposición a la oleada neoliberal de los años 90, este progresismo apuesta por un rescate de la capacidad y rol estatales en la formulación de las políticas públicas —dentro de un contexto de restricciones derivadas de la inserción en el mercado mundial y la crisis de las formas de representación política clásicas—, atiende de forma sustantiva las problemáticas de equidad y justicia social —a través de políticas universalistas o planes focalizados, según sea el caso— se iden-

---

[16] En relación con estos asuntos, habría que valorar también —y no solo atendiendo a sus formatos institucionales o culturales— la pertinencia de la innovación participativa, los mecanismos de democracia directa o deliberativa, las instancias consultivas y de interfaz socioestatal, las nuevas —y renovadas— formas de acción colectiva, entre otros temas. Si bien la corriente posthabermasiana permitió desarrollar una sociología política de la participación ya mencionada anteriormente, aun falta una economía política que pondere las condiciones estructurales de posibilidad de las políticas participativas, vinculando los rasgos centrales del modelo económico, la estructura social y el sistema político en un todo indisoluble.

tifica, de forma genérica, con una ampliación de la democracia más allá de sus formatos tradicionales y se plantea un nuevo tipo de inserción internacional, menos subordinada a las agendas de los poderes dominantes a escala global, sean estos potencias o empresas trasnacionales (Leyton, Raus y Moreira, 2008).

En esta nueva oleada progresista se combinan —no sin conflicto— un conjunto de transformaciones institucionales relevantes con el rescate y reformulación de la cuestión social y la reconfiguración y/o emergencia de identidades sociales y políticas. Semejante situación presenta obstáculos derivados, entre otros factores, de la confluencia entre las grandes expectativas de cambios, radicales y expeditos, de parte de sectores importantes —y tradicionalmente excluidos— de la ciudadanía, con la expectativa de estos mismos actores respecto a una gestión eficaz y eficiente (Reinoso, 2008). Se reproduce una tensión no resuelta que vincula la presión social, las agendas políticas y los controles institucionales dentro de unas reglas de juego altamente volátiles, que son vulneradas como parte del esfuerzo por responder con urgencia y profundidad a las demandas sociales; pero ese fenómeno se salda con frecuencia a costa de la estabilidad política y la calidad institucional.

En el seno de esta tendencia histórica y política se abrigan formas específicas de concretar las metas sociales, económicas y políticas progresistas, las cuales encarnan en tipos de gobiernos diferenciados. Los denominados «nuevos gobiernos de izquierda» apelan a sujetos identificados como ciudadanos —en su variante clásica sujeta a un lenguaje y catálogo de derechos formales—, defienden el fortalecimiento institucional por la vía de la concertación y negociación política con diversos actores y grupos de poder existentes. Por su parte, en los «nuevos gobiernos progresistas» —entre los cuales Venezuela es un ejemplo paradigmático—[17] se enfatiza la figura del pueblo y su inclusión por la vía del reconocimiento simbólico y provisión de bienes y servicios sociales, se apela a la movilización social que desborda las instituciones representativas tradicionales y se construye una matriz de conflicto polarizante que tributa a la concentración de poderes y el decisionismo (Leyton, Raus, y Moreira, 2008:18; Reinoso, 2008:25).

En el marco de los procesos que han llevado al triunfo electoral y posterior consolidación a estos gobiernos progresistas, la innovación democrática y constitucional ha permitido a las fuerzas populares, y en general a toda la izquierda democrática, implementar presupuestos participativos,

---

[17] El caso nicaragüense puede incluirse solo con ciertas reservas dentro de este grupo.

consejos diversos, mecanismos de democracia directa y deliberativa. Sin embargo, ha ido cobrando fuerza un proceso de reversión del potencial democratizador abierto por esos gobiernos, con la concentración de poder en el ejecutivo, la implementación de formatos participativos carentes de autonomía y colonizados por el Estado —a su vez controlado por el partido oficial— y la penalización o acoso a organizaciones e iniciativas de la sociedad civil. Todo ello apunta a la conformación de nuevos campos de lucha, simbólica y material, en torno a la participación, donde los actores harán uso de sus capacidades e ideas para impulsar sus respectivas agendas de cambio y representación de identidades,[18] y estarían surgiendo, simultáneamente, formas y mecanismos (pseudo)participativos no democráticos.

Esta obra apuesta a la innovación disciplinar y conceptual (Dogan y Pharé, 1993) para producir un tipo de análisis que permita nuevas interpretaciones de fenómenos histórico-sociales, a partir del estudio del Estado y la sociedad como realidades en interrelación e impacto en procesos políticos regionales. Por ello, conceptos como los de Estado, sociedad civil, actores, proyectos políticos, interfaces socioestatales y participación, devienen centrales.

Comprender el Estado

La reproducción y administración del orden social es un problema relevante de cada sociedad, que se expresa mediante pautas de interacción específicas entre las capacidades materiales, las relaciones sociales, las matrices ideológicas y las formas de acción colectiva (Saldomando, 2002). Empeñadas en comprender cuáles son los actores y dinámicas relevantes para la consolidación de dicho orden, las ciencias sociales han elegido al Estado como uno de sus objetos de estudio. Entidad que, en discursos oficiales y narrativas patrias, es a menudo concebido como una fuerza personalizada,

---

[18] En torno a la necesidad de proseguir la innovación democrático participativa y contrarrestar las prácticas autoritarias que manipulan y degradan el ideal de la participación se ha planteado que «[…] hasta el presente, la óptica de la democracia republicana expansiva ha llevado, por lo general, a privilegiar el incremento cuantitativo de la participación […] El reto, por el contrario, consiste en dar el salto a la preocupación por la mejor calidad de la participación […] El problema, en definitiva, ya no es tanto "dar poder al pueblo", sino hacerlo en condiciones en que este pueda controlar la información y la pertinencia de su ejercicio concreto. De lo contrario, y esta es una penosa constatación para los demócratas participativos, un incremento en la participación tiende a traducirse en una mayor posibilidad de manipulación o desencanto: en degradar la participación de masas a un umbral mínimo de reflexión» (Maíz, 2001:91-92).

poseedora de una identidad —anclada en la ideología oficial y la soberanía nacional—, una voluntad política —expresada en sus estrategias y agendas— y una avasallante fuerza material.

La matriz clásica —de estirpe weberiana— analiza el Estado como una maquinaria burocrático-administrativa que posee la exclusividad sobre el uso legítimo de la fuerza en un territorio determinado y que está ligado a mecanismos legales que ordenan la vida pública (Weber, 1998; 2007). Más recientemente, autores afines a esa cosmovisión han destacado la necesidad de una esfera pública abierta, con participación efectiva y garantías legales para el disfrute de las libertades civiles y políticas, como elementos distintivos de un Estado liberal; donde la rotación de élites —capaces de representar a los ciudadanos— garantizaría la estabilidad y democraticidad del sistema (Dahl, 1989). Para otro autor (Bobbio, 2006), la estatalidad contemporánea se encarna en instituciones legítimas basada en el ejercicio/sanción de la autoridad —nacida de la competencia política en procesos electoralesš, donde las reglas del juego se estructuran a partir de normas compartidas por los ciudadanos.

Para los marxistas —y neomarxistas— el Estado es, en esencia, un sistema de coacción organizada; una arena donde se entablan conflictos a partir de la posición de clases y grupos dominantes y dominados, dentro de una estructura social y un modo de producción particulares. Aunque tanto los «clásicos» como sus continuadores dedicaron obras relevantes al estudio específico de las estructuras e interacciones políticas (Marx, 2004), el análisis marxista ha supuesto la integración del Estado —y en sentido amplio de *la política*— dentro del análisis de la sociedad como una totalidad. La polémica (in)existencia de una teoría política marxista —y dentro de ella de una reflexión específica del Estado— aun genera debates (Borón, 2006) que contraponen a quienes buscan defender la integralidad del método —y objeto— de análisis marxista, con los que destacan la existencia de un acumulado particular de estudios —y experiencias reales— basados en los presupuestos de aquel paradigma, que avalarían la existencia de una mirada específicamente marxista de *lo político*.

En una postura crítica del marxismo dogmático, Antonio Gramsci intentó sofisticar el análisis, rechazando la idea de una supuesta equivalencia entre el ejercicio y control del Gobierno —relacionada a la noción de *toma del poder* popularizada por la tradición bolchevique— con la conquista del vasto entramado de poder residente en los espacios del Estado y la sociedad. Su visión, fundada en conceptos como hegemonía y sociedad civil, planteó que las interpretaciones sobre el poder estatal —y las estrategias de cómo controlarlo— deberían abarcar una amplia gama de actores, luchas y alianzas dentro de la formación económico social existente, en cuyo seno Estado y sociedad civil estarían entrelazados por un bloque histórico que erige un orden social específico. El aparato estatal no sería otra cosa que una casamata importante dentro del vasto arsenal de recursos materiales y simbólicos que garantizan la hegemonía de una clase dominante específica sobre el conjunto de la sociedad (Gramsci, 1981) más allá del poder específico y personal del gobernante de turno (Gramsci, 1984).

Con el advenimiento de las democracias liberales consolidadas y los Estados de bienestar —e incluso en las muy diversas expresiones recreadas por los desarrollismos periféricos—, las funciones del Estado —en tanto garante del «bien común» y provisor de bienes y servicios sociales— se expandieron enormemente en la historia política contemporánea (Offe, 1991). La ciudadanía incrementó su presencia y reivindicaciones, aun cuando los derroteros de la lucha armada —nunca abandonada allí donde las condiciones estructurales bloqueaban la participación institucional de mayorías empobrecidas— y la instauración de la «dictadura del proletariado» se vieron acompañados o sustituidos por la emergencia y articulación de diversos movimientos contestatarios de nuevo cuño (ecologistas, feministas, contraculturales) y la transformación de las sociedades del capitalismo (post)industrial. Todo ello supuso cambios en la forma de analizar el Estado —como campo de lucha y/o fragua de consensos sociales— en las coordenadas y contextos de fines de las últimas décadas del siglo pasado.

Para responder esos desafíos, nuevos marxistas aportaron lecturas que concebían las estructuras y funciones estatales como elementos sistemática y simultáneamente moldeados, controlados y confrontados por la lucha de clases, pero dotados de una relativa —y creciente— autonomía. Desde sus coordenadas, Nikos Poulantzas explica cómo el aislamiento de los conflictos socioeconómicos —en especial las divisiones de clase— respecto al aparato institucional, constituirá un rasgo clave de la nueva política estatal. Lo cual no solo tributaría a la autonomía relativa del Estado en relación a las clases dominantes; sino que también produciría la atomización de la ciudadanía dentro de una sociedad supuestamente democrática e igualitaria.[19]

---

[19] Nikos Poulantzas comprende la autonomía relativa del Estado en el capitalismo como un elemento típico de este modo de producción, al cual entiende como un conjunto de estructuras, una de las cuales es el Estado. Lo que para el pensador greco-francés genera la autonomía relativa al Estado es su composición particular —conformado por una diversidad de instituciones— y la estructura de un «bloque en el poder», entendido este como una forma específica de caracterizar la relación entre clases y fracciones de clase dominantes.

La creciente autonomía relativa de lo estatal se reconoce y relaciona como un producto de las relaciones objetivas entre estructuras diversas (políticas, económicas e ideológicas) que conforman la realidad social del capitalismo contemporáneo (Poulantzas, 1969; 1991).

El pensamiento marxista ha permitido ofrecer una crítica a las teorías de la modernización al dotar a los investigadores de herramientas para el análisis de grandes procesos históricos (Tilly, 1991) y su análisis de las relaciones de poder fundadas en la forma de clase es factible de apreciar como un instrumento teórico relevante para identificar una contradicción básica de toda sociedad —fuente de conflicto sociopolítico—, cuya transformación ocupa un lugar destacado en los cambios revolucionarios y procesos de desarrollo político. No obstante, es evidente la necesidad de complementar el análisis de clase —y en particular la interpretación de cuándo y cómo los integrantes de una clase están capacitados o motivados para actuar políticamente— con las interpretaciones de otros conflictos específicamente políticos (dentro del Estado, entre institución y acción colectiva, etc.) en una combinación virtuosa que permita identificar el conjunto de tensiones subyacentes y desarrollos potenciales.[20]

Sin dudas, no es posible comprender lo político, de forma reduccionista, como una suerte de epifenómeno de procesos socioeconómicos o de la lucha de clases, ignorando la multidimensionalidad de lo social y la interrelación de sus campos más o menos autónomos. En ese sentido, también puede cuestionársele al marxismo dogmático el confundir el reconocimiento de ciertas clases sociales —definidas teóricamente— con la existencia de los diversos grupos y segmentos que las constituyen. De cuyos actores, experiencias y representaciones concretos, cambiantes y diversas, hay que dar cuenta en estudios empíricos (Bourdieu, 1991:29-30).[21]

---

[20] El aporte de la teoría marxista es reconocido por investigadores pertenecientes a otras corrientes cuando señalan que aquella «[...] trabaja con categorías menos generales, más afianzadas en la historia, que las recientes teorías sociocientíficas, y ofrece una explicación más elegante y completa de las transformaciones sociorrevolucionarias como tales» (Skocpol, 1984:68).

[21] Aunque es reconocida la apropiación de nociones vinculadas al marxismo —como la de clase y luchas sociales— dentro de su enfoque Bourdieu (1991:31) apuesta por la construcción de una teoría del espacio social —multidimensional y constituido en base a una diferenciación y distribución de agentes que se definen por su posición relativa dentro de él— que también presupone rupturas con el legado marxista, al enfatizar el peso de las relaciones sobre las «sustancias» (estructuras y agentes), diferenciar la clase teórica (construidas por la ciencia social) con los sujetos reales y actuantes y rechazar tanto el economicismo (Bourdieu, 1991:229) como las concepciones deterministas que, derivadas

La escuela neoinstitucionalista también ha aportado una visión más integral y sistemática del fenómeno estatal (Peters, 1999). A partir de su auge desde finales de la década de 1970,[22] el neoinstitucionalismo ha expuesto, en sus diversas modalidades, un núcleo común de presupuestos para el estudio de las instituciones como elemento central de la vida política. Para este enfoque, las instituciones —en tanto legado estructurado de procesos y conflictos históricos particulares— favorecen o constriñen la articulación de intereses colectivos, influyendo en la capacidad de individuos y grupos para reconocer objetivos compartidos y coordinar iniciativas con otros actores de intereses semejantes.[23]

Desde este enfoque, el Estado es reconocido como una entidad capaz de influir decisivamente en la historia, la cultura y la psicología políticas de las sociedades modernas. Sin embargo, esta perspectiva comporta diversos riesgos —en particular si se asume una mirada poco sofisticada del mismo— como el considerar a las instituciones como estructuras dotadas de un poder inmanente y despersonalizado, o como mera expresión de intereses estáticos que no permiten captar la complejidad y, sobre todo, el dinamismo real y simbólico de la disputa política.

Para responder a estos desafíos investigadores como Pierre Bourdieu —y otros como Norman Long, desarollando el legado del primero— ofrecen una mirada cuyas implicaciones —y desarrollos conceptuales— serán tenidos en cuenta en el transcurso de esta investigación.[24] Para este enfoque,

---

de este, ignoran la doble determinación —por los intereses de clase que representan y específicos de quienes las producen— de las ideologías (Bourdieu, 1999).

[22] De alguna forma, el declive de la economía política —disciplina y enfoque dominantes, a lo largo de los años 60 y 70, dentro de un amplio sector de la academia latinoamericana— será compensado por la irrupción de los institucionalistas, interesados en la función que cumplen las instituciones en los modos de regulación del desarrollo capitalista (Domíngues, 2009:102).

[23] Incluso pensadores no adscritos a esta corriente reconocen que «[…] las instituciones ofrecen un horizonte temporal dilatado a los actores y grupos, que les permite superar la dimensión antagónica, muchas veces irreductible en la intensidad de la coyuntura. Y así proporcionan un marco, un escenario y unos procedimientos de negociación, conflicto y posibilidad *ad futurum* de consecución del apoyo necesario, que legitiman la participación de los grupos, por más que sus expectativas a corto plazo no sean óptimas» (Maíz, 2001:90).

[24] Bourdieu afirma la primacía de las relaciones sobre las estructuras o agentes al enfatizar que «[…] la sustancia de la realidad social de la acción no menos que de la estructura, y de su intersección como historia, yace en las relaciones» (Bourdieu y Wacquant, 2008:40) En su rechazo a la lógica binaria que privilegia la estructura frente a la acción —o viceversa—, el sociólogo galo destacó que «hay acción, e historia, y conservación o trasformación de estructuras solamente porque hay agentes, pero agentes que son actuantes y

más que un conjunto de estructuras o normas, el Estado será un «[…] conjunto de campos administrativos o burocráticos (a menudo bajo la forma empírica de comisiones, oficinas y consejos) dentro de las cuales agentes y categorías de agentes, gubernamentales y no gubernamentales, luchan por esta forma peculiar de autoridad que consiste en el poder de mandar […]» en cuyo seno «[…] tienen lugar las luchas en las cuales lo que está en juego es […] el monopolio de la violencia simbólica legitima, es decir el poder de constituir y de imponer como universal y universalmente aplicable dentro de una determinada nación […] un conjunto común de normas coercitivas» (Bourdieu y Wacquant, 2008:150-151). Como fenómeno susceptible de ser investigado empíricamente, el Estado se ofrece a la mirada del científico social «[…] bajo la forma de redes más o menos estables de alianza, cooperación, clientelismo […] manifiestas en interacciones fenoménicamente diversas que van desde el conflicto abierto a la connivencia más o menos encubierta» (íd.).

Algo de suma importancia —por cuanto destaca el peso específico que ocupa el Estado en las sociedades contemporáneas— lo constituye el reconocimiento de que, junto a la concentración de diversas especies de capital (económico, militar, cultural, jurídico y en general simbólico) y la correlativa consolidación de campos afines, se va produciendo «[…] la emergencia de un capital específico, capital propiamente estatal, nacido de su acumulación, que le permite al Estado esgrimir un poder sobre los diferentes campos y sobre las diversas formas de capital que circulan en ellos» (ibíd.:154), como definitorio del poder especifico de dicha institucionalidad y sus recursos/relaciones. Al ser el Estado un campo[25] en cuyo seno los diversos agentes e instituciones luchan constantemente —con distinto grado de fuerza, recursos y posibilidades de éxito— por imponerse, una parte importante de las luchas dentro de este están constituidas por «[…] aquellas que apuntan a conquistar el poder del Estado, esto es, los recursos económicos y políticos que permiten al Estado esgrimir poder sobre todos los juegos y todas las reglas que los regulan» (ibíd.:137).

---

eficaces solamente porque no se reducen a lo que comúnmente se coloca bajo la noción de individuos y que como organismos socializados, están dotados de un conjunto de disposiciones que implican tanto la propensión como la habilidad para entrar en un juego y jugarlo» (ibíd.:45).

[25] Así «[…] la construcción del Estado va de la mano de la constitución del campo del poder […] donde los poseedores de diversas formas de capital luchan en particular por el poder sobre el Estado, esto es, sobre el capital estatal que otorga poder sobre las diferentes especies de capital y sobre su reproducción […]» (ibíd.:154).

No obstante, es crucial destacar, por los casos abordados en esta investigación —en los cuales se asiste a la constitución en años recientes de aparatos estatales regidos por liderazgos con propensión al autoritarismo y animados por una noción confrontacional de la política—, que el carácter y posibilidades de la acción social y política varían en función del tipo de estatalidad existente. Aun cuando la agencia humana nunca queda anulada de forma total, se reconoce que «[…] bajo ciertas condiciones históricas, que deben ser examinadas empíricamente, un campo comienza a funcionar como un aparato. Cuando los dominantes se las ingenian para aplastar y anular la resistencia y las reacciones de los dominados, cuando todos los movimientos van exclusivamente de arriba hacia debajo, los efectos de la dominación son tales que la lucha y la dialéctica constitutivas del campo cesan» (ibíd.:140). Sin embargo, aunque los Estados dictatoriales constituyen ejemplos de aparatos que podrían considerarse un «estado patológico de los campos» —favorecidos en su constitución y desarrollo por las carencias de capital en clases dominadas—, la posibilidad de resistencia está siempre presente (íd.).

Expuestos los aportes de las tradiciones antes mencionadas —cuyo legado apropio de forma electiva— para los fines de la presente investigación, se concibe el Estado como el complejo de relaciones y espacios institucionalizados orientado al mantenimiento y reproducción de la dominación política[26] y la administración pública en un contexto social y territorial específico (Chaguaceda y Cilano, 2011). Entendido así, abarcaría poderes coactivos (ejército, policía, aparatos de inteligencia), agencias encargadas de proveer políticas públicas (salud, educación, empleo) a la sociedad, así como entes reguladores diversos (fiscales, aduaneros, etc.); todo ello dentro de una explícita capacidad y vocación de control territorial y poblacional.[27]

---

[26] Comparto la visión que defiende que «[…] las relaciones de dominación son un tipo particular de relación de poder, son relaciones de poder asimétricas y relativamente durables» entre las que se encuentran las de clase y Estado-nación (Thompson, 1993:320). Una de las paradojas de las fuerzas de izquierda, interesadas en abolir las formas de dominación, en especial la concentración de capital económico, es que en el seno de sus organizaciones se ha producido, en ausencia de deliberación y aprovechando ciertas carencias de capital político y cultural de las poblaciones adherentes, una notable concentración de capital político (Bourdieu, 1991:74).

[27] En similar sentido, Charles Tilly lo define como una «[…] organización que controla los principales medios coercitivos dentro de un determinado territorio, ejerce la prioridad de alguna manera sobre las restantes organizaciones que operan dentro del mismo territorio y recibe el reconocimiento de dicha prioridad de otras organizaciones, incluyendo Estados fuera del territorio» (2010:42).

El Estado operaría un macroactor con la capacidad relativa de articular el espacio nacional, regular los mercados y operar como instancia de centralización y cristalización de las opciones principales de los grupos dominantes (Saldomando, 2002:168-177).

Para su comprensión, el Estado sería «desglosable» en varias dimensiones, que abarcan un conjunto de instituciones, burocracias y relaciones sociales jerarquizadas, un foco creador de identidad colectiva, un filtro de —y hacia— los espacios «interiores» y «exteriores» de una sociedad y nación determinados, una entidad territorial que delimita la posesión y ejercicio de la ciudadanía, y un sistema legal dinámico que respalda y promulga un catálogo de derecho y libertades que constituyen aquella (O'Donnell, 2010:76-79).[28] Condensa y procesa diversos poderes sociales (de clase, etnia, grupo, etc.) y genera otros específicos, que se revelan mediante diversos rostros —más o menos amables— a disímiles actores individuales y colectivos que componen la sociedad (ibíd.:163). Además, atendiendo a los efectos de los procesos de ciudadanización y representación política modernos, el Estado moderno es también un espacio de construcción de ciertos consensos sociales básicos, como consecuencia —y expresión— tanto de la lucha de clases como de la paulatina democratización política y social. Ya que las sociedades contemporáneas son entidades crecientemente complejas y diferenciadas, en su seno la dominación y la jerarquía son cuestionadas y existen posibilidades de democratización (Bourdieu y Wacquant 2008:82-83) a partir de la competencia entre diferentes agentes y concepciones alternativas del bien común, de las funciones estatales y bienes públicos (De Souza, 2005:56).

La coexistencia de instituciones fundadas en principios organizativos y programáticos distintos caracteriza la heterogeneidad estatal, lo cual se evidencia en momentos particulares de creación de nuevas constituciones, en procesos de modernización del Estado —de disímil impacto en la vida pública— y en otras experiencias de transformación de las prácticas y de las instituciones políticas. El Estado reúne un conjunto de lugares de localización del poder y de actores que lo ejercen, con distinto grado de cohesión, autonomía y capacidad de control respecto a la sociedad (Domingues, 2009:173). Su heterogeneidad se presenta vinculada a su estructura, en cuyo

---

[28] De ahí proviene la excelente metáfora posicional de O'Donnell que presenta al conjunto de burocracias situado «frente a la sociedad», el foco de identidad colectiva «sobre la sociedad», los filtros «alrededor de la sociedad» y el sistema legal «dentro de la sociedad» (O'Donnell, 2010:184).

plano vertical deben considerarse —allí donde existen— diferentes niveles de gobierno (federal, estatal, regional y municipal) y en el plano horizontal —en tanto se hable de un Estado democrático— la coexistencia de tres poderes (ejecutivo, legislativo y judicial) junto a entidades autónomas o de organismos públicos descentralizados. También resulta importante definir la naturaleza de los vínculos estatales con el conjunto de actores englobados en la sociedad nacional y, más específicamente, dentro de la sociedad civil (Dagnino, Olvera y Panfichi, 2006).

Dentro del Estado, el peso específico de las diversas instituciones está muy mediado por el contexto donde estas se desarrollan. Como no son un mecanismo neutral de coordinación de políticas públicas, las instituciones reflejan, reproducen y magnifican patrones particulares de distribución del poder social y estatal, construidos en contextos históricos y culturales específicos —asunto este sobre el que volveré al abordar el análisis de los procesos de democratización/desdemocratización. En relación con ello, los arreglos políticos y la capacidad de generar legitimidad y retroalimentación facilitan activamente la organización y empoderamiento de ciertos grupos dentro del aparato estatal, afectando su capacidad de organizarse, crear alianzas y devenir hegemónicos respecto a otros.

Lo cierto es que la verdadera extensión y autonomía de lo estatal solo puede analizarse en relación con arreglos sociopolíticos y circunstancias históricas e internacionales específicas (Skocpol, 1984:61). Esta relación entre los liderazgos nacionales y los poderes globales se visibiliza dentro del aparato estatal, donde con frecuencia la máxima dirección de un país posee amplias probabilidades de trasmitir las influencias transnacionales a la política interna.[29] Asimismo, las dinámicas de diversos procesos y actores endógenos y foráneos se refuerzan mutuamente, como muestran los casos que aquí se estudian.[30]

Al ser el sostenimiento del orden interno y la defensa de soberanía frente a la injerencia de otros Estados y actores trasnacionales dos de las tareas básicas estatales, los contextos geopolíticos en que se enmarcan los Estados crean oportunidades —o ponen límites— a sus capacidades de enfrentarse

---

[29] Una autora recuerda que «son los dirigentes del Estado, necesariamente orientados a actuar dentro de las arenas internacionales, los que con igual o más probabilidad serán quienes trasmitan las influencias transnacionales a la política interna» (Skocpol, 1984:52).

[30] Así —para tomar un ejemplo vinculado a los casos del estudio—, cuando el presidente Hugo Chávez estatiza diversas empresas privadas en una coyuntura de crisis, procura afianzar el control político y económico de su gobierno, al tiempo que apoya al gobierno de Nicaragua, un aliado estratégico, con los recursos obtenidos.

a las tareas o crisis, sean externas o internas.[31] Entre los recursos ligados a dichos contextos destacan el área territorial y la población, elementos particularmente influidos por dinámicas de Estados adyacentes (Tilly, 1991:104).

De cualquier modo, resulta un hecho que, aun cuando la globalización modifique las esferas de intervención de los gobiernos nacionales, pese a que nuevos movimientos sociales traspasen las fronteras del Estado nación y que diversos actores no gubernamentales (organizaciones civiles, empresas trasnacionales o instituciones multilaterales) adquieran tanta fuerza a escala internacional, nada testimonia que los Estados hayan dejado de ser, de forma decisiva, actores protagónicos que inciden en las múltiples áreas de las colectividades humanas. De hecho, en el último medio siglo, el número de Estados soberanos se ha multiplicado, de forma que la actual fase del desarrollo histórico mundial —y del sistema capitalista— es inconcebible sin un poderoso sistema internacional de Estados.

Propuesta alternativa para el estudio de lo estatal: el enfoque *State in Society*

Como se ha mencionado, goza aún de salud cierta tendencia a comprender el Estado como una entidad uniforme y monolítica, sin percibir a cabalidad las múltiples fuerzas que operan en él y las diferencias de poder existentes entre los distintos niveles de la institucionalidad estatal. Para responder a esas carencias, hace dos décadas comenzó a abrirse paso una corriente preocupada por dar cuenta de la diversidad de actores, enfoques y acciones abrigados dentro del concepto de Estado, que lo considera como un campo abierto con múltiples fronteras, donde disímiles aparatos —no todos ellos centralizados— desempeñan un conjunto de procesos y donde la importancia de las instituciones y las leyes se complementa con procesos y relaciones de poder no formalizados. Para su estudio es necesario identificar —y diferenciar— los diferentes actores (colectivos o individuales) involucrados, las prácticas institucionales que estos desarrollan y las relaciones que se generan en su interior.

Miradas como estas sugieren la emergencia de un nuevo dominio híbrido denominado antropología del Estado, que reúne aportes de la ciencia

---

[31] Es reconocido el impacto de factores exteriores en el régimen político, destacando entre ellos la distribución del poder en el sistema de naciones, la economía global y los medios de comunicación trasnacionales (Migdal, 2006:218).

política, la antropología y la sociología. Cuya agenda —en construcción— busca responder un conjunto de preguntas relevantes, entre estas cuándo —y por qué mecanismos— los Estados pueden establecer una autoridad política coherente y eficaz, así como en qué momentos, formas y lugares los múltiples actores de la sociedad —que también presuponen dinámicas de dominación/emancipación— pueden desafiar los poderes del Estado o, al menos, negociar eficazmente con estos para lograr la inclusión de sus intereses en las agendas políticas (Migdal, 2001:97). Desde esta perspectiva, se trataría de pensar el orden social como una red de actores y espacios, con múltiples *locus* de creación de normas, de conflictos abiertos o velados, y de ejercicios de dominación dispersos; en vez de como una pirámide dirigida por un Estado todopoderoso y coherente. Lo cual no significa que se desatienda a la centralidad de la acción estatal, sobre todo en regímenes como los estudiados, los cuales desarrollan políticas autoritarias y centralistas.

Con este enfoque, Migdal enfatiza en la forma en que las diversas luchas socioestatales alteran la disposición de recursos, la naturaleza de la estratificación social, el contenido de las identidades colectivas y los proyectos políticos en pugna. Estas contiendas pueden desarrollarse durante períodos excepcionales de estabilidad y terminar con la total transformación —abrupta en clave revolucionaria, paulatina en sentido reformista y modernizador— de la sociedad por el Estado, incluyendo la captura de este por nuevos actores sociales dominantes —que se apropian de las organizaciones y símbolos del antiguo régimen— o con la incorporación al Estado de fuerzas emergentes de la sociedad que acomodarán las agencias y políticas estatales a sus necesidades y las dinámicas regionales/locales.

Enfoques como el de la antropología del Estado rescatan la importancia de las relaciones entre las diferentes agencias, los conflictos intraestatales, la actuación de presión y las relaciones entre el Estado y los poderes locales. Reconocen que la política estatal «[…] no solo es determinada por factores estructurales mayores, como las tendencias a la acumulación de capital en una escala global y nacional, mercados internacionales, y la supuesta importancia de la lucha de clases, sino también por los intereses sociales, ideologías, y estilos administrativos de la élite política y burocrática del Estado». Por lo que resulta una perspectiva útil para «[…] emprender estudios comparativos de las repercusiones sociales y las dinámicas de formas particulares de intervención del Estado en los ámbitos regional y local, y de los procesos más autónomos que toman lugar fuera de la escena o en los intersticios de las estructuras político-administrativas formales» en la forma en que se pretende desarrollarla en la presente investigación (Long, 2007:106).

En esta dirección, el enfoque *state in society* trata de atender al proceso de desarrollo de la acción estatal a partir de las capacidades de esta para responder a las demandas cambiantes de la política nacional, ubicándola en la interacción de la multiplicidad de sitios y procesos estatales y sociales de dominación y cambio social. Para esta interpretación, el Estado es concebible como un campo de poder marcado por el uso y amenaza de la violencia, y moldeado por la imagen de una organización que controla un territorio, representa a una población y realiza prácticas múltiples en un espacio multidimensional de elementos materiales y simbólicos, relacionados todos con la lucha por el poder (Migdal, 2001:16).

En su análisis, Migdal propone distinguir entre «imágenes de Estado» —que tienden a homogeneizar los diferentes Estados entre sí— y «prácticas de Estado» ancladas en las circunstancias particulares de cada uno. La «imagen» representa al Estado como un actor coherente, autónomo, centralizado y unificado con fronteras territoriales (interestatales) y sociales (Estado-sociedad) que ofrece una apariencia de unidad e identidad, e impone un estándar de comportamientos en su territorio. Mientras, las «prácticas» expresan el actuar rutinario, que refuerza y valida el control sistemático del Estado, sus alianzas y luchas internas o con otros actores. Aunque ambas están presentes en todos los niveles del aparato estatal, no pueden existir prácticas coherentes a nivel local sin una mínima referencia al poderío estatal central y este no puede descansar, a nivel superior, solo en una imagen sin capacidades locales de control y proyección de poder.[32]

Para el estudio empírico de la acción estatal, Migdal se ha propuesto delimitar niveles, estrechamente vinculados a las funciones que desempeñan y sus nexos con la sociedad. Un primer nivel (básico, a escala micro) sería acotado a la política «cara a cara» aplicada en el territorio a título individual por los varios funcionarios y empleados que aplican la ley, educan y curan la población, colectan impuestos y, en general, «dan la cara» a la sociedad, etc.

---

[32] La imagen de Estado, en tanto representación abstracta y general de lo que este dice ser, guarda estrecha relación con el marco legal —y, en particular, constitucional— que acompañan el establecimiento de los regímenes y proyectos políticos específicos. En Latinoamérica, la conocida distancia entre «lo legal» y «lo real» hace que elementos como la división de poderes, el Estado de derecho o la multiplicidad de derechos y garantías que definen una ciudadanía plena sean elementos solo reconocidos formalmente por las legislaciones nacionales. Y, aunque su concreción delinearía un Estado en verdad coherente, democrático y eficaz, la historia recuerda que en la realidad las prácticas de Estado operan de forma diferente, como se han encargado de demostrar las sucesivas constituciones aprobadas en las naciones latinoamericanas.

Al percibir el modo en que las relaciones políticas locales operan dentro de —y se estructuran como— un sistema de pagos y acomodaciones, puede apreciarse los límites de la acción monopólica del poder central. Es en este terreno de la política local donde sobre todo se desarrollan —y confrontan— las experiencias de participación y asociación ciudadana que aquí se abordan. La política local, al reflejar el poder específico de cada uno de los actores, se vuelve un terreno donde la burocracia no puede jugar un papel hegemónico decisivo en la distribución y ordenamiento locales de los recursos materiales y simbólicos.[33]

En un segundo orden, se encuentran las entidades regionales y locales (instancias de gobierno, oficinas de trámites, estaciones policíacas, centros de servicios, etc.) que implementan las políticas —a veces adaptadas al anclaje territorial— reorganizando y aplicando las directrices nacionales; entidades que reciben órdenes y supervisiones desde el nivel central y difieren en características de región en región. En estos entornos, las agencias estatales —aunque no sean eficientes en implementar las políticas públicas— deben ser funcionales para garantizar el control y la lealtad.[34] Además, a este nivel se desarrollan feroces disputas entre el poder central y los poderes regionales opositores, cuyos proyectos políticos se enfrentan por el control de recursos, la ejecución de políticas públicas y el apoyo/represión a sus bases y adversarios respectivos.

Sin embargo, hay que señalar que las políticas de control y sobrevivencia desplegadas desde la cúspide del Estado, disminuyen la capacidad de control efectivo y el desempeño institucional en la base. La pertenencia a la agencia e instancias locales pasan a ser decididas por la lealtad al liderazgo más que por la eficacia. Y la rotación constante y sorpresiva de funcionarios desestimula

---

[33] Lo local resulta una gran arena de acomodación y cambio social, con diferentes niveles y redes de intercambios sociales, económicos, políticos y culturales (Migdal, 2001:86-90). La imagen de Estado, aparentemente todopoderosa cuando se la conoce desde el discurso oficial, encubre la precariedad, los mestizajes, la corrupción y el pragmatismo encarnados en las prácticas de Estado a esta escala.

[34] Los administradores son quienes hacen funcionar la política a nivel local, en un proceso en el cual reciben múltiples influencias y demandas (de sus superiores/supervisores, de sus clientes y comunidades, de otros actores regionales y líderes sociales) y donde tienden a crear una cierta «moral», tanto a partir de los mecanismos de control y rendición de cuenta internos, como por los lazos de protección recíproca entre jefes y subordinados. Su rol —y en general el de las instancias ubicadas a este nivel que aquellos dirigen— es insustituible dentro del proceso político, pues son quienes implementan —aún alejados de su mirada— las acciones del liderazgo, enfrentan y procesan las presiones emanadas desde la sociedad, filtrando sus efectos a los niveles superiores del aparato estatal (Migdal, 2001:84-86).

a estos a atender y/o confrontar a los pobladores y generar una capacidad de innovación que despierte celo en niveles superiores del aparato estatal.

Un tercer nivel —en orden ascendente— lo ocupan las oficinas y agencias centrales, donde se formulan las políticas y asignan los recursos, en las cuales puede constituirse un *ethos* estable y coherente que siempre será objeto de vigilancia por el liderazgo nacional. La autonomía de las agencias del Estado es preocupante para los líderes nacionales, cuyo poder está íntimamente influido por su capacidad de movilización, por lo cual acuden al desarrollo de políticas de participación controladas y al empleo de las diversas políticas públicas —en especial los servicios— para controlar las reglas de juego e inducir comportamientos favorables en la población. En los casos de Nicaragua y Venezuela, el desarrollo de procesos de recentralización y control presidencial de las agendas políticas introducen —en grado y extensión variables— conflictos por la disputa en torno a los recursos y el ejercicio del poder en ámbitos locales.

Este liderazgo nacional,[35] en la cúspide del orden estatal, despliega formas de control, cooptación y movilización a todos los niveles del entramado institucional —acudiendo a formas parainstitucionales— y social. Aun cuando muchos líderes en naciones de la periferia llegan al poder con una agenda de cambio social y refundación cívica, el dilema de la sobrevivencia política —ante la resistencia interna y la enemistad foránea de las potencias regionalmente dominantes— termina condicionando el ritmo y extensión da los cambios ulteriores, quedando la democratización efectiva y el discurso emancipador presos de la propaganda política, o acotados a las políticas igualitarias de ciertas agencias estatales. Así, los liderazgos estatales entran en un dilema a menudo insoluble: perciben que las agencias y poderes locales del Estado pueden amenazar su poder, pero al mismo tiempo los necesitan como elementos aptos y capacitados para ejecutar sus políticas; desean la expansión de la participación y la libertad pero la acotan a formas movilizativas y políticas sociales redistributivas y/o clientelares.[36] El *leitmotiv* de

---

[35] Los dirigentes estatales desempeñan una función crucial en el mantenimiento de la unidad del Estado y la clase política, para lo cual buscan liberarse del control de —y sujetar a— grupos dominantes de la economía y el aparato estatal (Skocpol, 1984:58). Las diferentes presiones y oportunidades hacen que las agencias —y sus integrantes— se salgan del patrón esperado por los liderazgos, quienes aplican para estos casos incentivos, persuasiones, sanciones y formas de control directo que procuran garantizar la lealtad.

[36] Ejemplos distintivos en ese sentido, caracterizadas por su impacto desinstitucionalizador, su sello personalista ligado al liderazgo máximo del Estado y sus ambiguos efectos —en cuanto a paliar los problemas sociales que atendían y su sostenibilidad temporal— lo constituyen las llamadas Misiones Sociales venezolanas, realizadas con apoyo cubano a partir de 2003.

su accionar termina siendo el reforzamiento del control sobre el resto de los actores del aparato estatal y de la sociedad (Migdal, 2001:83-84).

Según Migdal, semejante control —que denominaremos por su carácter de una forma más exacta *control estatal*— se expresa como *cumplimiento*, cuando la población actúa a partir de la capacidad estatal para aplicar la sanción legal y la fuerza represiva; como *participación* cuando se encuadra y moviliza a la población para tareas especializadas dentro de las instituciones o conjuntamente con estas; y como *legitimidad* que supone la aceptación mayoritaria de las «reglas del juego», que sostienen su orden simbólico y efectivo. Estas formas de control estatal, en diverso grado de combinación y desarrollo, cubren los diferentes tipos y niveles (de macro a micro) de relación con la sociedad, como se verá en los casos de políticas de participación analizados en este libro.

Sin embargo, debe reconocerse que —sobre todo en las situaciones de mayor asimetría— los mecanismos que abrigan estas formas de Control Estatal son utilizados también por los actores societales para proteger y amplificar sus espacios y derechos frente al Estado. Ello les permite organizar sus precarios recursos y constituir estrategias alternativas limitando —a veces bajo la apariencia de subordinación— la capacidad de incidencia del Estado (ibíd.:42). Las experiencias de activación comunitaria desarrolladas —a pesar del clima de polarización y conflictividad vigentes en ambos contextos— a partir de los modelos de participación impulsados por los gobiernos nicaragüense y venezolano así lo atestiguan.

Las *políticas de participación* —entendidas desde el Estado como encuadre y movilización política— son una herramienta efectiva del liderazgo que le permiten establecer o reforzar múltiples canales de apoyo, o retroalimentación con sus bases. Por ello, los liderazgos nacionales crean formas organizativas *ad hoc* —muchas veces paraestatales— orientadas a tareas, con miembros y cuadros ligados (por compromiso ideológico, emotividad o privilegios) al líder, al cual auxilian en el desarrollo de acciones preventivas capaces de ampliar las lealtades y atajar o reprimir los disensos, intra o extraestatales. Son reforzados el nepotismo, la cooptación de potenciales adversarios, los patronazgos y privilegios para impedir fuerzas centrífugas, atacando cualquier grupo social o agencia estatal que adquiera poder de movilización propios.[37]

El resultado de estas dinámicas centralizadoras es, a menudo, la merma en las capacidades de desarrollo, tanto de las diversas agencias del poder

---

[37] Incluso «[…] líderes estatales pueden debilitar deliberadamente sus propias agencias encargadas de aplicar las reglas, y el Estado puede fortalecer deliberadamente a aquellos que las aplican» (Migdal, 2001:64).

estatal como de los actores sociales. En estos escenarios, la expansión de la injerencia estatal en la vida cotidiana y el acoso a la autonomía societal termina por debilitar al conjunto de la sociedad —incluidos los grupos partidarios del orden vigente— y anulan la posibilidad de retroalimentación y reforma del sistema. No se establece un marco generador de Estados cohesivos, capaces de aplicar reglas y políticas efectivas (ibíd.:93).

En los casos de Nicaragua y Venezuela, estos niveles del Estado se estructuran —siempre, insisto, con desiguales niveles de coherencia y desarrollo— teniendo como mira una lógica de *dominación integrada*.[38] Este paradigma supone un Estado fuerte e interventor (territorial y/o funcionalmente centralizado) encabezado por un ejecutivo, como centro de creación, coordinación y mantenimiento del control social —y el poder—, con áreas directamente regidas por el Estado y algunas funciones delegadas a actores leales de la sociedad. En este modelo de gobernabilidad autoritaria, el límite de las reglas de juego (y su interpretación/ejecución), los modos de propiedad y gestión económicos, así como los comportamientos cívicos tienden a ser estrechamente pautados y fiscalizados por el Estado (Cuadro 1.1) (Migdal, 2006:129-133).

Cuadro 1.1: Modelo de análisis del Estado según Migdal.

NIVELES DEL ESTADO	CATEGORÍAS ANALÍTICAS	DIMENSIONES
a. liderazgo nacional ↓	imagen de Estado	unidad (nación) identidad (cultura)
b. agencias nacionales ↓	prácticas de Estado	rutinas (funcionamiento) alianzas (cohesión) luchas (dominación)
c. agencias locales ↓ d. funcionarios locales	control estatal	cumplimiento (sanción) participación (encuadre) legitimidad (aceptación)

Fuente: Elaboración propia a partir de Migdal (2006).

El liderazgo tratará de redibujar las fronteras sociales y culturales para hacerlas coincidir con sus fronteras políticas; mientras trata de presentarse —y permanecer— como algo «aparte», «por encima» de la sociedad y mediador

---

[38] Ello indica el deber ser (imagen de Estado) al que apunta el orden estatal, no las prácticas y desempeños concretos y efectivos de sus dependencias y representantes. En estos regímenes —dada la centralidad del control estatal para el mantenimiento del orden social— existe un peligro potencial de descomposición del Estado, bien sea por sobrecarga de funciones o por fragmentación interna.

sobre los conflictos particulares en el seno de esta y de la propia estructura estatal. Al mismo tiempo, difundirá entre los subordinados (funcionarios y ciudadanos) la idea de una «comunión» de todos dentro de la nación, corporeizada y representada por el Estado y su líder.[39] Aquellas narrativas dominantes (el nacionalismo, el populismo y/o el socialismo estatista) que buscan mantener la integridad del Estado como un ente «total», ligar los ciudadanos entre sí a partir de la mediación estatal e impedir la emergencia de otras narrativas y/o estructuras autónomas, limitan las posibilidades del control ciudadano sobre el Estado y sus agentes (ibíd.:260-261).

Diversos estudios han señalado la factibilidad y conveniencia de articular la mirada sobre el Estado con perspectivas como las de la acción colectiva. Más que una fusión o síntesis, ontológicamente problemática por las divergentes premisas sociales en que se basan estos enfoques, se trata de un diálogo posible y valioso a partir de reconocer el substrato histórico común de los procesos analizados y la necesidad de cruzar perspectivas en investigaciones concretas. También se trata de reconocer las mediaciones existentes entre las subjetividades, los intereses potenciales y los comportamientos políticos y de superar la separación agencia-estructura mediante el entendimiento dinámico de las relaciones entre las instituciones, así como de los grupos e individuos que estas comprenden y sus imaginarios, en tanto ideas, valores y representaciones.[40] El papel de lo cultural y lo ideológico en la formación de políticas revela que detrás de todo desarrollo institucional y acción colectiva relevante existe una acumulación cultural —lo que se retomará más adelante al abordarse, de forma conjunta, los casos analizados en este estudio.

MIRADAS A LO SOCIAL Y LO SOCIETAL

La crítica del modelo de ciencias sociales dominante en el siglo XX enfatizó la necesidad de una mirada más integral de lo social, de recuperar los aportes de las regiones de la periferia al desarrollo de las ciencias sociales y concienciar

---

[39] «La cultura política resultante, que fusiona las identidades individuales en una identidad colectiva y estatal, puede convertirse en un conjunto incuestionable de suposiciones —una hegemonía cultural—, tanto para los funcionarios estatales como para otros en la sociedad» (Migdal, 2006:259).

[40] En tanto «toda colectividad social constituida oculta una gran potencialidad de expresión que solo minoritariamente se manifiesta en los circuitos institucionalizados» (Badie y Hermet, 1993:265), se torna necesario interrogar en cada contexto las formas de articulación de lo político con otras categorías conocidas de la acción social (ibíd.:45).

la necesidad de reconstruir las teorías y los conceptos, tanto a raíz de los procesos de globalización, como de la creciente importancia que estas regiones de la periferia y sus problemas tienen en la agenda mundial. En las regiones de la periferia, que constituyen la mayor parte de la humanidad y donde se hallan los procesos más dinámicos de cambio social, existen legados organizativos, intelectuales, políticos, que responden a los retos de esas sociedades y que ponen en cuestión las nociones dominantes de la academia global.

Este libro aborda fenómenos inherentes a la organización y cambio sociopolíticos contemporáneos; los cuales son irreductibles a los formatos institucionales (estatales, partidarios, etc.) dominantes. Parte de una interpretación que concibe a la sociedad, en un sentido amplio, como un vasto entramado de relaciones humanas que da cabida a las estructuras y procesos vinculados a la reproducción de la vida cotidiana, la socialización y comunicación de los individuos, la constitución/interacción de identidades diversas (la familia, grupos primarios y redes informales, etc.) junto a la acción organizada, en la forma de asociaciones, movimientos, medios masivos y públicos diversos. Este subconjunto específico de la sociedad, identificable como lo *societal* —o lo social organizado, distinguiéndolo de los fenómenos más amplios que dan cauce a la coexistencia humana— se caracteriza por las *prácticas de autorganización, movilización, incidencia y control social* de los elementos que la integran.[41]

Dichas prácticas son clasificables según su legado histórico y cultural, el nivel de organización, el carácter de la acción y los objetivos que persigue. Estas adoptan múltiples formas que, desde mi perspectiva,[42] pueden identificarse como expresiones de *resistencia, incidencia y exigencia*. Semejante diferenciación no significa que se encuentren separadas, pues en la realidad coinciden de forma accidental o se articulan de forma consciente —como demuestran luchas concretas en diversos escenarios contemporáneos— para obtener los resultados propuestos. De tal suerte, el abordaje de estos fenómenos arriba mencionados puede realizarse vinculando niveles (macro-meso-micro), así como tipos de organización y prácticas específicas (Cuadro 1.2).

---

[41] Semejante distinción entre lo *social* y lo *societal* se conecta con reflexiones previas de teóricos (Olvera, 1999) que han reconocido la necesidad de establecer una diferenciación (conceptual y empírica) entre las redes sociales, las solidaridades y las relaciones informales, por una parte; y las estructuras más formales e institucionalizadas de la sociedad civil, por otra. Lo que supone la generación y ulterior vinculación, plausible e historizada, de conceptos capaces de dar cuenta de las especificidades de ambas dimensiones.

[42] Esta propuesta analítica, desarrollada en el marco de una investigación doctoral, está siendo utilizada para el estudio de actores societales en tres casos nacionales latinoamericanos.

Cuadro 1.2: Modelo para el análisis de las identidades y acción social.

CONCEPTOS MACRO	CATEGORÍAS ANALÍTICAS	DIMENSIONES ANALÍTICAS
lo social	individuos-colectivos-instituciones	identidades-acción-relación
lo societal	organización social (micro)	prácticas (1): a) *resistencia* (defensa de identidad/intereses)
	movimiento social (meso/micro)	b) *incidencia* (hacia política pública)
	ciudadanía (macro/meso/micro)	c) *exigencia* (fundada en derechos)

Fuente: Elaboración propia.

La *resistencia* supone la capacidad de actores societales —algo especialmente relevante para pequeños colectivos, movimientos y organizaciones— de enfrentar la acción estatal tendiente a controlarlos y/o cooptarlos, afectar sus modos de vida y organización y suprimir sus prácticas de autonomía. A través de diferentes manifestaciones y pronunciamientos públicos, los actores resisten en el espacio local y nacional las acciones de los diferentes niveles y actores que conforman la estatalidad, las cuales se expresan con particular visibilidad en las políticas de participación centralmente implementadas, que buscan subsumir la riqueza del mundo político y asociativo local. La resistencia constituye un nivel básico y esencial del accionar de estos actores, que se despliega tanto a nivel local como nacional y se complementa con estrategias en otros niveles y espacios del campo político.

Por su parte, la *incidencia* expresa la capacidad de actores societales con cierto grado de organización, visibilidad y movilización para llevar sus luchas a la esfera pública y, desde allí, convertirla en agendas susceptibles de insertarse en las políticas públicas. Las acciones de incidencia implican la posesión y empleo de un conocimiento especializado —entre estos el jurídico—, la interlocución con agencias y funcionarios estatales. Muy aunado a estas, las acciones de *exigencia* aluden de forma directa a la capacidad y actitud de sectores amplios de la ciudadanía de reclamar a las autoridades el cumplimiento de estándares y metas de política pública en relación con derechos consagrados en la normatividad del país. Los diferentes catálogos de derechos (económico-sociales, civiles, políticos y culturales, entre otros) son especialmente valiosos y reivindicados por actores societales (organizaciones de mujeres, grupos comunitarios, cooperativistas, defensores de derechos humanos, etc.) que encuentran en ellos amparo legal que refuerzan la legitimidad social de sus acciones y reivindicaciones.

Resulta obvio que, al abordar estas realidades —y los conceptos que buscan definirlas—, se tropieza uno con fronteras difusas que no pueden conceptualizarse como ámbitos sociales separados de modo nítido: es necesario reconocer sus complejidades y tensiones internas, y explorar sus articulaciones con los actores y espacios de poder que atraviesan a la sociedad.[43] Cada sociedad *realmente existente* —esto es, histórica y espacialmente contextualizable— abarca mucho más que asociaciones y grupos con diverso grado de agregación y formalización; existe una gran cantidad de actores (vecinos, activistas, ciudadanos) individuales que participan en la conformación y reconfiguración cotidianas —a niveles micro y meso— de las relaciones dentro de los espacios y procesos sociales y societales, así como en la interacción —a nivel macro— con agencias y funcionarios del Estado. Son sujetos que poseen sus propias estrategias y capacidades de incidencia, que integran diversos tipos de alianzas —formales o informales, permanentes o coyunturales— y recrean los valores e ideas que conforman los diferentes proyectos políticos.

De tal suerte, *lo social* cobra vida en la interacción concreta entre individuos —dotados con su subjetividad y agencia— e identidades colectivas, que se expresan en diversos tipos de identidad y mediante formas de organización más o menos descentralizadas. Estas identidades colectivas son tejidas por la práctica, las memorias compartidas, las rutinas, y los usos de la vida cotidiana, en constante reinvención; y pueden diferenciarse en su seno aquellas de carácter *adscriptivo* (etnia, clase) de otras de índole *electiva* (organizaciones, movimientos) (Domingues, 2009:163-170). Solo a partir de estas agrupaciones e interacciones de disímiles sujetos individuales y colectivos puede entenderse el vasto mundo de las relaciones sociales, que son interpretadas desde los prismas ideológicos, teóricos y políticos de cada época y a través de sus enfoques y polémicas fundamentales.

Lo social organizado: debates y realidades contemporáneas

Dentro de la teoría social moderna pocas nociones sufren los efectos de un uso tan indiscriminado y laxo como la idea de sociedad civil. Hija del

---

[43] Las sociedades no constituyen formaciones estáticas, porque constantemente se reconfiguran como resultado de las luchas sociales; por lo cual, al decir de un notable teórico del cambio político, «haremos bien entonces en abandonar la noción de "sociedad" y de "sociedades" como sistemas autónomos. Y haremos mejor en adoptar la idea alternativa de relaciones múltiples, algunas muy localizadas y otras con un escala mundial» (Tilly, 1991:42).

pensamiento moderno, el término reaparece en el debate público a inicios de la década de 1980 como concepto que satisface, a la vez, funciones legitimadoras, movilizativas, normativas, descriptivas, y es frecuentemente presentado, de forma polémica, como una entidad unificadora de diversas fuerzas sociales y un terreno de legitimación y confrontación de proyectos políticos (Dagnino, Olvera, Panfichi, 2006). Los actores de la sociedad civil poseen diferentes tamaños, niveles de organización y lógicas de funcionamiento, se insertan en magnitudes espacio-temporales disímiles y desempeñan papeles políticos divergentes, tanto democráticos como autoritarios.

Para la comprensión del fenómeno sociedad civil en la contemporaneidad, resulta clave pasar balance del legado de estudios desarrollados por los teóricos posthabermasianos.[44] Según este enfoque, lo *social-civilista* reúne, como rasgos constituyentes, la pluralidad —conectando grupos humanos diversos—, la publicidad —al expandir instituciones culturales y comunicativas—, la legalidad —por promover formas y principios generales que demarcan su espacio de actuación frente a la economía y el Estado— y la individualidad —como campo para el despliegue de la autodeterminación y desarrollo personales— (Arato y Cohen, 2000). En tanto espacio social diferenciado de funciones complementarias a las del Estado y el mercado, la sociedad civil contribuye a la formación de la opinión pública, establece redes de colaboración con actores gubernamentales, difunde diversos valores cívicos y políticos, y posee grados de desarrollo determinados por varios factores: la existencia de una cultura y tradición asociacionista; disposición de leyes y políticas estatales que garanticen el respeto a la libre asociación; la vitalidad de la ciudadanía, etcétera.

Para la tradición posthabermasiana, los actores que conforman la sociedad civil se organizan en torno a dos principios: la autonomía y la autolimitación (íd.). La autonomía remite, en este caso, a la diferenciación frente al Estado y al mercado; mientras que la autolimitación establece que el fin y los objetivos de las acciones no se guían por la búsqueda del poder o la integración al Estado, sino por apuntar a una reforma radical de la vida pública. Dos rasgos que, con independencia de la identificación o distancia de cada quien con el enfoque posthabermasiano, es posible identificar en disímiles experiencias concretas de organización y movilización societales en las sociedades contemporáneas, enclavadas en el centro y en la amplia periferia del *sistema mundo* capitalista.

---

[44] Identifico como tales tanto a las formulaciones pioneras de Andrew Arato y Jean Cohen, como en los más recientes aportes latinoamericanos, en la obra de autores como Alberto Olvera, Ernesto Isunza, Evelina Dagnino o Leonardo Avritzer.

Sin dudas, el texto —ya clásico— de Cohen y Arato (2000) tributa al debate sobre la naturaleza de *lo social*, las expresiones específicas de *lo societal* y las avenidas deseables para una ampliación de la democracia, y ofrece herramientas para abordar teóricamente los retos del control del Estado y del mercado. Sin embargo, no basta con separar la sociedad civil de los espacios estatales y mercantiles, dotándola de la coherencia absoluta que suponen aquellos apologistas que han hecho lecturas reduccionistas del análisis posthabermasiano, al enfocar estos ámbitos organizativos desde el prisma de racionalidades innatas,[45] o concebirlos al margen de sus respectivos contextos históricos.[46] Además, el legado posthabermasiano deja algunos problemas poco explorados; pues, si bien se distingue en una ruptura/ampliación analítica de la fórmula dicotómica Estado-sociedad, la existencia de una sociedad económica —basada en formas de propiedad y asociación puramente económicas—, una sociedad política —sustentada en el sufragio y en la participación política— y una sociedad civil —basada en los derechos a la comunicación, las asociaciones y movimientos civiles—, su enfoque no resuelve el problema sobre las formas posibles —y deseables— de interacción entre los diferentes niveles.

En general, numerosos enfoques contemporáneos sobre la sociedad civil comparten déficits tales como la falta de claridad acerca de las relaciones entre este ámbito, la economía de mercado y la sociedad política; la dificultad de explicar las ausencias históricas de la sociedad civil en Europa del Este y en América Latina o los porqués de su aparente súbita emergencia en los períodos de transición (Olvera, 1999). Sin embargo, lo que de estas reflexiones —y de su apropiación práctica por actores inmersos en procesos históricos concretos— dimana es la certeza que la sociedad civil continúa siendo un lugar de luchas culturales, de interpretación, inclusión y exclusión, de pugnas por la hegemonía, y no le corresponde una lógica o imagen única, abstracta e internamente indiferenciada. Más allá de los discursos que aún la representan como un sujeto homogéneo —al hablar de una *sociedad civil nacional* o *global*— a estas alturas es imposible ignorar

---

[45] «Aun aceptando la distinción (clásica) entre el mercado —como espacio de las interacciones económicas— y el Estado —como ámbito de la regulación política—, no se puede dejar de considerar la existencia de "relaciones fronterizas", en forma de "relaciones facilitadoras" o «intrusiones destructivas» de estas esferas sobre la sociedad civil» (Boves, 2010).

[46] «Ni la ciudadanía ni la sociedad civil son realidades estáticas, sino campos dinámicos de luchas y disputas, ya que se trata de construcciones históricas que están expuestas a la intervención de los actores. Por ello, los criterios de inclusión/exclusión van sufriendo variaciones, ampliaciones y/o restricciones sucesivas» (íd.).

la heterogeneidad de formatos organizativos, identitarios e ideológicos que la constituyen, siendo ello un hecho sociológico y político visible y consustancial a su existencia.

Otra objeción refiere a ciertas ambigüedades del concepto, que se visibilizan cuando es privilegiado su lado normativo, al entender la sociedad civil como asociaciones y públicos (plurales), estabilizados por los derechos fundamentales (asociación/prensa/reunión/expresión/privacidad) y que operan de acuerdo a una lógica normativa de coordinación correspondiente a una *acción comunicativa* (Habermas, 1987). Lo cual presenta un problema, pues existen ciertos foros y públicos en los cuales la admisión puede no ser democrática, y en cuyos predios ocurre gran parte de la comunicación social relevante; los relativos a la producción científica y artística son un ejemplo de lo anterior. Por tanto, cualquier definición reunirá una tensión entre lo descriptivo —la sociedad civil realmente existente— y lo normativo —como debe o aspira ser.

Tampoco la separación analítica que demarca las organizaciones civiles y movimientos sociales[47] de aquellas constitutivas de la sociedad política (partidos) resulta siempre adecuada para comprender los procesos reales. La decisión de una organización o movimiento social de actuar en lo político, involucrándose en una coyuntura electoral o movilizativa —en apoyo a un candidato o partido— no implica en sí que se esté dando una transformación cualitativa en sus objetivos ni en sus relaciones con los ámbitos sociales en los cuales está inserto. Mucho menos que su potencial democratizante se vea disminuido o subordinado frente a las lógicas y actores políticos institucionales.[48]

Tampoco resulta ocioso —ya que en este texto se hace referencia a procesos y actores sociopolíticos identificados con un proyecto de cambio

---

[47] Las organizaciones civiles deben ser, según la norma corriente, no lucrativas, dependientes del financiamiento externo (público o privado) o la autogestión, promotoras del voluntariado, productoras de bienes colectivos y orientadas a diferentes formas de incidencia en lo público y de interrelación con agencias del Estado y la cooperación externa. La realidad recuerda la distancia existente con este deber ser.

[48] Si bien aquellos actores de la sociedad civil que asumen una estrategia de autolimitación son incapaces de producir por sí solos un cambio de régimen, su aporte al desmontaje de gobiernos autoritarios no puede ser disminuido. Tampoco puede asumirse que esta, por sí, se desmovilizará en el camino de conformación de un pacto con otros actores tendiente a la realización de elecciones democráticas. Al distinguir la sociedad civil y la sociedad política como representativos de dos niveles de asociación presentes en las transiciones y sociedades democráticas, solo se infiere que la estabilización de la democracia y las posibilidades futuras de democratización dependerán del desarrollo de una relación compleja y dual entre lo civil y lo político (O' Donnell, Schmitter y Whitehead, 1994).

emancipador— recordar *aquí* y *ahora* el lugar que el debate sobre la sociedad civil ocupó en los procesos de cambio que durante el trienio 1989-1991 desmontaron los regímenes de Europa del Este. Allí, la fusión de los aparatos económicos y políticos —bajo el dominio de las burocracias estatal y partidista de las regímenes socialistas de Estado— generó una lenta pero creciente respuesta ciudadana; la cual favoreció la emergencia /identificación de un espacio potencialmente autónomo y opositor capaz de abarcar extensos segmentos de la sociedad.[49]

En ese contexto, la distinción Estado-sociedad —que transmutó con rapidez en el discurso Estado *vs.* sociedad civil— permitió enfocar la atención de la opinión pública internacional en las prácticas opresivas desarrolladas en nombre del «socialismo real», revivió la demanda de limitación y legitimación popular de los poderes instituidos y potenció la reivindicación de libertades de asociación y expresión; temas bastante desatendidos por la izquierda en aras de «mantener la unidad» y «no dar armas al enemigo» en los marcos de la Guerra Fría. Creo importante retomar esta experiencia —y no considerarla materia histórica— por cuanto una situación similar parece repetirse hoy en países regidos por gobiernos progresistas, donde el Estado pretende representar «lo popular» limitando la autonomía de los sujetos societales y donde la idea de sociedad civil es presentada como un «instrumento del Imperio» para desacreditar, sin distingo, lo mismo a organizaciones de derecha como a movimientos populares adscritos, por sus imaginarios y prácticas, a un proyecto democrático participativo (Dagnino, Olvera, Panfichi, 2006) de reconfiguración y reapropiación de la política y el espacio público.

La crítica al sentido universalista del modelo de una sociedad civil regulada por la lógica de la *acción comunicativa* —que resulta, en la actualidad, la visión académicamente hegemónica del hecho societal— lleva a atender la existencia de otras visiones —y materializaciones— de lo societal, ancladas en los contextos de comunidades étnicas, aborígenes, rurales y religiosos —que pueden otorgar mayor peso de lo espiritual y comunitario sobre lo racional e individual— o enclavadas en contextos de aguda confrontación política y escasos mecanismos de regulación civil del conflicto social, en la forma que son

---

[49] Esta experiencia histórica recuerda que «[...] cuando los espacios sociales proclaman su autonomía respecto al poder político y le manifiestan su desconfianza o indiferencia, más pertinentes y perturbadores se tornan para el sistema político los modos populares de acción política que [...] constituyen una política no inventada desde arriba, por iniciativa de los actores profesionales y organizados, sino desde abajo, por individuos sin preparación política» (Badie y Hermet, 1993:275).

(re)conocidos en las sociedades occidentales dominantes.[50] Sin embargo, será necesario reconocer, en nuestras naciones periféricas, cómo *otras* formas de organización y movilización societales —no asimilables al enfoque socialcivilista— portan un potencial democratizador que expande las fronteras de la ciudadanía y la democracia más allá de sus formatos tradicionales.

En relación con lo anterior, el sociólogo P. Chaterjee (2008) ha destacado en su obra las experiencias de *resistencia* e *incidencia* de grupos societales que buscan hacerse escuchar por las instituciones estatales, apelando a la movilización para corregir los efectos de una legislación y políticas públicas —monopolizados por las clases medias— que bloquean el acceso de sectores populares. Para ello despliegan acciones colectivas que —en un equilibrio inestable— no reivindican derechos universales, sino que apelan a una solidaridad moral, con procesos administrativos paralegales y acciones dirigidas a canalizar las demandas de aquellos sectores ignorados por el Estado y por los actores de la sociedad civil formal.[51]

Estos tipos de lógica y accionar, que podrían denominarse *paraciudadanos*, explican buena parte de los procesos de movilización social desplegados por sectores populares en naciones periféricas —incluidas Nicaragua y Venezuela— para reivindicar la extensión de políticas públicas (salud, vivienda, educación, etc.) orientadas a la satisfacción de derechos básicos en

---

[50] Es conocida la diferenciación y tensión existente entre la lógica de derechos cívicos de la sociedad civil y las de formas comunitarias diversas como la etnia, la raza y la nación (Alexander, 1994). Otros autores recuerdan cómo ciertas comunidades someten al individuo, por lo cual —aunque frenan la injerencia del poder estatal y/o mercantil— no generan necesariamente dinámicas democráticas y acaban por establecer autoritarismos en pequeña escala (Gellner, 1996).

[51] Para Chaterjee, las supuestas dicotomías Estado-sociedad civil, público-privado, regulación social-derechos individuales, son categorías subsumibles dentro del Estado nación, un tipo de comunidad con vocación hegemónica inscrita en los marcos del desarrollo capitalista. Para el autor, la verdadera confrontación se dará entre las lógicas y procesos del capitalismo y las comunidades, ejemplificado en la periferia a través de la contraposición entre los —escasos— actores civiles y elitistas en las sociedades civiles coloniales —que restringen la participación de mayorías excluidas y perpetúan el *status quo*— y aquellos movimientos de liberación que apelan a la ruptura, utilizando las formas y representaciones de la comunidad. El Estado moderno mantendría a la par la ficción de igualdad —con derechos legales y accesibles a todos los ciudadanos—, mientras desarrolla estrategias paralegales (administración y provisión de servicios) para atender a excluidos y corregir déficits institucionales. Entonces, lo paralegal no puede ser visto como una anomalía, sino como parte importante del proceso de construcción histórica de la modernidad; de modo análogo a lo acaecido con las formas *otras* de participación y movilización protagonizadas por grupos excluidos.

zonas marginadas. Lo que se traduce en un complejo diálogo con el poder estatal, el cual dispensa acciones y programas particulares susceptibles de resolver, por un lado, la deuda social acumulada y, por el otro, establecer un intercambio de favores y lealtades que refuerce el control político de las poblaciones beneficiarias.

Por su parte, la *incidencia* y *exigencia* cobran vida en la forma de prácticas de control social (Isunza y Gurza, 2010); en tanto este último resulta un proceso que rebasa la representación política parlamentaria y los mecanismos administrativos para abrigar la incidencia de los ciudadanos sobre procesos decisorios, ya sea mediante la demanda de información, la exposición de quejas la implementación de formas diversas de evaluación y supervisión de la acción de gobierno. Los actores societales despliegan un conjunto diverso de formas de acción colectiva y de activismo cívico —englobadas bajo la noción de *accountability* social— orientadas al fortalecimiento del control de la legalidad de los funcionarios públicos.[52] La *accountability* social representa una forma primordial de politización en cualquier democracia, ya que sirve para probar si la conducta de los representantes políticos y de los funcionarios no electos se adecua o no a los principios normativos que legitiman el contrato representativo (Peruzotti, 2006).

Las diferencias organizativas e identitarias entre, por ejemplo, redes de organizaciones civiles —compuestas por públicos urbanos y de clase media, que realizan incidencia política en un entorno legal e institucional que les reconoce, y movimientos populares —de anclaje urbano y/o rural, que pugnan por abrir el sistema político a la representación de grandes identidades colectivas preteridas— son reales y a veces resultan minimizadas por los analistas. La mayor parte de la experiencia humana, temporal y espacialmente hablando, da cuenta de la existencia de formas de acción colectiva poco «civiles» y «democráticas», según los estándares clásicos de la modernidad occidental. Esto es importante de apuntar cuando se constata la vitalidad creciente de experiencias como el indigenismo latinoamericano, los grupos religiosos islámicos y de las comunidades afroasiáticas que se organizan según el modelo descrito por Chaterjee.[53]

---

[52] Dentro de los actores inmersos en políticas de *accountability*, destacan movimientos sociales de afectados por acciones estatales discrecionales, asociaciones ciudadanas profesionalizadas y un sector del periodismo independiente. Aunque cada uno realiza acciones y funciones diferenciadas, estos tres protagonistas de la política de *accountability* social tienden a potenciarse cuando operan en conjunto.

[53] Sin embargo, no es ocioso insistir que «[…] no existe relación completamente nula entre el orden comunitario y el orden social, pues la aparición del segundo no implica la desaparición

Pese a la heterogeneidad de experiencias nacionales —y sus importantes diferencias de grado—, ha sido identificada la existencia de una *democratización* de la acción colectiva (Revilla, 2010) que supone un mayor rechazo al repertorio de violencia y el reconocimiento de la sociedad y las autoridades de la legitimidad de las movilizaciones, así como la emergencia de actores y culturas sociopolíticos innovadores. Desde los años 90 en Latinoamérica cobra auge un conjunto de nuevos[54] movimientos —y organizaciones— sociales, caracterizados por su arraigo territorial y —junto a ello— nuevas formas de organizar el trabajo y relacionarse con la naturaleza; con la búsqueda de autonomía política y material de cara al Estado y los partidos; una revalorización del papel de la identidad y la cultura[55] —que los lleva a «formar» en su seno una reflexión e intelectualidad propias—, un rol destacado de las mujeres y estrategias de autoafirmación y expresión que incluyen la toma del espacio público. Sin embargo —lejos de cualquier apología ingenua al *participacionismo* o la democracia directa como supuesta forma de sustitución de las mediaciones—, estos nuevos actores han tomado nota de la necesidad de establecer formas de coordinación abarcativas y permanentes e innovar en las formas de representación (Zibechi, 2008:24-29), apareciendo articulaciones de diverso signo, reconocibles en los movimientos de mujeres y en las redes de economía social y comercio solidarios.

A partir de sus luchas, estas organizaciones han aprendido que la ausencia de estructuras organizativas, de contraloría y deliberación —como las

---

del primero: más aun, la reinserción de las estructuras comunitarias en los ámbitos sociales modernos se efectúa mediante modalidades funcionales inéditas», las cuales animan «[…] la expresión y la impugnación y sirven como vectores de los movimientos sociales» para generar una articulación de las estructuras comunitarias con las asociativas capaz de provocar «[…] tensiones y dinámicas sociales que le dan al proceso expresivo una configuración original» (Badie y Hermet, 1993:267).

[54] Aquí, lo «novedoso» siempre es objeto de polémica. En algunos casos corresponde, en efecto, a la aparición de nuevos sujetos (ambientalistas, participativos, feministas) nacidos al calor de la transformación (urbana, modernizadora, etc.) de las últimas décadas, enmarcados en la contradictoria relación entre procesos de democratización —y de expansión de ciertos tipos de ciudadanía— e irrupción de un modelo económico neoliberal, que produjo agudas diferenciaciones y conflictos sociales. En otros casos, se produce la actualización, al calor de las luchas antineoliberales, de «viejos» sujetos —como los movimientos indígenas, campesinos y, en mucha menor medida, de trabajadores— que adquieren protagonismo en medio de movilizaciones sociales contra el poder de las élites políticas y empresariales.

[55] La cultura gana cada vez más presencia como elemento central de los movimientos sociales contemporáneos (Domingues, 2009:172).

asamblearias— hacen posible las usurpaciones antidemocráticas y muestran la fragilidad de movimientos locales y fragmentados para sostener el desafío a estructuras más amplias de poder. Al reivindicar nuevos derechos —o resignificar los ya reconocidos, a partir de luchas específicas como la feminista y la ambiental— de cara a la sociedad y el Estado, van abriendo nuevas sendas susceptibles de tributar, de forma consciente —o no— a un *proyecto de democratización* radical de los espacios socioestatales (Keane, 1992; Held, 1992) en perpetua construcción; lo cual supone expandir el sistema de derechos, reestructurando las instituciones estatales, para redefinir las fronteras y relaciones socioestatales y los estatutos de ciudadanía.[56]

Estas experiencias de organización y acción societales expanden —de facto— una ciudadanía que supone la pertenencia a una comunidad política mediante una serie de prácticas culturales, simbólicas, económicas y políticas, que definen los derechos y obligaciones del individuo, arbitrados por el Estado y que constituye un espacio donde los individuos se comparan y diferencian por sus prácticas e interpretaciones sobre el pasado, la valoración del presente y las propuestas de futuro (Tamayo, 2010:21-27). Así, las iniciativas de *resistencia* e *incidencia* —que buscan responder a las lógicas institucionalizadas de dominación y administración de lo público— como la *exigencia* por un mayor y más igualitario acceso a bienes y servicios constituyen auténticas estrategias ciudadanizantes.

Las prácticas novedosas de organización social y contracultura pueden articularse con un conjunto de movimientos más amplios, que rebasen las *resistencias* a pequeña escala ubicadas en la periferia institucional. Las luchas locales pueden converger con movilizaciones de diferentes envergaduras, de forma tal que sea posible coordinar una respuesta ante las acciones represivas y cooptativas del Estado. Así, la vinculación de iniciativas basadas en la *resistencia*, la *incidencia* y la *exigencia* constituye un horizonte promisorio para la acción de los movimientos y organizaciones sociales que canalizan las energías y demandas de la intrínsecamente diversa ciudadanía. Pero las diversas luchas societales encarnan también un conjunto de imaginarios, valores y formas de organización y acción. De la diversidad de expresiones que adoptan, es posible identificar algunos rasgos que distinguen a los nuevos actores societales latinoamericanos; entre estos, pueden destacarse las nociones de *autonomía* y *autogestión*.

---

[56] Este es un proceso lento y trabajoso, por cuanto los actores de la sociedad civil se constituyen de forma lenta y desigual, mientras que los regímenes políticos lo hacen más rápido (Whitehead, 2011a:113).

En la lógica de movimientos sociales, la apelación a la autonomía es reconocida como una forma de resistencia societal a la dominación institucionalizada, basada en el despliegue de experiencias de autodeterminación (Modonessi, 2010:123). Puede entenderse como la capacidad de los sujetos de estructurar sus procesos (organizativos, movilizativos y de convivencia cotidiana) a partir de normas o principios que ellos mismos definen; de cara a las pretensiones hegemónicas de aquellos actores (partidistas, estatales, empresariales, civiles) que tratan de subordinarlos. Su recuperación en el debate y praxis societales valoriza prácticas cotidianas de autorganización y resistencia que —aunque susceptibles de ser manipuladas por los poderes establecidos— resultan imprescindibles para lograr cambios emancipatorios (Zibechi, 2008:16). Sin embargo, la autonomía no puede analizarse de forma autorreferente, ya que siempre remite a algún tipo de poder frente al cual se apela o ejerce; por ello, el fenómeno autonómico pone en relación distintas experiencias de organización social con diversos componentes de la institucionalidad política (Almeyra, 2004:71).

Otra noción muy relacionada con la idea de autonomía es la de autogestión, que da cuenta de la gestión directa de la industria por productores organizados democráticamente, con una adopción voluntaria, colectiva y razonada de las decisiones, y reduciendo al mínimo las relaciones de poder basadas en la división social del trabajo (Almeyra, 2004:64). Las relaciones de autogestión apuntan a modificar la estructura jerárquica en la producción, rotar cargos y elevar el nivel cultural e informativo general al involucrar a la comunidad en la gestión productiva (ibíd.:77-78). Para su análisis, desde la academia latinoamericana se ha propuesto diferenciar un nivel basado sobre todo en la experiencia empírica —lo autogestivo como praxis de movimientos sociales— de una reflexión y propuesta de mayores alcances —lo autogestionario como proyecto ligado a un movimiento político (Modonessi, 2010:100).

En esta investigación resulta de interés observar y describir los espacios y prácticas a través de los cuales diversos actores societales y estatales interactúan y despliegan sus proyectos políticos y su capacidad de agencia.[57] Si lo que aquí interesa es conocer el tipo de estrategias que desarrollan los actores participantes, necesariamente habrá que generar mecanismos de observación y análisis de estos espacios y sus ocupantes, rescatando su complejidad y diversidad. Para ello resulta crucial comprender las estrategias y relaciones

---

[57] Como noción metateórica que articula la relación entre estructura y actor —cuando las acciones particulares cambian un Estado preexistente—, la agencia humana implica las capacidades de conocer y de manejar habilidades relevantes —como el acceso a recursos materiales y no materiales— de igual manera que el poder involucrarse en prácticas organizativas particulares (Long, 2005:108).

sociales que construyen los actores entre sí; así como las consecuencias —intencionales y casuales— de estas sobre los distintos actores participantes.

Esta investigación busca responder al desafío de articular el análisis de procesos meso —como los de las políticas de participación y las prácticas de autonomía— con entramados políticos más grandes y procesos de democratización/desdemocratización. Para el abordaje de la emergencia de prácticas de autonomía dentro de una sociedad civil dada —en correspondencia con un grado determinado de desarrollo de la ciudadanía— es preciso entender que estas se materializan a través de ciertas *estructuras* o conjunto de espacios organizativos más o menos estables (asambleas, coordinaciones, etc.) de reglas (formales o informales) y de recursos (materiales y/o simbólicos) que dan cuerpo a las diversas modalidades (directa, delegada, activismo, entre otras) de la organización y la participación estatal y/o societal. Las *estructuras* son un producto de la interacción continua, la transformación recíproca y el reforzamiento —por adhesión— que se produce entre diversos actores.

Además, se desarrollan *dinámicas*, conjunto de acciones secuenciadas mediante las que se despliega la acción colectiva y que constituye el componente cronológico de la trama. Dentro de estas pueden identificarse algunos cursos de acción estables, acumulativos e incrementales, y otros caracterizados por la emergencia de un auténtico «drama social», cuando la ruptura de un conjunto existente de relaciones o normas sociales demanda y conlleva esfuerzos ulteriores por restaurar el orden dañado o instituir nuevos arreglos sociales. La noción de *dinámicas* permite visualizar los forcejeos que tienen lugar entre los individuos y grupos específicos y, en particular, distinguir el sentido en que se orientan las dinámicas participativas. La *dinámica* debe dar cuenta de la secuencia —y evolución— de las respuestas y estrategias de los grupos locales que luchan para definir y defender sus espacios sociales, fronteras culturales y posiciones dentro de un campo de poder más amplio.[58]

Al estudiar las prácticas de autonomía, se debe atender a las diversas *culturas* (complejos de ideas, valores y creencias) que los actores poseen. Forjadas desde la interacción entre diversos proyectos políticos, su análisis permite comprender cómo los discursos y prácticas «dominantes» son

---

[58] A un nivel macro y dentro de una mirada comparada de los procesos sociales «[...] la comparación supone el análisis de las dinámicas, es decir, de las maneras de formación y transformación de estos ordenes políticos que nunca son dados ni fijos, sino que se constituyen históricamente gracias al juego de los acontecimientos y los accidentes, así como de principios más estables y quizás más previsibles, referidos a la estructura social y a la cultura» (Badie y Hermet, 1993:99).

incorporados, transformados o desafiados por las prácticas de los actores.[59] Así, la heterogeneidad de legados y su hibridación en prácticas y procesos específicos dejan su huella en la conformación de las culturas participativas de todos los actores colectivos (Long, 2007:112).

Por último, las *culturas* acrisolan y ponen en relación ideales, valores, representaciones y prácticas que tributan tanto al fortalecimiento de la ciudadanía —las relacionadas con la autonomía, la autogestión y la solidaridad—, como aquellas que fortalecen el control estatal y la dominación de élites, representadas por valores y prácticas caudillistas, clientelistas y autoritarios. Incluso, es posible hallar lecturas enfrentadas de un mismo término a partir de aproximaciones que derivan de herencias e identidades nacidas en las antípodas del espectro político en el marco de las políticas de participación y las prácticas de autonomía.

Regímenes políticos: marco para el estudio de la relación Estado-ciudadanía en los procesos de desdemocratización

Tanto las políticas de participación impulsadas por el Estado como las expresiones de autonomía emergentes en el seno de la sociedad civil y desarrolladas por la ciudadanía suponen un entorno institucional sobre el que operar e interactuar mutuamente. Por ello se torna pertinente abordar el fenómeno de la *democracia* concibiéndola, en un sentido amplio, como un régimen político caracterizado por la participación, la representación y el reconocimiento y ejercicio efectivo de los derechos de la ciudadanía dentro del proceso político, en un contexto dado.[60]

La democracia se nutre y construye a partir de sucesivos aportes de luchas e innovaciones democráticas originadas en diferentes épocas y contextos, por lo que ni sus formatos institucionales y legales pueden considerarse formas estáticas, ni las críticas a sus limitaciones y desviaciones pueden llevar al abandono del legado democrático acumulado. Legado cuyos contenidos

---

[59] Los discursos son juegos de significados insertos en las metáforas, representaciones, imágenes, narraciones, y declaraciones que proporcionan una visión de la realidad y la verdad y que se reproducen a través de textos escritos, hablados o no verbales (Long, 2007:112).

[60] Esta definición, deudora de la obra de Tilly (2010), no obvia que el fenómeno democrático es multidimensional. Además de su componente de régimen político, acoge otras dimensiones como son cierto ideal normativo, un proceso sociohistórico y un movimiento social capaces de expandir y concretar la democracia en sus formatos y contextos particulares. Este libro atenderá de forma especial dos de estas dimensiones (proceso y régimen) al desarrollar su abordaje en los casos de estudio.

normativos y sustantivos se van modificando una y otra vez, ampliando su horizonte y su concepto de ciudadanía (Maíz, 2001:93-94). El carácter histórico concreto de la democracia realmente existente supone una reunión —siempre dinámica y conflictiva— de los aportes del componente liberal —en tanto conjunto de derechos como la libertad de asociación, expresión y la limitación de la injerencia estatal—, el republicano —énfasis en la formación y acción cívicas y la participación— o el socialista —promoción de políticas sociales, defensa de la equidad como condición para la calidad de cualquier democracia, expansión de esta última a procesos del mundo laboral—; de forma tal que estos tres legados se entrecruzan —y a menudo enfrentan— en la articulación de un patrimonio democrático común de nuestra civilización.

En torno al fenómeno democrático se confrontan diversas tradiciones. La elección regular de autoridades, unida a la ausencia de mandato imperativo de los electores, la existencia de un conjunto de libertades políticas y una división de poderes constituyen el núcleo y fundamentos de la democracia representativa clásica, desarrollada a partir de los siglos XVIII y XIX (Welp y Serdult, 2011:147-148). Esta se convierte en base de la visión liberal de la democracia, donde *lo político* se concibe como una suerte de agregación de preferencias individuales, procesadas de forma estratégica, y *la política* deviene actividad instrumental y utilitaria. En este marco, la democracia opera como una dimensión para el despliegue de derechos negativos y la ciudadanía como una esfera restringida de realización de preferencias, a través de agregación de demandas mediante mecanismos representativos (Maíz, 2001:72- 73).

Por su parte, la democracia participativa alude a todo un amplio conjunto de mecanismos, prácticas, discursos y representaciones sobre la democracia, en cuyo seno la participación adquiere centralidad, contenidos sustantivos y vocación normativa. En su dimensión empírica, las innovaciones institucionales participativas —como las que se han desarrollado en las últimas décadas en América Latina— buscan llenar vacíos entre ciudadanos y representantes y se insertan en el debate sobre cuál noción de democracia privilegiar (Whitehad, 2011b:16-20).

En esta apuesta por superar las coordenadas del modelo liberal —presentado en no pocos casos como epítome del realismo político— debe cuidarse de no incurrir, utópicamente, en falsas opciones que a la postre resultan tan lesivas al ideal y praxis democráticos. En tanto la democracia supone el reconocimiento de la irreductibilidad del conflicto social y la correlativa necesidad de institucionalizarlo, entonces «[…] la democratización no consiste en conseguir una sociedad utópica reconciliada, un discurso racional perfecto y transparente que neutralice el poder y excluya la acción política de naturaleza estratégica, sino en la redefinición de nuevas relaciones de poder que faciliten una volición política cualitativamente superior» (Maíz, 2001:83-84). Por ello es necesario considerar que como este proceso no predetermina, *a priori*, ninguna orientación solidaria universal y por cuanto se pueden producir actos de imposición despótica de mayoría sobre minorías —y de líderes y estructuras sobre aquellas mayorías iniciales—, se torna insustituible el andamiaje —y funcionalidad— jurídico-garantista de origen liberal (ibíd.:87). A fin de cuentas ello no contradice las apuestas, magnas y hermosas, de la democracia, pues esta «[…] no es el gobierno del pueblo, *tout court*, sino el gobierno del pueblo de acuerdo a ciertas limitaciones, procedimientos, garantías…» (ibíd.:90).

Desde esta perspectiva, se defiende la necesidad de comprender la democracia como un resultado a largo plazo, plural y siempre abierto a las contingencias (Whitehead, 2011:15) de determinados eventos políticos, en el cual los actores involucrados —en especial aquellos dotados de recursos de poder— aceptan determinadas autolimitaciones a su desempeño a cambio de los beneficios derivados de un orden futuro deseable.[61] Se trata de procesos que, si bien puede producirse en los marcos de Estados y naciones[62] ya consolidadas —o en fases avanzadas de su desarrollo—, puede también coincidir con otros procesos amplios y complejos parcial o raigalmente incompatibles con democracia (guerras civiles, revoluciones y golpes de Estado) (ibíd.:334). Tal eventualidad lleva a reconocer la existencia, en la experiencia histórica, de un riesgo permanente de desdemocratización (Tilly, 2010:29). Así, la dupla democratización/desdemocratizacion plantea a los estudiosos los dilemas de explorar la relación existente entre un poder estatal —que puede tener baja o alta capacidad— y una voluntad popular más o menos activa y eficaz, expresada en estrategias, mecanismos y acciones ciudadanas (ibíd.:93)

Se ha acumulado una producción de estudios sobre los decursos y características de estos procesos democratizadores desde varias perspectivas. Una interpretación —dominante— de la democratización —desde una visión acotada de la democracia— reduce la participación a la capacidad de elegir entre élites que compiten en elecciones y la gobernabilidad al desempeño de estas

---

[61] En ese sentido, vale la pena recordar que «fotografiar un orden político en un momento dado equivale preferir el poder y no la oposición, lo legítimo y no lo ilegítimo, la relación y no la acción social […] aislar la estructura y la organización que garantizan la eficacia del poder […]» (Badie y Hermet, 1993:34).

[62] De tal suerte, «la unidad dominante de análisis en estudios de democratización siempre ha sido el Estado-nación. Ya sea que el tema en consideración sea la ciudadanía, el diseño institucional o el control de la política monetaria, la mayor parte de la teorización toma al Estado como la referencia de fondo» (Whitehead, 2011a:341).

élites: percibidas como racionales, informadas y dotadas de intereses coherentes. A veces se sobredimensiona su responsabilidad dentro del desmontaje de regímenes autoritarios —sin ubicarlas al interior del diseño institucional y las tradiciones culturales específicas capaces de contribuir a una democratización amplia y profunda— y, aunque se incorpora la dimensión social —en tanto opinión pública y participación ciudadana—, se la concibe fundamentalmente canalizada a través de las instituciones políticas y conducida por aquellas élites. Así, al reducir el análisis a una relación de consecutividad entre una movilización social y una institucionalización de los cambios, se obvian los nexos entre dos lógicas políticas (la social y la estatal) a través de las cuales los actores interactúan, confrontan y rediscuten sus prioridades y acuerdos constantemente.

Otros enfoques abordan la democratización desde abajo, ponderando la función desempeñada por organizaciones civiles y movimientos sociales; al resaltar el papel de estos actores en dichos procesos para demostrar que la sociedad civil siempre ha estado viva y que ha ocupado roles centrales en los procesos globales de democratización. También se ha examinado el impacto de la estructura de clases en la naturaleza y posibilidad de las transiciones democráticas, la relación entre la democratización y los factores económicos —en especial el impacto de las crisis en dicho proceso— o los nexos entre la democratización y los actores/procesos internacionales (O'Donnell, Schmitter y Whitehead, 1994; Tilly, 2010).

Pero esta investigación atiende la democratización como un resultado de la interacción entre iniciativas del Estado y acciones de la ciudadanía, relación que claramente modifica, en diverso grado, a los actores que involucran. En este proceso se expresa una pluralidad de luchas, agendas, concepciones y proyectos políticos, donde lo societal y lo estatal interactúan; considerando siempre las asimetrías entre estos y la diferencia crucial de que los actores estatales toman decisiones vinculantes que abarcan al conjunto de la sociedad. Al estudiar cómo la sociedad y el Estado interactúan y se constituyen entre sí, se puede tomar nota de los procesos de interacción, negociación, resistencia, así como de creación de normas en múltiples escenarios sociales (Migdal, 2006:15).

Partiendo de semejantes presupuestos, una noción clave para el análisis de los procesos históricos y políticos abordados en la presente investigación es la de *régimen político*. El régimen político es definido como conjunto de instituciones y procesos —formales e informales— que median entre el Estado y la ciudadanía, determinando el acceso a los cargos públicos y señalando cuáles son aquellos actores, recursos y estrategias admitidos y/o excluidos en dicho acceso (O'Donnell, 2010:33). Para otro autor, el régimen constituye un conjunto de relaciones entre el Estados —y su funcionamiento— y los ciudadanos —y su accionar—, donde se ponen en juego ciertas capacidades del Estado (altas o bajas)[63] definidas como el nivel con el que las intervenciones de los agentes estatales modifican la distribución ya existentes de las redes, recursos, actividades y conexiones no estatales, así como las relaciones entre tales distribuciones (Tilly, 2010:42-49).[64] De forma sintética, podemos decir que el régimen político es una suma de valores, prácticas y reglas institucionalizados que determinan el acceso, ejercicio y ratificación del poder en un contexto dado.

De acuerdo con Tilly (2010), un régimen será democrático si estas relaciones estatales-ciudadanas se expresan mediante un sistema de consultas mutuamente vinculantes, amplias, iguales y protegidas, que posibilitan la agencia de las personas sobre los procesos políticos. Para lo que deben combinarse los elementos mínimos reconocidos de un clásico Estado de derecho con un conjunto de recursos que habiliten la práctica de la ciudadanía. La democratización será, entonces, un movimiento hacia una u otra dirección (cercanía/avance o alejamiento/retroceso) en relación con los elementos que definen al régimen democrático. Estos elementos se articulan (Cuadro 1.3) sin que el modelo —y su enfoque subyacente— sean suficientes, como reconoce el propio autor, para agotar la riqueza de los casos particulares y sus dinámicas evolutivas.

Cuadro 1.3: Elementos que definen el régimen democrático.

CONCEPTO	CATEGORÍAS ANALÍTICAS	OBSERVABLES O DIMENSIONES
régimen político	Estado, ciudadanía y relaciones entre ambos (1)	redes de confianza (2)
		igualdad de categorías
		autonomía de centros de poder

Notas: (1): Mutuamente vinculantes, amplias, iguales y protegidas, se expresan con la existencia de procesos electorales y prácticas de contraloría, incidencia y movilización ciudadana, entre otros; (2) integradas o desconectadas de la política pública, abiertas o excluyentes de nuevos sujetos, amplias/reducidas en su extensión y densas o frágiles en su composición.

Fuente: Elaboración propia a partir de Tilly (2010).

---

[63] La capacidad estatal se define como el «[…] alcance con que las intervenciones de los agentes estatales sobre las redes, recursos y actividades no estatales, modifican la distribución previa de esos recursos, redes y actividades y sus mutuas relaciones» (Tilly, 2010:48).

[64] La utilidad de su enfoque es defendida por el mismo Tilly cuando señala que «[…] las formas específicas de instituciones[…] han mutado a lo largo de la prolongada historia […]»; pero «las mismas transformaciones básicas de las redes de confianza, la desigualdad de categoría y los centros de poder coercitivo autónomos han coincidido en todos los desplazamientos sustantivos hacia la democracia de los regímenes» (ibíd.:250).

El modelo analítico —y la tipología de regímenes— propuesto por Tilly para el estudio de los procesos de democratización y desdemocratización, correlaciona la capacidad estatal y el nivel de desarrollo democrático (ibíd.:52). Según este enfoque, el relacionamiento Estado-ciudadanía[65] discurre (y puede ser analizado) a partir de la articulación entre un conjunto de *mecanismos* específicos —en tanto acontecimientos que producen efectos similares e inmediatos sobre una amplia gama de circunstancias— y *procesos* recurrentes —combinaciones y secuencias de mecanismos que producen algún resultado específico— que dan forma al gran cambio político.[66] En esos mecanismos y procesos las dimensiones de lo estatal y lo societal se entrecruzan —a partir del accionar de múltiples actores específicos— en las dinámicas de democratización y desdemocratización.

Dentro del enfoque de Tilly, ocupa un lugar destacado la noción de política pública,[67] entendida como un tipo de relaciones entre Estado (dimensión estructural, preexistente y cambiante) y los ciudadanos (dimensión de la acción, heredada y emergente) que implica visiblemente el ejercicio del poder estatal. Política pública que posee diversas formas de expresión: la celebración de elecciones y los movimientos sociales, los censos y la recaudación de impuestos, el servicio militar y los golpes de Estado, las rebeliones y guerras civiles, etc. Dicha política pública excluiría solo las interacciones estrictamente personales entre ciudadanos, entre los funcionarios del Estado y entre ambas categorías de población, y podría ser evaluada a partir de su capacidad para expresar las opiniones, demandas y necesidades ciudadanas a través de medios públicos (ibíd.:43-44).

Bajo esta perspectiva, *un régimen* es *democrático* cuando las relaciones políticas entre el Estado y los ciudadanos se demuestran con consultas *amplias*

---

[65] Dentro de este enfoque se define genéricamente como ciudadanos a todos los adultos con derechos que viven dentro de las fronteras de un Estado (ibíd.:43) los cuales incluyen lo mismo a élites o redes de personas que ejercen un control sobre recursos sustantivos —incluida la fuerza de trabajo— que a la gente común, agrupada en redes de trabajadores, campesinos, comunidades locales y demás actores no dominantes, los que carecen de control sobre recursos sustantivos (ibíd.:242).

[66] Así, por ejemplo, un mecanismo sería la formación de coaliciones ciudadanas que pugnan por abrir el régimen político dando más espacio a la agencia de la gente; mientras que la democratización sería el proceso que da cauce a dicha demanda e incidencia (ibíd.:55). Comprender estos elementos es indispensables para realizar un buen estudio, toda vez que «la comparación solo cumple su propósito heurístico cuando no tiende a acumular información, sino a la comprensión progresiva […] de los mecanismos que parecen provocar diferencias o similitudes que solo son resultados» (Badie y Hermet, 1993:69).

[67] Es diferente al concepto de políticas públicas, algunas de cuyas expresiones concretas se abordarán al analizar las políticas de participación en los casos nacionales.

—de la población poseedora de derechos—, *iguales* —a partir de categorías legales que definen estos derechos y obligaciones en diferentes grupos poblacionales sin sesgo de etnia, clase u otros—, *protegidas* —dado que todos disfrutan de garantías frente a las posibles arbitrariedades de los funcionarios— y *mutuamente vinculantes* —pues se compromete a ambas partes en el proceso—. El grado de democracia guardará relación con la forma en que estas características se cumplen (ibíd.:45-46); mientras que la desdemocratización supondría la resistencia o deserción de sectores de élite del pacto social democrático (ibíd.:72), el retroceso a la participación popular y la penalización del disenso y la oposición.[68]

Dentro de este enfoque, existe un conjunto de factores a tener en cuenta para abordar los procesos de democratización y desdemocratizacion (ibíd.:109-112) que pueden ser agrupados en los siguientes mecanismos:

1. La existencia de *redes de confianza*, conexiones interpersonales consistentes en cuyo seno la gente deposita, desafiando riesgos, recursos y expectativas a largo plazo. El relajamiento —bajo regímenes autoritarios— del control estatal sobre dichas redes y su integración al ámbito público —mediante la disolución de redes tradicionales y el acceso de grupos excluidos— marcan pautas dentro del proceso democratizador;[69] en tanto sí permanecen segregadas de los regímenes que tributan a la desdemocratización.

2. El nivel de *desigualdad entre categorías,* formas de organización de la vida social en torno a límites que separan grupos enteros de población —que difieren en sus oportunidades según su religión, género, casta, etnia, raza o clase— y su expresión como diferencias de derechos y deberes políticos. Todos los regímenes —democráticos o no— intervienen de diverso modo en la (re)producción de la desigualdad al proteger las ventajas de sus apoyos y establecer sistemas propios de extracción y distribución de recursos para aquellos adherentes y población que controlan (ibíd.:155). Las *desigualdades de categoría* son un tipo de relación entre personas o grupos de personas en las cuales la interacción genera mayores ventajas para unos que para otros (ibíd.:148).

---

[68] El concepto de oposición expresa «...la facultad del tejido social para organizar la expresión de sus desacuerdos frente a los gobernantes» misma que puede ser legal o ilegal y esta ultima pública o clandestina, tolerada o reprimida (Badie y Hermet, 1993:260)

[69] Además, debe producirse el debilitamiento de formas de mediación clientelares y las redes ya segregadas deben acompañarse por la creación de nuevas redes políticamente conectadas.

Entre los mecanismos que reproducen estas desigualdades se encuentran la explotación, cuando las personas que controlan un recurso consiguen el esfuerzo de otras en la producción de un valor por medio de tal recurso, excluyéndolas —junto a otras personas— del uso del valor generado; y el acaparamiento de oportunidades cuando se delimita la disposición de un recurso a los miembros de una categoría (ibíd.:149). Diferencias continuas y permanentes que separan las disímiles comunidades se traducen en desigualdades explícitamente políticas, suceptibles de minar la democracia, al bloquear la participación y la formación de coaliciones amplias, consagrando las asimetrías de recursos y capacidades en detrimento de los sectores relegados y proveyendo a las categorías aventajadas la capacidad y el incentivo para eludir la deliberación democrática —si creen que esta amenaza su status e intereses— y establecer relaciones beneficiosas con agentes estatales para afectar a los actores no estatales desfavorecidos (ibíd.:147-156). En este sentido, solo la autonomización de las instituciones respecto al influjo de las desigualdades —mediante la expansión de procesos sociales igualadores y la aplicación de políticas públicas universales— contribuye a la democratización.[70]

La reducción del peso de los centros de poder autónomos —conexiones interpersonales que confieren a actores políticos los medios para alterar la distribución de recursos, población y acciones dentro del régimen— que pueden estar dentro o fuera del Estado, alumbra los caminos a la democratización. Se trata, en resumen, de transformar el poder estatal mediante la ampliación e igualación de la participación política, la mejora del control ciudadano sobre el Gobierno y la inhibición del poder coercitivo arbitrario de todos los actores políticos, en primer lugar de quienes detentan el poder estatal (ibíd.:131-133). La interrelación de estos factores en los procesos de democratización/desdemocratización puede verse representada en el Esquema 1.1:

Política comparada y objetivos de esta obra

Esta obra se propone contrastar el devenir, los rasgos y resultados de procesos y regímenes políticos diferentes pero insertados en una región común, con un contexto y legado histórico similares. Para ello, el auxilio de la *política*

---

[70] Entre los recursos generadores de desigualdad históricamente relevantes se encuentran: los medios de coerción y las instituciones, la fuerza de trabajo, la tierra, el capital y la maquinaria, el conocimiento, los medios y la información (Tilly, 2010:150).

Esquema 1.1: Conexiones causales entre las configuraciones
del poder y la democratización.

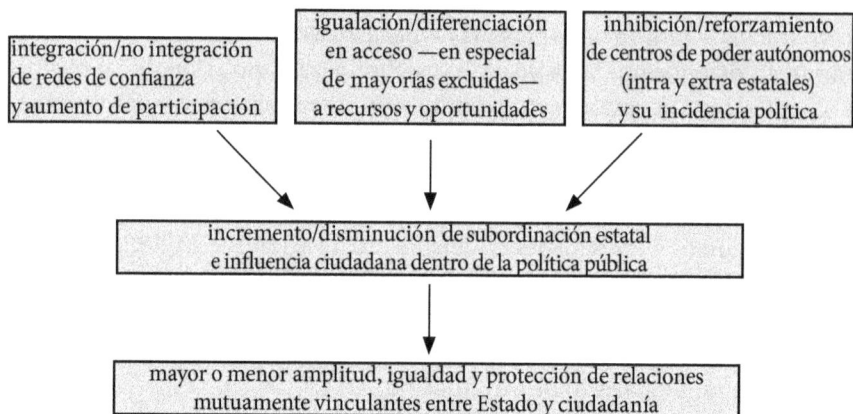

integración/no integración de redes de confianza y aumento de participación	igualación/diferenciación en acceso —en especial de mayorías excluidas— a recursos y oportunidades	inhibición/reforzamiento de centros de poder autónomos (intra y extra estatales) y su incidencia política

↓

incremento/disminución de subordinación estatal
e influencia ciudadana dentro de la política pública

↓

mayor o menor amplitud, igualdad y protección de relaciones
mutuamente vinculantes entre Estado y ciudadanía

Fuente: Elaboración propia a partir de Tilly (2010:179).

comparada[71] —en tanto enfoque y campo de estudio para el abordaje de los fenómenos políticos— permite vincular y profundizar, de forma simultánea, el análisis empírico de contextos y procesos particulares y la reflexión desde la teoría política; expresando la singularidad de cada modelo de desarrollo a partir del estudio simultáneo de las prácticas de poder y la oposición a este (Badie y Hermet, 1993:7-8). Se trata de un método que posee fuertes anclajes en disciplinas consolidadas (como la politología y la historia) y que remite a desarrollos más recientes (como el de la Sociología Histórica de lo Político);[72] pero que al «comparar los hechos sociales pertenecientes a las mismas categorías, aunque insertándolos en contextos diferentes, con el fin de explicar de esta manera su génesis y sus diferencias

---

[71] Lejos de lo que algunos postulan, este enfoque no resulta patrimonio exclusivo de la politología, toda vez que «la política comparada sigue siendo sociológica porque no rechaza *a priori* la conceptualización sociología y los métodos y paradigmas de la sociología, sino que sencillamente pretende discernir, en el seno de esta maquinaria, entre lo universal y lo particular, entre materiales marcados precisamente por una historia y lo que, por el contrario, se vuelve a encontrar en las historias» (Badie y Hermet, 1993:35).

[72] Esta sociología histórica de lo político —con exponentes destacables como Barrington Moore y Theda Skocpol— constituye una corriente amplia, dentro de la cual cada investigador ha debido definir su estrategia investigativa, el modo de construir su objeto y de articular los métodos de historiador y sociólogo, indagando por la naturaleza de recursos documentales y delimitar los modo de verificación empírica (ibíd.:35).

de configuración y de arreglo» (ibíd.:15) es fructífero para el abordaje de objetos de estudio complejos y multivariables.

En este caso, en la investigación que dio origen al presente libro, se asumió una variante del método comparativo que no se caracteriza por su elevado grado de formalización explícita sino por incorporar —con creatividad intelectual y apertura metodológica— los aportes y herramientas para un mejor conocimiento del problema a investigar, a partir de identificar sus contrastes y semejanzas entre los casos. Pues, como plantean dos reconocidos autores que inspiraron el análisis: «Comparar no significa conocer lo complejo, elaborado y complicado de cada trayectoria política: la comparación tiene como objetivo desviarse por los caminos de los otros para demostrar que poder, legitimidad y política no quieren decir lo mismo siempre, que según los lugares pueden practicarse de diferentes maneras y que así remiten a sistemas de sentidos y a aplicaciones que pueden ser muy diversos, incluso opuestos» (ibíd.:147). En tal sentido, el análisis atiende a la historia,[73] definiendo lo específico de cada etapa y examinando sus dinámicas, alejándose de los enfoques deterministas y monocausales[74] —de ahí el aporte virtuoso de la lógica procesal y de mecanismos de Tilly—; así como las teorías que atribuyen *a priori* un sentido a la historia —como cierto tipo de análisis marxista y las teorías de la modernización— al desconocer el peso de las dinámicas y procesos políticos específicos.

De ahí que esta obra centre la atención en los procesos de democratización y desdemocratización que involucran estructuras institucionales y acciones humanas en niveles nacionales y locales de los dominios estatal y asociativo de dos países latinoamericanos.[75] Así, aunque en el último capítulo se otorga especial atención a fenómenos ubicados en un nivel macro de lo político, su abordaje solo será posible si ya se han hecho referencias a la

---

[73] Así «la comparación que no atiende a la historia implica ante todo el riesgo de culminar en una gestión de tipo existencialista: confrontar los órdenes políticos sin considerar su profundidad histórica, y por ello su gran movilidad [...] cuando se atiende a la historia se revelan las rupturas, las invenciones y las crisis, y por ello se pueden compara los órdenes políticos: no la organización de los órdenes políticos sino sus procesos de construcción» (ibíd.:33).

[74] Toda vez que «[...] la explicación política ya no puede afirmar la existencia de un factor determinante y universal que trascienda las culturas y las historias» (ibíd.:23).

[75] Pese a que la política comparada reconoce como legítimo cualquier nivel de análisis «su elección solo es posible en función de la definición previa del objeto de la investigación y después precisar qué supone la preferencia de determinado nivel» (ibíd., 1993:34).

forma particular con que estos procesos se expresan en arenas específicas, como las de las políticas de participación y las prácticas de autonomía.[76]

El análisis comparativo de procesos como los de democratización y desdemocratización supone la confrontación de diferentes secuencias evolutivas, la detección de las variables causales en un número pequeño (aquí dos) de casos históricos (ibíd.:55) y el establecimiento de su comparabilidad a partir de la reunión de algunos indicadores relevantes y correlacionables (Whitehead, 2011a:256-257). Por ello, para esta investigación se eligió un *análisis de tipo secuencial* que establece los pasos y procesos a través de los cuales se van produciendo —y combinando— diversas variables (políticas, económicas, sociales) y mecanismos que han sustentado el desarrollo democratizador y/o desdemocratizador en la Nicaragua y Venezuela contemporáneas. El propósito de este análisis es profundizar el conocimiento de ambos casos y sus procesos políticos, enfatizando la singularidad y dinámica de cada uno y las semejanzas entre ambos en un contexto histórico y regional. A la vez que sirve para validar ciertas teorías y enfoques generales —como los de democratización y participación— en el contexto de cada país.[77]

Con esta comparación no se pretende negar la valía de otras investigaciones enfocadas en casos únicos o en comparaciones de regiones extensas;[78] sino aplicar el consejo de un destacado especialista que señala:

> [...] al plantear preguntas similares o buscar las analogías entre solo dos instancias de democratización, es posible llegar a conclusiones claras e instructivas (a generalizaciones de medio rango, en lugar de a leyes regulares

---

[76] Aunque «la comparación casi no considera el nivel de la acción política» esta es una variable que impacta la mayoría de los casos (ibíd.:93) ya que las microestrategias desplegadas por los actores resultan un elemento «[...] indispensable para destacar las diferencias fundamentales entre los sistemas políticos» (ibíd.:49). De ahí la relevancia de estudiar la ciudadanía, los movimientos sociales y las acciones colectivas dentro de una perspectiva comparada.

[77] Esta mirada también posibilita «[...] mejorar la precisión de análisis comparativos más amplios [...] especificando subtipos y aclarando su alcance y limitaciones; o recalibrando categorías generales de clasificación y esquemas interpretativos de acuerdo con la retroalimentación de dos casos examinados conjuntamente» (Whitehead, 2011a:279).

[78] No obstante, vale la pena recordar, frente a las críticas que se hacen a la elección de este enfoque comparativo, que «cuando las personas con un conocimiento amplio de las ciencias sociales acusan a quienes practican las comparaciones en par de tener "sesgos de selección" en su elección de casos, se les puede contestar con la contra-acusación de "sesgos de interpretación" debidos a la elección prefabricada de categorías y cadenas causales pronosticadas que estructuran la mayoría de estudios que se basan en muestras grandes» (íd.)

generales o a estimaciones de probabilidad) que se abocan al «espesor» o complejidad e indeterminación de los procesos individuales» (ibíd.:289).

Y hacerlo dentro de una narrativa coherente que permita explicar los procesos como cursos evolutivos de largo aliento y finales abiertos con resoluciones alternativas. Donde la historia es «narrada» incluyendo los juicios, interpretaciones y preferencias del investigador, sin obviar por ello los matices y complejidades objetivos de los procesos concretos (ibíd.:337).

En consonancia con lo antes planteado, los cuadros y gráficos que se incluyen a lo largo del trabajo —en particular en su último apartado— ayudan a visibilizar más explícitamente las variables y mecanismos que operan en cada caso y en ambos. Así, se trata de observar cómo dos casos que pertenecen a una misma «familia» tienen procesos políticos a la vez semejantes y diferenciados, en la dirección que sugiere la obra de Tilly y su enfoque.

2

EVOLUCIÓN HISTÓRICA DE LOS REGÍMENES POLÍTICOS EN LA NICARAGUA CONTEMPORÁNEA

Este capítulo ofrece una mirada general sobre la historia política nicaragüense, tomando como eje la evolución del régimen político (Cuadro 2.1) así como las expresiones de apoyo/oposición, en cada etapa, a los proyectos políticos dominantes: somocismo (1928-1979), revolucionario (1979-1990), de transición (1990-2006), neosandinismo (2006-2011). En cada etapa se exponen los elementos y transformaciones político-institucionales que aluden al desarrollo de la estatalidad, relacionándolo con las políticas económicas y sociales promovidas por el Gobierno, al tiempo que se presentan los rasgos fundamentales de la relación Estado-sociedad.

Antecedentes de la formación de la sociedad, el Estado y la política nicaragüense

Nicaragua es una nación latinoamericana, centroamericana y caribeña (Mapa 1) fronteriza con Honduras (norte) y Costa Rica (sur), con costas en el océano Pacífico y el mar Caribe, que se extiende por aproximadamente 130 000 km^2 de llanuras, territorios selváticos, montañosos y litorales —incluidos pantanos—, en medio de un clima sobre todo tropical y con una abundancia de recursos hídricos que le hacen muy favorable para la producción agropecuaria.

Su historia política se caracteriza por una persistencia de guerras civiles y rivalidades regionales, acompañadas por los esfuerzos —mediante fórmulas de conciliación intra élites o a través del uso de la fuerza contra sus adversarios— de diversos líderes políticos y grupos económicos dominantes por crear cierta capacidad estatal (Walter, 2004:12). A partir de la independencia nacional (1838)[1] y hasta el primer tercio del siglo XX, se va consolidando

---

[1] Ya que la emancipación centroamericana de 1821 puede interpretarse como una secuela del proceso de México más que como un producto de la lucha local (Walter, 2004:26).

Cuadro 2.1: *Procesos históricos y proyectos políticos hegemónicos en la Nicaragua contemporánea.*

	SOMOCISMO (1961-1979): AUTORITARISMO CONSERVADOR	SANDINISMO (1979-1990): AUTORITARISMO REVOLUCIONARIO/ DEMOCRACIA INCIPIENTE	TRANSICIÓN (1990-2011): NEOLIBERAL/DEMOCRACIA DE BAJA INTENSIDAD
RASGOS DEL RÉGIMEN POLÍTICO	presidencialismo sultánico	semipresidencialista	semipresidencialista/ presidencialismo sultánico
	bipartidismo excluyente	partido hegemónico (FSLN) y organizaciones aliadas	tendencia multipartidista, predominio liberal y sandinista
	estabilidad precaria que cambia a polarización y crisis política, ante agotamiento y desmontaje de dictadura (1970-1979)	polarización sociopolítica masiva e ideologizada dentro de un proceso de «creación de un orden nuevo» y resistencia	politización/polarización desideologizada y personalista (2006-2011)
	Guardia Nacional represiva y leal al Presidente	Fuerza Armada partidizada	Fuerza Armada profesional
	oposición fragmentada: leal, parlamentaria radical, civil y guerrillera (FSLN)	oposición fragmentada: leal, parlamentaria radical y guerrillera (FSLN)	oposición leal: disidencias sandinista y liberal
RASGOS DE LA SOCIEDAD	sociedad rural, con paulatino proceso de urbanización, conservadurismo social e ideológico, peso de religiosidad y tradiciones en el orden social. Persistencia del caudillismo, autoritarismo, clientelismo al interior de los grupos/relaciones sociales y en relación con actores políticos y entes públicos. pérdidas humanas por insurgencia y represión	sociedad rural, con aumento de urbanización, cambios de mentalidad y subversión de orden tradicional producto del proceso revolucionario (alfabetización, emancipación femenina, progresismo católico, etc.) sin eliminar persistencia de valores y prácticas tradicionales, pérdidas humanas por guerra civil	reducción de equidad y cohesión social, aumento de migración como factor económico y cultural, defensa de avances socioculturales revolucionarios (feministas) frente a contraofensiva conservadora (antiabortismo, confesionalismo)

RASGOS DE LA SOCIEDAD CIVIL	débil y en formación, ligada por vínculos corporativos al Estado y controlada por caudillos, aparición de gremios empresariales, sindicatos y otros movimientos sociales, afectados por lucha antidactorial	expandida en tamaños y misiones, masiva incorporación a tareas orientadas por partido/Estado, contradicción vanguardismo-autonomía, afectada por guerra civil	en expansión, desarrollo y defensa de identidades y derechos, profesionalización vinculada a cooperación y ONG internacionales
FUNCIÓN DEL ESTADO EN EL DESARROLLO NACIONAL	regulador, coordinador, redistribuidor e inversionista (con intereses y propiedades de familia somocista)	propietario, regulador, inversionista y redistribuidor (control partidista de políticas públicas)	regulador y redistribuidor
POLÍTICA ECONÓMICA	modernización conservadora: expansión productiva y financiera vinculada al modelo de sustitución de importanciones, la integración centroamericana y la inversión de capital trasnacional, fomento a exportaciones, fortalecimiento de oligarquía y burguesía nacionales	modernización vinculada a metas revolucionarias: diversificación productiva con industrialización, soberanía alimentaria, redistribución de la tierra, creación de sector no capitalista en economía nacional	apertura neoliberal: reducción/privatización de sector/propiedades públicos, desregulación económica, énfasis en exportaciones y servicios, búsqueda de inversión extranjera
POLÍTICA SOCIAL	sectorial: primeras políticas de atención y coberturas sociales (empleados públicos, militares, obreros, otros) orientadas sobre una base social somocista con criterios corporativos	universal y masiva: orientadas a mayorías empobrecidas, acorde al programa revolucionario	focalizada: dependiente de criterios macroeconómicos y actores internacionales, asistencialismo de corte neoliberal cliental

Fuente: Elaboración propia con aportes de Alberto Olvera y Guillermo Almeyra, y referencias de Kinloch (2008), Martí y Close (2009b), y Solá (2007).

Mapa 1: División político-administrativa de la República de Nicaragua.

una unidad e identidad nacionales bajo la férula de un orden oligárquico patrimonialista, donde las élites agrarias y comerciales definen las reglas y espacios del campo político y detentan el control sistemático del Estado, a través de una serie de pactos entre sus cúpulas y caudillos políticos (Baltodano, 2009:91), acotando la capacidad de incidencia de la población nicaragüense. Bajo este orden, en ausencia de mecanismos efectivos de representación y participación políticos, lo legal poseía poca efectividad y la administración pública se convertía en patrimonio de los grupos de poder (Pérez, 1998:17-24).[2]

---

[2] La presencia del militarismo y el caudillismo, su perpetuación mediante la postulación presidencial de diversos jefes —con 10 casos entre 1854 y 1979 (Esgueva, 1999:128)—, la imposición por estos de gobiernos civiles títeres, los enfrentamientos entre los poderes ejecutivo y legislativo —la

En ese contexto se irá forjando una visión política de «pragmatismo resignado» (Pérez, 2009:137), en la que lo deseable —en términos de *lo político*— debe subordinarse a lo circunstancialmente posible y donde la realidad del poder —*la política* en sí existente, encarnada en instituciones y relaciones informales— es comprendida desde prismas minimalistas, ventajistas y cortoplacistas, que establecen el horizonte y los límites de lo realizable. Esto se imbrica con una cosmovisión providencialista, que concibe cada hecho histórico y social como un proceso controlado por fuerzas que trascienden la voluntad de la comunidad organizada; impregnando —hasta el presente— a la sociedad y cultura política nicaragüenses con una suerte de sentido mágico. Lo cual lleva a la población a desconfiar de sus capacidades, a depositar su esperanza en el caudillo de turno y a apelar a la voluntad divina (Pérez, 2008:38).

Otro rasgo persistente de la historia política nicaragüense es la presencia de élites regionales y familiares, cuyas alianzas y luchas, dentro y fuera del aparato estatal, marcan la evolución política nacional. Las ciudades de León y Granada desarrollaron circuitos económicos y redes de influencia política contrapuestos, instalando una rivalidad que dificultó la formación del Estado nacional y abrió las puertas a la injerencia de las potencias extranjeras. Semejante debilidad nacional marcará el proceso de desarrollo del Estado nicaragüense, definiéndolo como un producto de decisiones políticas y militares de Estados más fuertes[3] (Walter, 2004:13) y caracterizándolo —durante prácticamente toda su historia— como una entidad con baja capacidad de regulación social, alta dependencia externa y gran autonomía respecto a una sociedad débil y territorialmente fragmentada (Pérez, 2008:32).

IMPLANTACIÓN DEL RÉGIMEN SOMOCISTA:
INSTITUCIONALIDAD Y PRÁCTICAS POLÍTICAS

El régimen somocista ha sido calificado como sultánico, en tanto sujetaba los diferentes individuos, grupos e instituciones a la intervención

---

sumisión de este último al mandato presidencial—, así como el papel crucial de los pactos políticos entre élites y grupos dominantes —en detrimento de la nación y la ciudadanía y ajenos a las reglas e instituciones del Estado de derecho— son algunas de esas «constantes» (ibíd.:115-118).

[3] La injerencia directa de potencias extranjeras —en particular EE.UU.— sobre la débil nación ubicada en un istmo favorable para el establecimiento de un canal transoceánico, favoreció la visión providencialista y la cultura política del pragmatismo resignado (Pérez, 2008:119); pero operó también como acicate a la formación de una conciencia e identidad nacionales (Kinloch, 2008:147-155).

Esquema 2.1: Estructura del FSLN y del régimen político de la Revolución (1979-1990).

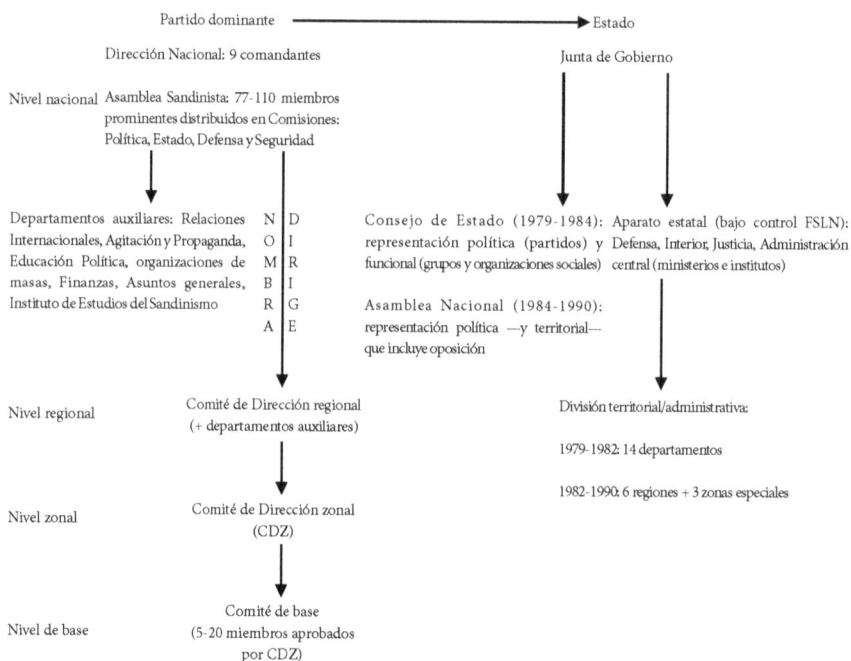

Partido dominante ⟶ Estado

Dirección Nacional: 9 comandantes — Junta de Gobierno

Nivel nacional — Asamblea Sandinista: 77-110 miembros prominentes distribuidos en Comisiones: Política, Estado, Defensa y Seguridad

Departamentos auxiliares: Relaciones Internacionales, Agitación y Propaganda, Educación Política, organizaciones de masas, Finanzas, Asuntos generales, Instituto de Estudios del Sandinismo — NO MBRA / DIRGE

Consejo de Estado (1979-1984): representación política (partidos) y funcional (grupos y organizaciones sociales)

Aparato estatal (bajo control FSLN): Defensa, Interior, Justicia, Administración central (ministerios e institutos)

Asamblea Nacional (1984-1990): representación política —y territorial— que incluye oposición

Nivel regional — Comité de Dirección regional (+ departamentos auxiliares)

División territorial/administrativa:

1979-1982: 14 departamentos

1982-1990: 6 regiones + 3 zonas especiales

Nivel zonal — Comité de Dirección zonal (CDZ)

Nivel de base — Comité de base (5-20 miembros aprobados por CDZ)

Fuente: Elaboración propia.

directa del gobernante, en un entorno político caracterizado por un pluralismo frágil, un personalismo extremo, y la existencia de un control estatal donde la legalidad —incluida la Constitución— se articulaba con diversos mecanismos legitimación (clientelares) diseñados en función del líder. Sin embargo, pese a su extremo personalismo, se trató de un régimen lo suficientemente hábil como para garantizar una sucesión ordenada, mediante prácticas que le posibilitaron tejer alianzas con grupos de poder económico y liderazgos locales, y tolerar la existencia de una oposición leal y subordinada con la cual pactar cuotas de poder y el reparto de beneficios (Close, 2009:66-67) dentro de un esquema donde el poder ejecutivo y sus agencias desarrollaban las políticas, restringiendo los demás poderes públicos y locales, y los dominios de lo estatal y lo asociativo se confundían en una relación que privilegiaba el predominio del primero. El control estatal somocista se fortaleció con espacios de participación restringida (electoral, local) que encuadraban a quienes aceptaban las condiciones impuestas por el dictador e instrumentó medidas represivas que garantizaban el cumplimiento —sanción mediante— de sus agendas y rutinas políticas.

El régimen somocista atravesó diferentes fases: su instauración, caracterizada por el establecimiento del nuevo régimen (1927-1939); el desarrollo, con la consolidación del poder y alianzas somocistas y la expansión de las capacidades estatales (1940-1956); el desarrollo en transición, donde el poder pasa a sus hijos, acompañado de una expansión económica (1956-1972); y el declive, marcada por la ruptura de la alianza somocista, el incremento de las luchas dentro y fuera del bloque dominante y la pérdida de legitimidad y capacidades del régimen (1972-1979). En todas estas etapas —y hasta su cenit— el somocismo mantuvo rasgos de continuidad importantes, unidos a una apreciable capacidad adaptativa.

La dinastía y su camarilla formaban parte de un engranaje de dominación más amplio y profundo, que conjugó la coerción con alianzas políticas y económicas (Walter, 2004:11-12) y el personalismo en el ejercicio del poder y en la posesión/control de buena parte de los principales recursos materiales y financieros nacionales, ya fuera por medio de la posesión directa o con testaferros. Anastasio Somoza García —y luego sus hijos— combinaron las figuras y roles del ejecutivo nacional y el empresario, ejerciendo en todo el territorio nacional un control financiero, comercial e informativo (ibíd.:174) que les permitía ejercer una competencia desleal sobre otros capitalistas nativos y foráneos. Sin embargo, acompañando al dictador y su camarilla, se estructuraría una base social, integrada por los miembros de la Guardia Nacional (GN),[4] la burocracia estatal,[5] el Partido Liberal Nacionalista (PLN) y diversos grupos organizados leales, que se movilizaban para aclamar al gobernante y reprimir a sus adversarios (ibíd.:17).

El régimen somocista delineó cierta ruptura en la historia política nicaragüense, al incorporar a las masas por fuera de los tradicionales partidos conservador y liberal, proponiendo la expansión de derechos y políticas sociales, en una retórica que invocaba tanto al capitalismo nacional como

---

[4]   La Guardia Nacional, creada, organizada y entrenada por los estadounidenses (1927), fue el soporte armado y la principal fuerza organizada del régimen. En los momentos finales del somocismo (septiembre de 1978) llegó a reunir 15 000 efectivos que cumplían simultáneamente funciones policíacas y militares en el marco de una estrategia anticomunista y contrainsurgente (Cajina, 2000:120) aplicando el terrorismo de Estado (Cuadra, 1998:75-77) en la represión a los opositores.

[5]   El crecimiento del empleo público significó el aumento de nombramientos de personal con claro sesgo político, lo que suponía el fortalecimiento de la lealtad de la burocracia y de su capacidad de movilización para los fines decididos por el Presidente (Walter, 2004:149-150).

a lo que se consideró un «socialismo de Estado moderado» (ibíd.:79-80). El somocismo desarrolló, de forma progresiva y sin rupturas dramáticas con el *statu quo* —en correspondencia con su condición de Estado periférico (Badie y Hermet, 1993:180-181)— las capacidades estatales nicaragüenses, alcanzando un nivel superior al logrado por los gobiernos precedentes.

Se neutralizó a los viejos caudillos y grupos de poder local, sustitu-yéndolos por una coalición de empresarios, burócratas y organizaciones identificadas con el gobierno nacional, acompañados por agencias estatales especializadas —capaces de afrontar la modesta pero creciente complejidad y demandas de la sociedad nicaragüense y recompensar de forma cliente-lar a sus partidarios— y de una capacidad militar suficiente para el ejerci-cio de la coerción en momentos de crisis (Walter, 2004:20). Dentro de la consolidación del régimen marcó un hito la firma (1950) del acuerdo So-moza-Chamorro —también conocido como Pacto de los Generales— que consagraba un esquema bipartidista —con el partido conservador como socio menor de la formación somocista— capaz de bloquear la emergencia e incorporación de nuevos actores a la vida política nacional, postergando el progreso democratizador (Pérez, 2008:514).

La política económica del régimen somocista otorgó un papel creciente y decisivo al Estado, creándose una serie de instituciones bancarias, plani-ficadoras y reguladoras en materia comercial, monetaria y de fomento a la inversión pública y privada, cuya dirección fue confiada a oficiales de la GN y tecnócratas (Walter, 2004:121-148, 296-307; Kinloch, 2008:287). Este desarrollo institucional se acompañó por un *boom* productivo, que supuso una mayor concentración de la tierra y la formación —a partir de la década de 1950— de los primeros grandes bancos privados nicaragüenses (Solá, 2007:40). Esto posibilitó en la década siguiente los índices de aumento del Producto Interno Bruto (PIB) más elevados de América Latina (Tabla 2.1), acompañados por un crecimiento poblacional y por la diversificación de la actividad de grupos económicos y financieros con nexos trasnacionales.

Tabla 2.1: Evolución de la estructura sectorial del PIB nicaragüense (1950-1999).

	1950	1960	1970	1980	1990	1999
primario	31,2	24,0	23,3	23,2	25,0	27,8
secundario	18,1	19,6	26,9	29,3	23,8	28,7
terciario	50,7	56,6	49,8	47,5	50,8	43,4

Fuente: Solá (2007:43).

Se expandió una economía agroexportadora (Tabla 2.2) donde coexistían grandes latifundios —en las zonas del Pacífico y el Norte—, un amplio sector de propietarios medios (Baumeister, 2009:384-390) y formas de producción orientadas al autoabastecimiento y mercado locales, con las que se ensayó una moderada reforma agraria (Solá, 2007:61) bajo las recomendaciones de la Alianza para el Progreso.

Tabla 2.2: Evolución de área en fincas por estrato y sector de propiedad (porcentajes, manzanas y número de productores) (1963-2001).

ESTRATOS	1963	1978	1988	2001
0-10	3,5	2,1	3,1	4,5
10-50	11,2	15,4	16,7	20,0
50-200	26,5	30,1	28,4	36,6
200-500	17,6	16,2	12,8	18,0
500 y más	41,2	36,2	13,5	16,5
área estatal	0	0	11,7	0,4
formas colectivas	0	0	13,8	4,0
TOTAL	100	100	100	100
productores agropecuarios (en miles)	87	104	189	218
superficie en fincas (en miles de manzanas)	5,4	8,1	7,	8,9
tamaño medio (manzanas)	62	78	41	41

Fuente: Baumeister (2009:400).

El régimen somocista desarrolló una política exterior tendiente a garantizar aliados, neutralizar oponentes (internos y externos) y obtener recursos, inversiones y armamento. Los Somoza fueron de los mejores aliados regionales de Estados Unidos en el marco de la Guerra Fría; situación que se mantuvo hasta el arribo de Carter a la presidencia estadounidense en 1977 (Walter, 2004:387-388). Las relaciones con los gobiernos latinoamericanos fueron más diversas. Si con las dictaduras los nexos fueron estrechos y cordiales,[6] otras naciones dieron apoyo a los grupos de oposición reformistas y/o revolucionarios,

---

[6] En las décadas de 1970 y 1980 se produjo una coordinación entre los aparatos policíacos y militares de varias naciones latinoamericanas, auspiciada por la Agencia Central de Inteligencia para la vigilancia, tortura y asesinato de decenas de miles de personas, consideradas por dichos regímenes como «subversivas».

motivadas por la amenaza del expansionismo somocista (Costa Rica) o por gobiernos (Cuba, México y Venezuela) que reivindicaban en diverso modo un ideario latinoamericanista, nacionalista y/o de justicia social (Ramírez, 2008).

Tras el deceso del fundador, el régimen entraría en una nueva fase, con los hijos Luis Somoza Debayle (1956-1963) y Anastasio Somoza Debayle (1963-1979), quienes hicieron esfuerzos por atraer a las nuevas clases medias urbanas y grupos económicos dominantes, sin modificar mucho las prácticas represivas del régimen autoritario (Pérez, 2008:539).

A partir de los años 70, el papel del Gobierno como ente conciliador entre los diversos grupos socioeconómicos dominantes se debilitó progresivamente al aumentar la corrupción estatal, la represión y la desenfrenada ambición de los Somoza,[7] debilitando al régimen (Walter, 2004:395-400) y modificando el cuadro de las fuerzas políticas que lo adversaban. Estas —unidas a diversas organizaciones sectoriales o gremiales— comienzan a actuar de forma más directa y autónoma en la vida pública, al no encontrar canales de representación bajo el orden vigente.

Hasta la década de 1960 la oposición más radical quedó representada por el diario *La Prensa*, sectores universitarios y sindicales, y el Partido Liberal Independiente (PLI) surgido (1944) como disidencia del PLN. En la izquierda surgió el Partido Socialista Nicaragüense (PSN) (1944) con una orientación de tipo reformista-reivindicativa y vinculado a la Central General de Trabajadores, que luego abrazó a planteamientos cercanos al marxismo. La ideología demócrata-cristiana se expresó en el Partido Socialcristiano (1957), que ejerció cierta influencia sobre los afiliados a la Central de Trabajadores de Nicaragua (CTN).

Para la década de 1970, la Unión Democrática de Liberación aglutinó a la oposición liberal y a algunas organizaciones de izquierda como el PLI, el Movimiento Liberal Constitucionalista, el PSN, el Partido Social Cristiano Nicaragüense, la Central General de Trabajadores independiente y la CTN. Sus demandas giraban alrededor de la exigencia de amnistía general, el respeto a las libertades y derechos civiles y políticos, el abandono del poder por los Somoza y la investigación de las violaciones contra los Derechos Humanos. A su vez, los empresarios pasaron a articularse (1972) a través del Consejo Superior de la Iniciativa Privada[8] que se expandió durante la década (Pérez, 2008:561-564).

---

[7] Cuya fortuna pasó de alrededor de 50 millones USD en los años 50 a más de 300 millones a finales de la década de 1970 (Kinloch, 2008:275).

[8] Posteriormente se denominó —hasta hoy— Consejo Superior de la Empresa Privada (COSEP).

La Iglesia fue otro factor activo de oposición a lo largo de la década de 1970. La jerarquía eclesiástica denunció la situación nacional con fuertes críticas al somocismo. Por su parte la Teología de la Liberación impulsó la creación de Comunidades Eclesiales de Base como espacios de reflexión y acción política (Kinloch, 2008:292-293). Así, las debilidades de los partidos reforzaron la función ideológica y crítica de la Iglesia católica (Pérez, 2008:587) como única fuerza opositora de peso alternativa al proyecto sandinista.

Al abordar el fenómeno del sandinismo es preciso señalar que, con tal denominación, se identifican, indistintamente, la organización política fundada en 1961 —bajo la influencia directa de la Revolución cubana— y el proceso revolucionario y régimen político existentes de 1979 a 1990. Desde 2006, el término alude —para algunos— a las estrategias y acciones del gobierno dirigido por Daniel Ortega, aunque otros prefieren denominarlas como manifestaciones del orteguismo.[9] De tal suerte, resulta poco convincente construir una genealogía esquemática entre el legado del héroe Augusto César Sandino y la corriente (y partido) fundada en 1961 que se definió como sandinista.

La historia no deja espacio para una teleología que pruebe —como intentan hoy algunos propagandistas del Frente— la existencia desde la década de 1920 y hasta el presente de un «sandinismo en permanente desarrollo»: toda vez que la realidad muestra la existencia de diversos grupos y personalidades que disputan su autenticidad respecto a una supuesta doctrina común. Si algún nexo puede hallarse entre la gesta de Sandino y la ulterior lucha armada y política sandinistas reside en la presencia, discontinua y recontextualizada, de un conjunto de valores e ideas (antimperialismo, soberanía nacional, justicia social, democracia, rechazo a la corrupción y defensa de los intereses de los trabajadores y pequeños propietarios urbanos y rurales) susceptibles de ser articuladas dentro de un proyecto político alternativo a los dominantes en las condiciones nicaragüenses (Pérez, 2008).

El Frente Sandinista de Liberación Nacional (FSLN) surgió (1961) como un movimiento político-militar revolucionario, inspirado en el legado de Sandino y el pensamiento marxista, que elige la vía armada para el derrocamiento del régimen somocista y la posterior construcción de una sociedad socialista. Su organización vincula las lógicas del frente de masas y la «vanguardia revolucionaria» y se convierte —a partir de los años 70— en

---

9   La presencia e invocación de ese legado sandinista, en torno a los valores e ideas ya mencionados y en relación con trayectorias políticas específicas, resulta un elemento central en la evolución del campo político de la Nicaragua contemporánea, durante los últimos cincuenta años.

la principal alternativa frente a los Somoza (Walter, 2004:391-395) tanto para mayorías empobrecidas (obreros agrícolas, campesinos semiproletarizados, proletariado urbano industrial, trabajadores informales) como a sectores medios progresistas, cuyos miembros constituyeron el grupo dirigente y los voceros de la organización.

Para 1975, dentro del FSLN se disputaban la hegemonía tres tendencias: a) guerra popular prolongada: calificada como maoísta, que apostaba a la acumulación de fuerzas rurales; b) tendencia proletaria: identificada con un marxismo clásico, que combinaba estrategias de organización urbana, sindical y vecinal; y c) tercerista: defensora de una alianza multiclasista incluyente de sectores burgueses y partidaria de un levantamiento rápido y general. En 1979, las diferencias fueron conciliadas al quedar constituida una paritaria Dirección Nacional —con tres comandantes por cada tendencia— en un acuerdo alcanzado bajo la mediación de Fidel Castro, que abrió simultáneamente las puertas a un posible diálogo y colaboración con otros sectores de la oposición antisomocista (Martí y Close, 2009a:14-15). La cual, aunque atravesada por conflictos internos y variado nivel de organización y formación ideológica, compartía como denominador común la oposición al régimen (Saldomando, 1996:19).[10]

En la derrota de la dictadura el 19 de julio de 1979, el FSLN tuvo un papel protagónico al articular de forma relevante un discurso y práctica políticos forjados alrededor de tres valores esenciales: soberanía nacional, justicia social y democracia política (Pérez, 2008:597-598). Impulsando este proyecto, la Revolución sería la conjunción de una serie de transformaciones sociales, políticas e ideológicos de amplio calado y extensión —así como del impacto local de los (re)alineamientos (geo)políticos locales, regionales e internacionales— que procurarían construir un régimen político de nuevo tipo, defensor y promotor de una imagen en torno a la unidad e identidad nacionales dotada con credenciales progresistas.

Régimen político sandinista: difícil confluencia entre estatismo revolucionario y apertura democrática (1979-1990)

La revolución sandinista compartió rasgos comunes con otros experimentos radicales de cambio social: una visión —con fuerte carga normativa— del

---

[10] Lo que no significa que, para julio de 1979, dentro del bloque antisomocista, no existiesen divergencias entre una oposición más liberal y un Frente Sandinista que pretendía transformar radicalmente el país (Núñez, 2009d:3).

tipo de sociedad deseada y de la hoja de ruta para lograrla, acompañada de un rechazo radical al viejo orden derrotado y una intolerancia con las voces discrepantes (Martí y Close, 2009a:16-17). Sin embargo, el régimen establecido en la etapa 1979-1990 (Cuadro 2.1 y Esquema 2.1) no resulta fácilmente clasificable dentro de la tipología desarrollada por la ciencia política convencional, ya que se sitúa en un estadio intermedio entre los modelos de capitalismo democrático (Costa Rica) y socialismo revolucionario (Cuba), combinando más incidencia estatal directa que el socialdemócrata y más presencia de la iniciativa privada que el socialismo de Estado clásico (Spalding, 2009:352).

En el seno del nuevo régimen —y del sandinismo como fuerza organizada y proyecto político— convivieron elementos democráticos y tendencias autoritarias, en una compleja relación cuyas dinámicas acompañaron el desarrollo del proceso a lo largo de la década, sus rutinas de funcionamiento y las luchas desarrolladas en su contra por actores políticos adversos, tanto por la vía pacífica como armada. Pese a las políticas de alianzas con grupos sociales diversos, la necesidad de unidad, nacida en condiciones de guerra, derivó en la paulatina difusión en el seno del FSLN de una concepción de partido hegemónico y de un poder unificado de toma de decisiones (la Dirección Nacional), dinámica que luego del triunfo se trasladaría a la dirección estatal. Así, «la estructura vertical de mando, basada en una jerarquía política y militar en cuya cúspide se colocó la Dirección Nacional, fue la base del nacimiento del FSLN como partido», proceso y estructura que se desarrollaron durante la guerra, pero que terminarían por perder su lógica original con el fin de esta (Ramírez, 1999:110-114).[11]

El FSLN, en sus intentos de crear un nuevo orden, acometió la construcción de una nueva hegemonía y una gobernabilidad donde la participación popular —encuadrada desde las instancias del Estado-partido y sus organizaciones sociales afines— se insertó en la toma de decisiones y la aplicación de políticas públicas (Esquema 2.1) dentro de un nuevo esquema de control estatal. Si bien se incrementaron —en comparación con la etapa somocista— las posibilidades de la ciudadanía para tomar parte en campañas educativas, sanitarias, agrarias y defensivas desplegadas al calor de la Revolución, también existieron restricciones al disenso y oposición; pues bajo la denominada «estrategia de control ciudadano» el Gobierno instauró mecanismos que le permitieron manejar situaciones adversas —como las relacionadas con la

---

[11] La propia Dirección Nacional, aunque tomaba sus decisiones como resultado de las deliberaciones de sus 9 miembros, no trasladó esa lógica al seno del FSLN ni al resto del sistema político revolucionario. De forma tal que terminó siendo «un caudillo con nueve cabezas en lugar de una» (Ramírez, 1999:66).

guerra civil y las agresiones externas— y conocer con antelación posibles desórdenes y protestas públicos en contra de sus decisiones políticas. Se erigió un esquema donde, a la par, quedaron separadas las funciones de defensa y orden interior —antes fusionadas en la Guardia Nacional somocista—, al tiempo que se producía una articulación con las bases populares del Frente, el aparato partidario y los organismos del Estado (Cuadra, 1998:80-81).

El 18 de junio de 1979 quedó constituida la Junta de Gobierno de Reconstrucción Nacional (JGRN), integrada por 5 líderes del sandinismo y la oposición, la cual asumió el papel del Poder Ejecutivo e hizo público su proyecto de no alineamiento, democracia y economía mixta, con un sector estatal expropiado al somocismo, otro integrado por cooperativas y un segmento de propietarios capitalistas (Kinloch, 2008:305-306). Fue, además, conformado un Consejo de Estado —sucedáneo del poder legislativo— que reunía representantes del FSLN, el Frente Patriótico Nacional, el Frente Amplio Opositor, la COSEP, la Universidad Nacional Autónoma de Nicaragua (UNAN) y la Asociación Nacional del Clero (Guevara, 2009:143). Con la creación del Consejo de Estado se ensayaban formatos alternativos a la lógica de las instituciones representativas y los partidos políticos, acercando *de facto* diversos actores estatales y societales a partir del entrecruzamiento de las arenas de participación y deliberación: el campo político se abría, rompiendo el virtual monopolio que un grupo familiar y sus allegados había detentado durante más de medio siglo.

Pero el impacto combinado de las demandas populares, los intentos de hegemonía del FSLN y las presiones de EE.UU. y sus aliados locales modificarían de forma relevante el curso democratizador (Saldomando, 1996:20), alcanzando el FSLN (1979-1982) el control de las principales instituciones estatales y el establecimiento de la censura de prensa (Esquema 2.1). Miembros de la Dirección Nacional del FSLN (Humberto Ortega, Henry Ruiz y Jaime Wheelock) asumieron el mando (20 de diciembre de 1979) de los ministerios de Defensa, Planificación y Desarrollo Agropecuario; pasando las entidades de Industria, Comercio Exterior e Interior bajo el control de otros militantes del Frente (Kinloch, 2008:308). Con la inclusión de organizaciones subordinadas al FSLN, el Consejo de Estado incrementó (de febrero a abril de 1980) el número de sus miembros de 33 a 47 en procura de un control definitivo sobre el proceso de cambios institucionales y legales del país y del establecimiento de un modelo vanguardista de relacionamiento partido-Estado-organizaciones sociales (Kinloch, 2008:308).[12]

---

[12] Entre estas organizaciones se encuentran la Asociación de Trabajadores del Campo, la Asociación Nacional de Educadores de Nicaragua (ANDEN), la Federación de Traba-

La oposición liberal reaccionó a estos cambios con la renuncia (agosto de 1980) de Violeta Barrios de Chamorro y Alfonso Robelo a la JGRN. Mientras, la Unión de Productores Agropecuarios de Nicaragua denunciaba «confiscaciones arbitrarias» y los representantes del COSEP se retiraban del Consejo de Estado (noviembre de 1980) en una espiral de conflicto que llevaría al apresamiento de los líderes del COSEP y la censura a «La Prensa» (Kinloch, 2008:308). A la postre, la hegemonía del FLSN dentro de la JGRN se saldó con el Decreto 663 (4 de marzo de 1981) que reformó la Junta de Gobierno, pasando a estar compuesta por Daniel Ortega, Sergio Ramírez y Rafael Córdova (Esgueva, 1999:98-99).

Daniel Ortega anunció (19 de julio 1981) la confiscación de 15 grandes fábricas de la burguesía no somocista y la enajenación de bienes a quienes atentasen contra «la seguridad del país» o se ausentaran por más de seis meses del territorio nacional (Kinloch, 2008:309). El 9 de septiembre de 1981 se proclamó una Ley de Estado de emergencia económico social que penalizaba diversas actividades de protesta y oposición (como el sabotaje, las huelgas, la toma de tierras, la descapitalización de empresas, la especulación, etc.) al tiempo que se acosó a la oposición democrática y a diversas organizaciones sociales (Kinloch, 2008:323). Estas acciones aprovecharon la vinculación orgánica (por procedencia, composición e ideología de su membresía) existente entre los noveles Ejército Popular Sandinista y la Policía Sandinista con la estructura del FSLN, la cual convertía a aquellos en órganos del partido de Gobierno (Cajina, 2000). De 1982 a 1984, semejante hegemonía irá *in crescendo*, enmarcada por una profundización de las transformaciones sociales, el incremento inédito de la capacidad estatal y el estallido de la guerra civil en un entorno de polarización.

Política económica y social de la Revolución

La política económica sandinista guarda estrecha relación con los objetivos de su proyecto político —en especial con la defensa y promoción de la soberanía nacional y la justicia social— y sus líneas de acción se pueden resumir en la búsqueda de una estructura agraria más igualitaria (Tabla 2.2), el mejoramiento

---

jadores de la Salud (FETSALUD), la Unión de Periodistas de Nicaragua, los Comités de Defensa Sandinista, la Asociación de Mujeres Nicaragüenses Luisa Amanda Espinoza, la Juventud Sandinista 19 de julio, la Unión Nacional de Empleados, la Central Sandinista de Trabajadores y la Asociación de Niños Luis Alfonso Velásquez (Pérez, 2008: 616-617).

de las condiciones de vida de las masas y la modernización del aparato productivo (Solá, 2007:49) a partir de un protagonismo estatal en la implementación de los cambios. El programa económico originario de la JGRN contemplaba el Área Propiedad del Pueblo —que incluyó la realización de megaproyectos agroindustriales—, las empresas capitalistas y las mixtas público-privadas; en un sistema económico donde la planificación debía acotar las influencias del mercado y redistribuir los recursos y la inversión. Sin embargo, pese a estas definiciones normativas y generales, semejante proyecto chocaba con la real existencia de una economía agroexportadora y subordinada al mercado trasnacional —realidad que la Revolución no pudo revertir, persistiendo hasta hoy—, al tiempo que asomaba la indefinición del modelo económico —para los líderes revolucionarios y sus bases el modelo sería Cuba, para los sectores burgueses y clases medias era Costa Rica—, imperando al final uno mixto con políticas combinadas (Solá, 2007:53-56).

Sobre la economía de la etapa revolucionaria (Tabla 2.1) gravitaron —agravados por una perversa combinación de subdesarrollo, guerra interna y agresión extranjera— las problemáticas típicas de los modelos estatistas del siglo pasado: burocratización, falta de competitividad y eficiencia, gasto social desproporcionado, etc. Los déficits de la política económica, derivados tanto de malas decisiones del sector estatal como de actitudes del empresariado privado, se agravaron por la falta de créditos y divisas internacionales (Ramírez, 1999:235-243) en medio de una década particularmente compleja para América Latina.

La política de planificación centralizada —denominada *hegemonía socioestatal sobre mercado*— suponía la expansión de las empresas estatales y de propiedad colectiva, y el establecimiento de un aparato burocrático para el control y dirección de los diferentes bancos y empresas nacionalizados. El Estado se hizo cargo de la exportación de diversos productos (café, algodón, carne, azúcar, pesca y minerales) y asumiría poco a poco el control del comercio interior con el objetivo de frenar la especulación —lo cual implicó prácticas intermitentes de coerción al campesinado— y combatir el mercado negro generado por las distorsiones y carencias de la economía nacional (Solá, 2007:80-84).

En los primeros años se obtuvieron buenos resultados en el crecimiento del PIB y la producción de alimentos, lo cual redundó en un mejor abastecimiento a la población. Sin embargo, desde 1985, la guerra, el aumento poblacional y los errores de política económica hicieron decrecer la producción industrial y de alimentos, aumentando la demanda estatal de divisas para solventar la importación de estos últimos (ibíd.:76-79) y afrontar los gastos de defensa (ibíd.:84-89). El proyecto sandinista acusó problemas de coordinación y control de sus limitados recursos materiales y humanos (ibíd.:95), así como de falta de concertación con otros sectores (Rocha, 2010:8) y de los avatares propios de las coyunturas. De tal modo, las expropiaciones no obedecieron siempre al dictado de la soberanía y seguridad económicas, sino también a la necesidad de enviar «señales ejemplarizantes» a representantes de la burguesía, fueran conspiradores o no.

En particular, estas acciones enajenaron el apoyo campesino, uno de los sectores privilegiados por el proyecto sandinista. En el área agraria, el programa del FSLN suponía la liquidación del latifundio, la entrega gratuita de la tierra a los campesinos, el establecimiento de un plan agropecuario nacional para diversificar y aumentar la productividad y producción, todo ello acompañado por un estímulo a la cooperativización.[13] En su conjunto, la Reforma Agraria nicaragüense expropió 50% de las tierras disponibles, duplicando casi la cantidad de familias tenientes de tierra —hecho relevante si se considera el gran aumento de la población a lo largo de la década de 1980 (Tabla 2.2)—, por lo que puede considerarse una reforma intermedia —ni radical ni moderada— con sesgo estatista al vincular un tercio de los productores al sector «reformado». El pequeño y mediano campesinado tradicional —poseedor de tierras y experiencia de trabajo y comercialización, previas al triunfo de 1979— aprovechó mejor las leyes, políticas y apoyos específicos del gobierno sandinista (Solá, 2007:56-79).

El FSLN desarrolló una activa agenda social —orientada a combatir la pobreza y la desigualdad— mediante políticas de vivienda, electrificación, alimentación, salud y educación (Kinloch, 2008:314). El poder sandinista redujo la jornada laboral en el campo, duplicó el salario mínimo, mejoró la alimentación de los trabajadores estatales y privados, y congeló el precio del transporte (Ramírez, 1999:227). El gasto social aumentó sensiblemente hasta 1985, aunque después fue cayendo hasta alcanzar, en 1989, apenas 10% per cápita con relación a valores de 1981 (Spalding, 2009:351-381).

---

[13] La Reforma Agraria constó de varias fases: la primera (1979) se enfocó en la confiscación de propiedades somocistas; durante la segunda (con la Ley de Reforma Agraria de 1981), se expropiaron los latifundios ociosos; mientras que en la tercera (1984-1985) se incluyeron las tierras de empresas estatales y otras propiedades menores para ampliar la distribución de tierras; y en la última (1986) se expropiaron —bajo indemnización— numerosas fincas para ubicar a los desplazados por la guerra y garantizar el apoyo campesino en plena guerra civil (Solá, 2007:61- 69).

Dentro de la obra social realizada destaca la construcción de viviendas populares urbanas, la creación de guarderías infantiles, la atención a huérfanos y ancianos a través del Ministerio de Bienestar Social, y una Campaña de Alfabetización (marzo a agosto de 1980) que redujo el analfabetismo de alrededor de 50% a cerca de 15% de la población. Las políticas sanitarias incrementaron el número de consultas, unidades médicas y la esperanza de vida, disminuyendo la mortalidad infantil y por enfermedades trasmisibles y/o contagiosas (1981), en especial en la periferia urbana y zonas rurales (Kinloch, 2008:310-314).

La grave situación obligó al Estado sandinista a aplicar (desde 1988) políticas de ajuste y estabilización macroeconómicos afines a las «recetas» del Fondo Monetario Internacional (FMI) y el BM, que afectaron a su base popular social —al desplomar los salarios y elevar los niveles de desempleo— generando un apreciable impacto socioeconómico e ideológico dentro de un contexto general de expansión del mercado, repliegue del Estado y congelamiento de la Reforma Agraria (Saldomando, 1996:16-21). Sin embargo, el legado de la obra social de la Revolución perduró en el imaginario de buena parte de la población nicaragüense, afectada por la ola de reformas neoliberales que se expandió con los gobiernos posteriores. Su usufructo por parte del FSLN constituye hoy un poderoso instrumento legitimador que —como se verá más adelante—, es contrapuesto a las demandas de democratización y mejor desempeño institucional enarboladas por sus críticos.

Conflictos y oposición al gobierno revolucionario

El proyecto sandinista se vio afectado (1981-1989) por una cruenta guerra civil a la que contribuyeron los errores de la política de cooperativización y del tratamiento oficial a la Iglesia y las minorías afroindígenas de la Costa Atlántica, así como la influencia del contexto internacional (Pérez, 2008:657-659). El gobierno sandinista procuró conseguir un sano *modus vivendi* con los países vecinos y con EE.UU.; pero la situación geopolítica centroamericana impactó las dinámicas y rumbos del proceso revolucionario (Kinloch, 2008:322) y condicionó sus posibilidades de articulación exterior. Los nexos (materiales, asesoramiento, ideológicos, etc.) del FSLN con las fuerzas guerrilleras salvadoreñas —agrupadas en el Frente Farabundo Martí para la Liberación Nacional— se basaban en una lógica de solidaridad entre movimientos hermanados en el combate a dictaduras de derecha —aliadas en el marco de la Doctrina de Seguridad Nacional— e identificados ideológicamente por un pensamiento y praxis revoluciona-rios, basados en lecturas nacionales del marxismo y la historia, cultura y religiosidad populares.[14]

Las autoridades estadounidenses propusieron al gobierno sandinista una normalización de sus relaciones políticas y económicas, bajo la con-dición de limitar el poderío de sus fuerzas armadas y cesar el apoyo a la guerrilla salvadoreña. Con la resistencia nicaragüense al condicionamiento de Washington y el ascenso de Ronald Reagan, se inició una política abier-tamente agresiva que combinó, entre otras acciones, el bloqueo financiero, el minado de puertos y la organización y operaciones de fuerzas irregulares antisandinistas desde Honduras y Costa Rica (Esgueva, 1999:98-100). La respuesta nicaragüense se expresó a través de la aprobación (septiembre de 1983) del Servicio Militar Patriótico y la obtención —procedente de los países socialistas y de gobiernos como los de México y Venezuela— de ar-mamento, combustible, productos alimenticios e industriales para impedir el estrangulamiento del país. En el plano diplomático, el conflicto llegó a la Asamblea General de ONU, que aprobó (13 de noviembre de 1984) una resolución pidiendo el cese de agresión a Nicaragua, mientras el Tribunal de La Haya fallaría en sentencia histórica (27 de junio de 1986) a favor de Nicaragua en su reclamo a EE.UU. por los daños humanos y materiales derivados del minado de puertos en 1984.[15]

La lucha política en el terreno electoral (Cuadro 2.2) se expresó en la de-manda de elecciones limpias —abrazada por diversos sectores de la población opuestos al somocismo— acompañados por los llamados opositores[16] a

---

[14] Estos nexos entre salvadoreños y nicaragüenses se hicieron notorios al lanzar el Frente Farabundo Martí, con participación sandinista, una ofensiva (enero de 1981) con la que esperaban conquistar el poder antes de la victoria de Ronald Reagan, estrecho aliado de la ultraderecha salvadoreña.

[15] El gobierno de EE.UU., que debía indemnizar al país centroamericano, rechazó acatar la orden desconociendo las atribuciones del Tribunal.

[16] Partido Conservador (PC): partido más antiguo de Nicaragua, fundado en los años 30 del siglo XIX por ganaderos y comerciantes de la ciudad de Granada, con bases sociales predominantemente rurales y relaciones marcadas por el clientelismo y el paternalismo. Pese a su sesgo tradicionalista, promovió la introducción de capitales extranjeros y un mayor papel del Estado en la economía mundial. Defendiendo sus intereses como grupo dominante, acordaron varios pactos con el régimen de los Somoza. Hoy es un partido debilitado, que recuperó su registro antes de las elecciones de 2011, bajo sospecha de una posible estrategia gubernamental para fragmentar el voto opositor.
Partido Conservador Demócrata (PCD) (1979): compitió de manera independiente en las elecciones de 1990, cuando alcanzó un noveno lugar sin escaños en el Parlamento.

aprobar una Ley de Partidos y por el Decreto 513 de la JGRN (1980), que señaló la realización de elecciones antes de 1985.

No obstante, el avance de la polarización política y del proyecto del FSLN (Cuadro 2.1 y Esquema 2.1) hizo que en el proyecto de Ley de Partidos (1982) se ratificase el carácter hegemónico del FSLN dentro del orden político nicaragüense y se acotara la naturaleza y alcance de los otros partidos.[17] Sin embargo, pese al retiro de los opositores (1983) de la Comisión del Consejo de Estado que discutía dicha Ley, la versión originaria no fue impuesta, abriéndose un proceso paralelo de debate con la inclusión de especialistas procedentes de las universidades y de otros representantes de la oposición. Finalmente, en el proyecto de ley aprobado —tras un debate que abarcó tres meses a partir de su arribo al Consejo de Estado en mayo de 1983— los partidos fueron reconocidos como organizaciones competidoras por el poder y control estatales, vetándose solo el derecho a existir a partidos identificados con el somocismo[18] (McConnell, 2009:270).

Partido Liberal Independiente (PLI) (1944): disidencia del somocismo que reivindicaba el liberalismo tradicional. Dirigido por intelectuales y ligado a las clases medias urbanas, aglutinó sectores que no hallaban en el bipartidismo dominante (Liberal-Conservador) espacios para oponerse al régimen. Posteriormente, sus estructuras han servido para encauzar diversas agendas e intereses políticos.

Partido Popular Social Cristiano (PPSC) (1976): escisión del Partido Social Cristiano, que apoyó al FSLN frente al somocismo y lo adversó en los años 80. Formó parte de la Unión Nacional Opositora (UNO) hasta su salida en 1992, cuando se fusionó con otro para formar la Unión Demócrata Cristiana. Desde 2001 tiene una alianza con el FSLN.

Partido Comunista de Nicaragua (PCN) (1967): disidencia del Partido Socialista Nicaragüense que eligió la lucha armada. Adoptó su nombre actual en 1970. Integró la UNO en 1990, compitió de modo independiente en 1996 y luego formó parte de la Alianza PLC.

Partido Socialista Nicaragüense (1944): organización de trabajadores y artesanos vinculada a ideas de reforma social. Fue un opositor legal durante el somocismo. En 1990 se integró a la UNO contra el FSLN.

Movimiento de Acción Popular Marxista-Leninista (1972): fundado como fuerza marxista/maoísta autónoma vinculado al FSLN, fue perseguido por esta propia organización en los años 80. Asumió la única oposición parlamentaria a la Constitución de 1987. Perdió sus escaños (1990) y registro (1996) por el bajo apoyo de los votantes. Aliado desde 2001 con el FSLN.

[17] La presencia de estos elementos desdemocratizantes hizo álgida y prolongada la discusión del proyecto legal, interrumpida por la situación bélica hasta finales de 1982 (McConnell, 2009:269).

[18] Semejante cambio motivó que los sectores más radicales del FSLN interpretaran el hecho como una concesión al enemigo; cuando realmente constituía una muestra de la necesidad de alianzas y legitimidad del oficialismo, su heterogeneidad ideológica y el reconocimiento a las elecciones —históricamente burladas por gobiernos previos— en los imaginarios de la población.

Cuadro 2.2: Resultados electorales en Nicaragua (1984-2011).

PARTIDOS/ALIANZAS	1984		1990		1996		2001		2006		2011	
	A	B	A	B	A	B	A	B	A	B	A	B
FSLN	67	61	40,8	39	37,75	36	42,3	43	38	38	62,46	62
UNO	-	-	54,7	51	1	-	-	-	-	-	-	
AL/PLC	-	-	-	-	51,03	42	56,3	47	26,1	25	5,91	2
ALN	-	-	-	-	-	-	-	-	29,3	24	0,40	
PC	-	-	-	-	2,26	3	1,4	2	-	-		
MRS	-	-	-	-	0,45	1	-	-	6,4	5		
PCD	14	14	-	-	-	-	-	-	-	-		
PLI	9	9	-	-	-	-	-	-	-	-	31	26
PPSC	5,6	6	-	-	-	-	-	-	-	-		
PCN	1,5	2	-	-	-	-	-	-	-	-		
PSN	1,5	2	-	-	-	-	-	-	-	-		
MAP ML	1	2	-	-	-	-	-	-	-	-		
Otros			4,5	2	8,51	9	-	-	0,2	-	0,23	

Nota: A-porcentaje de candidatos presidenciales; B-escaños ocupados en el poder legislativo. Además de los escaños ocupados por los partidos, se reservan diputaciones a presidentes salientes.

Fuente: Elaboración propia, basado en Martí (2009), Font y Gomá (1991) y CSE (2011).

El Comité Especial conformado para redactar la legislación electoral[19] definió un sistema de representación proporcional con listas cerradas, dejando en manos de la oposición 2 de las 5 bancas del Consejo Supremo Electoral. También se definió lo concerniente a la financiación y tiempos de acceso a los medios de los partidos y se reforzó la presencia de fiscales opositores en los puntos de votación. Lo que no impidió a la formación oficial utilizar recursos estatales en su campaña, demostrando la asimetría de fuerzas persistente.

Antes de las elecciones de 1984 fue suspendido el estado de emergencia, permitiendo la libre circulación y reunión de personas, derogándose la censura de prensa y admitiéndose el derecho a huelgas. El 4 de noviembre de 1984, los resultados de las elecciones arrojaron una participación de 75,4% del total de votantes registrados, con 6% de votos nulos y una mayor pluralización del órgano legislativo (Cuadro 2.2). Los resultados, avalados por diversos observadores europeos, permitieron el acceso a la nueva Asamblea Nacional a 6 partidos opositores —cuyos aportes fueron decisivos en la redacción de la nueva Constitución—, que reunieron alrededor de 40% de voto antisandinista y abrieron el cauce a la ulterior creación de un Poder Electoral independiente. Algo clave de cara al proceso que culminaría en las elecciones de 1990.

La influencia de la socialdemocracia europea, la necesidad de frenar la agresión de EE.UU. y la confianza en preservar el poder fueron elementos que llevaron al FSLN a no bloquear la discusión y aprobación de las leyes de partidos y de elecciones. Los arbitrios de 1984 supusieron una redefinición de las bases de legitimidad del régimen a partir del voto —y ya no solo por un origen basado en la derrota de la dictadura— lo que le obligará a atender desde entonces no solo el apoyo de sus bases y estructuras partidistas, sino las percepciones de todo el electorado. Ello supuso un cambio de la propuesta estratégica original donde —sin abandonar las actitudes verticalistas y autoritarias— se incorporará en el seno del régimen la lógica de la competencia, lo cual supuso un cambio en las reglas del juego político y —sobre todo a mediano plazo— la posibilidad de modificar la correlación entre los actores que ocupan los espacios institucionales (Martí y Close, 2009a:18). En consecuencia, va a ser en parte sustituido un modelo híbrido que mezclaba el corporativismo y la participación popular —con organizaciones de

---

[19] Integrado por 6 miembros del FSLN y 3 de organizaciones aliadas, con un Consejo Asesor integrado por profesores y miembros de Corte Suprema, estos poseedores de mayores grados de independencia ideológica y formación profesional.

masas en la base y un Consejo de Estado integrador— por una democracia representativa, con elecciones periódicas y un parlamento conformado por partidos ideológicamente plurales (McConnell, 2009:268-271).

Esos cambios, al tiempo que acotaban las tendencias autoritarias del proyecto originario, reforzaban la apuesta por lógicas pragmáticas y el papel de los cuadros, tecnócratas y burócratas encargados de implementar reformas y negociar con la oposición. Más que (re)construir amplios arreglos sociales en torno al proyecto dominante —vinculando de forma virtuosa actores estatales y societales a través de las diferentes arenas políticas— se procuraron arreglos oscilantes entre diversos grupos dentro y fuera del Frente (dirigentes sandinistas, empresarios, opositores leales). Revelando las contradicciones subyacentes entre una política de gobernabilidad y unidad nacional que precisaba de consensos con los adversarios moderados y otra de transformación social y participación popular exclusivamente soportada en los fieles. En ese marco, sin embargo, varios autores reconocen que no se realizaron esfuerzos notables por discutir el impacto político y programático de los cambio dentro del régimen en las estructuras del Frente.[20]

El resultado de las elecciones de 1984 (Cuadro 2.2) suscitó la crítica de algunos dirigentes —que las consideraban expresión de una noción democrática restringida y abandono de principios— y de aquellas bases radicales (ibíd.:268-270) a las que se les presentaba como una concesión necesaria para reafirmar la legitimidad del proceso (Pérez, 2008:641-642). Los comicios fueron inútiles para encauzar pacíficamente la disputa nacional e incluir a otros sectores opositores relevantes, mientras que EE.UU. desconocerían los resultados (McConnell, 2009:276-278). Sin embargo, tanto las elecciones como el proceso y los cambios institucionales previos sentaron las bases del sistema electoral y partidario que permitió la primera transición política pacífica de la Nicaragua contemporánea, ocurrida tras la derrota del FSLN en febrero de 1990 (ibíd.:268).

Posteriormente, la Constitución de 1987 consagró en el plano legal la paulatina mutación y apertura del régimen político sandinista al reunir en su articulado una mixtura entre la lógica liberal —basada en la división de poderes,

---

[20] La hegemonía del FSLN —a partir de su persistente control sobre el Estado y las organizaciones populares— persistió, confundida desde su Dirección Nacional con una supuesta identificación ideológica de la mayoría de la sociedad al proyecto dominante. «El Estado militante era una mezcla de la intencionalidad política del FSLN y la expresión de viejos y nuevos intereses que buscaban incidir en la política económica y el modelo de sociedad en formación» (Saldomando, 1996:26-27).

la existencia de partidos opositores y el pluralismo— y la de una izquierda revolucionaria, orientada a la transformación social e institucional, con una concepción mística del sujeto «pueblo» y soluciones institucionales distantes del pluralismo político y la democracia representativa. Para su creación fueron estudiados, al detalle, la experiencia política en sistemas electorales, parlamentos y partidos de países socialistas y capitalistas (ibíd.:273). Y, aun cuando no derogó radicalmente la hegemonía del partido-Estado —en tanto control de este sobre áreas claves de la economía y las fuerzas armadas—, se abrieron las puertas a la competencia política y a la posibilidad de ulteriores reformas institucionales y legales (Álvarez y Vintró, 2009:171-174).

El régimen instaurado en Nicaragua difería en sus prácticas y, más específicamente, en las formas de garantizar el control estatal —con especial énfasis a partir de 1984— del modelo clásico de socialismo de Estado vigente entonces en Cuba y los países del Este europeo; toda vez que «lo que pretendían los sandinistas era el pluralismo dentro de la hegemonía del FSLN» más cerca del modelo del Partido Revolucionario Institucional (PRI) mexicano que del Partido Comunista cubano (McConnell, 2009:271). Sin embargo, sus limitaciones democráticas llevaron a que 14 partidos políticos reunidos en la UNO suscribieran (1987) un documento contentivo de 17 puntos relacionados con propuestas de reformas constitucionales: separación partido-Estado-ejército, veto a la sucesión familiar o la reelección presidencial, limitación de las facultades del ejecutivo, prohibición del voto militar y despolitización de Fuerzas Armadas, reformas al poder electoral y mayor independencia al poder judicial, elección de procuradores de Derechos Humanos y creación de un tribunal de garantías constitucionales, establecimiento efectivo de las autonomías universitaria y municipal (Esgueva, 1999:104). Parte de estas demandas serían reconocidas e implementadas de cara a los comicios de febrero de 1990 (Cuadro 2.2).

Fin de la etapa y régimen revolucionarios

Para finales de la década, en Centroamérica comienza a desarrollarse un proceso de diálogo político tendiente a resolver los problemas que afectaban las relaciones interestatales (ej.: Honduras y Nicaragua) y las guerras civiles que dividían a guatemaltecos, salvadoreños y nicaragüenses. Se constituyó (enero de 1983) el Grupo de Contadora —llamado así por la isla homónima panameña—, integrado por los gobiernos de Colombia, México, Venezuela y Panamá; cuyos presidentes emitieron en julio de ese año

114

la Declaración de Cancún, un llamado a dialogar entre las partes y rechazar la intervención foránea[21] (ibíd.:100). El proceso de pacificación regional avanzó con tropiezos hasta la firma de los Acuerdos de Esquipulas (7 de agosto 1987),[22] que posibilitaron que el gobierno de Nicaragua aceptase (enero de 1988) conversar con los grupos armados opositores; se alcanzase el Acuerdo de Sapoá (marzo de 1988), definitorio de los modos, zonas y plazos para el cese al fuego y desmovilización de la Contra, así como para la amnistía y retorno de los exiliados (Esgueva, 1999:104-106); y se celebrasen las elecciones planificadas en 1990, las cuales sellarían la suerte del experimento revolucionario.

En la etapa 1988-1990, en el marco general de las conversaciones con las naciones vecinas, comenzaron la despartidización de las fuerzas armadas y las gestiones para el ingreso del FSLN a la Internacional Socialista. A inicios de 1988 se decretó una amnistía política, se suspendió el estado de emergencia nacional y se levantó la censura de prensa, sentándose las pautas para el diálogo nacional de agosto de 1989.[23] En ese contexto, la dirigencia sandinista veía la convocatoria a nuevas elecciones como una urgencia, tomando nota del entorno internacional cambiante (fin de Guerra Fría y del apoyo soviético), del agotamiento de la economía nacional y del abandono paulatino del apoyo a la Contra por parte del Congreso de EE.UU. Aunque el Frente intentó preservar cotos de poder (hegemonía partidaria, control estatal y modelo de economía mixta), fue rechazado por los partidos opositores y el COSEP (Saldomando, 1996:26) asistiendo a las elecciones de 1990 con metas más modestas y mayores posibilidades de contestación en mano de sus adversarios.

En las elecciones del 25 de febrero de 1990 (Cuadro 2.2), las posibilidades de la unificada oposición se beneficiaron de la organización de un poder electoral y el rol de observadores foráneos (ej.: Centro Carter), cuyo accionar fue clave para el buen desarrollo del proceso. El Gobierno contribuyó al suspender la conscripción militar y permitir —aunque con

---

[21] Lo cual suscitaría la oposición del gobierno de EE.UU.

[22] Contentivos de los siguientes puntos: diálogo entre contendientes y cese de hostilidades, amnistía a prisioneros, formación de Comisiones de Reconciliación, celebración de elecciones e inicio de procesos de democratización, cese de ayuda a todas las fuerzas irregulares y acuerdos de no agresión entre Estados, negociación en control de armamentos, planes de atención a refugiados, y seguimiento internacional del cumplimiento de los acuerdos (Esgueva, 1999:95-105).

[23] En agosto de 1989 el FSLN convocó a 21 partidos a un amplio diálogo nacional que desembocó en los llamados Acuerdos de Managua (Kinloch, 2008:332).

cierta tardanza— el arribo de materiales y financiamiento para la campaña opositora procedentes del extranjero. No obstante, la mayor disposición de recursos estatales, así como el uso de los mejores horarios de la TV para su campaña, contribuyeron al triunfalismo del FSLN; el cual llegó a concentrar 300 000 personas en su mitin final en Managua (McConnell, 2009:280-286) y aparecía como favorito en encuestas y sondeos realizados en fechas previas a los comicios.

Pero la promesa de la candidata opositora Violeta Barrios de Chamorro de eliminar el Servicio Militar Obligatorio permitió a la UNO ganar con 54,7% de los votos válidos frente a 40,8% obtenido por el FSLN (Kinloch, 2008:332). Posteriormente, el acuerdo denominado «Protocolo de Transición» (marzo 1990) —suscrito por tres dirigentes del FSLN y tres dirigentes de la UNO— hizo posible el respeto al resultado de las elecciones, la despartidización del ejército y la estabilidad de la administración pública en el proceso de cambio de Gobierno (Esgueva, 1999:111-112).

Las contribuciones del proceso y régimen sandinistas (1979-1990) a la historia contemporánea de Nicaragua son relevantes y abarcan la derrota misma de la dictadura somocista, pasando por la implementación de cambios en pro de la justicia social y la expansión de la participación popular, hasta la creación de un marco institucional y legal para el cese del conflicto interno y su canalización pacífica por la vía electoral (Martí y Close, 2009:19). Las capacidades estatales se incrementaron, posibilitando avances sociales palpables que beneficiaron a grandes mayorías, aunque recibieron el impacto de las carencias organizativas, morales e ideológicas de los propios revolucionarios (Guevara, 2009:141).[24]

El orden democrático —bajo el cual han crecido varias generaciones nicaragüenses— fue una derivación de las políticas y decisiones tomadas por el gobierno sandinista, de su voluntad de negociar con los opositores, y de los acuerdos tomados por todas las fuerzas políticas del país. Ello no significa ignorar las prácticas ni formas de control estatales teñidas de autoritarismo y represión del disenso, ni equivale a pretender que la revolución de 1979 se hizo única o principalmente para establecer un régimen

---

[24] Aunque se invirtió mucho en mejorar las condiciones de vida de la población trabajadora en general —y de los pobres del campo en particular—, el nuevo régimen nunca logró —como consecuencia de sus propias debilidades y del impacto del acoso externo— un apoyo y/o control de masas ni una capacidad estatal como las conseguidas, en otro contexto y condiciones, por la Revolución cubana. De tal forma, «la revolución fue capaz de generar aspiraciones colectivas, pero no fue capaz de traducir esas aspiraciones en un consenso social que sirviera de base y apoyo para la construcción de un Estado nacional» (Pérez, 2008:661).

democrático representativo. No obstante, si bien no hubo intencionalidad originaria en el FSLN de ser reconocido por su «legado democrático», es también cierto que la organización y su liderazgo poseen el mérito de haber permitido un cambio pacífico inédito en la historia de la Nicaragua contemporánea (Pérez, 2009:143). Y de ser el primer gobierno revolucionario que cede el poder a sus opositores, respetando la voluntad popular y rompiendo con una tradición de aferramiento al poder presente en gobiernos de izquierda a lo largo de todo el siglo pasado (Cruz, comunicación personal 6/9/2011).

TRANSICIÓN A LA DEMOCRACIA Y HEGEMONÍA NEOLIBERAL (1990-2006)

En la coyuntura abierta tras las elecciones de febrero de 1990 coincidieron tres amplios y complejos procesos: un cambio de régimen político, una reestructuración económica y una pacificación nacional (Cuadra, 1998:83), reunidos aquí bajo la noción de transición. Se modificaron las condiciones del campo político, llevando a los actores relevantes —antes enfrentados en una lógica amigo-enemigo— a consolidar los procesos de pacificación y estabilización económica, a tejer alianzas y a trasladar las luchas de cara al nuevo orden postelectoral. Se fraguó paulatinamente cierto consenso —entre el liderazgo del FSLN y los funcionarios del nuevo gobierno— en torno a la defensa de la gobernabilidad y el rechazo a la violencia, frente a sectores populares que reclamaban la defensa de las conquistas sociales de la Revolución y a una derecha radical que buscaba liquidarlas.

Frente a las urgencias de la transición, las necesarias reformas políticas y económicas no recibieron igual atención ni se realizaron con la celeridad y profundidad requeridas (Téllez, 2000:17); al tiempo que la persistencia de rasgos de la vieja cultura política (providencialismo, pragmatismo resignado) y del modelo de relación Estado-sociedad tradicional hicieron que el fortalecimiento de la democracia electoral, en un entorno de sociedad civil frágil, no bastara para revertir los problemas estructurales acumulados. La política de la UNO —que recibió finalmente la anuencia del FSLN— se orientó a combinar el gradualismo político y el shock económico (Saldomando, 1996:46) derivado de la implementación de políticas neoliberales, los que modificaron la estructura económica (Tabla 2.2).[25] Las políticas

---

[25] Por ello no sería exacto considerar al FSLN —como puede escucharse de críticos furibundos del actual gobierno— un actor central en la instauración del modelo neoliberal

concertadas con el FMI y el BM —haciendo oídos sordos al rechazo de importantes segmentos de la población y las organizaciones sociales— persiguieron la estabilidad económica y fiscal, junto a la privatización de empresas estatales y cooperativas (Tabla 2.2).

La transición apuntó al rediseño del sistema político heredado de la etapa revolucionaria —y de sus rasgos fundamentales como el presidencialismo, la centralización y la relación Estado-organizaciones populares— en los marcos de un conjunto de conflictos y negociaciones políticos que debían conducir a un arreglo social durable (Cuadro 2.1). El énfasis se puso no ya en forjar una imagen de Estado que privilegia la soberanía nacional frente al agresor imperialista, sino en lograr una unidad fraguada dentro de un proceso de reconciliación y con mayor peso de actores no estatales. Dicho arreglo, sin embargo, confrontó la realidad de una crisis de hegemonía, donde la fuerza sociopolítica dominante (FSLN) perdió la capacidad de reproducir los intereses sociales que representaba, ascendiendo otra fuerza (oposición) que tampoco lograba imponerse de forma cabal (Saldomando, 1996:5-11). Dentro del contexto transicional fueron claras las amenazas de la burguesía y sus aliados externos (EE.UU.) por desmantelar las organizaciones y conquistas sociales, así como la decisión del FSLN y sus aparatos afines de bloquear cualquier decisión que amenazara sus intereses. Ya que ni las conquistas de la etapa revolucionaria resultaron consolidadas —a despecho de la organización popular— ni la reversión contrarrevolucionaria posible —pese a la fuerza del sector oligárquico—, los actores buscaron un arreglo dentro de los estrechos márgenes políticos y con los escasos recursos existentes dentro de una sociedad postbélica polarizada como la nicaragüense (Saldomando, 1998:56-57).

Ante estos desafíos de la transición, la dirección del FSLN adoptó la lógica del pragmatismo resignado (Pérez, 2009:137) y mutó de forma paulatina hasta convertirse en un partido capaz de pactar sistemáticamente con otros actores relevantes del sistema político, con vistas a satisfacer un conjunto de intereses particulares abrigados en el seno de la organización (Martí y Close, 2009a:12). La carencia de una propuesta alternativa a la neoliberal llevó al FSLN a concentrarse en una crítica al ajuste, mediante la exigencia de programas compensatorios marginales y la orientación a sus

---

en la Nicaragua postrevolucionaria. Si bien el Frente comenzó, en la etapa revolucionaria, las políticas de ajuste, estas no se conectaban con una ideología y proyecto político neoliberales —aunque tampoco correspondían con la orientación socializante y/o popular del partido— y más bien constituían «parches» para tratar de introducir cierta estabilidad en el maltratado panorama económico.

bases a apoyar la estabilización política del país, sin redefinir un programa para la lucha social en el nuevo contexto (Saldomando, 1996:54-56).

En la primera mitad de los años 90 creció el peso de las intermediaciones y arreglos en el seno del FSLN, con mayorías excluidas de la representación y negociación de intereses. Se hizo evidente la existencia de una mayor diversificación de grupos específicos dentro del Frente (militares, burócratas, parlamentarios, con lógicas diferenciadas), mientras que las organizaciones sociales vinculadas a él —por ejemplo, la Asociación Nacional de Agricultores y Ganaderos (UNAG)— acababan reivindicando arreglos particularistas de corte corporativo. Consciente de que en la nueva etapa los recursos se obtendrían mediante el acceso a las instituciones —en condiciones de competencia con otras formaciones políticas—, el partido se transformó poco a poco en una organización especializada en la penetración territorial e institucional y el manejo de discursos que mezclaron de forma abigarrada las simbologías cristiana, socialdemócrata y revolucionaria (Martí, 2009:51). Además, el FSLN dio importancia a la formación de juristas y a la captura de puestos en el aparato judicial (Martínez, 2009:224-226) que le proveyeran de un mayor control de los mecanismos de cumplimiento, así como al desarrollo de experiencias exitosas de gestión municipal (Pérez, 2009:164) susceptibles de reforzar el encuadre y aceptación de ciudadanos en sus agendas político-partidarias.

La crisis política postelectoral conllevó a una fractura interna de la organización. Se produjo (1994 y 1995) una confrontación entre una tendencia renovadora —esencialmente integrada por parlamentarios— y otra conservadora —compuesta por líderes sindicales y cuadros partidistas— que se saldó con la purga de los primeros y la transformación del Frente en un partido con escaso debate interno, enfocado en lo electoral y centrado en la figura de Daniel Ortega, que aplicó los mecanismos heredados de la lucha clandestina para forzar la unidad interna (Martí, 2009:41-50). Esta purga fue la primera de una serie de «salidas forzadas» de miembros prominentes del FSLN, que se produjeron ante la derrota de intentos de impulsar candidaturas alternativas (1995) y de reorganizar el partido (1997), llegando incluso al aislamiento ulterior de quienes luchaban por mantener un perfil de izquierda radical dentro de la organización (Baltodano, 2009:146-147).

El aparato del partido —controlado por Ortega— temió que el debate interno abriera espacios a las disidencias, generando nuevos liderazgos y perdiendo el monopolio del control y la representación. Sus características (centralismo vertical, limitada tradición de debate y vida democrática, creciente pragmatismo) no facilitaron su reforma y posibilitaron —en ausencia de basamentos políticos, programáticos y éticos— una conservadurización ideológica. El FSLN se dedicó a administrar su capital simbólico revolucionario,[26] de izquierda y revolucionario, desconectado del debate teórico y político internacional y atrincherado en una táctica de incrementar espacios de poder, plenamente insertado en las rutinas, alianzas y luchas de la nueva etapa.

Frente a este panorama, la alternativa presentada en 1995 por el Movimiento Renovador Sandinista (MRS) ofrecía tantas promesas como dudas. El 13 de octubre de 1994 se fundó el MRS como movimiento político dentro del FSLN ,que el 21 de mayo de 1995 se constituyó formalmente como partido político, separado de este último. El discurso socialdemócrata del MRS apeló a nociones (transparencia, eficiencia, lo público) cercanas a la visión de la reforma del Estado y los programas de las agencias de cooperación internacionales pero carente de contenidos más precisos (Saldomando, 2010, entrevista), a lo que hay se sumar sus debilidades organizativas y de recursos. Se constituyó como una alianza plural de disidentes sandinistas, ubicadas en la centro izquierda del espectro político, cuyo mayor capital reside en el prestigio de sus integrantes, la defensa de una mejor redistribución de la riqueza y la reforma institucional, además de la renuncia a los pactos (Baltodano, 2009:155-166).

En el contexto de la transición fue notable la presencia de posturas aparentemente confrontacionales —representadas por el FSLN y el Partido Liberal Constitucionalista (PLC)—[27] cuya retórica ocultará similitudes de estilos autoritarios de liderazgos y objetivos políticos pragmáticos. Ambos partidos propiciaron dinámicas cuasi permanentes de negociación para-

---

[26] Que puede seguir administrando en ausencia de un debate abierto en sus filas que evidencie las contradicciones y mutaciones reales, lo que resulta, además, abonado por la nostalgia de sectores de la izquierda internacional y el desastre social provocado por las políticas neoliberales.

[27] El PLC fue fundado en 1968 por disidentes del somocismo. Desde inicios de la Revolución fue una fuerza adversa al proceso y en 1989 formó parte de la UNO, triunfante en las elecciones de febrero de 1990. En estos comicios, el PLC, en la figura del líder Arnoldo Alemán Lacayo, alcanzó el gobierno de Managua, que retuvo por cinco años. En 1996 alcanzó la presidencia de la República (por el período 1997–2001) con 45% total de los votos válidos. En las elecciones de 2001, el PLC obtuvo cifras por encima de 50% de los votos y dispuso de la mayoría en la Asamblea Nacional de Nicaragua. Los acuerdos entre el expresidente Alemán —procesado por corrupción por su sucesor— y Daniel Ortega, unidos a la escisión liberal —surgida por desacuerdos de sectores disidentes con la gestión de su caudillo y la fundación por estos de la Alianza Liberal Nicaragüense— sirvieron de catapulta al triunfo del FSLN en 2006. La ideología del PLC es una mezcla de liberalismo tradicional, neoliberalismo modernizante y populismo de derecha con anclaje rural.

institucional, dentro de un régimen político incapaz de canalizar y resolver de forma eficaz y transparente los conflictos. Esos compromisos —conocidos como «Pactos»— serían concertados por grupos de intereses dentro de ambos bandos —en especial por los líderes de ambos partidos— y se enfocaron en maximizar los espacios ganados por las respectivas organizaciones dentro de las instituciones nacionales y en anular las expresiones de disidencias al interior y la aparición de opciones político-partidarias alternativas al nuevo bipartidismo instaurado.

Aun así, las reformas políticas de los años 90 concedieron más facultades a la Asamblea Nacional, mayor independencia al poder judicial y a la Contraloría, autonomía para la Costa Atlántica y los municipios, y profesionalización al ejército y a la administración pública (Téllez, 2000:70). Emergieron disidencias en los partidos dominantes que apelaban al diálogo y la colaboración políticos, tanto en el marco de las instituciones como de cara a la opinión pública (Martí y Close, 2009a:20); mientras nuevos actores (organizaciones de la sociedad civil) pugnaban por la ampliación de la participación autónoma y los derechos ciudadanos, así como por un mayor control de los poderes públicos. Los mecanismos electorales y la libertad de prensa se convirtieron en una suerte de «núcleo» de la joven democracia nicaragüense, ante la persistente partidización de las instituciones y el control de los caudillos (McConnell, 2009:267), así como frente a la reconfiguración «democrática» de las prácticas y el control estatales.

El 24 de febrero de 1995, tras un difícil proceso político caracterizado por la polarización de las fuerzas políticas en pugna, entra en vigor —con su publicación— la Ley 192 de Reforma Parcial de la Constitución.[28] En términos generales, la reforma de 1995 diseñó un modelo de relaciones interinstitucionales más plural y balanceado, otorgando más poder a los órganos legislativo y judicial, así como a los gobiernos locales; a la vez que acomodaba el texto constitucional a las nuevas realidades económicas y políticas de la Nicaragua postrevolucionaria. Se consagró jurídicamente la evolución de la economía del período de transición (Tabla 2.2), pasando el Estado a ser un promotor —y no dirigente— del progreso socioeconómico nacional, en un marco de coexistencia de diversos tipos de propiedad, con un papel protagónico de la iniciativa privada.

---

[28] En el artículo 191 quedaba estipulado que la iniciativa para una reforma parcial de la Constitución era prerrogativa del presidente de la República o de un tercio de los representantes ante la Asamblea Nacional, necesitándose la mitad más uno de los diputados para la reforma total del texto. Haciendo uso de esas previsiones legales, la Constitución política sería reformada parcialmente en 1995, 2000 y 2005.

Se aprobaron reformas orientadas a reforzar la democracia representativa, modificando elementos atípicos en relación con la tradición liberal, presentes en la formulación original de 1987. Con las reformas, el sujeto de la Constitución deja de ser una noción de pueblo —con sesgo clasista— para comprender a todo el conjunto de ciudadanos de la República. Se modifican los límites impuestos al pluralismo político en la versión original, al establecer solo la prohibición de aquellas organizaciones políticas que pretendan el restablecimiento de cualquier régimen antidemocrático. Se avanza en la profesionalización y despolitización de las Fuerzas Armadas, que cambian su denominación de Popular Sandinista a Ejército de Nicaragua.

Aunque se redujo por igual el tiempo de mandato de los diputados y presidente de la República, las prerrogativas del parlamento se refuerzan frente al ejecutivo, disminuyendo las potestades legislativas y de veto de este último. Se reforzaron la independencia y eficacia del poder judicial, se amplió el catálogo de derechos fundamentales consagrados constitucionalmente y sus garantías, además de reconocerse el recurso de amparo ante la Corte Suprema y el establecimiento de una procuraduría de los Derechos Humanos. Asimismo, fue fortalecida la autonomía municipal al definir sus prerrogativas en tres esferas: política, administrativa y financiera; elemento este clave para el desarrollo de las políticas de participación y descentralización, así como de las relaciones de cooperación entre agencias estatales, gobiernos locales y organizaciones de la sociedad civil.

Sin embargo, la transición no conllevó una democratización efectiva del régimen político (Cuadro 2.1), quedando las reformas centradas en la esfera electoral y en una modesta reforma del Estado (Vargas, 2000:90)[29] bajo la incidencia de la clase política tradicional. Los debates en torno a los cambios constitucionales dejaron fuera temas importantes (la discusión sobre el modelo de desarrollo, las políticas sociales y la apertura del campo político partidario, etc.), estableciéndose un régimen político formalmente democrático, donde los equilibrios y compromisos alcanzados eran rediscutidos de modo sucesivo por los actores gubernamentales y partidistas, en busca de la hegemonía (Vargas, 2000: 77-78). Ante este panorama cobró nueva fuerza la añeja opción de los pactos.

En octubre de 1996, el candidato del PLC, Arnoldo Alemán Lacayo, venció en las elecciones a su competidor del FSLN, Daniel Ortega (Cua-

---

[29] Así «[…] la actual democracia nicaragüense, no es más que una delgada capa que cubre la cultura centenaria de «autoritarismo político» que ha marcado el acontecer político nacional» (Vargas, 2000:78).

dro 2.2). En principio, se vivió un fuerte enfrentamiento que erosionaba la credibilidad de ambos partidos y disminuía las posibilidades de éxito del nuevo Gobierno ante la amenaza de inestabilidad política. Con el tiempo, las tensiones disminuyeron como resultado de las negociaciones que condujeron a los acuerdos políticos (pactos) de 1999 y a las reformas constitucionales promulgadas el 18 de enero de 2000.

Desde 1997, los pactos entre el FSLN y el PLC fortalecieron el poder presidencial y las cúpulas de ambos partidos, excluyendo a otros actores del sistema político (Téllez, 2000:19-20). La reducción del control del ejecutivo por parte de los demás poderes del Estado, la mayor partidización de agencias y políticas públicas[30] y la aprobación de una reforma electoral beneficiosa para los liderazgos del FSLN y PLC (Martí y Close, 2009:24) fortalecieron un modelo caciquil, donde los acuerdos se pactan por fuera de las instituciones —reforzándose el peso de las estructuras paraestatales del FSLN y en menor medida del PLC— y se apela a mecanismos de coerción y movilización (Pérez, 1998:26).

Aunque sus principales impulsores (PLC y FSLN) alegaban la necesidad de estabilizar la política nacional, las reformas de 2000 quedaron muy por debajo de las de 1995 en lo referente al perfeccionamiento democrático del sistema. Se realizó una serie de modificaciones cuantitativas de los principales órganos estatales —acompañadas por la modificación de algunas reglas del juego electoral—, que convirtieron la reforma en un vasto pacto para la repartición de magistraturas en provecho de los partidos mayoritarios.

Se redujo el número de votos válidos necesarios para ganar, en primera vuelta, la presidencia de la República —lo cual beneficiaba al FSLN— y se amplió el quórum de decisión necesario para privar de inmunidad al presidente de la República; además de aprobar el ingreso como diputados a la Asamblea Nacional del expresidente y el exvicepresidente electos en el período inmediato anterior. De tal suerte, se establecía una protección para los dos líderes políticos más importantes del país: Daniel Ortega —segundo lugar de las elecciones— y Arnoldo Alemán —mandatario electo—, sobre los que pesaban amenazas de procesamiento penal por delitos de violación y corrupción. También, se incrementó el número de miembros de todos los poderes del Estado para favorecer la inserción de miembros de las dos fuerzas políticas dominantes, propiciando la (bi)partidización de los poderes del Estado.

---

[30] En idéntico sentido a la práctica del actual gobierno, el PLC utilizó el gasto social como mecanismo de campaña política, llegando al enjuiciamiento del contralor y la sujeción de su institución al ejecutivo (Téllez, 2000:69).

La Corte Suprema de Justicia y el Consejo Supremo Electoral se dividieron en una suerte de «bancadas partidarias», generándose desde entonces crisis periódicas a partir de los intereses del FSLN o el PLC en bloquear determinada iniciativa y del peso ejercido por una u otra formación dentro de la estructura y agenda del momento. La Corte Suprema quedó integrada por una mitad de magistrados liberales y otra de magistrados sandinistas, y el Ministerio Público —creado bajo estas mismas reformas— repartió los cargos de fiscal general entre los dos partidos principales. Esta situación propició la acción contra algunos funcionarios según los dictados de los partidos dominantes: la presidenta del Consejo Supremo Electoral, por exigencias del FSLN y el contralor general de la República, por demandas del PLC.

Por último, las reformas al Consejo Supremo Electoral obligaban al aspirante a un puesto municipal local a haber residido en forma continuada los dos últimos años en la localidad por la cual pretendía competir. Lo que permitía cancelar la personalidad jurídica de los partidos políticos que obtuvieran menos de 4% del total de votos válidos en las elecciones generales y obligaba a los partidos regionales a concurrir en coalición con sus homólogos nacionales en las elecciones generales. Todo ello iba dirigido, en el año 2000, a impedir la participación en las elecciones municipales capitalinas de un precandidato ajeno al FSLN y PLC —que se perfilaba como ganador— y a entorpecer la emergencia y/o existencia de otros partidos políticos alternativos como el MRS o el nuevo ALN.[31]

El Consejo Supremo Electoral (CSE) —consagrado en la Constitución como cuarto poder del Estado y mandatado para la administración del proceso electoral, el registro y otorgamiento de personalidad jurídica a los partidos— ha sido desde entonces instrumentalizado para debilitar la autonomía de estas formaciones políticas, al incidir sobre la continuidad de sus estructuras, militancias y proyectos políticos. Su excesiva injerencia en la vida interna de los partidos contrasta con su renuncia a establecer mecanismos de regulación y control para la financiación de las campañas o para detallar, y a clarificar procedimientos tan importantes como los de votación, conteo e impugnación, escasamente normados en la Ley Electoral.

---

[31] Partido fundado (2006) por disidentes del PLC opuestos al control ejercido por Alemán dentro de dicho partido y a sus pactos con Ortega. Dirigido por Eduardo Montealegre, sería la segunda fuerza política más votada (28%) en las elecciones generales de aquel año, alcanzando 23 diputaciones de la Asamblea Nacional. Ha establecido alianzas con pequeños partidos como el Partido Conservador y el Movimiento Democrático Nicaragüense. Su ideología tiene una orientación neoliberal, tecnocrática y modernizadora, que apuesta por la privatización, la reducción del gobierno y la mayor integración del país a los procesos globalizadores.

Semejantes arreglos, unidos a la evolución de las dinámicas políticas nacionales —dispersión del voto antisandinista y debilitamiento del PLC tras la posterior conversión del expresidente Alemán en virtual rehén de Ortega a partir de su enjuiciamiento y condición de reo— e internacionales —expansión de la influencia de discursos y gobiernos progresistas aliados al Frente— tuvieron un impacto decisivo en los resultados de las elecciones generales de 2006 (Cuadro 2.2). La evolución pragmática del FSLN se hizo entonces evidente en la campaña electoral, con la sustitución del histórico estandarte rojinegro por otro de colores rosa pálido y azul celeste, con vagas invocaciones al amor y el perdón en lugar de las tradicionales convocatorias a la lucha y transformación sociales. La renuencia a utilizar el himno del partido —por sus referencias al «yanqui invasor»— y la consolidación del acercamiento a la Iglesia —en particular al cardenal Miguel Obando, quien pasará a integrar el nuevo gabinete como responsable de la «política de reconciliación»— serán expresiones de los «nuevos rumbos» del Gobierno de Reconciliación y Unidad Nacional (GRUN).

Gobierno de Reconciliación y Unidad Nacional: desempeño institucional, conflictos políticos y pretensiones hegemónicas en Nicaragua (2007-2011)

En las elecciones generales del 5 de noviembre de 2006, el candidato del FSLN, Daniel Ortega, regresó —tras 16 años— a la presidencia de la república. A la pluralización del universo electoral antisandinista —y a la fractura del liberalismo, su principal enemigo—, se unió la cauta estrategia del FSLN de modificar su discurso radical sin sacrificar las fortalezas heredadas de la etapa revolucionaria (estructura partidaria sólida y disciplinada, masivas organizaciones sociales afines, simpatías en los cuerpos armados) y el legado simbólico de la Revolución en amplios sectores de la población. Todo ello hizo conexión con la esperanza de la población nicaragüense — empobrecida por década y media de políticas abiertamente neoliberales—, otorgando al Frente el margen de ventaja (Cuadro 2.2) que le llevaría de vuelta al gobierno nacional a partir de enero de 2007.

El FSLN que llega al Gobierno en 2006 debe ser analizado en el marco de su trayectoria y desempeño políticos concreto, diferenciando el desempeño reciente del mantenido durante el período 1979-1990 (Esquema 2.1 y Cuadro 2.3) presente en su retórica y en el auténtico legado de la etapa revolucionaria. Críticos y oficialistas tienden a enfatizar aquellos elementos que

Cuadro 2.3: Continuidades y discontinuidades de los regímenes políticos de la Nicaragua postsomocista (1979-2011).

	PERÍODO GRUN (2006-2011)	
	continuidades	discontinuidades
PERÍODO/RÉGIMEN DE LA REVOLUCIÓN (1979-1990)	papel del FSLN y Daniel Ortega; iconografía sandinista; discurso nacionalista y antimperialista; estrategias de alianzas internacionales diversificadas; grupos y organizaciones sociales afines; programas sociales reforzados (alfabetización, educación y salud básicas, acceso a créditos); graves conflictos políticos internos	restricciones institucionales más fuertes; eclecticismo ideológico; base popular más heterogéna y débil; disidencias dentro del liderazgo histórico del FSLN; élite económico-empresarial sandinista; sociedad civil independiente y activa; políticas sociales menos enfocadas a la redistribución y más a la inclusión; ausencia de guerra civil
PERÍODO/RÉGIMEN DE LA TRANSICIÓN (1990-2006)	bajos niveles de producción; bajos niveles de educación; pobreza elevada; política/gobierno fragmentado y sujetos a pactos; alta dependencia de financiación externa; programas sociales monitoreados por inversores y cooperación	ayuda de Venezuela; discrepancias con EE.UU. y la Unión Europea; mayor autonomía del gobierno nacional con respecto a otros actores políticos domésticos; confrontación con medios y ONG; crecimiento de gastos y programas sociales

Fuente: Basado en Spalding (2009:378).

confirman sus respectivos enfoques; los primeros atienden su cuestionado desempeño político-institucional y la continuidad de políticas económicas heredadas para calificarlo como autoritario y conservador; los segundos insisten en su vocación por la redistribución y programas sociales, así como su alianza con gobiernos progresistas de la Alternativa Bolivariana para las Américas (ALBA), para sustentar sus credenciales de izquierda.

Sus partidarios lo presentan como un gobierno comprometido con la soberanía nacional, orientado a la defensa de los intereses de las mayorías excluidas y dispuesto al diálogo con el resto de las fuerzas políticas y sociales dentro del contexto nacional. Para los opositores, Ortega estaría procurando, desde sus inicios y mediante el empleo de medios legales y/o inciviles, un control total de las instituciones del Estado, la justicia, los medios masivos y la sociedad civil. Ambas lecturas podrían ser parcialmente confirmadas por un análisis del accionar del GRUN —en especial ante conflictos específicos como el desatado por la creación de los Gabinetes y Consejos del llamado Poder Ciudadano

(GPC/CPC en 2007), las elecciones municipales (2008) y generales (2011)—, así como por la hoja de ruta de sus políticas económicas y sociales. En todo caso, lo que para cualquier observador resulta evidente es la voluntad de (re) construir una mayor presencia del estado, con una imagen proyectada sobre la base de las ideas de unidad y reconciliación nacionales, y una serie de prácticas que refuerzan la presencia del gobierno nacional en las políticas públicas y la institucionalidad política vigente y/o creada a partir de 2007.

Agenda económica y social del GRUN: ¿continuidad o ruptura?

Nicaragua sufre una persistente crisis estructural, con graves condiciones de pobreza —que pasa de 50,3% de población en 1991 a 42,5% en 2009— agudizadas por variables como el género y la territorialidad (Vijil, 2010). En un país donde una minoría de la población concentra gran parte de la riqueza, opera una estructura tributaria regresiva, injusta e ineficiente que descansa sobre los impuestos indirectos —con apenas 25% de trabajadores formales— y privilegia al capital nacional y, cada vez más, al capital extranjero (Núñez, 2009e:10). La crisis internacional de 2009 hizo caer las exportaciones, las remesas y la inversión extranjera, y mostró la persistencia del déficit comercial y la dependencia de la cooperación internacional. Nicaragua, debilitada desde 1990 por las secuelas de la guerra, el impacto de desastres naturales como el huracán Mitch y las reformas neoliberales, sufre hoy el peso combinado del subdesarrollo y la larga ausencia de políticas efectivas de modernización y desarrollo (Saldomando, 2010).

Con semejante telón de fondo, el GRUN ha hecho esfuerzos por mejorar la imagen del país en el extranjero mediante incentivos a la burguesía nacional —agrupada en el COSEP—, los inversores y organismos financieros internacionales. Mientras se han reducido exoneraciones a las ONG —lo cual parece tener nexos con la restrictiva agenda política gubernamental hacia esos actores— al empresariado se le han hecho ofertas de negocios a cambio de su neutralidad política; se acepta la heredada deuda interna y se firman y respetan los acuerdos con el FMI. El GRUN apuesta a la búsqueda de recursos frescos —en proyectos de inversión y cooperación internacionales— y mercados para sectores tradicionales y no tradicionales, a la producción de alimentos y al apoyo a una pequeña y mediana producción[32] que, aun cuando

---

[32] «Hay que fortalecer las relaciones con el campesinado, no apostamos a la estatización de la economía, sino a cooperativas y autogestión» (Franco, 2010).

concentran la mayor parte del empleo, ofrecen trabajos de poca calidad y durabilidad.[33] Sin embargo, más allá del crecimiento de algunas exportaciones y sectores (financiero, ganadero, inmobiliario), la economía nicaragüense no se ha diversificado y dinamizado de forma sustantiva (Tabla 2.1).

Analistas cercanos al Frente destacan que las nuevas autoridades han logrado recuperar la confianza del BM, el Banco Interamericano de Desarrollo (BID) y otras instituciones, gracias —entre otros factores— a la ejecución adecuada de 98% de los fondos asignados para inversiones de capital. Como resultado de esto —y de las nuevas fuentes de financiamiento procedentes del ALBA— el presupuesto de inversión aumentó en casi 10% (de 2006 a 2010), a lo que habría que sumar otro 30% del presupuesto de inversión no utilizado por la anterior administración (Jacobs, 2010a:4). Estos expertos también defienden que el Gobierno hace concesiones a la empresa privada para proteger la estabilidad económica nacional y los sectores populares, y no como consecuencia de intereses particulares de los dirigentes y empresarios vinculados al FSLN. Asimismo, señalan el éxito del equipo económico del GRUN al defender sus prioridades sociales en las negociaciones con el FMI, en vez de someterse a las recetas impuestas por este (Solo, 2011:33).

En esa dirección, las iniciativas tendientes a ampliar las opciones de exportación y/o abastecimiento nacionales constituyen elementos a destacar de la gestión del GRUN; al igual que la construcción de infraestructura de comunicaciones, transporte y generación eléctrica abandonada por anteriores administraciones neoliberales. Sin embargo, si bien no se discute que un partido y/o gobierno (auto)calificados como izquierda tengan relaciones con el mundo empresarial, los expertos ven cuestionable que dicha relación —o la posesión de propiedades e inversiones por parte de la organización— se vuelva un objetivo tan importante que afecte la línea política e ideológica del partido (Saldomando, 2010, entrevista). Cuando se conoce la existencia de empresarios exitosos cuyos negocios han crecido al amparo de los contratos e influencias del Frente —y más recientemente como beneficiarios de los acuerdos de cooperación con Venezuela—, entonces las críticas en este rubro parecen cobrar algún sentido.

El impacto político de la cooperación venezolana —no sometida a mecanismos de contraloría nacionales o foráneos— es enorme, pues la consolidación del régimen requiere el apoyo del gobierno de Chávez. Aunque sumergida en la incertidumbre por su enfermedad y la tendencia ascendente

---

[33] Ver http://www.bcn.gob.ni/estadisticas/economicas_anuales/principales_indicadores_ macroeconomicos/indicadores/NIC_1.htm.

de la oposición venezolana, el monto de recursos recibidos se calcula (2010) en alrededor de 500 millones de dólares anuales (7% del PIB), totalizando casi 2 000 millones de dólares en el período de gestión del GRUN. Estos fondos se destinan de forma discrecional a negocios privados, campañas partidarias y programas de asistencia social gestionados por la empresa de capital privado nicaragüense-venezolano Alba de Nicaragua S. A. (Albanisa) y ejecutados con lógicas clientelares (Chamorro, 2011).

Aunque la debilidad de la oposición y su desconexión con las demandas sociales de los pobres son un factor a considerar, las políticas sociales del GRUN parecen ser la causa principal del repunte electoral del Frente desde abril de 2010 (íd.), lo que se suma a las evocaciones del accionar redistributivo, en relación con el legado de la Revolución y el discurso «pro-pobres» del FSLN (Rocha, 2011). Ha habido un avance en las condiciones de vida de sectores empobrecidos a partir de la mejora de servicios sociales básicos, programas de alimentación y la concesión de microcréditos a pequeños productores y cooperativas (Spalding, 2009:368). El Gobierno restableció la gratuidad de los servicios educativo y sanitario al prohibir en las escuelas públicas el cobro de matrículas, material escolar y otros insumos, y eliminar las consultas privadas en los hospitales públicos, donde se restableció la gratuidad de los medicamentos, las operaciones quirúrgicas y las pruebas clínicas.

En la esfera educativa, la nueva Campaña Nacional de Alfabetización consiguió en dos años (2007-2009) enseñar a leer y a escribir a 450 000 nicaragüenses —de un registro de 604 851 iletrados— (Alemán, 2009:45); mientras otras fuentes hablan de 97% de la población alfabetizada tras el fin de esa campaña (De Castilla, 2009:52). Aunque la asignación de recursos para la educación básica se mantiene limitada, se ha honrado, por primera vez, el mandato constitucional de asignar a las universidades 6% del presupuesto nacional (Cruz, comunicación personal 6/9/2011).

Ante el gran déficit de viviendas nacional (957 000 unidades), el gobierno del FSLN entregó en el área urbana (enero de 2007-junio de 2010) 6 496 casas de interés social construidas y 3 585 reparadas como parte de los programas «Casas para el Pueblo» y «Una Casa Mejor», financiadas con fondos del ALBA. En el área rural, mediante el programa «Plan Techo», invirtió más de 50 millones de dólares (Equipo Envío, 2011) para entregar zinc a decenas de miles de familias campesinas con el fin de arreglar el techo de sus casas. Además, fueron dados 69 286 documentos de propiedad (Jacobs, 2010b:11-17).

En los últimos años ha habido un descenso de la pobreza extrema, valorado de entre 3 y 7.5% (S/A, 2010:20-29), y el Gobierno argumenta que mantendrá el gasto social presupuestario en un porcentaje aproximado a 40%, llevando el gasto para el combate a la pobreza a 17,3% del PIB (2012); algo relevante para un país con el gasto social más bajo de América Latina (Saldomando, 2010). Aunque semejantes inversiones en el combate a la pobreza han sido importantes para aplacar la deuda social de los gobiernos neoliberales —y redundan en beneficio de sectores excluidos—, dependen de financiamientos externos, dudosamente sostenibles y auditables, al amparo de metas de reducción de pobreza basadas en los Objetivos del Milenio, sin enfrentar las causas estructurales que reproducen la pobreza (íd.). Por otro lado, las capacidades para generar empoderamiento individual siguen limitadas por el sesgo clientelista de algunos programas sociales emblemáticos (Spalding, 2009:351-381).

En ese sentido, los programas sociales del GRUN han beneficiado en su mayoría a grupos de la población catalogados como «no pobre» (64,9%); mientras que solo 25,1%, considerado «pobre general», y 10%, «pobre extremo», se incluyen como receptores. Según datos oficiales publicados por exigencia del BID (Acevedo, 2011:comunicación personal 30/12/2011), 12.5% de la población dice haber sido beneficiaria de los programas del GRUN. De estos, 9.3% correspondería a programas tradicionales —previos al GRUN y financiados por el presupuesto—; mientras los cubiertos por el esquema de cooperación venezolana (ALBA-CARUNA) alcanzarían a 3.2% de la población. Los beneficiarios se concentran en zonas urbanas (61.7%) —sobre todo en Managua—, donde existe una mayor cantidad de votantes y menores niveles de pobreza, y donde las estructuras del Frente tienen la capacidad de cooptar/movilizar a sus bases en función de estrategias políticas —como se evidenció en la coyuntura electoral de 2008/2009—. De esta manera, resultan evidentes las apuestas por un mayor control estatal a partir del encuadre de sectores populares en planes sociales y la previsible aceptación que ello generaría para el Gobierno nacional.

Elecciones municipales de 2008/2009 y generales de 2011: avance hegemónico del FSLN

Las elecciones municipales del 9 de noviembre de 2008 constituyen un ejemplo para valorar el desempeño democratizador del GRUN. Los comicios convocaron alrededor de 4 millones de votantes para elegir —en 11 000 juntas receptoras y 4 000 centros de votación— a los alcaldes y concejales de 146 municipios. La alcaldía más disputada era la de Managua, con el líder de ALN Eduardo Montealegre enfrentado al candidato sandinista Alexis Arguello.

Los problemas comenzaron varios meses antes de los arbitrios,[34] pues el CSE se negó a acreditar a diversos observadores nacionales o extranjeros —incluida la Organización de Estados Americanos (OEA)—, alegando que no eran políticamente neutrales. En sustitución, invitó a un grupo de especialistas de la región, adscritos a iniciativas regionales como el Protocolo de Quito, por percibirlos como actores foráneos menos problemáticos que aquellos a quienes identificaba con EE.UU., la Unión Europea y los sectores extranjeros vinculados a la oposición.[35]

Aunque los resultados preliminares fueron conociéndose poco antes de la medianoche del 10 de noviembre, ya desde la tarde simpatizantes sandinistas habían salido a celebrar su supuesta victoria en Managua, a la par que los liberales declaraban la existencia de una amplia ventaja sobre el Frente en la capital nicaragüense. Al conocer los resultados preliminares que lo desfavorecían, Eduardo Montealegre denunció que se estaba ante un intento de fraude, pidió a Ortega que no interviniese ante el poder electoral y rechazó reconocer los resultados dados por el CSE. En los días subsiguientes, sandinistas y liberales se enfrentaron en las calles de Managua, provocando el deceso de dos personas y heridas a otras, así como la destrucción de vehículos de la oposición y de la prensa.

El secretario general de la OEA, José Miguel Insulza, expresó el 11 de noviembre su preocupación por las denuncias opositoras y los enfrentamientos. El gobierno nicaragüense —con apoyo del venezolano— denunció una supuesta campaña desestabilizadora apoyada por EE.UU. y con el concurso del propio Insulza. Sin embargo, en el seno de la organización no prosperaron ni la moción presentada por Nicaragua contra la persona del Secretario General ni la impulsada por EE.UU. en apoyo a la «gobernabilidad democrática» en la nación centroamericana. El Centro Carter, sumándose a un pedido previo de la Iglesia católica nicaragüense, solicitó el 14 de noviembre una revisión de los resultados electorales con la participación de todos los partidos y los observadores internacionales, como forma para reducir la escalada de violencia y defender la institución del voto.

Los principales partidos opositores y organizaciones de la sociedad civil presentaron ante el CSE, el 14 de enero de 2009, 100 000 firmas solicitando el recuento total de los votos; pedido que fue rechazado, con lo cual quedaron

---

[34] Para ver las diversas valoraciones y argumentaciones en torno a estos comicios y sus resultados, consultar IPADE (2009) y MINREX (2009).

[35] Iniciativa que reúne, con fines informativos, consultivos y de promoción democrática y electoral, a los órganos electorales de Sudamérica. Fue fundada en septiembre de 1989 en Quito, Ecuador —de donde toma su nombre— y carece de mecanismos vinculantes o de capacidad de incidencia directa en los procesos que acompaña.

en suspenso los resultados definitivos totales que nunca fueron presentados de modo oficial. La neutralidad del CSE resultó severamente cuestionada, toda vez que el Frente Sandinista preveía ganar en más de 60 alcaldías, un resultado bien aceptable para un partido cuyo candidato había ganado las elecciones presidenciales con solo 38%. Sin embargo, la realización de un grupo de maniobras —entre estas el desconocimiento de los fiscales de la oposición en 10% de las juntas— se hizo a la vista del CSE, lo cual, según algunos analistas, permitió al FSLN ganar 105 alcaldías, frente a 37 del PLC y solo 4 de la Alianza Liberal Nicaragüense (ALN) (Courtney, 2011).

A partir de 2008, la oposición perdió la iniciativa política al no ser capaz de generar un movimiento de masas para defender su voto y apostar —con excesiva atención— a la presión externa y a un parlamento cada vez más controlado por el oficialismo para la revisión/anulación de los comicios. Sus líderes no pudieron movilizar a la población en protesta contra las reiteradas violaciones a la Constitución y sus denuncias fueron estériles para revertir la crisis de legitimidad del CSE (Chamorro, 2011), abriéndose un escenario particularmente difícil para contrapesar la acción gubernamental, tanto a nivel político-institucional como de la ciudadanía. Todo ello se unió al refuerzo de la presencia del partido gobernante en las diversas localidades del país; hecho clave para desarrollar su estrategia de cambios en la política de participación, en la aplicación de planes sociales de corte clientelar y en la preparación de su estrategia de cara a los comicios generales de 2011 (Cuadro 2.2).

En 2009, Ortega logró sortear la presión externa y la protesta interna, expandiendo su incidencia social con la ayuda venezolana (Chamorro, 2011). Emitió en septiembre de 2010 un decreto presidencial —aprobado en el contexto de la fracasada renovación del ente comicial en la Asamblea Nacional— que amplió desde el punto de vista inconstitucional el mandato de los 7 magistrados encabezados por Roberto Rivas, los mismos que gestionaron las elecciones municipales de 2008 (Unión Europea, 2011), las cuales favorecieron el avance del FSLN. No obstante, durante su mandato, el presidente apenas podría exhibir un respaldo similar al de sus homólogos del ALBA, por lo que acabó imponiendo su agenda por diversos medios que compensaran su limitado apoyo electoral (Equipo Envío, 2011) y forzó la reelección de cara a los comicios generales de 2011,[36] en procura de mayores márgenes de acción y legitimidad para su régimen y proyecto político.

---

[36] Según el testimonio de una reconocida analista, «Ortega tiene un liderazgo real en un tercio de la población, vinculada histórica y emocionalmente al Frente Sandinista, a la lucha contra Somoza, a la guerra con la Contrarrevolución» (López, 2011).

La candidatura confrontaba claras dificultades, pues el artículo 147 de la Constitución vetaba el acceso a la máxima magistratura a cualquiera que hubiese ejercido el cargo antes en dos ocasiones[37] o a quien estuviese en ese momento en ejercicio. Al no recibir los votos para reformar la Constitución en la Asamblea Nacional —y siguiendo el ejemplo del mandatario costarricense Oscar Arias en 2006—, Ortega recurrió a la Sala Constitucional de la Corte Suprema de Justicia, integrada solo por magistrados de su partido. La Sala, y luego la Corte en pleno, declararon «inconstitucional» aquel artículo —en apenas cuatro días— , alegando que violaba los derechos de Ortega al vulnerar el principio de «igualdad ante la ley» (Chamorro, 2011) y avalaron la candidatura del presidente. Pese al rechazo a la sentencia de la Corte Suprema, la experiencia de la oposición venezolana —cuyo boicot de las parlamentarias en 2005 dejó en manos del oficialismo todos los poderes del Estado— aleccionó a la oposición nicaragüense, decidiéndola a presentarse en 2011 (Unión Europea, 2011).

A su vez, dentro de la dirección del Frente existieron dos posiciones respecto a la forma en que deberían ser enfrentados la campaña y los resultados electorales. El sector dominante del FSLN —dirigido por Ortega, su esposa y aliados más estrechos— no quiso correr riesgos de ninguna clase, toda vez que el objetivo —no explicitado— del presidente era el de arrasar con los votos —y no simplemente ganar por el apretado margen tradicional— para poder gobernar durante los próximos cinco años con una cómoda mayoría parlamentaria. Sectores empresariales y diplomáticos vinculados a las agencias y gobiernos extranjeros creían que se podía ganar legítimamente y evitar resultados tal vez desestabilizadores (Equipo Envío, 2011).

El FSLN acudió a la vieja tendencia de emplear los recursos públicos para hacer proselitismo político (Courtney, 2011), haciendo caso omiso a una ley electoral que prohíbe el uso de dinero de empresas con participación del Estado nacional o de uno extranjero —como los recursos vinculados al ALBA— en la propaganda electoral. El partido gobernante empleó de forma profusa recursos públicos en beneficio de sus campañas partidarias, mediante la utilización de espacios, instituciones públicas y vehículos oficiales, la participación de empleados públicos en actividades de propaganda y la inauguración de obras y distribución de bienes y servicios públicos con propósitos proselitistas; dirección donde destaca el trabajo de las estructuras del poder ciudadano (Unión Europea, 2011). Además, el cardenal Miguel Obando y Bravo hizo un anuncio televisivo a favor del Frente, reproducido durante los tres días del silencio electoral (Rocha, 2011).

---

[37] Ortega ya había sido presidente en los períodos 1984-1990 y 2006-2011.

El CSE decidió no emitir regulaciones sobre varios asuntos clave (el registro de votantes, el ejercicio del derecho al voto y el recuento, entre otros), además de postergar la depuración/actualización del registro electoral,[38] lo cual forzó a los partidos opositores a invertir cuantiosos recursos en la obtención de información y les obligó a prepararse para enfrentar procedimientos desconocidos, incrementando la asimetría entre los contendientes (Unión Europea, 2011). El ente comicial también dio repetidas muestras de parcialidad en sus decisiones, favoreciendo una composición unilateral (FSLN) en los Consejos Electorales departamentales y municipales, y en las Juntas Receptoras de Votos (JRV), a través de suplantaciones, denegaciones arbitrarias y actos de intimidación para forzar las renuncias de fiscales de la oposición. Ello se suma al poder absoluto en los Centros de Votación de unos coordinadores nombrados a última hora, sin estar reconocidos por la ley ni sujetos a la fiscalización de los partidos opositores (Unión Europea, 2011) y a la inscripción de tres partidos [PLC, Alianza por la República (APRE) y ALN] orientados a dividir el voto opositor, los que prácticamente desaparecieron tras la elección (Rocha, 2011).

Los organismos de observación nacional —grandes ausentes del proceso— habían advertido que la presencia de fiscales de todos los partidos era crucial para certificar los resultados. Sin embargo, a pesar de que la ley electoral consagra la observación, el CSE se negó a acreditar a dos grupos de observadores nacionales de prestigio (IPADE y Hagamos Democracia), que aceptaron plegarse a las restricciones impuestas por el «Reglamento de Acompañamiento» del CSE, el cual limitaba la libre circulación y la libre expresión de los observadores.[39] El CSE ordenó a última hora que las credenciales de los fiscales de los partidos deberían solicitarse en Managua por medio de un programa informático complejo, con lo cual generó así nuevos obstáculos, complicó las acreditaciones del PLI y contribuyó a limitar en cierta medida su despliegue de fiscales durante la jornada electoral (Unión Europea, 2011).[40]

---

[38] El número de personas en el registro electoral (2011) fue de 4 320 94, de los cuales el CSE estima que solo unos 3 400 000 están realmente habilitados. La falta de depuración del registro es un problema que Nicaragua arrastra de anteriores procesos, agravado en esta ocasión por el hecho de que la ciudadanía dispuso de solo dos días para verificar su inscripción y solicitar correcciones, y que solo el 6 de octubre el CSE facilitó una copia del Registro Electoral Nacional a todos los partidos políticos.

[39] Por su parte, la ONG Ética y Transparencia decidió no plegarse al Reglamento y rechazó acreditarse (Unión Europea, 2011).

[40] Las disposiciones del CSE suscitaron el rechazo de los observadores de la OEA y de la Unión Europea, quienes cuestionaron un manual de capacitación de miembros de las

El CSE fue también cuestionado por la no distribución de cédulas de identidad ciudadana a más de 200 000 personas identificadas como opositores al partido de gobierno (Courtney, 2011). Solo reconoció la existencia de unas 30 000 cédulas no entregadas, argumentando falta de interés de sus titulares en acudir a recogerlas. Además, la repartición de estas fue dejada en muchos casos en manos de miembros del FSLN y de los CPC, quienes entregaron el nuevo formato a empleados públicos y simpatizantes del partido de gobierno sin recoger los documentos viejos, abriendo la posibilidad de ejercer un doble sufragio ante el rechazo del CSE a aplicar tinta indeleble como identificador de quienes hubieran ejercido el voto (Unión Europea, 2011).

Pese a sus maniobras, el proyecto político oficialista tropezó con obstáculos imprevistos. Uno fue el haber invitado a la Misión de Observación de la Unión Europea en agosto —cuando la polarización electoral no era visible y Ortega buscaba legitimar su reelección— sin poder medir entonces el potencial impacto político que tendrían las ulteriores declaraciones de los observadores europeos. El otro fue la candidatura del empresario y actor radial Fabio Gadea, la cual dio un giro paulatino e imprevisto a la competencia electoral a partir de su lanzamiento en agosto de 2010. Con una intensísima campaña por todo el país, sustentada en discursos muy sencillos, Gadea prometió un gobierno honesto y frenar el avance del proyecto de Ortega (Equipo Envío, 2011), permitiendo a la oposición encontrar una «nueva» figura que nucleara sus demandas fuera de los actores políticos dominantes.[41]

En general, la campaña electoral fue pacífica, con márgenes aceptables de libertad de expresión, movimiento y reunión, a pesar de enfrentamientos esporádicos entre seguidores de los partidos rivales. La asimetría de recursos en favor de un beligerante oficialismo (Montenegro, Cuadra y Saldomando, 2011) fue compensada por el empleo del activismo y las nuevas tecnologías de la comunicación por sectores opositores e independientes,

---

mesas de votación, donde se desconocía la existencia de observadores del conteo y de copias del acta de escrutinio para los fiscales de los partidos. Presionado, el CSE señaló que estas eran disposiciones «apócrifas» y se comprometió a eliminarlas (Courtney, 2011). Al final, el FSLN situó fiscales en todos los centros de votación, mientras que el PLI solo tuvo cobertura en 85% (Unión Europea, 2011). La oposición estima que el partido de gobierno contó a solas votos que hicieron posible el despojo de entre 10 y 15 de sus diputados (Chamorro, 2011).

[41] Director de Radio Corporación, Gadea es —desde hace medio siglo— la voz del personaje Pancho Madrigal, que forma parte del imaginario de amplios sectores de la población pobre, tanto urbana como —principalmente— rural.

siendo las primeras elecciones en las que hubo debate a través de las redes sociales al margen de las líneas de mando impuestas por los partidos (Equipo Envío, 2011). Sin embargo, esa riqueza de posicionamientos públicos no fue correspondida por los candidatos partidarios, quienes repitieron lemas y vagas promesas, pero ofrecieron poca información sobre sus proyectos políticos (Unión Europea, 2011).

Así, la última encuesta preelectoral de la Consultoría Interdisciplinaria de Desarrollo —realizada a nivel nacional entre el 11 y el 18 de octubre— colocaba a Ortega en primer lugar con 48%; a Fabio Gadea, con 30%; y a Arnoldo Alemán, con 11%. En tanto otro 10% reservaba su opinión —atendiendo seguramente a la polarización de la contienda y por temor a la reacción del oficialismo—, en las últimas semanas el resultado se aproximaba a un empate técnico o a una victoria muy ajustada de Ortega (Equipo Envío, 2011).

La jornada electoral transcurrió de manera pacífica, con la excepción de algunos incidentes violentos aislados. Hubo irregularidades en la apertura de 15% de las urnas —impidiéndose en algunos casos la asistencia de observadores y fiscales—; mientras que en 28% de las juntas observadas hubo personas impedidas de votar y en 30% de las urnas los procedimientos de cómputo operaron «mal» o «muy mal». Los observadores de la Unión Europea no siempre tuvieron acceso inmediato a las JRV, ya que hubo casos donde la Policía Electoral y los coordinadores de centro de votación se negaron a franquearles el paso hasta que recibieron la orden de sus superiores (Unión Europea, 2011).

El 11 de noviembre, el CSE colocó en su página de Internet el conteo oficial de 100% de las juntas receptoras, con mínimas variaciones sobre las cifras previamente anunciadas en la madrugada del 7 de noviembre: FSLN: 62.46%; PLI: 31%; PLC: 5.91%; ALN: 0.40%; APRE: 0.23%.[42]Pocos días después de las elecciones, la organización IPADE hizo públicos los resultados de su observación comicial.[43] Analizando la información pública de las JRV y datos facilitados por partidos de oposición y el FSLN, los resultados daban al Frente Sandinista de Liberación Nacional alrededor de 58%; a la Alianza PLI, 35%; y el tercer lugar para el PLC, con 6,5% (Salinas, 2011).

Se ha cuestionado la diferencia de votos entre candidatos a diputados y presidente —favorable a los primeros— inscritos en una misma boleta.

---

[42] Para acceder a los resultados oficiales del CSE, ver http://www.cse.gob.ni/md5/res1dipparl.php.

[43] El estudio fue realizado tomando como referencia 1 168 JRV, urbanas y rurales, 10% de las más de 12 900 de todo el país, contando con un margen de seguridad estimado en 98%.

Además, los nulos —que desde 1990 venían reduciéndose— se duplicaron en comparación con las elecciones de 2006. IPADE señaló que al menos en 55% de las JRV se contaron votos nulos y válidos, que en 43% no se registró el total de votos válidos y que en 100% no se asentó el número total de votos depositados, «por lo que no se puede determinar cuánta gente votó» (íd.).

La Alianza PLI no aceptó las conclusiones y Fabio Gadea desconoció el resultado en la madrugada del lunes 7 de noviembre y declaró al día siguiente que el fraude tenía «modalidades y proporciones inauditas» y que las elecciones debían ser anuladas. El MRS y los excontras —integrados en la Alianza PLI— comenzaron a organizar sus bases para una resistencia cívica. Por su parte, el PLC demoró en reaccionar, mientras que la ALN la y APRE —aliadas *de facto* al Gobierno— evitaron pronunciarse (Equipo Envío, 2011). Otros actores no partidarios expresaron rechazo o incredulidad con los resultados del CSE e incluso algunos identificados con el Gobierno expresaron —con discreción— su incredulidad ante la holgada victoria. La Coordinadora Civil exigió la anulación de las elecciones y el COSEP exigió la destitución de los magistrados del CSE por ser «un obstáculo al desarrollo y a la democracia en el país», reclamando que los resultados se presentaran en Internet, junta por junta (Equipo Envío, 2011).

La Misión de Observadores de la OEA denunció el 6 de noviembre que en 20% de las JRV elegidas para monitoreo les fue vetado el acceso y resaltó los problemas estructurales que afectan al sistema electoral nicaragüense al presentar el 15 de noviembre su informe ante el Consejo Permanente de la OEA (Equipo Envío, 2011). Mientras, los representantes del Centro Carter calificaron la elección como «la peor en términos de los obstáculos creados por el CSE para ciudadanos, partidos políticos y organizaciones internacionales», añadiendo que «es extremadamente difícil confirmar o refutar los resultados oficiales» (Salinas, 2011). Por su parte, la Misión de Observación Electoral de la Unión Europea —en un informe exhaustivo— evaluó de manera positiva el desarrollo de la votación en 85% de las JRV, aunque señaló casos de anulación de votos en favor del FSLN (Unión Europea, 2011).

Según los resultados oficiales, Ortega gobernaría con el apoyo de una mayoría absoluta (62 diputados) que le permitiría hacer reformas constitucionales y modificar a su antojo el sistema político.[44] De estos diputados

---

[44] Según los analistas, Ortega podría convocar una asamblea constituyente para permitir la reelección presidencial indefinida y eliminar los obstáculos a una futura candidatura de su esposa, además de institucionalizar a los CPC dentro de una nueva geometría política del territorio y Estado nicaragüenses. Establecer también nuevos controles sobre las ONG y los medios, y modificar la Ley Orgánica del Ejército Nacional partidizando esta

subsisten viejos operadores políticos —que han sido reelectos y son la fuerza principal de la bancada sandinista—, acompañados por una cantidad de nuevos rostros —mayormente mujeres— impulsados por Rosario Murillo desde la Coordinadora de Comunicación (Equipo Envío, 2011). No obstante, Ortega envió un mensaje con ánimo tranquilizador: «No es que porque ahora vamos a tener una amplia mayoría de diputados en la Asamblea Nacional vamos a hacer lo que nos dé la gana […] Los nicaragüenses a estas alturas ya no quieren guerras, no quieren pleitos, no quieren violencia» (íd.). Sin embargo, como recuerda una analista, «Ortega ha abusado de su poder en estos cinco años y a partir de ahora cuenta con un poder absoluto. Es difícil imaginar que lo ejercerá rectificando e incluyendo, negociando y debatiendo» (López, 2011).

Los resultados de los comicios generales de 2011 modificaron de forma relevante el panorama político nacional, mostrando nuevos desafíos —y oportunidades— para una oposición que deberá enfrentar no ya un Gobierno de tendencias autoritarias, sino uno fortalecido por el control casi absoluto de los poderes públicos. El pacto entre el reforzado FSLN y un moribundo PLC ha perdido relevancia en la vida política nacional, pues Alemán fue sacado del juego y gran parte de sus bases le han abandonado. Con un régimen que fusiona Estado-partido y familia —y que se halla a medio camino en la cooptación del ejército y la policía—, los únicos contrapesos visibles radican en la sociedad civil y la prensa independiente —cuyos espacios se han reducido— y en una Alianza PLI que debe definir una estrategia coherente de oposición (Chamorro, 2011). Para lo cual podrían aprovechar los modestos, pero visibles, avances en materia de concientización de derechos y demandas de participación, que explican el beligerante reclamo de aquellos ciudadanos —muchos de ellos habitantes pobres de zonas rurales— que exigieron al CSE algo tan básico como su cédula de identidad y se convirtieron en defensores del voto (Equipo Envío, 2011).

El escenario postelectoral consagra la asimetría de fuerza entre los contendientes, en beneficio de un partido de gobierno cuya capacidad de controlar y cooptar parece imbatible, con un manejo pragmático de lo público —encubierto de retórica revolucionaria— y que fortalece su poder mediante mecanismos para y extrainstitucionales (Saldomando, 2011). Se erige un régimen crecientemente personalista y neopatrimonialista, con un bajo

---

institución (Equipo Envío, 2011), reconocida internacionalmente por su despartidización, profesionalización y apego a la ley, como un casos exitosos dentro de la transición nicaragüense (Chamorro, 2011).

respeto por la institucionalidad y los derechos civiles y políticos ejercidos de forma autónoma a sus redes e intereses. Sin embargo, semejantes características —condición de posibilidad de su hegemonía— constituyen también factores potenciales de debilidad, pues dejan escaso margen al relevo generacional en su liderazgo y revelan las carencias de un sistema de meritocracia partidaria y administrativa capaz de reproducir la organización a largo plazo. Además, la sistemática purga de cuadros viejos, expertos y fieles —conformadores de la estructura nacional del partido—, en momentos en que el régimen expande su accionar, y el enfrentamiento de Rosario Murillo con el sector empresarial del FSLN (Rocha, 2011) pueden operar en sentido inverso al fortalecimiento de sus capacidades.

Las opciones para la democratización y la emergencia de fuerzas alternativas no aparecen en el horizonte.[45] El temor a una violencia desenfrenada —como la de los tiempos de la guerra civil— y la capacidad de agresión de los simpatizantes del Frente paralizan la acción opositora.[46] Paro ello, la clausura de los espacios de lucha institucional puede llevar —como en etapas anteriores de la historia nicaragüense— a una nueva radicalización de los oponentes. En tanto el régimen vigente reproduce las debilidades históricas del país y deje irresueltos los problemas estructurales que «pesan» sobre el desarrollo político nacional (Saldomando, comunicación personal 12 de septiembre de 2011), se verá amenazada la gobernabilidad de un país que, en sus ciento ochenta años de historia, ha vivido situaciones bélicas —como promedio— cada catorce años (Courtney, 2011).

---

[45] Según una analista: «El escenario es de polarización entre el orteguismo y el antiorteguismo. Una vez que se reestablezcan las instituciones democráticas podrá hablarse de proyectos específicos» (Téllez, comunicación personal, 7 de diciembre de 2011). Para otra protagonista, el escenario es aun peor, pues «ya en estos momentos es evidente que en Nicaragua no existe ninguna polarización. Mucho menos entre izquierda y derecha. El país entero se encuentra en una situación de gran estabilidad producida por el control absoluto del poder, por la vía pacífica» (Baltodano, comunicación personal, 17 de marzo de 2012).

[46] «Nicaragua es un país en donde el recurso a la violencia es una experiencia muy cercana en el tiempo y muy habitual [...]. Quienes no simpatizan con Ortega le tienen miedo a las consecuencias de que vuelva a la oposición. Esto explicaría también una pasividad generalizada para organizarse y desafiar su poder» (López, comunicación personal, 20 de diciembre de 2011).

3

POLÍTICAS DE PARTICIPACIÓN Y PRÁCTICAS DE AUTONOMÍA EN NICARAGUA (2006-2011)

Interacciones Estado-sociedad y políticas de participación en Nicaragua

Nicaragua es un país de ricas tradiciones de organización y movilización sociales, vinculadas a ciclos de modernización y conflicto estrechamente relacionados con el ejercicio o confrontación del poder estatal. Como ya se mencionó, la Constitución vigente la define como una república democrática, participativa y representativa, donde los ciudadanos tienen derecho a intervenir en igualdad de condiciones en los asuntos públicos y la gestión estatal, y hacer peticiones, denuncias y críticas al Estado.[1] Su carta magna y su legislación complementaria establecen un marco formal por el cual la ciudadanía organizada puede incidir en la arena pública mediante las organizaciones y movimientos de la sociedad civil y a través de políticas de participación desarrolladas por el Estado que propician diversas formas de inclusión de las organizaciones sociales. Sin embargo, las políticas de participación desplegadas desde la estatalidad han operado —con diverso grado según las circunstancias— como mecanismos para el encuadre, la aceptación y/o la sanción de grupos de la población, en consonancia con las estrategias de control estatal vigentes y enmarcadas en las rutinas de funcionamiento de las políticas públicas, así como las alianzas y luchas políticas dentro y fuera de los bloques dominantes.

Este capítulo analiza los modos de interacción entre los dominios estatal y asociativo del campo político, y su nexo con las políticas de participación en el período del nuevo gobierno del FSLN (2006-2011). Para ello se exponen los antecedentes históricos de dichos procesos en la Nicaragua contemporánea, dando cuenta de diversos modos de entender e impulsar la participación y la autonomía. Asimismo, se analizan las características y alcances

---

[1] Ver http://www.asamblea.gob.ni/opciones/constituciones/ConstitucionPolitica.pdf.

143

de las políticas de participación impulsadas por el actual gobierno[2] y las prácticas de autonomía desplegadas desde la sociedad civil, entendiéndolas como arenas específicas, atravesadas por dinámicas de conflicto y cooperación entre disímiles actores en escenarios y coyunturas particulares.

A partir de un acumulado diverso de estudios sobre la vinculación existente entre las organizaciones sociales, agencias del Estado y los procesos —y modelos— de participación (Prado, 2010 y 2009; Montenegro, Cuadra y Saldomando, 2009:52) es posible obtener una caracterización del fenómeno en las diferentes fases en la Nicaragua contemporánea. El proceso cobra vida a partir de 1979, con la caída de la dictadura, y hasta finales de los años 80, cuando se vivió un crecimiento de la participación popular con altibajos, contradicciones y limitaciones, causadas por la guerra y la consecuente militarización de la sociedad política, la crisis económica, las herencias del pasado y los propios errores del proceso revolucionario (Serra, 1989).

El derrocamiento de la dictadura somocista facilitó el acercamiento de un conjunto de organizaciones sociales (estudiantiles, laborales, cívicas, de mujeres y partidos políticos de izquierda) que, en general, se caracterizaban por su amplitud, pluralismo y flexibilidad organizativa (íd.). En los primeros meses posteriores al triunfo de la revolución sandinista, estas asumieron directamente las funciones básicas de organización y dirección social, mientras el frente guerrillero terminaba de asentarse en su nuevo papel como gobierno nacional y local. Al establecerse como Gobierno el FSLN, las organizaciones que participaron en la lucha contra la dictadura, —dirigidas por cuadros del Frente— fueron designadas como «instituciones de defensa del proyecto revolucionario y como canales de participación y resolución de las demandas populares» que solo disponían de una autonomía relativa (ibíd.:135).

Una vez asentado el FSLN en el poder, se produjo una confluencia entre políticas de participación y prácticas de autonomía que combinó la defensa común —por actores estatales y societales— de los cambios revolucionarios y contradicciones por la reivindicación de contenidos específicos de las agendas sociales, frente a las expresiones de autoritarismo y burocratización dentro del campo político. Las organizaciones populares vivieron un proceso de institucionalización que las llevó a convertirse en organi-

---

[2] Utilizaré aquí algunos resultados de diversas entrevistas y talleres de discusión realizadas durante mi estancia, que involucraron a investigadores, funcionarios y activistas sociales. Agradezco también el apoyo, asesoría e información proporcionados por los colegas Roberto Stuart, Silvio Prado, Luis Serra y Angie Largaespada.

zaciones permanentes y complejas, en un contexto de guerra cuyo principal objetivo era el fortalecimiento de los aparatos estatal y partidario. La institucionalización también implicó la adopción de estatutos, definición de símbolos (emblemas, himnos, lemas, efemérides), elección de representantes, organización de estructuras profesionales a nivel nacional y definición de planes de trabajo en función de dos grandes misiones: defender la revolución y canalizar las demandas populares del sector. Muchos de sus cuadros fueron cedidos —y parte de su autonomía relativa entregada— para consolidar al Estado y al FSLN a nivel nacional, regional y zonal; para integrarse a la defensa militar de la revolución y para hacer campaña electoral a favor de este último.

Al resultar el FSLN ganador de las elecciones de 1984, de nuevo las prioridades de la revolución determinaron la agenda de las organizaciones sociales, agregando a la defensa militar de la revolución la recuperación económica que había sido «agravada por la guerra, el boicot comercial y financiero, el deterioro de los términos de intercambio con el mercado mundial y los errores en las políticas gubernamentales» (Serra, 1989: 138). Las organizaciones sociales quedaron en un fuego cruzado «entre la presión de sus bases por reivindicaciones mínimas, y la presión del Gobierno, para impulsar el trabajo voluntario, la defensa, la austeridad y la reducción de la fuerza de trabajo» ibíd.:138), lo que terminó por provocar un descenso en su capacidad organizativa y de movilización social.

Con el estancamiento del conflicto armado y el inicio de las negociaciones de paz se abrió el campo político y, con ello, la oportunidad para que el FSLN y el liderazgo de las organizaciones sociales afines a la revolución prestaran atención a su reactivación. Una revisión crítica sugirió como elementos clave para ser mejorados el estilo de conducción vertical y la renovación del liderazgo. Se realizaron elecciones democráticas a lo interno de muchas organizaciones que permitieron captar líderes naturales; hubo una sustitución parcial del aparato burocrático por el trabajo voluntario; se flexibilizaron las modalidades organizativas; se incorporaron métodos de trabajo que facilitaban el acercamiento a la problemática comunitaria; y se armonizaron en la planificación, de manera más equitativa, las prioridades de la revolución con las reivindicaciones de cada sector.

Sin embargo, para amplios sectores (maestros y sindicatos obreros) esta apertura resultó insuficiente porque sus intereses fueron subordinados por la necesidad de concertación económica con la empresa privada. Recurrieron a la huelga, obligaron al Gobierno a reconocer sus derechos y pusieron en evidencia las contradicciones del modelo de organización popular, que obligaba a los sectores populares a usar la fuerza para obtener un mínimo de sus demandas. Durante la etapa revolucionaria (1979-1990), las prácticas de autonomía se veían a menudo subordinadas por un Estado que garantizaba una inclusión acotada de actores societales en las arenas de participación, lo cual, en la fase de la transición, fue sustituido por otro Estado que utilizaba su disminuido poderío para expandir la lógica de mercado dentro de la vida social.

Si bien el proceso de expansión de la organización y participación populares y su incidencia en políticas estatales comenzaron con la Revolución Sandinista (Montenegro, Cuadra y Saldomando, 2009), este tuvo el sesgo de control estatal y las restricciones a los derechos ciudadanos típicos de un entorno de guerra civil y un modelo clásico de izquierda revolucionaria con un partido de vanguardia dominante encabezando un proyecto de liberación nacional y de transición al socialismo. El resultado fue un entramado organizativo dependiente de la tutela partidaria y de los recursos estatales, que no pudo mantenerse una vez que el FSLN hubo perdido las elecciones presidenciales. El momento de la autonomización efectiva de la sociedad civil, que despegaría en 1990 con el fin de los recursos y la tutela del FSLN, acompañado con la «retirada del Estado» y las demandas de asistencia social derivadas de la implantación del modelo neoliberal, conllevó a una gran expansión de las organizaciones de la sociedad civil —en lo adelante OSC— de 1990-1996 (Serra, 2007:44-49).

De 1990 a 1994 la situación se caracterizó por las presiones de las organizaciones revolucionarias (campesinas, obreras, estudiantiles) en resistencia al emergente modelo neoliberal. En un entorno de crisis sociopolítica, con precaria institucionalización de la participación, se expandieron las ONG —muchas formadas con personal sandinista— y los nexos de estas con la cooperación internacional. Mientras, en el campo político, se confrontaban el proyecto político —con una mezcla de elementos autoritarios y democráticos— heredado de la etapa revolucionaria y otro neoliberal, legitimado por el nuevo Gobierno ganador de las elecciones de 1990.

A partir de la última década del siglo xx se inició una separación más clara entre los dominios estatal y asociativo —en particular, entre organizaciones sociales y partidos políticos—; proceso estimulado por el distanciamiento entre el FSLN y algunas organizaciones afines, así como por fisuras a lo interno del bloque opositor a la revolución. La sociedad civil se perfilaba en dos grandes bloques: quienes defendían los logros de la revolución y los que exigían la restauración del orden tradicional. A medida que avanzaba la reconstrucción del orden tradicional, el bloque progresista y revolucionario de la sociedad civil se bifurcó en dos grandes movimientos: los que se asentaron en la defensa del legado revolucionario (gratuidad de la salud y educación; posesión de viviendas, propiedades y medios de producción; vinculación partidaria) y los que defendían el legado pero levantaron nuevas banderas (municipalismo, feminismo, derechos de pueblos indígenas, ambientalismo, etc.), en una agenda que buscaba aumentar la incidencia de la sociedad civil en arenas específicas —como las políticas de participación y los mecanismos afines relacionados con la gestión pública local—, al margen de los partidos políticos y el Estado.

De 1995 a 1999 se produce una paulatina reducción de la protesta social —con aceptación del rumbo económico y anclaje en la gestión/concertación local— gracias al freno ejercido desde los partidos y el Estado. La creación formal del Consejo Nacional de Planificación Económica y Social (CONPES) expresa la demanda por un espacio nacional de concertación para el diálogo Estado-sociedad civil[3] —previsto en la Constitución de 1987— como instancia de consulta y representación de diversas organizaciones (empresariales, laborales, cooperativas, comunitarias) con el ejecutivo en labores de la política económica y social del país (art. 150). En general, el campo político pasa a ser hegemonizado por actores que representan valores de la cultura política tradicional (clientelismo, caudillismo, patrimonialismo) unidos a otros vinculados a las nociones del proyecto neoliberal (gerencialización de lo público, mercantilización y más mediatización de procesos políticos) aunque con resistencia de prácticas y actores —fundamentalmente societales— que se relacionan con los presupuestos del proyecto democrático participativo.

El gobierno derechista de Arnoldo Alemán (1997-2002) excluyó a las organizaciones civiles del Comité de Emergencia creado para atender los daños del huracán Mitch, presionando a los miembros de las organizaciones y a los cooperantes extranjeros (Serra, 2007:50-51), a lo que los activistas respondieron articulándose en la red Coordinadora Civil. Con posterioridad, la administración de Enrique Bolaños (2002-2006) redujo el acoso a la sociedad civil; pero mantuvo la pobre cooperación y transparencia en sus políticas al sector, concretando su atención en el CONPES —por vínculos e intereses del Presidente— dentro de una continuidad de las políticas neoliberales, la que llevó a la Coordinadora Civil a lanzar una campaña de denuncia y protestas

---

[3] Por el recelo de los políticos del Gobierno y la oposición a compartir su poder dicha instancia no sería operativa hasta 1999. Para 2006, estaría integrada por 179 miembros procedentes de sindicatos, OSC, gobiernos locales, universidades, movimientos sociales, entre otros (Serra, 2007:130).

contra los acuerdos del Gobierno con el FMI. A partir de esta administración, la contraposición entre actores vinculados con un proyecto democrático participativo y otros adherentes a un proyecto neoliberal adquirieron visibilidad en disputas en torno a la representación de lo asociativo, el control de recursos públicos —y cooperación—, así como al desarrollo de una normatividad que acogiese la innovación democrática y participativa.

El gobierno de Alemán definió sus prioridades alrededor del crecimiento económico y dejó los valores democráticos, la gobernabilidad, la institucionalidad y la transparencia como asuntos internos de los partidos políticos. Promovió acciones para controlar y disminuir la autonomía de las organizaciones sociales y legalizó asociaciones y fundaciones dirigidas por personas afines. Las organizaciones y movimientos sociales reaccionaron multiplicando su articulación para negociar un marco jurídico de la cooperación solidaria y fortalecer su capacidad de incidencia en los temas de interés de la vida nacional, haciendo incidencia para que la cooperación (pública y privada) contribuyera a frenar las pretensiones presidenciales.

Tras el paso del huracán Mitch cambió el panorama y el Presidente tuvo que asumir la agenda de la cooperación: gobernabilidad, transparencia, participación de la sociedad civil, descentralización y políticas sociales para erradicar la pobreza. Pero al poco tiempo regresó el golpe firmando un pacto con el FSLN que debilitó a las organizaciones y movimientos sociales autónomos; toda vez que este fortaleció el control de ambos partidos sobre los poderes del Estado, disminuyó las posibilidades de fuerzas emergentes y significó un retroceso para la institucionalidad democrática.

En la etapa 1999-2006 se produce una mayor presencia —a nivel ideológico y discursivo— del proyecto democrático participativo y una interacción regulada de actores ubicados en los dominios societal y estatal —y de sus arenas particulares de participación y autonomía— a partir de la expansión de los espacios de concertación y participación. Con la creación de una legislación afín: la Ley 475 (2003), se incluye a las asociaciones civiles, previo reconocimiento del consejo municipal, como actores en las políticas públicas locales. No obstante, en el país se sigue fomentando una participación de impronta neoliberal que restringe las alternativas a la atención de políticas inmediatas y locales —sin tocar los problemas nacionales— y desresponsabiliza al Estado al transferir a la sociedad la atención a los graves problemas sociales (Montenegro, Cuadra y Saldomando, 2009:117-122).

En el año 2003, después de un intenso debate que involucró a amplios sectores sociales y las diferentes bancadas partidarias, se aprobó la Ley 475 de participación ciudadana, cuyo objetivo era fortalecer la libertad y la democracia participativa y representativa mediante la institucionalización de una serie de espacios y mecanismos para facilitar una interacción fluida entre el Estado y la sociedad nicaragüense. Esta fue la culminación de una iniciativa que comenzó en 1998, cuando varias organizaciones sociales promovieron una iniciativa de ley para institucionalizar el derecho de participación ciudadana, que se enriqueció con aportes y experiencias de diferentes sectores sociales a nivel nacional y con el estudio de legislaciones similares.

La Ley 475 definió los principios y disposiciones generales de la participación ciudadana, estableció los mecanismos de participación en la formación de las leyes y las normas en las regiones autonómicas y municipios, así como las instancias de participación en la formulación de políticas públicas nacionales, a través del CONPES y de los recién creados Comités de Desarrollo Departamentales (CDD) y Comités de Desarrollo Municipal (CDM). También institucionalizó los mecanismos de participación de los pobladores en el ámbito local a través de asociaciones de pobladores, organizaciones sectoriales, consultas ciudadanas, cabildos municipales, estrategias de desarrollo y planes de inversión. Finalmente, definió los procedimientos para la petición y denuncia ciudadana, y los mecanismos para asegurar la defensa de la participación ciudadana a través de la procuraduría para la defensa de los Derechos Humanos.

Esta norma fue, de cierto modo, una síntesis del proceso de crecimiento de la participación social que se institucionalizó en 1987 con la aprobación de la Constitución Política y se profundizó en los años posteriores con la promulgación de una serie de leyes que ampliaban los derechos de participación y fiscalización de la ciudadanía sobre la gestión pública: Ley de Municipios y sus reformas (Leyes 40 y 621 de 1988 y 1996, respectivamente), Ley de Amparo y sus reformas (Ley 49 de 1995), Reformas Constitucionales de 1995 —que permitieron la creación del CONPES—, Ley General de Medio Ambiente y Recursos Naturales (Ley 217 de 1996), Ley Electoral (Ley 331 de 2000), Ley Creadora del Sistema Nacional de Prevención, Mitigación y Atención a Desastres (Ley 337 de 2000), Ley de Régimen Presupuestario Municipal y sus reformas (Leyes 376 y Ley 444 de 2001 y el 2002, respectivamente) y la Ley Transferencias Presupuestarias a los Municipios de Nicaragua (Ley 466 de 2003).

La aplicación de la Ley 475 representó avances importantes al incorporar la participación dentro del sistema político y la gestión pública. Vinculó los diferentes espacios participativos en un sistema articulado que relacionaba la participación con las políticas públicas y tributó a la importante vinculación entre organizaciones civiles y gobiernos municipales alrededor de temas/iniciativas como la distribución de presupuestos del Gobierno central

(Serra, 2007:157). Definió las competencias de los CDM y facilitó la creación de asociaciones de pobladores en barrios y comarcas. Normó la organización de los CDD como espacios de concertación y planificación del desarrollo entre los delegados ministeriales, asociaciones departamentales de alcaldes, asociaciones de la sociedad civil y representantes de los poderes legislativo y judicial. Asimismo, reconoció los diferentes Consejos Nacionales y Sectoriales adscritos a los ministerios como mecanismos para concertar la formulación y seguimiento de políticas públicas específicas.

Sin embargo, algunos aspectos de la Ley limitaron la efectividad en la participación. No se definieron procedimientos para asegurar una representación plural —sobre todo a escala comunitaria— ni se asignó recursos solo para el funcionamiento del sistema, lo cual limitó su autonomía. Tampoco se estableció un conjunto de procedimientos ni plazos para asegurar que la administración pública tuviera que pronunciarse a las propuestas generadas desde estos espacios, ni mecanismos para acompañar y monitorear el cumplimiento de las propuestas o para que la riqueza generada en el funcionamiento de los procesos participativos pudiera ser sistematizada y convertida en aprendizajes para perfeccionar el sistema.

Esta combinación de factores provocó que los espacios de participación creados por la Ley 475 no terminaran de consolidarse ni consiguieran mostrar toda su potencialidad para encauzar la participación ciudadana en las decisiones públicas. Sin embargo, tampoco podía decirse que el CONPES, los CDD o los CDM fracasaron como espacios de diálogo y de participación en la esfera pública nacional, regional y local. No obstante, situaciones como esta refuerzan la percepción existente —en buena parte de los ciudadanos de a pie— que consideran que todo lo relacionado con la defensa y desarrollo de la institucionalidad «no da de comer a nadie», salvo a los funcionarios de las organizaciones civiles que reciben fondos ligados a esas misiones, visiones y mandatos (Rocha, 2011). Ese era el estado del sistema de participación ciudadana cuando asumió el Gobierno el FSLN en 2007: un sistema de participación que profundizaba la democracia, pero que podía ser mejorado a partir de la resolución de sus déficits de diseño y funcionamiento.

Desde entonces y hasta la actualidad, los modelos de participación están inmersos en la crisis política que divide al país. Se contraponen un modelo de acompañamiento pluralista concertacionista (CDM) y otro de acompañamiento partidista y paragubernamental,[4] donde el Ejecutivo recibe y

---

[4]   En otros textos se diferencian tres modelos: el del sistema de participación ciudadana, el modelo del FSLN (CPC-GPC) y el diverso de las OSC (Montenegro, Cuadra y Saldomando, 2009:127).

resuelve demandas, y las organizaciones —que formalmente deben orientar y corregir la acción del primero— carecen de canales para un diálogo horizontal simétrico y de mecanismos de control sobre este (Montenegro, Cuadra y Saldomando, 2009:52-55). Se reproducen el «autismo organizativo» de un FSLN que solo reconoce sus organizaciones y espacios de participación y el «autismo elitista» de una derecha que privilegia sus grupos sociales y cotos de poder (ibíd.:109).

Políticas de participación bajo el GRUN (2006-2011)

Una vez en el poder, el gobierno del FSLN ha imitado la estrategia del presidente Alemán: una «idea» de cooperación y sociedad civil concentradas en reducir la pobreza y generar empleo, dejando los valores democráticos, la gobernabilidad, la institucionalidad y la transparencia como asuntos de orden interno de las organizaciones políticas y el aparato estatal. Los contenidos de esta visión se convirtieron en una estrategia y curso de acciones de alto calibre confrontativo, puestos en evidencia desde los primeros días del nuevo Gobierno. Las tensiones entre actores estatales y societales adquieren notoriedad, expresándose en el seno de las políticas de participación a partir de la promoción de un proyecto político gubernamental que combina rasgos de la cultura política tradicional, los métodos operativos de la izquierda radical y las políticas económicas heredadas de la época neoliberal.

Uno de los primeros escenarios de conflicto fue el CONPES. Al ser este un organismo dependiente del ejecutivo y limitado en recursos, pero con plural participación de la sociedad civil, Ortega buscó modificar su composición y directiva para asegurar una mayoría para los CPC y organizaciones afines a su partido, y nombró a su esposa Rosario Murillo como su secretaria ejecutiva (Chamorro, 2009). Ello provocó el rechazo de las organizaciones agrupadas en la Coordinadora Civil y en la Red de Desarrollo Local, lo cual fue replicado por el Presidente en el discurso del 1 de mayo de 2007, cuando sentenció «[…] que le den chance ahora a los pobres, a los trabajadores […] invitaremos también a esos grupos que se autodenominan Sociedad Civil, que son financiados por los emisarios del imperio […] estamos dispuestos a debatir en el CONPES todas estas políticas económicas, así como los acuerdos con el Fondo Monetario Internacional» (Radio, 2007). El tono de este discurso fue amplificado en el acto del 19 de julio, día de la victoria de la Revolución sandinista, lo cual fue una señal del conjunto de conflictos que se generaron a partir de ese momento entre el Gobierno y sectores de la ciudadanía organizada.

Los ideólogos afines al FSLN justifican la falta de democracia por la existencia de contradicciones entre la institucionalidad democrática y el desarrollo con justicia social. Frente a estas diferencias, opinan, debe prevalecer la justicia social. Con semejante discurso y práctica desconocen, deslegitiman y buscan desplazar a los viejos interlocutores de la sociedad civil —críticos a los pactos de 1999 y 2004—, sustituyéndolos con actores sociales afines o del FSLN y reduciendo los espacios de concertación donde tenía lugar la incidencia de las ONG y la sociedad civil, masificando los espacios de participación ciudadana articulados a la estructura estatal y partidaria del FSLN.

La noción de incidencia política, íntimamente relacionada con la capacidad de articular intereses estatales y societales, a partir de las reivindicaciones de los segundos en arenas específicas, pierde hoy sentido para el Gobierno frente a un discurso presidencial que orienta a los actores sociales concentrarse en el combate a la pobreza y la producción, y dejar la política a los partidos en la Asamblea Nacional. A la vez, se ha promovido una reducción de los derechos civiles y políticos de las mujeres y otros sectores de la ciudadanía, como un intercambio de favores con sectores tradicionales de la Iglesia católica para conseguir réditos políticos con el electorado no sandinista. La dirigencia del FSLN no comparte la visión de una sociedad de redes con un poder descentralizado, ya que asume el Estado como un aparato de dominación del que hay que apropiarse para ejecutar/imponer un proyecto político, en su caso, propuestos como rumbo en favor de las mayorías. Ello ha provocado una fuerte escisión dentro del bloque progresista y revolucionarios de la sociedad civil (Saldomando, 2010).

La sociedad civil se ha dividido aun más a partir de los escenarios abiertos por el Gobierno nacional. Existen gremios y organizaciones que consideran prioritario acompañar las acciones gubernamentales de reducción de la pobreza para sentar las bases económicas y sociales del cambio estructural, prestando poca o ninguna atención —o bien respaldando— a las expresiones confrontacionales del GRUN y los cambios que impulsa en el sistema político. Los actores que apoyan al Gobierno exponen que han alcanzado la máxima expresión de la incidencia política, pues sus líderes ahora son diputados o funcionarios gubernamentales en puestos clave que les ofrecen una posición privilegiada para la incidencia. Por su parte, las organizaciones que mantienen su independencia ven la institucionalidad democrática y el desarrollo como las dos caras de una misma moneda, apostando a una colaboración con espíritu crítico y propositivo, y/o enfrentar aquellas acciones gubernamentales que violenten la institucionalidad democrática y los derechos políticos y civiles de la ciudadanía.

Encuestas de percepción realizadas en el país por la firma M&R en diferentes momentos muestran que la participación de la población en algún tipo de organización comunitarias —sean estas religiosas, filantrópica o los comités de desarrollo contemplados en la legislación participativa— oscila entre 20% y 23%. Al analizar esa participación comunitaria por simpatías políticas, se hace visible que los seguidores del FSLN tienen una mayor disposición a organizarse, llegando a constituir alrededor de 70% de las personas que participan y lideran organizaciones comunitarias. Esto contribuye a explicar por qué el FSLN, aun siendo minoría, consigue una mayor representación en las diferentes expresiones organizativas existentes en el país y obtiene una mayor capacidad para controlarlas.[5]

Consejos y Gabinetes del poder ciudadano

Dentro del Frente ha habido todo un esfuerzo intelectual —compartido por varios autores— para realizar la crítica a los formatos de democracia representativa de matriz liberal; cuya crisis identifican con la deslegitimación de los partidos como expresión organizada de la intermediación y, en sentido más general, con la del capitalismo como sistema socioeconómico. También se ha cuestionado a las experiencias participativas de corte más progresista, presentándolas como una nueva forma de mediatización que promueve procesos de participación económicamente controlada y limitada en lo político, que apenas sirven como válvula de escape al malestar social. La democracia participativa es vista como una corriente dentro del orden capitalista —impulsada por la clase media con el apoyo de la cooperación y gobiernos extranjeros— que busca mejoras de desempeño mediante prácticas y mecanismos (redes de influencia y participación en Derechos Humanos, opinión pública, asistencialismo social) que contendrían el avance de las clases populares rumbo al establecimiento de la democracia directa como nuevo sistema político. La simplificación del campo político real, presente en este tipo de análisis —donde no existe tal cosa como sujeto(s) que avance(n) consciente, autónoma y audazmente, de forma masiva, hacia un tipo de democracia capaz de subsumir todas las demandas y procedimientos—, es más que evidente (Núñez, 2009a:269-283).

En contraposición, el FSLN acude a la democracia representativa —ganando elecciones— e incorpora la democracia participativa (referéndum, plebiscitos)

---

[5] Ver informes en http://www.myrconsultores.com/

para avanzar a la democracia directa con la creación de consejos de diversa índole (íd.). Los intelectuales del Frente insisten desde sus discursos en la idea de «profundizar la democracia participativa pasando a la directa, y constituir un Poder Ciudadano capaz de cambiar la cultura política» (Franco, 2010). Defienden la supuesta construcción, después de 2006, de una «nueva hegemonía que combina los CPC como sujetos políticos y las cooperativas, empresas autogestionadas y gremios como asociaciones económicas» (Núñez, 2009a:246-247).

La intelectualidad adscrita al Frente ha expuesto su visión sobre las formas de interrelación entre los distintos tipos de instituciones y procesos democráticos dentro del contexto nicaragüense cuando señalan:

> *[…] a través de la democracia representativa se eligen autoridades, a través de la democracia participativa los ciudadanos se organizan para incidir en las instituciones, a través de la democracia directa la ciudadanía se organiza territorial y sectorialmente con el fin de construir su propio gobierno a través de los consejos populares y desde ahí ejercer directamente la soberanía y el ejercicio del poder ciudadano.[6]*

En una de las mejores precisiones disponibles en torno a los contenidos de tal democracia directa, se plantea que esta posee varios componentes y/o complementos: la obligatoriedad del referendo o el plebiscito —según corresponda— para la toma de decisiones en todo aquello para lo cual no sea suficiente la competencia del poder ciudadano; la revocabilidad de los cargos públicos que subordina la intermediación al poder directamente ejercido por sus nuevos sujetos; la cuota mínima obligatoria de participación de las mujeres en dichos cargos como mecanismo —insuficiente pero indispensable en ciertas circunstancias— que forma parte de la lucha contra el patriarcado en tanto expresión de poder como parte del sistema de opresión contra el cual se promueve la transformación revolucionaria de la sociedad (Fonseca, 2009b:62-63).

Desde la dirección del Frente se presenta el modelo de la siguiente forma «[…] tenemos el Modelo de Democracia Directa que tiene que ver con la parte material, los Presupuestos, la fiscalización, la Contraloría Social; y por el otro el modelo de Participación también en la vida cotidiana (Murillo, 2009: 15). Ello se articularía con una estrategia de la máxima dirección

---

6   Semejantes clasificaciones van acompañadas con frecuencia de una idealización de experiencias foráneas que revelan una —poco probable— desinformación o las preferencias ideológicas del postulante, como cuando al abordar la democracia directa señala que «[…] esta última forma de democracia es la que se aplica actualmente en Cuba, sin el concurso de la tradicional democracia burguesa» (Núñez, 2009b:27-28).

frentista, que ha insistido en dar cabida a los reclamos de la gente, incorporar a los jóvenes y asegurar la participación más allá de su militancia y dirigencia (Murillo, 2011). Esto responde a un grupo de necesidades del FSLN, reconocidas por sus representantes intelectuales y políticos, entre las que destacan las demandas de «[…] articular al pueblo organizado (en los Consejos del Poder Ciudadano y en cualquier otra organización popular) con las estructuras de poder, y por otra, reconstruir de abajo arriba y de arriba abajo, al Frente Sandinista como partido» (Grigsby, 2009:10).

Desde el inicio de su mandato, en enero de 2007, el presidente Ortega se empeñó en construir un sistema de participación paralelo a lo establecido en la Ley de Participación Ciudadana y en asignar a Rosario Murillo, su esposa y jefa de campaña del FSLN, el papel de coordinadora. Esto se consumó en enero de 2008 con una resolución de la Corte Suprema de Justicia, que reconoció el derecho del ejecutivo para emitir decretos relacionados con la participación ciudadana que contribuyesen al buen desempeño de su gobierno. La misma resolución advirtió que el decreto creador de los CPC debía respetar los principios establecidos en la Constitución y la Ley de Participación Ciudadana, que las instancias creadas no podrían asumir funciones, responsabilidades o atribuciones de los servidores públicos, ni mantenerse con los recursos del Presupuesto General de la República.

Eso puso fin al debate y Rosario Murillo se confirmó como coordinadora del Consejo y la secretaria de Comunicación y Ciudadanía para el Desarrollo Social, con la responsabilidad de coordinar el Gabinete social y todos los programas sociales de las instituciones públicas, dirigir y ejecutar el Sistema Nacional de Bienestar Social, administrar la relación con los medios de comunicación, y diseñar y ejecutar políticas, planes, programas y acciones para promover la formación de los CPC en todo el territorio nacional.

Los CPC y GPC han sido calificados por los ideólogos del FSLN como el más grande movimiento social del país y la más masiva expresión de la democracia directa. Mandatados formalmente con la misión de que el pueblo nicaragüense, en el ejercicio de la democracia participativa y directa de los diferentes sectores sociales del país, se organice y participe en el desarrollo integral de la nación de manera activa y directa, y apoye los planes y las políticas del presidente de la República encaminadas a desarrollar estos objetivos. Sin embargo, varios años después de su establecimiento, es preciso interrogarse sobre cuánta correspondencia existe entre el desempeño del modelo de poder ciudadano y sus ideales. Asimismo, valorar cuán innovadora y democrática es este tipo de participación y cuánto contribuye a la emancipación de quienes en ella se involucran.

Orientación estatal del modelo:
un espacio para conflicto y dominación políticos

El sustento del modelo del poder ciudadano no parece ser la reflexión crítica sobre la historia reciente y la realidad del país, sino la repetición mecánica de argumentos políticos orientados desde la dirigencia y que no siempre se corresponden con esa realidad. Si se analiza la interpretación del origen, se aprecia cómo los líderes comunitarios vinculados a los CPC y GPC afirman que fue el presidente Ortega quien aprobó la Ley 475 —en realidad aprobada en 2003—, que el decreto creador de los CPC fue aprobado en la Asamblea Nacional y que la participación ciudadana comenzó con el gobierno del FSLN. En similar sentido se justifica la vinculación con el FSLN al reconocerse que esta es la opción política que responde a los intereses del pueblo. Sin embargo, la práctica demuestra que, si bien se delega cierto protagonismo en el pueblo a nivel local, también se concentra poder decisor en las estructuras del Frente y, sobre todo, en el presidente Ortega y su esposa, ignorando instituciones y espacios de participación existentes.

Tampoco existe dentro del poder ciudadano la apertura para cuestionar las estrategias del FSLN o la conducta y calidad moral de sus dirigentes. En un encuentro con unos 30 líderes de la Secretaría del Consejo de Fortalecimiento de la Participación Ciudadana (CFPC) de los Distritos 2, 4 y 5 de Managua, cuando una dirigente de la Coordinadora Social dijo que se habían articulado «para protestar cuando los diputados corruptos no quieren trabajar, por nuestros derechos, a esos millonarios de la Asamblea Nacional les da miedo perder todos sus privilegios», rápidamente fue corregida por otro directivo de más autoridad; quien le aclaró —como si la corrupción fuese patrimonio de quienes tienen ideas políticas contrarias al FSLN— que «los diputados del Frente son compañeros que trabajan por el pueblo, la Coordinadora Social protesta contra la oposición».[7]

Dentro de la dirigencia de los CPC subsiste una visión sectaria que simplifica el campo político y les dificulta ver en la pluralidad y la contradicción una consecuencia inevitable de la diversidad social, cultural e ideológica. «Provocar la división entre las organizaciones es parte de la estrategia de la inteligencia norteamericana», expresó en un foro reciente un líder comunitario largamente vinculado al sandinismo.[8] Ello les impide respetar y re-

---

[7] Taller con activistas sociales, Universidad Politécnica de Nicaragua, 6 de octubre de 2010.

[8] Intervención en el Foro «Procesos de Participación Ciudadana en Cuba, Venezuela y Nicaragua», organizado por el Instituto Martín Luther King en el Ranchón «Miguel Ramírez Goyena» de la Alcaldía de Managua, 29 de octubre de 2010.

lacionarse con aquellas organizaciones que no orbiten alrededor del FSLN y que, de manera autónoma, trabajan temas de gobernabilidad e incidencia política, a quienes el Gobierno considera opositoras.

Para los defensores del modelo, el saldo de su desempeño es abrumadoramente positivo. Los CPC habrían sido todo este tiempo

> *una experiencia bonita, porque los modelos anteriores impulsaban el individualismo y nos han llevado a una sociedad egoísta [...] la organización de la comunidad ha combatido la delincuencia, hace campañas de salud, los CPCs hicieron campaña contra la influenza y daban partes a las autoridades...impulsan el deporte y jornadas de limpieza en el barrio... impulsan el modelo socialista, cristiano y solidario (Ocampo, 2010).*

Según esta interpretación, aunque

> *[...] el poder ejecutivo tiene facultades para implementar instancias de participación directa, se trata de cambiar la democracia donde solo vas y votas a otra participativa» no es un proceso sencillo pues «no todo es perfecto, puede tener fallas, es la misma comunidad la que dará forma a la participación, pero a veces critica sin involucrarse (íd.).*

El modelo ha aprovechado la escasez de espacios organizados de participación en algunas ciudades como Managua; ciudad en la cual estos no fueron favorecidos por opositores al actual Gobierno como el exalcalde capitalino Herty Lewites, lo cual se aprovechó en beneficio de la expansión de los CPC en la capital (Baltodano, 2009:181). Pese a esta iniciativa, los impulsores comprenden las limitadas bases sociales con que cuentan en algunas ciudades. Tomando nota de esa realidad, «los CPC expresan la convicción —que ellos tienen— de que su proyecto político cuenta con un respaldo de votos modesto [...] ya se dan cuenta que tienen que construir una estructura que responda de manera directa a la lógica de su proyecto» (Baltodano, 2009:179).

La estructura del poder ciudadano fue diseñada, y es articulada, por las estructuras del FSLN, en función de las orientaciones del partido y sus líderes. Se trata de una organización sin reglamento, cuyas normas son las que en su momento se orientan a través de los secretarios políticos del FSLN, lo que trae inconvenientes para las expresiones locales del poder ciudadano que necesitan tener referentes claros sobre sus deberes, sus derechos y su quehacer. Considerando que el Decreto presidencial obliga a la promulgación de un reglamento —y que ha habido tiempo y se disponen de los recursos para ello—, su inexistencia debe considerarse como un hecho premeditado que responde a la necesidad del FSLN de ajustar el modelo a la necesidad de la coyuntura; es decir, a la necesidad de administrar discrecionalmente a esta organización social.

La agenda de trabajo, las relaciones, los procesos de formación, en fin, toda la dinámica interna del poder ciudadano está definido por la agenda del FSLN y es aplicada a través de las instituciones públicas. Si bien el poder ciudadano mantiene una estrecha relación con la problemática de las comunidades, es evidente que su relación con esta resulta determinada por las prioridades que se establecen desde Managua o desde la cabecera municipal. Si la orientación es el programa de alfabetización «Todos con vos», el Programa «Operación Milagro» o la atención de la «Brigada médica sandinista», alrededor de estas prioridades girarán las actividades de los gabinetes, cuyas comunidades o barrios serán involucrados.

Mientras en las municipalidades controladas por el FSLN el poder ciudadano ha sido capacitado y está concentrado en facilitar su gestión y materializar sus logros, en las municipalidades que no son gobernadas por el FSLN el poder ciudadano asume el papel de auditor y fiscalizador que reclama el apego a la ley de parte de las autoridades; al mismo tiempo que debilita la autonomía municipal, al contribuir a la distribución de los beneficios del gobierno central, sin informar ni coordinar con las autoridades municipales. Un aspecto que tiende a generar malestar es el hecho de que los CPC concentran su capacidad de fiscalización en los eslabones más débiles de la gestión pública, lo que traslada la presión de los tomadores de decisiones que diseñan las estrategias y distribuyen los recursos a las terminales donde se presta el servicio.[9]

Incidencia societal del modelo: orientación e impacto de políticas públicas

La dependencia del poder ciudadano a las políticas y orientaciones del FSLN y su gobierno, comprometen su accionar con una actitud clientelista más que de solidaridad. La voluntad de coordinación de los CPC y GPC con las autoridades y funcionarios municipales y delegaciones del gobierno

---

[9] Esta información proviene de Stuart (2009) y el Foro sobre Participación con líderes populares convocado por la Asociación Martín Luther King, Ranchón «Miguel Ramírez Goyena», Alcaldía de Managua, 29 de octubre de 2010.

central se basa en que pertenecen a una misma línea política; cuando esto no ocurre —en el caso de gobiernos opositores—, el modelo de organización pierde su sentido. Por haber sido fundados, y depender organizativa y programáticamente de la presidencia de la república, los CPC y GPC tienen una relación estrecha con alcaldes y concejales del FSLN; pero por las mismas razones no tienen capacidad de diálogo con autoridades y concejales de la oposición, ni con organizaciones autónomas de la sociedad civil. En los municipios donde el FSLN no rige, el gobierno central excluye a las autoridades municipales y trabaja directamente con los CPC, violentando la autonomía municipal y creando una especie de gobierno paralelo.[10]

Los GPC, por lo general, coordinan bien con todas las organizaciones que trabajan en temas sociales y de beneficencia; mas su visión sectaria les dificulta ver en la pluralidad una consecuencia inevitable que expresa la diversidad de ideas y opiniones. Es más, tienen dificultades incluso para aceptar otras formas de organización comunitaria que, aun siendo afines al FSLN, intentan mantener un margen básico de autonomía organizativa y programática. Por ello, se considera que en algunas arenas y contextos se establezcan relaciones de cooperación y en otros casos de cooptación o conflicto entre actores estatales y societales.

Por eso no es extraño que, en diversos momentos, líderes del movimiento comunal nicaragüense expresaran su preocupación por este modelo que se presenta «cerrado a la crítica, sectario y excluyente», que no entiende que «podemos ser revolucionarios y de izquierda sin subordinarnos» y que está profundizando un error histórico, porque «más que avanzar en la revolución cívica vemos que está involucionando la participación comunitaria y popular».[11] Otras miradas destacan las limitaciones existentes dentro de los CPC para cuestionar el control partidario; un fenómeno que es ampliamente rechazado por las organizaciones de la sociedad civil: «El problema es cuando el partido que gana no se coloca como gobierno y sigue gobernando como partido. Los partidos tienen su propia estructura, ¿por qué debemos dejar que controlen nuestra organización?».[12]

---

[10] Esta información proviene de Stuart (2009) y del Foro sobre Participación con líderes populares convocado por la Asociación Martín Luther King, Ranchón «Miguel Ramírez Goyena», Alcaldía de Managua, 29 de octubre de 2010.

[11] Intervención de líderes del Movimiento Comunal de Nicaragua en el Foro «Procesos de Participación Ciudadana en Cuba, Venezuela y Nicaragua» organizado por el Instituto Martín Luther King, Ranchón «Miguel Ramírez Goyena» de la Alcaldía de Managua, 29 de octubre de 2010.

[12] Taller & Grupo de Discusión con integrantes del Grupo Venancia e invitadas, Centro Cultural Guanuca, Matagalpa, 23 de octubre de 2010.

Aunque el poder ciudadano funciona formalmente con base en la voluntariedad, igual que en otros de los modelos de organización comunitarios existentes, la participación activa en sus estructuras aumenta las posibilidades de que los líderes, sus familias y amigos reciban uno o más beneficios. A esto debe agregarse que los Gabinetes activan su trabajo con base en los fondos públicos. En los municipios donde el FSLN es gobierno, los recursos del sector público (vehículos, combustible, viáticos, locales, programas de gobierno, etc.) pueden articularse para dar respuesta a las necesidades que se transmiten a través de los GPC-CPC.[13]

Los Consejos, como espacio de acción ciudadana y gestión pública más cercano a la gente, han estado privilegiadamente enfocados a los recursos y acciones emanados de las estructuras estatales. Más que como una organización social, se reconocen como parte de la cadena de la administración pública; por tanto, no es extraño que la población les haga corresponsables por las debilidades del Estado que de alguna manera ellos representan.

El nuevo modelo abriga una estructura de organización comunitaria más amplia que la anterior, que cubre comunidades rurales y barrios urbanos, tiene mayor posibilidad de representar a los diferentes sectores e identificar, priorizar y darle seguimiento a la solución de los problemas de la comunidad. Aparecen más oportunidades para que los funcionarios(as) públicos tomen en cuenta a las organizaciones de pobladores, así como para que las mujeres ocupen cargos de dirección y participen de las actividades. Los dirigentes de los Gabinetes tienen una relación directa con carteras del gobierno municipal y central, lo que facilita la comunicación para resolver problemas, y poseen la autoridad y la posibilidad de dar seguimiento a una buena parte de la agenda del sector público —no solo del gobierno municipal—, lo cual genera un mayor dinamismo dentro del sistema de organización y funcionamiento del poder ciudadano.

Dentro de las estructuras del poder ciudadano, se participa de manera activa en la selección de los beneficiarios de los programas del sector público a nivel nacional y municipal, generándose una dinámica más operativa y concentrada en resolver demandas a partir del entramado organizativo que se dispone a su cumplimiento, que en discutir sobre los problemas o en torno a temas más abstractos. Esta coordinación con el sector público, y el he-

---

[13] Esta información proviene de Stuart (2009) y del Taller con activistas sociales convocado por la Secretaría del Consejo de Fortalecimiento de la Participación Ciudadana de los Distritos 2, 4 y 5 de Managua y el CIELAC, Universidad Politécnica de Nicaragua, 6 de octubre de 2010.

cho de contar con una coordinación municipal que les mantiene unificados e informados, coloca a las instancias del poder ciudadano en mejor posición para dar respuesta a situaciones de emergencia social y desastres naturales.

Sectores importantes de la población sienten que con el poder ciudadano disponen de un canal efectivo al que se puede recurrir de manera ordenada para plantear sus problemas, con una mayor probabilidad de recibir una respuesta. Además, hay una línea de autoridad más clara que permite que la población pueda reclamar en caso de que no esté contenta con una gestión o resultado: si no responde el CPC comarcal se puede ir al CPC municipal, al concejal del FSLN, o al secretario político del FSLN. Las decisiones tomadas en las instancias del poder ciudadano tienen un carácter más vinculante con respecto a la agenda del sector público —las prioridades que ahí se definen en materia de proyectos son incorporadas para cumplirse en los cuatro años de gobiernos municipales o en la gestión presidencial— y se amplían las posibilidades de captar recursos y beneficios con otras instituciones que antes no existían, o que no tenían el mismo peso que tienen ahora, o bien con otras organizaciones afines al Gobierno que están trabajando con el mismo sistema.

En general, los GPC y CPC están desarrollando una agenda de trabajo que responde a la estrategia del FSLN y a las labores del gobierno central y los gobiernos municipales del FSLN, con diversas acciones: entrega de avales para otorgamiento de trabajos, becas estudiantiles y de formación profesional (docencia, enfermería, secretariado, computación), formación de cooperativas y selección de beneficiarios de los programas sociales (Hambre Cero, Bonos productivos, Bonos de patio, Usura cero, Alfabetización, Programa amor, Operación milagro, Consultas de las brigadas médicas sandinistas). También se implican en la donación de útiles escolares, jornadas de reforestación, limpieza, vacunación y salud, el apoyo a labores de prevención, evacuación y rescate; también se intenta que sus estructuras sirvan para dar seguimiento a los funcionarios para que cumplan lo prometido, con respecto a los beneficios de los programas del Gobierno, y a los beneficiarios para que cumplan lo prometido al firmar como participante de tales programas.

Los coordinadores de gabinetes son los funcionarios públicos. Por lo que, al mezclar sus logros con los del Gobierno y con los de cualquier otra organización que trabaje con este —realizando sus actividades con fondos públicos, no autogestionados—, su personalidad se funde con la de los demás. La capacitación de sus miembros proviene de dependencias del Gobierno central (Ministerio de Salud, Ministerio de Educación), así como de alcaldías y organizaciones afines al FSLN, reforzando el sesgo partidario del modelo.

Se trata de una estructura unificada que sido ideada a nivel nacional, organizada directamente por el FSLN y los gobiernos locales para responder a una aplicación más eficiente de sus políticas nacionales a nivel municipal. Eligen sus delegados en barrios y comunidades, y operan en niveles territoriales sin existir un reglamento, cumpliendo las funciones que les orientan los funcionarios públicos; sin poseer mecanismos de impugnación y de incidencia hacia arriba. Tanto la capacitación como las directrices vienen del Gobierno nacional —y su máxima autoridad es al mismo tiempo la jefa de campaña del FSLN y esposa del presidente de la República—, por lo que el modelo de participación de GPC y CPC opera como una suerte de embudo que se cierra, en materia de diversidad ideológica y pluralidad, a medida que se asciende en la pirámide.

Al margen de las ventajas con respecto a una mayor participación comunitaria de los sectores populares en relación al modelo anterior, esta representación de organización social, promovida desde los CPC y GPC, está muy distante de promover una verdadera participación ciudadana y se encuentra más cerca del modelo tradicional autoritario, cuyas cultura política, estructura y dinámica organizativa se someten a las orientaciones del FSLN y responden a los planes de trabajo del Estado y los gobiernos municipales. Si bien la movilización está inspirada en meta-relatos revolucionarios que insisten en darle el poder al pueblo para la transformación radical del *status quo*, en la práctica se trata de una ampliación del área de influencia del FSLN dentro las organizaciones sociales.

Aunque intelectuales vinculados al FSLN defienden una visión en la que el partido debe ser quien conduce y profundice los cambios en la cultura política —en función de su propia estrategia—, desde la dirigencia de base se le otorga al modelo una capacidad de transformación de la sociedad que objetivamente no ha tenido.[14] Aparece —desde el seno del Frente— una aparente contradicción entre un modelo de participación partidizado y una convocatoria a participar de forma amplia y democrática, dando cabida a los reclamos de la gente, incorporando a las nuevas generaciones y asegurando la participación de todos, allende la militancia y dirigencia (Murillo, 2011). Semejante doble subordinación se codificaría en un esquema bajo el cual «[…] los funcionarios y las instituciones del Estado bajo la influencia del Frente Sandinista, se disponen para ejecutar las tareas que por una parte provienen de las prioridades definidas por la dirección revolucionaria, y por otra, desde el seno del pueblo mismo» (Grigsby, 2009:10).

---

[14] Taller de Coyuntura, Universidad Politécnica de Nicaragua, 4 de noviembre de 2010.

En consecuencia, el FSLN no está favoreciendo un esquema emancipador, por el contrario, está fortaleciendo su control sobre las organizaciones sociales y su sometimiento a un modelo vanguardista que tiene al FSLN como diseñador, administrador y director de las estrategias, y a las organizaciones sociales —que se encuentran en la periferia de la toma de decisiones— como brazos ejecutores o correas de transmisión. La imposición de este modelo ha provocado tensiones con todos aquellos sectores de la sociedad civil que tienen capacidad para captar recursos en fuentes no estatales y analizan las políticas, sugieren soluciones o intervienen sobre la realidad con propuestas alternativas al modelo partidista y vanguardista que se promueve desde el FSLN.

Gracias a la disponibilidad de recursos de uso discrecional que facilita la cooperación venezolana, el FSLN ha conseguido que muchos dirigentes comunitarios y pobladores organizados estén dispuestos a prestar menos atención a su autonomía en aras de conseguir beneficios para su comunidad y/o su familia. Aun considerando todas las diferencias de época y contexto, la actual realidad recuerda que ya se aplicó un modelo similar en la Nicaragua revolucionaria (1979 y 1989) y colapsó una vez que el FSLN perdió el poder. En consecuencia, una vez que el FSLN no disponga de los recursos públicos para dinamizarlo, la capacidad de sobrevivencia de este modelo es incierta.

Prácticas de autonomía en Nicaragua (2006-2011)

El estudio de las políticas de participación no puede acometerse en aislamiento de las prácticas de autonomía que emergen desde la sociedad organizada e impactan los diferentes espacios del campo político, en una disputa por redefinir los alcances y contenidos de lo público. En esa dirección, lo que ocurre en Nicaragua es congruente con la mirada de una reconocida autora, que expresa: «[...] Solo las luchas —a la vez políticas, sociales y culturales— pueden abrir el horizonte hacia nuevos escenarios políticos y, por ende, a la posibilidad de una redistribución del poder social (Svampa, 2008:24)». En el país centroamericano, la legislación vigente establece que la ciudadanía organizada puede incidir en la arena pública a través de las OSC y movimientos sociales.

Existe un acumulado diverso de estudios sobre el fenómeno de la sociedad civil en Nicaragua (Serra, 2007:29-31). Unos son informes de las propias OSC y agencias internacionales (ASDI/BID, 2006) que ofrecen visiones

—y evaluaciones— de conjunto del espacio asociativo (Borchgrevink, 2006); otros son ensayos críticos con cierto valor teórico (Núñez, 2004) y algunos son estudios empíricos focalizados (Serra, 2010) que evalúan algún desempeño o proceso particular. Hay textos que ubican la problemática asociativa dentro de los escenarios y dinámicas nacionales (Montenegro, Cuadra y Saldomando, 2009), y estudios centrados en la relación entre la sociedad civil, el Estado y los partidos políticos, con énfasis en las políticas públicas y los espacios de participación que vinculan el accionar de estos actores (Prado, 2009). El tema ha sido atravesado por la polarización política, generando visiones que clasifican a las organizaciones sociales dentro de supuestas intencionalidades y agrupamientos (Núñez, 2007) lo que ha provocado respuestas de los aludidos (Wheelock, 2007).[15]

Desde una mirada histórica existe consenso en que, durante la historia moderna de Nicaragua, la existencia de una auténtica sociedad civil quedó limitada por el predominio, en la vida política nacional, de actores conservadores aliados a EE.UU. (Kinloch, 2008). Durante la dictadura de los Somoza, el régimen no solo controló estatalmente vastos sectores de la economía y política domésticas —perpetuándose en una combinación de farsas electorales con oposición leal incluida y represiones sangrientas contra el pueblo—, sino que estableció un sistema de cooptación y represión hacia los diversos actores civiles y populares.

Durante el somocismo se consolidó en el país un modelo de relaciones políticas basado en el patronazgo y el clientelismo, en el que, a cambio de empleo, tierras o préstamos, los trabajadores ofrecían su mano de obra y su fidelidad política (Serra, 2007:265). En la etapa somocista aparece un rasgo repetido en el tiempo dentro de la sociedad y política nicaragüenses: la creación de agentes paraestatales como componente central de una sociedad civil oficialista. Estas organizaciones acosaban a la oposición, denunciaban al campesinado que respaldaba a los guerrilleros y daban aviso a la Guardia Nacional (Silva, 2007).

Frente a estas, diversos actores de la oposición crearon organizaciones y agendas orientadas a la defensa de sus intereses particulares (gremios), la incidencia en políticas gubernamentales (cámaras empresariales) y la exigencia de derechos ciudadanos (organizaciones religiosas y profesionales), los cuales se combinaron en luchas concretas y crecientes a medida que

---

[15] Esto demuestra que la afinidad político partidaria resulta clave para determinar el tipo de relación entre las OSC y los gobiernos de turno (Serra, 2007:148) y que es un fenómeno que se extiende a los intelectuales vinculados a las distintas opciones políticas en pugna.

avanzaba la crisis el régimen. El Frente Sandinista, por su parte, organizó estructuras comunitarias que apoyaban su lucha en áreas rurales y, sobre todo, urbanas, como los llamados Comités de Defensa Civil.

El proceso de fortalecimiento de la sociedad civil comienza con la Revolución Sandinista de 1979, donde se produce una expansión de la organización y participación populares (Montenegro, Cuadra y Saldomando, 2009) pero son el sesgo de un control estatal-partidista y las restricciones a los derechos ciudadanos típicos de un entorno de guerra civil y un modelo clásico de izquierda revolucionaria. Así, el 16 de noviembre de 1980 se creó la Coordinadora Sindical de Nicaragua, compuesta por diversas centrales de izquierda; sin embargo, fracasaría producto de las contradicciones internas que atravesaron la vida política nacional, las divisiones en el seno del gobierno provisional erigido tras la derrota somocista y debido a los intentos del FSLN de imponer su hegemonía en toda la sociedad y política nacionales (Guevara, 2009:144).

Las disímiles organizaciones sociales creadas al calor de la lucha anti-somocista encontraron nuevas tareas en la etapa revolucionaria. Desde sus ámbitos de acción, o al interior del Consejo de Estado, sus dirigentes y activistas impulsaron la defensa de intereses de sus agremiados y sectores de la población que representaban, impulsaron el acompañamiento e incidencia en relación a políticas del Estado (la alfabetización en área educativa y tareas de sanidad en la salud pública) e incluso llegaron a resistir los esfuerzos del aparato partidario por subordinarlos y/o disminuir su autonomía. En el caso de las organizaciones comunitarias, se dieron conflictos al degenerar algunas —notoriamente los llamados Comités de Defensa Civil, reconvertidos en Comités de Defensa Sandinista— en instancias de control estatal, generando críticas dentro de la propia población que afectaron el proceso (Gertsch, 2010). Debe reconocerse que, aunque el asociativismo sandinista hizo esfuerzos inéditos por mejorar las condiciones de vida de los trabajadores con la creación de comedores, la venta de alimentos escasos y la demanda a los patronos de elevar salarios, las contradicciones del modelo económico mixto, el peso de la guerra y su funcionamiento vertical limitaron la efectividad de organizaciones como la UNAG; creada en 1981 para agrupar a pequeños y medianos productores y cooperativistas (Guevara, 2009:148-51).

No es sino hasta la etapa 1990-1996 que llegaría el momento de la autonomización efectiva de la sociedad civil —despegaría con el fin de recursos y tutela del FSLN— y la expansión de las OSC, en un proceso acompañado con la «retirada del Estado» y las demandas de asistencia social derivadas de la implantación del modelo neoliberal (Serra, 2007:44-49). En el seno de las fuerzas sandinistas ello significo un trauma para no pocos militantes de base, acostumbrados a recibir órdenes claras de la estructura política frentista, ya que

> *si en los 70 hasta el 90 nos organizamos todos en la defensa de la Revolución, en los cortes de café, el trabajo en los barrios, en el servicio militar [...] con la derrota del 90 Daniel anuncia que se pasaba a una lucha desde abajo, pero las organizaciones fueron castradas de identidad y cuando se acabó la Revolución se acabó todo, solo sobrevivieron las organizaciones de mujeres (Investigadores, 2010).*

Sin embargo, aunque en sus últimos momentos de gobierno —y bajo la coyuntura del traspaso de poderes— el FSLN se volcó a lo electoral, desatendiendo el trabajo interno e instrumentalizando las organizaciones populares —movilizándolas o desmovilizándolas en función de tácticas y cuotas de poder—, (Pérez, 2009:149) algunas como la UNAG redoblaron su protagonismo en las zonas de conflicto y desmovilización; mientras otras, como las organizaciones de mujeres, adquirieron visibilidad como fuerzas autónomas (Baltodano, 2009:118) y comenzaron a incidir —con enfoque de género— en la formulación y aplicación de las políticas públicas, y a expandir su exigencia respecto al cumplimiento de los derechos de cara a las instituciones estatales.[16]

La administración de Violeta Barrios estuvo marcada por protestas callejeras y llamados a la concertación, donde organizaciones vinculadas al Frente tuvieron un papel activo. Posteriormente, el gobierno derechista de Arnoldo Alemán (1997-2002) inició un acoso contra las organizaciones civiles, generando presiones sobre sus miembros y los cooperantes, excluyéndolas del Comité de emergencia creado tras el huracán Mitch, lo cual llevó a algunas de estas organizaciones a formar la Coordinadora Civil (Serra, 2007:50-51). La creación de una sociedad civil oficial volvió a cobrar cierto auge, con la creación de las llamadas Juntas Comunitarias para el Progreso Social (JCOPS) que acompañaron durante esos años los actos y campañas del presidente Alemán (Silva, 2007).

Sin embargo, fuera de los espacios y plataformas del FSLN y el Partido Liberal Constitucionalista —y sus caudillos tradicionales— se fue conso-

---

[16] El costo para algunas organizaciones vinculadas a la revolución fue importante, pues, por ejemplo, «el movimiento estudiantil se fue partidizando en vez de exigir sus derechos particulares, desprestigiándose» (Investigadores, 2010).

lidando un campo plural de activismo y reflexión sociales, donde encontraron cabida aquellas OSC y movimientos comprometidos con una salida democrática, antineoliberal y antiautoritaria a la problemática situación nacional. A ello ayudó que, como se ha señalado: «[...] la base social progresista del país se ha escindido y una buena parte de ella, mayoritaria quizás, a estas alturas está afuera del control del aparato frentista, incluyendo a sectores dentro de las mismas organizaciones de filiación sandinista» (Montenegro, Cuadra y Saldomando, 2009:166). Es en estos espacios donde pueden hallarse las fuerzas que expresan el potencial autoorganizativo de la sociedad civil en un Estado de mayor madurez, así como las propuestas más congruentes con una auténtica democracia participativa.

Ello no quiere decir —como algunos de sus miembros se autorepresentan y la retórica opuesta reafirma— que en las OSC y movimientos que afirman la autonomía y la autogestión de cara a las lógicas del Estado y el mercado, se agote la sociedad civil realmente existente puesto que esta, como hecho sociológico, reúne también organizaciones vinculadas (estructural y culturalmente) a los actores dominantes: partidos, empresarios e iglesias.[17] Ese es el caso de la Coordinadora Social, vinculada al FSLN, que reúne a organizaciones como el Frente Nacional de los Trabajadores, la Central Sandinista de Trabajadores, ANDEN y FETSALUD.[18]

Las críticas actuales al fenómeno de la sociedad civil en Nicaragua se agrupan dentro de dos matrices fundamentales, que conviene diferenciar. Una reúne ataques vertidos por el oficialismo, los cuales hacen gala de un doble rasero, ya que varios de los críticos oficialistas sobrevivieron durante los años 90 gracias a la creación de ONG y consultorías, aprovechando contactos forjados en su etapa de funcionarios sandinistas. Al denunciar los reales peligros de elitización de un sector de las OSC ocultan que —bajo la retórica de democracia participativa y el *Pueblo Presidente*— se reintroduce un viejo modelo de participación movilizativa y vertical dirigido por una jefatura política exrevolucionaria, capaz de armonizar hoy con la élite tecnocrática y empresarial del neoliberalismo.[19]

Por otro lado, existen críticas que toman nota de la reproducción, dentro de la sociedad civil nicaragüense, de tendencias afines a las internacionales. La oenegización del campo —paulatina sustitución del activismo

---

[17] Ver http://www.coordinadorasocial-nicaragua.blogspot.com/

[18] Algunos incluyen dentro de esta instancia al ambiguo Movimiento Comunal (Franco, 2010).

[19] En sintonía con esta mirada, una parlamentaria sandinista cuestionó que las ONG «a veces se hacen para lucro y no para ayudar a la sociedad» (Ocampo, 2010).

por la profesionalización— que impide la necesaria complementariedad de funciones, la preeminencia de las ONG por sobre los movimientos comunitarios, el impacto de la lógica tecnocrática sobre las experiencias autogestionarias y la aparición de una suerte de «élite (cultural y socioeconómica) de la sociedad civil y la cooperación», son algunos de esos fenómenos analizados por especialistas en pesquisas particularmente valiosas para el estudio de las dinámicas que atentan contra la democratización en el ámbito societal (Borchgrevink, 2006; Chahim y Prakash, 2010; Stenber, 2010). No obstante, es posible coincidir con la opinión de un estudioso que opina: «La riqueza de la sociedad civil en Nicaragua se manifiesta en los tipos de organización, los grupos sociales afiliados, las áreas temáticas y los enfoques de trabajo, las relaciones con el Estado y la población» (Serra, 2007:153).

El activismo de las organizaciones y movimientos de la sociedad civil nicaragüense —ejemplarmente representado, entre otros actores, por los colectivos de mujeres— está íntimamente relacionada con sus formatos organizativos y estrategias de lucha, articulados alrededor del ejercicio de una ciudadanía plena (incidencia en foros de concertación, propuestas y exigencia en lo referente al marco legal, marchas de calle, etc.) y acciones de resistencia en pro de la defensa de los derechos (Cuadra y Jiménez, 2009:31).[20] Desde este activismo se ha reconocido la existencia de cierto consenso en torno a la emergencia «sobre la marcha» de las estructuras de participación, sin nacer estas de una reflexión previa de corte teórico (ibíd.:60). Y, aunque la personería jurídica y los nexos con la cooperación favorecen el establecimiento de estructuras permanentes, con división de trabajo y jerarquías internas, tiene vida un discurso crítico respecto a los potenciales y límites de la identidad ONG.

Como forma de fortalecer sus estructuras y expandir su presencia territorial, actores sociales relevantes —como los reunidos dentro del movimiento de mujeres— han creado capítulos locales (ibíd.:44) a los cuales redirigen recursos captados a través de la cooperación. Mientras otros, con más «anclaje» comunitario, combinan el vínculo con los puntuales donantes foráneos con la gestión propia de recursos y el aporte de sus integrantes. Todo ello permite comprender el porqué de la apelación a las prácticas de autogestión (en discursos, agendas y acciones) realizada por parte de numerosos colectivos autónomos de Nicaragua.

---

[20] Las organizaciones de mujeres nicaragüenses han producido una valiosa reflexión sobre las prácticas y culturas democráticas, algunos de cuyos aportes pueden encontrarse referenciados en el acápite bibliográfico correspondiente de la investigación.

El activismo social ha sostenido agudas confrontaciones con el Estado, en especial en las administraciones del caudillo liberal Arnoldo Alemán y del comandante Daniel Ortega. En esta última (septiembre y octubre de 2008) se generó un grave conflicto por la acusación a diferentes actores del movimiento de la sociedad civil —entre estas, dos reconocidas organizaciones de mujeres: el Movimiento Autónomo de Mujeres (MAM), de alcance nacional y el Grupo Venancia, radicado en Matagalpa— de realizar lavados de dinero y campañas de promoción del recién ilegalizado aborto. Esto conllevó el allanamiento de las oficinas del MAM y la incautación de documentos de la organización, a la vez que se promovía —con poco éxito— la creación de una suerte de «contramovimiento» filosandinista denominado «Blanca Arauz» (ibíd.:29-30). En Matagalpa, las mujeres organizadas en el Grupo Venancia también resintieron la arremetida.[21]

Semejante acoso combinado de los poderes del Estado, el partido oficial y sus organizaciones/grupos de choque afines, dirigidos contra medios de comunicación críticos y organizaciones feministas nicaragüenses, tenía el propósito de enviar señales claras a toda la sociedad civil y a la cooperación, relativas a las intenciones gubernamentales de no tolerar desafíos a sus intentos de establecer una hegemonía política nacional, por la vía específica de incrementar el control estatal sobre las organizaciones sociales autónomas. Dicha estrategia atravesó por varias fases: 1. copar espacios existentes y poner personas afines —evidenciado por la imposición del dirigente sandinista Gustavo Porras en el CONPES—; 2. ejemplarizar a los rebeldes —como las acciones contra el Centro de Investigaciones de la Comunicación (CINCO) y MAM—; 3. controlar los recursos de la cooperación y asustarla —imposición de Manual de Procedimientos Administrativos de Organizaciones Internacionales y Nacionales para condicionar el apoyo únicamente a ONG con personería jurídica y negar recursos a campañas o acciones de incidencia política— (Montenegro, Cuadra y Saldomando, 2009).

La sostenida —y desigual— lucha en defensa de sus posiciones no ha disminuido la criticidad de activistas —como las pertenecientes al movimiento

---

[21] Con amargura, y sin ocultar su corazón rojinegro, activistas del colectivo Las Venancias recuerdan: «el acoso de 2008 nos dolió mucho viniendo del FSLN, pues dediqué mi vida a la Revolución y no puedo guardar rencor» (F. Enríquez, entrevista, 23 de octubre de 2010). «La orden de allanamiento contra las Venancias fue directo al corazón [...] ni Alemán nos trató así [...] decían que las ONG éramos ladronas de la cooperación, que era ilegal organizarse sin aval legal [...] quitaban el tema de incidencia política del trabajo de las ONG porque solo les querían permitir hacer labor social [...] eso fue una campaña de la ministra de Gobernación» (L. Pérez, entrevista, 23 de octubre de 2010).

de mujeres— sobre las estrategias elegidas por sus propias organizaciones y liderazgos[22] y la pervivencia de estilos verticalistas (legado de la época y lucha revolucionarias) en sus estrategias y agendas. Sin embargo, creo que si algo define la actualidad nicaragüense es la existencia de un régimen político con rasgos crecientemente antidemocráticos, cuyas políticas de participación no están representando la gama de plurales intereses ciudadanos, ya que han sido utilizadas por el Gobierno nacional para desplegar diversas formas de control estatal mediante el encuadre de las comunidades organizadas, las sanciones a los críticos y la promoción vía clientelismo de una aceptación popular que legitime el Gobierno y sus agendas. Así, se van expandiendo a todo el orden institucional —incluidos los procesos electorales y mecanismos de representación— situaciones de polarización, exclusión y conflicto. Frente a ello, las prácticas de autonomía societales buscan, en primer lugar, resistir a las acciones y capacidad estatales por controlar de forma hegemónica en campo sociopolítico, y en un segundo momento representar identidades e intereses ciudadanos preteridos por el orden político vigente, incidiendo en el espacio y políticas públicas, y exigiendo garantías y respeto para el ejercicio de los derechos ciudadanos.

---

[22] Ante el apoyo dado por el MRS —y por organizaciones aliadas como el MAM— a la candidatura del líder conservador Fabio Gadea como candidato unitario de la oposición para las elecciones presidenciales de 2011, una activista señaló: «El antidanielismo nos ha nublado la vista, no se puede apoyar a Fabio, hoy no sabemos a dónde va el MAM apoyando a un líder conservador que, por sus ideas, quiere retroceder Nicaragua al siglo XIX […] en las Venancias no apoyamos esa alianza con Gadea y nos preocupa a dónde va, porque lo que necesitamos es una izquierda crítica, diferente (G. Gómez, entrevista, 23 de octubre de 2010). En idéntica postura otra feminista expresó: «Cuando veo a Víctor Hugo Tinoco, por quien voté, hacer campaña por Fabio Gadea, me arrepiento» (F. Enríquez, entrevista, 23 de octubre de 2010). En ese sentido, es notorio el reclamo de constitución de un movimiento social que lleve la política más allá de los espacios gubernamentales. Como decía una feminista: «Aquí no se entiende hacer campaña para otra cosa que no tener lugar en el Gobierno […] esa lógica está moviendo al MRS, no se cree ni siquiera en hacer presión desde el parlamento, por ejemplo» (L. Pérez, entrevista, 23 de octubre de 2010).

4

EPÍLOGO SOBRE NICARAGUA:
EL VASTO CAPITAL SOCIAL QUE TEJIÓ ABRIL

Siguiendo la pauta marcada por Chaguaceda, este epílogo se posiciona en una perspectiva de sociología histórica e intenta seguir la pista de análisis sobre el proceso político en Nicaragua desde la dimensión propuesta sobre las redes de confianza y para el período posterior a 2011, donde finaliza el estudio comparativo. Esta perspectiva y dimensión adquieren relevancia sobre todo a partir de 2018, cuando se produjo la llamada rebelión cívica de abril que modificó radicalmente el escenario del país.

En su análisis, tal dimensión revela una de las características cruciales del proceso de desdemocratización que ha vivido Nicaragua desde 2007 con el retorno de Daniel Ortega a la presidencia. En efecto, entre 1990 y 2007 la sociedad civil experimentó un proceso de expansión y autonomización respecto al Estado; surgieron numerosas organizaciones sociales, especialmente en el ámbito local, y se generaron nuevas dinámicas de participación ciudadana en los asuntos públicos que construyeron un significativo entretejido social en todo el país y alcanzó logros importantes como la promulgación de la Ley de Participación Ciudadana en 2003 y el fortalecimiento de la autonomía para los gobiernos locales. Sin embargo, ese rico y dinámico proceso se estancó y sufrió fuertes retrocesos a partir del establecimiento del modelo de participación promovido por Ortega bajo la premisa de la «democracia directa y participativa».

Este epílogo se centra, por tanto, en cómo se gestaron las condiciones para la oleada de acciones sociales y sus efectos sobre las redes de confianza entre 2012 y la actualidad.

Nuevo ciclo de acción social (2013-2017)

Las redes de confianza han sufrido procesos de desdemocratización en Nicaragua, en la medida que, desde su llegada a la presidencia, Daniel Ortega, además de promover un modelo de organización y participación ciudadana diferente al que se estaba desarrollando desde inicios de los años 90 e instalarlo de forma paralela a lo que establece el marco normativo del país, decidió emprender una política hostil hacia las organizaciones sociales, especialmente las ONG, a fin de limitar su acceso a recursos de cooperación y sus acciones de incidencia, construcción de ciudadanía y contraloría social (Montenegro y Solís, 2012).

Para eso utilizó distintos mecanismos que incluyeron: presiones a las fuentes de cooperación que facilitaban apoyo en materia de democracia, gobernabilidad, construcción de ciudadanía y derechos humanos; incrementando el control hacia las organizaciones sociales al imponer diversos requisitos fuera de la ley; la persecución, hostigamiento y vigilancia permanentes —como sucedió tempranamente con el allanamiento a las oficinas del Centro de Investigación de la Comunicación y el MAM bajo falsos cargos de malversación de fondos (CINCO, 2008)—; el cierre de los espacios institucionales de diálogo y colaboración que existían desde antes entre organizaciones sociales e instituciones públicas en diferentes lugares del país, entre otros.

Como consecuencia, entre 2007 y 2013, la amplitud y densidad de las organizaciones sociales sufrió un fuerte proceso de erosión si se compara con la década anterior y los avances que se habían alcanzado con la promulgación de la Ley de Participación Ciudadana, así como la creación de diferentes espacios de concertación locales, regionales y nacionales. La imposición del modelo gubernamental de democracia directa y las políticas clientelistas del gobierno de Daniel Ortega y su esposa, la vicepresidente Rosario Murillo, no lograron canalizar efectivamente las demandas y necesidades de una amplia mayoría de población; en particular de los grupos que se encontraban en condición de pobreza y marginalidad.

Las elecciones presidenciales de 2011 dieron paso al desencanto por la imposición de una nueva candidatura y elección de Daniel Ortega para otro período en el cargo, así como el control que este adquirió sobre la Asamblea Nacional y los gobiernos municipales. Se comenzó a gestar entonces un proceso subterráneo de fuerte descontento entre la población, que se fue acentuando de manera sorda en la medida que endurecía sus mecanismos de control y represión sobre la sociedad nicaragüense,[1] hasta que en 2013 se abrió un nuevo ciclo de conflictos y acciones sociales en diferentes lugares del país, sobre todo en las zonas rurales (Cuadra, 2018a).

---

[1] Sobre la conformación de una red de dispositivos de control y represión gubernamental durante la presidencia de Ortega, véase Cuadra (2018b).

La mayoría de los conflictos y acciones sociales que ocurrieron entre 2013 y antes de abril de 2018, si bien tuvieron una fuerte connotación política, estaban vinculados a demandas de carácter reivindicativo. Uno de los primeros y más significativos por la relación que tiene con la insurrección cívica de 2018 fue el episodio conocido como OcupaInss en junio de 2013, en el que adultos mayores, desesperados por la falta de respuesta gubernamental a su demanda de pensiones adelantadas, ocuparon el edificio principal de la seguridad social en la capital. De manera espontánea, grupos de jóvenes se organizaron para acompañarlos y respaldarlos durante varios días, hasta que una madrugada fueron atacados y desalojados por un grupo de simpatizantes del Gobierno frente a la pasividad de la policía (Miranda y Enríquez, 2013).

En ese mismo año, se promulgó la Ley Especial para el Desarrollo de Infraestructura y Transporte Nicaragüense atingente a El Canal, Zona de Libre Comercio e Infraestructuras Asociadas, Ley 840, que en sus aspectos medulares le otorga a la compañía de origen chino Hong Kong Nicaragua Canal Development (HKND Group) la concesión para ejecutar un proyecto que incluye la construcción de un canal interoceánico y otros subproyectos; esta concesión tendría una duración inicial de cincuenta años prorrogables a otro período similar si el concesionario lo considera conveniente (CINCO, 2013). La forma apresurada e inconsulta con que fue aprobada provocó el nacimiento —de manera autónoma y autoconvocada por numerosas comunidades campesinas localizadas en la zona identificada como la posible ruta para la construcción del canal—, a finales de 2014, de uno de los movimientos sociales más robustos de los últimos tiempos: el movimiento campesino anticanal, agrupado alrededor del Consejo Nacional en Defensa de Nuestra Tierra, Lago y Soberanía (Serra, 2016). Desde entonces hasta la actualidad, es uno de los sujetos sociales y políticos más dinámicos en el país.

El movimiento contra la minería —autoconvocado y autogestionado—, opuesto a las concesiones que el Gobierno estaba otorgando para la explotación de yacimientos en diferentes localidades del país sin consultar a sus pobladores, fue el protagonista de acciones sociales en distintos lugares como Rancho Grande, la mina El Limón y Santo Domingo. En estos dos últimos lugares, la base organizativa de las acciones sociales fueron los sindicatos mineros junto con pobladores locales; mientras en Rancho Grande eran organizaciones y líderes comunitarios vinculados con las iglesias católica y evangélica.

En la zona del Caribe norte se registra un grave conflicto entre las comunidades indígenas y los llamados «colonos» que llegan de otras localidades a ocupar las tierras comunales. Este proceso sostenido de ocupación ha dado lugar a numerosos episodios de violencia, con comunidades indígenas desplazadas por la fuerza, muertos, heridos, depredación de bosques y apropiación ilegítima.

Otras acciones sociales con una connotación más política fueron realizadas por el movimiento de mujeres; que en realidad mantuvo su capacidad de organización y movilización a lo largo del tiempo, a pesar de la represión que el gobierno de Ortega ya ejercía en contra del movimiento, especialmente en fechas como el Día Internacional de la Mujer o el Día Internacional por la Eliminación de la Violencia hacia las Mujeres.

A los conflictos y acciones sociales vinculados con estos actores, se agregaron las acciones efectuadas por grupos ciudadanos relacionados con organizaciones políticas que demandaban, de manera pública, cambios en el sistema electoral para asegurar procesos electorales transparentes y con observación internacional (Romero y Silva, 2015; Gallegos, 2016; Munguía Argeñal, 2017). El año 2015 fue particularmente dinámico por la cantidad de conflictos y acciones sociales que se produjeron (Cuadra, 2018a). Durante los procesos electorales de 2016 para elegir cargos generales[2] y de 2017 para los gobiernos municipales, se presentaron episodios de violencia política en diferentes localidades rurales. Entre 2016 y los primeros meses de 2018, Cabrales (2019) identificó al menos 571 eventos de acción social en 75 de los 153 municipios del país.

A pesar de las políticas y dispositivos represivos de Ortega, es evidente que desde 2013 venía ocurriendo un proceso dinámico, pero silencioso, de reconstitución de los movimientos y acciones sociales en todo el país, convirtiéndose en el antecedente de la insurrección de abril, que elevó el nivel de la contienda política en 2018.

Intensificación de la contienda política: la insurrección cívica de abril

En abril de 2018, se incrementó y extendió a todo el país el ciclo de acción social abierto desde 2013 en una ola de protestas que se ha llamado la «insurrección cívica de abril». Los catalizadores fueron los reclamos de estu-

---

[2] En esos comicios, Daniel Ortega se presentó como candidato por tercera vez consecutiva, después de eliminar la restricción constitucional que se lo impedía mediante una reforma a la Constitución Política en 2014. Como vicepresidenta, se presentó su esposa Rosario Murillo.

diantes y jóvenes ambientalistas a inicios de ese mes, cuando el Gobierno se negó a atender el incendio en la reserva biológica de Indio Maíz y las reformas al sistema de seguridad social realizadas por Ortega mediante un decreto presidencial a mediados de abril. Desde el principio, el Gobierno respondió a las protestas con altos niveles de violencia y represión a través de fuerzas policiales y grupos de simpatizantes gubernamentales armados, a los que se llamó «grupos de choque» (Cuadra, 2018b).

Rápidamente, las protestas y acciones sociales se extendieron a todo el país y se volvieron multitudinarias. La intensidad de las acciones sociales fue tal que, en un período de seis meses, entre el 4 de abril de 2018 y el 30 de septiembre de ese mismo año, la cantidad de eventos alcanzó la cifra de 2 067 en 96 municipios. En los diez meses posteriores, hasta julio de 2019, se registraron 260 en 22 municipios (Cabrales, 2019:5). Desde el inicio, las protestas rebasaron la capacidad represiva de la policía y sus grupos de choque, de manera que el Gobierno decidió ejecutar una estrategia de violencia letal en contra de los ciudadanos que incluyó el uso de armas de guerra y la participación de grupos paramilitares. Entre abril de 2018 y diciembre de 2019, la represión gubernamental transitó por nueve fases, cada una con características distintas pero que, en general, buscaban aplastar las acciones sociales y el movimiento cívico nacido en esa época (Cuadra, 2020). Las violaciones a los derechos humanos cometidos durante la represión estatal ejecutada en 2018 han sido catalogadas como crímenes de lesa humanidad por diferentes organismos internacionales de derechos humanos (CIDH, 2018; Amnistía Internacional, 2018; OACNUDH, 2018) y entre sus consecuencias más graves se encuentran el asesinato de más de 320 personas, la detención y enjuiciamiento arbitrario de más de 600 líderes y manifestantes, el desplazamiento forzado de unas 100 000 personas y un número aún no determinado de heridos.

En este epílogo, más que reseñar lo sucedido en la insurrección cívica de abril de 2018,[3] interesa reflexionar sobre algunos aspectos que sugieren un proceso de reconstrucción de las redes de confianza en medio de la crisis. Las masivas y extendidas protestas en todo el país revelaron que en años previos, y a pesar de lo que aparentemente revelaban las encuestas de opinión, se había incubado entre los ciudadanos un amplio y profundo descontento con el Gobierno que encontró un cauce de salida en las acciones

---

[3]   Para la insurrección cívica de abril de 2018, pueden consultarse De Gori, Villacorta y Aguilar Antunes (2019), Cortés Ramos, López Baltodano y Moncada Bellorin (2020), Cabrales (2019) y Ortega Hegg et al., (2020).

sociales de 2018. La represión y violencia con que el Gobierno respondió transformaron rápidamente su carácter reivindicativo inicial y elevaron el nivel de la contienda política hasta el punto más alto cuando los manifestantes comenzaron a demandar la salida del Ortega y Murillo de la presidencia, justicia para las víctimas de la represión y el restablecimiento de la democracia.

Inicialmente, las acciones sociales fueron realizadas por grupos auto-convocados, en su mayoría jóvenes universitarios; pero en la medida que el tiempo transcurrió y se incrementó la represión y la violencia gubernamental, en todas las localidades del país comenzó a estructurarse un movimiento ciudadano con dos propósitos: mantener vivas las acciones sociales y proteger a los protestantes. A la vez, se conformó una red de liderazgos locales y sectoriales que le dieron fuerza y sentido a las acciones, así como al rumbo de la contienda política. Ortega no tuvo más alternativa que reconocer el movimiento como interlocutor válido de la contienda, de manera que convocó a un diálogo con la intermediación de la Conferencia Episcopal de la Iglesia católica y la participación de una amplia variedad de actores sociales (campesinos, jóvenes universitarios, empresarios privados, sociedad civil, academia, poblaciones de la costa Caribe y trabajadores). La primera sesión del diálogo se efectuó el 16 de mayo de 2018 y fue histórica por las denuncias y reclamos directos que los participantes le hicieron al mandatario y a Rosario Murillo. Las sesiones se extendieron por varios meses sin resultados que contribuyeran a solucionar la crisis de manera pacífica y democrática por la falta de voluntad del Gobierno para cumplir con los acuerdos firmados y avanzar con nuevos temas en la negociación.[4]

Los actores participantes en el diálogo conformaron una plataforma conocida como Alianza Cívica por la Justicia y la Democracia (ACJD) y unos meses después se conformó la Unidad Nacional Azul y Blanco, que agrupa a más de 90 organizaciones y movimientos sociales en todo el país. Ambas plataformas reúnen a la mayoría de las estructuras organizativas identificadas con el movimiento cívico en el ámbito local y sectorial. Otro conjunto de organizaciones se conformó en el exterior con grupos de la diáspora y los miles de exiliados país por causa de la represión, en un proceso inédito. En la práctica, estas nuevas formas organizativas han desplazado a las es-

---

4   Una segunda ronda de negociaciones entre el Gobierno y los representantes del movimiento cívico agrupados en la ACJD se efectuó en marzo de 2019, en la que se firmaron algunos acuerdos que tampoco han sido cumplidos por este. El Gobierno decidió cerrar oficialmente las negociaciones un par de meses después.

tructuras promovidas por el Gobierno, que han quedado reducidas a meros aparatos de vigilancia y control político.

La estructuración de estos grupos y organizaciones ha sido un proceso dinámico, aún en plena evolución, que se ha reconfigurado en varios momentos. Ha dado lugar también a un denso entramado organizativo que puede ser interpretado como el resurgimiento de las redes de confianza entre la ciudadanía y ha reconfigurado los centros de poder autónomos anteriores a abril de 2018.

Reconfiguración de los centros de poder autónomos

El surgimiento del movimiento cívico, así como la fuerza e intensidad de las acciones sociales, forzaron una reconfiguración de los centros de poder autónomos, especialmente los empresarios privados y la Iglesia católica; dos actores clave en las alianzas construidas por Daniel Ortega durante el período 2007-2011. Entre 2012 y 2018, los grandes empresarios privados mantuvieron una fructífera alianza con el gobierno de los Ortega-Murillo, que se fortaleció en 2014 al reformarse la Constitución política e introducirse elementos que facilitaban el funcionamiento del gran capital en una serie de actividades económicas (Aguilar *et al.*, 2014). Además, el COSEP —órgano que representa a las más importantes cámaras de la empresa privada en el país— mantenía una comunicación cercana y al más alto nivel con el ejecutivo; con un asiento permanente en la Asamblea Nacional para cabildear e incidir en la aprobación de leyes, en particular las vinculadas con aspectos económicos; y era uno de los principales protagonistas en las mesas de negociación económica instaladas por el Gobierno con la participación de los sindicatos progubernamentales. Esta alianza cercana entre el Gobierno y el gran capital comenzó a ser calificada por la opinión pública como «corporativista».

Cuando en 2018 Ortega promulgó el decreto que reformaba *de facto* el sistema de seguridad social y que se convirtió en catalizador de la insurrección cívica de abril, los empresarios privados se opusieron a tal reforma (Olivares, 2018a) y terminaron rompiendo la fructífera alianza que habían sostenido con el Gobierno para sumarse a las posiciones del movimiento cívico (íd.; Martínez, 2018). Los empresarios participaron en las dos rondas de negociaciones efectuadas en 2018 y 2019, y se integraron a la ACJD. Desde entonces, el distanciamiento entre Ortega y los empresarios privados, así como los posicionamientos públicos del COSEP, han estado en el centro del debate público, sometidos a una fuerte crítica y vigilancia ciudadana, durante los últimos dos años.

Otro centro de poder autónomo en Nicaragua es la Iglesia católica, con un enorme poder simbólico entre toda la sociedad nicaragüense. Desde su regreso a la presidencia en 2007, Daniel Ortega intentó cooptar a la jerarquía católica, para lo cual mantuvo una estrecha relación con el arzobispo Miguel Obando y Bravo, antiguo opositor, hasta su muerte en plena crisis de 2018. La Conferencia Episcopal y el clero católico, por su lado, profundizaron sus diferencias con el gobierno Ortega-Murillo, al menos desde 2010. En 2014, los obispos de la Conferencia Episcopal dieron a conocer una extensa carta a Ortega donde, además de señalar su perspectiva sobre una serie de problemas sociales que consideraban urgentes, proponían la realización de un diálogo nacional y una reforma profunda al sistema electoral (CEN, 2014). La carta marcó un fuerte distanciamiento entre Ortega y la Iglesia católica hasta que, en abril de 2018, el propio mandatario pidió la intermediación del arzobispo de Managua para la realización del diálogo nacional. La Conferencia Episcopal, máximo órgano de la jerarquía católica en el país, se constituyó en Comisión de Mediación y Testigos del diálogo.

Además, en numerosas iglesias del país, incluida la misma catedral metropolitana, los protestantes encontraron refugio para protegerse de la represión policial; en ciudades como Masaya, donde el nivel de violencia fue sumamente elevado durante la llamada «Operación Limpieza», algunos sacerdotes mediaron entre protestantes y policías para el intercambio de prisioneros. Esta mediación fue fundamental para preservar la vida de varias decenas de protestantes; por ejemplo, en la ciudad de Diriamba, cuando varios obispos y sacerdotes —incluido el nuncio apostólico— fueron atacados por grupos paramilitares mientras intentaban rescatar a un grupo de protestantes refugiados en la iglesia de la ciudad (Munguía y Calero, 2018); o días después, en Managua durante el ataque de la policía y grupos paramilitares al recinto universitario de la UNAN para desalojar a jóvenes estudiantes que lo habían ocupado.[5] Otros varios incidentes de violencia gubernamental en contra de templos religiosos y sacerdotes, durante 2019 (Munguía, 2019) —incluyendo el exilio forzado del obispo Silvio Báez (Confidencial, 2019)—, terminaron de enfriar definitivamente las relaciones entre Ortega y la Iglesia católica.

---

[5] Los jóvenes que ocupaban el recinto se refugiaron en la iglesia Divina Misericordia, ubicada en los alrededores del recinto y allí también fueron atacados por los grupos paramilitares y la policía durante más de 15 horas hasta que con la mediación de la iglesia fueron evacuados. Para una descripción detallada, véase López (2018)

En medio de esta crisis, otro centro de poder autónomo obligado a re-posicionarse es el Ejército. Desde 1990, la institución militar ha gozado de niveles de autonomía importantes respecto a las autoridades civiles y, con el regreso de Ortega a la presidencia en 2007, estableció una alianza motivada por intereses económicos (Cuadra, 2016). Durante los últimos dos años, ha mantenido su respaldo político a Ortega, asumiendo como propio el discurso gubernamental de un supuesto golpe de Estado de los protestantes y acusando a organizaciones sociales de provocar a la institución militar (Bow, 2019). Si bien no hay evidencias de participación directa de las fuerzas militares en las acciones de represión ejecutadas por la policía y los grupos paramilitares,[6] varios organismos de derechos humanos y el movimiento campesino han acusa-do públicamente sus ejecuciones extrajudiciales contra líderes campesinos en las zonas rurales (Colectivo de Derechos Humanos Nicaragua Nunca Más, *et al.*, 2019); también se han efectuado denuncias públicas sobre la colaboración del Ejército en actividades de vigilancia política y el facilitar información de inteligencia para detener a líderes y activistas políticos. Desde hace dos años, en la opinión pública se ha instalado la idea de que el Ejército debería ser abolido durante una eventual transición política porque no ha protegido a la población civil de los ataques de los grupos paramilitares; asimismo, se ha incrementado la percepción de la complicidad entre el alto mando militar y Ortega, sobre todo cuando este último ratificó al general Julio César Avilés para un tercer período al frente de la institución (Navas, 2020).

Dos años después de iniciada la crisis con la insurrección cívica de abril, Ortega ha perdido el respaldo de dos los actores más importantes del país: la élite empresarial y la Iglesia católica. Dos alianzas estratégicas que, además de la pérdida de legitimidad interna e internacional, lo colocan en una situa-ción donde solo cuenta con la fuerza como recurso de apoyo; en este caso, el Ejército, las fuerzas de la policía y los grupos paramilitares organizados por el mismo Gobierno. Sus agravios a la Iglesia católica hacen difícil un cambio en el posicionamiento de la jerarquía religiosa y, por tanto, recuperar su res-paldo; mientras, los empresarios privados, a pesar de las tensiones y diferen-cia de perspectivas existentes entre sus diferentes grupos, desde 2018 no han restablecido la alianza entre el gran capital y el gobierno de Ortega; lo cual es poco probable que se logre porque, en efecto, el «modelo» ya se agotó.

---

[6] Sin embargo, el gobierno de Estados Unidos sancionó recientemente al general Julio Cé-sar Avilés, jefe del Ejército, por apoyar al régimen de Ortega, negarse a desarmar a los grupos paramilitares y facilitar armas a civiles para que atacaran a la población durante las protestas. Para mayores detalles, véase Fuller, Alvarez y Mendoza (2020)

181

Toda la evidencia sugiere que, antes de abril de 2018, la sociedad nicaragüense había experimentado un proceso de fortalecimiento de la civil, expresado en una mayor densidad y amplitud organizativa, así como una mayor autonomía respecto al Estado. Estas tres características se acentuaron durante los últimos dos años, ampliando aún más el número de estructuras organizativas, liderazgos y autonomía de las organizaciones y movimientos sociales. La sociedad nicaragüense cuenta con un vasto entramado de organizaciones locales, sectoriales y nacionales que no se limita al territorio nacional, sino que incluye a la diáspora y a los miles de exiliados fuera del país. Si bien los grupos, organizaciones y movimientos sociales existentes tienen perspectivas, intereses y características distintas que a veces generan tensiones entre ellos, existe un consenso general en relación a la salida de Ortega de la presidencia y el inicio de una nueva transición democrática; así como una unanimidad fundamental en la naturaleza cívica de las acciones sociales y en que la solución de la crisis debe ser pacífica y democrática.

Este entretejido organizativo sostiene una ciudadanía activa que no ha cesado las acciones sociales a pesar de la represión gubernamental y que se revela en los momentos más críticos, como la actual pandemia provocada por el virus SARS-CoV-2. En la medida que el Gobierno ha forzado el cese de las protestas masivas y extendidas con la represión, las acciones sociales han ido cambiando de forma, sin detenerse. Incluso, en el contexto de la pandemia global, esa ciudadanía y el vasto entretejido social existente en el país han generado sus propias iniciativas de autoprotección, prevención y contención frente a la negligencia del gobierno Ortega-Murillo, que se ha negado a adoptar alguna medida.

Es posible afirmar que, en la actualidad, Nicaragua cuenta con un amplio capital social que ha sostenido las acciones sociales durante más de dos años y ha impedido que la crisis se transforme en un estado de anomia con focos de violencia incontrolada. Los liderazgos y el entramado de organización social existentes han permitido la canalización del descontento y la protesta ciudadana a través de estructuras y prácticas pacíficas. Además, han permitido que el nivel de la contienda política se mantenga en el punto más alto; es decir, reclamando el cambio de Gobierno, la transformación del régimen político y el restablecimiento de la democracia.

Al analizarse el proceso transitado por Nicaragua durante los últimos siete años, resulta pertinente preguntarse entonces si constituye un proceso de reconstrucción de las redes de confianza en Nicaragua y si es posible interpretar esa reconstrucción como la redemocratización de la sociedad nicaragüense. En los dos casos, la respuesta parece ser afirmativa. La existencia de ese enorme capital social que se entretejió en abril se puede interpretar como la reconstrucción de las redes de confianza entre la sociedad y, en consecuencia, la realización de un proceso redemocratización desde la misma ciudadanía y no necesariamente desde el Gobierno. Un cambio significativo que se revela en medio de una crisis, que, tal vez, sea el legado más perdurable de la insurrección de abril.

ELVIRA CUADRA LIRA,
Centro de Investigación para la Comunicación

5

EVOLUCIÓN HISTÓRICA DE LOS REGÍMENES POLÍTICOS EN LA VENEZUELA CONTEMPORÁNEA

Este capítulo ofrece una mirada general sobre la historia política venezolana a partir de la evolución del régimen político, así como de las expresiones de apoyo/oposición a los proyectos políticos dominantes en cada una de las siguientes etapas: transición a la democracia (1935-1958); puntofijismo (1958-1998) y bolivariano/chavista (1998-2011). En cada una se exponen los elementos y transformaciones político-institucionales que aluden al desarrollo de la estatalidad, relacionándolo con las políticas económicas y sociales promovidas por el Gobierno nacional, al tiempo que se presentan los rasgos fundamentales de la relación Estado-sociedad —expresada en las políticas de participación y las prácticas de autonomía—; elementos que se analizan —de forma específica y exhaustiva— en el capítulo siguiente.

ANTECEDENTES DE LA FORMACIÓN DE LA SOCIEDAD, EL ESTADO Y LA POLÍTICA VENEZOLANA

Venezuela es una nación latinoamericana, andina y caribeña, ubicada (Mapa 5.1) en el extremo norte de América del Sur, fronteriza con Brasil (sur), Colombia (oeste) y Guyana (este), que posee un extenso litoral en el mar Caribe. Se extiende por alrededor de 916 000 km² de territorio, cobijando una enorme variedad de climas, tipos de suelo y recursos naturales, que le convierten en una de las naciones con mayor diversidad de ecosistemas de la región y la dotada de un enorme potencial de desarrollo.

Se ha acostumbrado a periodizar la historia venezolana en varias etapas, a partir de las diversas problemáticas y enfoques particulares implicados en dicho análisis. Se la ha dividido, convencionalmente, en varias Repúblicas, según la sucesión de ordenamientos político-institucionales —y constitucionales— instaurados a lo largo de sus doscientos años de historia independiente: una precursora y frustrada, de impronta mirandina

Mapa 5.1: División político-administrativa de la República Bolivariana de Venezuela.

(abril de 1810-julio de 1812); una segunda, con sello bolivariano (agosto de 1813-diciembre de 1814); la tercera, ligada a la derrota del colonialismo hispano y al intento integracionista grancolombino (diciembre de 1817-1819); y una cuarta, larga, que comienza en 1830 con la aparición del Estado venezolano, tras la extinción de la Gran Colombia, y terminaría en 1999, dando paso a la V República, impulsada por la hegemonía bolivariana.[1]

---

[1] No obstante, si se atiende a las diferentes continuidades y rupturas que permiten delimitar las etapas histórico-políticas, no sería ocioso adelantar —con espíritu sanamente revisionista— formas de periodización alternativas, considerando las mutaciones institucionales, culturales y socioeconómicas relevantes, más que los hitos político militares. Ello podría llevar a mantener el reconocimiento de una república precursora mirandina, fusionando el período bolivariano —desde el protagonismo del Libertador y sus proyectos políticos e integracionistas— y establecer una III República basado en el dominio

En una perspectiva de largo aliento, dicha historia abarca una primera fase postindependentista (1830)[2] —dominada por guerras civiles y caudillos— hasta la segunda década del siglo xx, cuando se produce, bajo el régimen modernizador de Juan Vicente Gómez, la expansión petrolera y la unificación del territorio nacional (Carrera, 1984:26). Tras el fin del régimen gomecista se abre un tiempo de transición política a la democracia, al cual seguirá una etapa —iniciada en los años 50— caracterizada por una oleada de inmigración extranjera, la articulación definitiva del país al sistema mundo capitalista y la aparición de una sociedad de masas regida por un orden sociopolítico liberal junto a reformas socioeconómicas socializantes (Carrera, 1984:178-180).

En cuanto a las fronteras y contenidos de la historia contemporánea de Venezuela (Cuadro 5.1), existen posiciones diversas. Para algunos, dicha etapa, delimitada por el fin del régimen gomecista (1936) y el Caracazo (1989), se caracteriza por la victoria de la democracia frente a la dictadura[3] y la persistencia de contradicciones entre la pobreza y la riqueza (Morón, 1998:253-255) dentro de una población que se expande gracias al arribo de inmigrantes, la urbanización acelerada y la expansión de la educación de masas.

Sin romper radicalmente con esa perspectiva —que devino, en buena medida, la visión dominante—, para otros historiadores, la contemporaneidad venezolana comienza en la década de 1960 (Caballero, 2009:26), a partir

---

oligárquico, de 1830 a finales del siglo xix. La IV República podría conceptualizarse a partir de la aparición de un régimen político moderno y la consolidación del Estado-nación —bajo el gomecismo—; aunque este también es susceptible de evaluarse como una expresión tardía —y modernizadora— de la III República caudillista, oligárquica y militar. Si se adopta esta perspectiva más radical, la IV República podría ubicarse a partir de la aparición de un régimen democrático puntofijista, considerando las etapas previas (1936-1958) como un largo período transicional. Para conocer más sobre las etapas y contenidos de la historia venezolana recomiendo los textos de Germán Carrera, Elías Pino Iturrieta, Tomás Straka y Manuel Caballero.

[2] En esta etapa «[...] la construcción de la República en Venezuela, en términos formales, estuvo determinada por la mimetización del antiguo orden sociopolítico colonial preexistente» (Asprino, 2008:42).

[3] Para esta visión, el problema más importante de la historia contemporánea venezolana es el establecimiento de la democracia contra su contrapartida caudillista (Morón, 1998:305-307); para otro enfoque, los problemas de la historia de Venezuela son varios: el acceso a la propiedad de amplios sectores, la participación más equitativa y directa en la toma de decisiones —más allá del voto— y el logro de la igualdad social y étnica (Romero, 2009:87).

Cuadro 5.1: *Procesos históricos y proyectos políticos hegemónicos en la Venezuela contemporánea (1935-2011).*

	TRANSICIÓN (1935-1958): PRETORIANISMO MODERNIZADOR	PUNTOFIJISMO (1958-1998): BIPARTIDISMO DOMINANTE + DEMOCRACIA REPRESENTATIVA	BOLIVARIANA/CHAVISTA (1990-2011): AUTORITARISMO MILITARISTA + DEMOCRACIA PARTICIPATIVA
	presidencialismo pretoriano	presidencialismo democrático	presidencialismo autoritario
RASGOS DEL RÉGIMEN POLÍTICO	conformación de primeros liderazgos y partidos políticos contemporáneos (AD, COPEI, URD, PCV)	modelo de conciliación de élites e inclusión de grupos subordinados. Partidos dominantes (AD y COPEI) hegemonizan procesos políticos de organización, socialización y lucha: partidocracia	polarización política, crisis de partidos tradicionales, nuevos liderazgos y organizaciones políticos (ej.: PSUV)
	aparición de primeros mecanismos democráticos (elecciones, extensión de ciudadanía, competencia partidaria, oposición, movilización social)	desarrollo de democracia representativa; oposición mayormente democrática, con movimientos guerrilleros derrotados e incluidos dentro de este régimen	innovación democrático-participativa junto a recentralización estatal y fortalecimiento autoritario; oposición diversa (democrática y golpista) cuya composición y estrategia cambia en etapas
	paulatina profesionalización de las Fuerzas Armadas, injerencia directa en política nacional (alianzas cívico-militares y golpes militares)	Fuerzas Armadas profesionales bajo control civil, con injerencia en políticas específica del Estado	Fuerzas Armadas profesionales con incidencia en políticas públicas, en proceso de ideologización oficialista
RASGOS DE LA SOCIEDAD	sociedad rural inmersa en proceso de urbanización y modernización	sociedad urbana, continúa proceso modernizador; incremento de inclusión social y niveles de instrucción/información de sociedad	sociedad urbana con demandas de mayor inclusión social y combate a la marginа; elevados niveles de instrucción e información
	persistencia de militarismo, personalismo y autoritarismo al interior de los grupos/relaciones sociales y vinculados a actores políticos y entes públicos	persistencia de clientelismo y personalismo al interior de los grupos/relaciones sociales y vinculados a actores políticos (partidos) y entes públicos	persistencia de clientelismo, militarismo y personalismo al interior de los grupos/ relaciones sociales y vinculados a actores políticos (partidos) y entes públicos

SOCIEDAD CIVIL	débil y en formación, primeros grupos y acciones de movimientos obrero, estudiantil y cívicos	en crecimiento, sujeta al control e influencia partidaria en sectores gremiales y empresariales (ej.: CTV-Fedecámaras)	expansión de sociedad civil popular progubernamental, sujeción a liderazgo/partido oficial
	organizaciones paragubernamentales de corte semi-militar	aparición y desarrollo de organizaciones autónomas (comunitarias, derechos humanos, ambientales) que cuestionan la partidocracia	reordenamiento de organizaciones civiles autónomas y/o opositoras, defensa de derechos frente al autoritarismo
PAPEL DEL ESTADO	decisivo en primeros planes de desarrollo y sociales: ente inversor, regulador, inversionista	expandido en planes de desarrollo, políticas sociales y gestión petrolera; redistribuidor mediante políticas públicas	expansión inédita de injerencia estatal en planes de desarrollo, programas sociales y propiedad pública
POLÍTICA ECONÓMICA	modernización: expansión productiva vinculada a la industria petrolera; creación de infraestructura y regulación de inversión del capital trasnacional; fortalecimiento del sector público y de su dependiente burguesía nacional	modernización rentista: sustitución de importaciones y exportaciones petroleras con desarrollo de infraestructura; fortalecimiento del sector público y burguesía/tecnocracia nacional ligada a actores trasnacionales; inicio de apertura neoliberal	estatismo: ampliación de injerencia estatal, nueva (boli)burguesía; importancia del sector capitalista pese a experimentos socializantes, dependencia de exportación de hidrocarburos; renegociación con inversión extranjera
POLÍTICA SOCIAL	sectorial; primeras políticas de atención y coberturas sociales (empleados públicos, militares, obreros, otros)	coexistencia de sistema público universal —insuficiente y orientado a cobertura general de población— con subsistemas particulares a grupos privilegiados (petroleros, empleados públicos, militares)	coexistencia de servicio universal —degradado— con atención priorizada a programas sociales particulares (misiones), altamente dependientes de recursos, criterios y coyunturas políticos

Fuente: Elaboración propia.

de la instauración de un régimen democrático; que se combina con un rol decisivo del Estado, un crecimiento y desplazamiento poblacionales (Tabla 5.1) y un profundo cambio cultural y educativo, ligado a una inédita movilidad social (Caballero, 2009:148-158).[4]

Tabla 5.1: Crecimiento y evolución de la población venezolana.

AÑO	TOTAL	POBLACIÓN URBANA (%)	POBLACIÓN RURAL (%)
1891	2 323 527	-	-
1936	3 491 159	34,7	65,3
1961	7 523 999	67,5	32,5
1990	18 105 265	-	-
2011	27 150 095	93 (aproximado)	7 (aproximado)

Fuente: Elaboración propia a partir de Morón (1999:328-332) y http://www.ine.gob. ve/CENSO2011/index.htm.

Otros análisis llaman la atención sobre continuidades (Cuadros 5.1 y 5.3) como el factor petróleo, el protagonismo del Estado en tanto agente modernizador y la fórmula del personalismo político moderno.[5] Recursos que gobiernos posteriores —como los de Marcos Pérez Jiménez y Carlos Andrés Perez— reproducirían ligados a un mito de progreso, en el marco de la abundancia de recursos financieros dentro de un contexto de estabilidad política (Coronil, 2002). Todo ello bajo un esquema de capitalismo de Estado que define las relaciones entre los ingresos, la inversión pública y el gasto social, de forma tal que los diferentes proyectos y programas políticos se perfilan en función del uso de la renta petrolera (Romero, 2009:187) (Tabla 5.2).

En estas etapas y contextos van cobrando vida diversas visiones de un proyecto nacional que reúne los objetivos de las clases dominantes con propuestas de organización y funcionamiento social (Carrera, 1984:18-27), en cuyo seno destaca el llamado «culto a Bolívar», que articula la realidad política, religiosa, ideológica y cultural a partir de las necesidades y demandas —espontáneas u organizadas— de la gente y se erige como columna

---

[4] «[…] Nunca el país había tenido una élite cultural tan joven, tan numerosa, tan aprovechada y tan dinámica» (Caballero, 2009:156).

[5] Otra continuidad destacable es la existencia de una población que posee como rasgos centrales el mestizaje, la persistencia de la pobreza y la desigualdad (Morón, 1998:327-337).

Tabla 5.2: Petróleo, economía y gasto público en Venezuela.

ETAPA	APORTE DE PETRÓLEO AL INGRESO FISCAL (%)	PESO DE PETRÓLEO EN EXPORTACIONES (%)	PRECIO DEL BARRIL DE PETRÓLEO NACIONAL (PROMEDIO USD)	PRECIO DEL GASTO PÚBLICO DENTRO DEL PIB (%)
1858-1959	54,7	92,4	2,5	n/a
1974-1975	80,9	95,0	11	25
1984-1985	56,9	93,2	26	21
2008		93	90	30

Fuente: Elaboración propia a partir de Morón (1999:360), Romero (2009:161-167), Álvarez (2009:204) y Petkoff (2010:101).

vertebral de un pensamiento que confunde patria, república y nación, creado para legitimar el Estado nacional (Carreras, 2006:199-202). En relación con este, el elemento militar gravitará como un factor protagónico de la sociedad y política venezolanas a lo largo de su historia, desarrollándose una relación conflictiva entre la importancia recurrente del sector castrense y cierta tendencia —sostenida durante mucho tiempo como aspiración más que como realidad— favorecedora al control civil (Irwing, 2005a:6-7).[6] Incluso, se ha hablado de un persistente proyecto militar caracterizado por la idea de protección armada al territorio nacional y una patria concebida como legado de libertadores (Sucre, 2005:284).

En tanto fenómeno sociopolítico —que puede llegar a encarnar en un régimen político— el militarismo supone que los militares transformen sus valores y actitudes de cuerpo en una filosofía y razón de Estado, con el apoyo de grupos civiles específicos[7] (Romero, 2009:34-38) lo que permite al elemento castrense extender su dominio sobre la sociedad (Irwing, 2005a:6-7). Sin

---

[6] Se ha expresado que «[...] en la evolución histórica venezolana las relaciones más que civiles y militares han sido lo contrario. Es decir, primero militares y después civiles. La constante en la literatura venezolana parece ser el tratar de justificar cómo emplear al sector legalmente armado de la sociedad para que cumpla los proyectos políticos de cuño civil, aunque no siempre civilistas» (Irwing, 2005b:312).

[7] Desde el siglo xix han existido diferentes «tipos» de pretorianos civiles —aunque no civilistas—, ya sea vinculados al clientelismo burocrático estatal, intelectualmente identificados con la idea genérica de un gobierno fuerte rector de sociedad o seguidores de proyectos específicos cívico-militares, como el impulsado por la alianza chavista (ibíd.:316-317).

embargo, en su modalidad —más acotada— conocida como pretorianismo, este factor será una constante en la historia venezolana, bajo la idea de que el ejército debe ayudar al mantenimiento del orden social y la grandeza patria (Straka, 2005:121).

Si se quiere comprender la contemporaneidad política venezolana hay que aproximarse, aunque sea de modo sucinto, a sus antecedentes. El siglo XIX en Venezuela —extendido de la independencia al primer cuarto de la centuria pasada— se caracteriza por la existencia de un poder caudillesco, no institucionalizado y personalista, ejercido por jefes político militares. En el plano económico, se estableció un modelo agroexportador (Consalvi, 2004:15), apenas vinculado al mercado mundial y carente de capitales e inversiones, bajo el control de una oligarquía cafetalera y una burguesía comercial (Straka, 2010:12). Ante la falta de control del Estado-nación, imperaba un aislamiento territorial, con regiones que comerciaban directamente con sus mercados externos

La Guerra Federal (1858-1863) consagró la victoria del liberalismo frente a la oligarquía conservadora, dando paso a regímenes que impulsaron una modernización con formas democráticas (elecciones, derechos ciudadanos) y garantes dictatoriales (ibíd.:34), acotando las dinámicas caudillistas. El régimen de Guzmán Blanco (1870-1890) sentó las bases del Estado moderno venezolano, al crear un sistema de acuerdos del Gobierno nacional con los diversos caudillos regionales (Guardia, 2005:50); mientras impulsaba una reorganización política y administrativa, rescataba el control aduanero, la centralización impositiva y la transferencia estable de recursos a las regiones del país (ibíd.:80), así como el fomento del crédito e inversión públicos (Morón, 1998:218-240). Sin embargo, el limitado peso económico de Venezuela en el mercado mundial, su escasa población, el atraso productivo/tecnológico acumulado y los problemas de la propia implementación de las reformas impidieron un desarrollo sostenido (Carrera, 1984:128-133).

La derrota de la llamada Revolución Libertadora (1901-1903) —movimiento armado que contó con diversos apoyos extranjeros— supuso el fin de la resistencia del caudillismo local al Estado nacional venezolano (Guardia, 2005:51-54). Afianzando la soberanía nacional, abriendo paso a una etapa de protagonismo del ejército[8] y de advenimiento de la política de masas (Morón, 1998:308), Juan Vicente Gómez acometió un proceso de consolidación nacional (Arraiz, 2007:115). Para ello, subordinó los caudillos

---

[8] «Alrededor de la Fuerza Armada de la cual es su columna vertebral, se va formando el cuerpo del Estado venezolano» (Caballero, 2009:50).

regionales, procuró el apoyo de los capitalistas extranjeros y nacionales, y empleó el petróleo como vía de modernización y enriquecimiento personal (Mendes, 1993:41-43), estableciendo un nuevo tipo de régimen político basado en un ensamble jefe-ejercito-administración (Guardia, 2005:56), que construye una institucionalidad (política, militar, económica y administrativa) moderna (Ruiz, 2010:17).

El régimen político gomecista se basó en una relación personal alrededor del dictador, donde concurrían nexos familiares, regionales y militares para fortalecer un ansia de poder y riqueza (Mendes, 1993:33-34). Los «doctores»: élite civil ilustrada que fungían como ministros, diplomáticos y asesores; los «andinos»: familiares y amigos del dictador que copaban el aparato de espionaje y formaban las élites locales; y un aparato estatal con tripartición formal de poderes dominados por un ejecutivo poderoso y una actividad intensa de legislación, administración y modernización eran los grupos y elementos que lo componían (Bautista, 1993:60-64).[9] A la par que se modernizaba la institución armada mediante una reforma militar[10] (Ziems, 1993:146-168) y se exhibía su poder disuasivo en los desfiles (Straka, 2005:107), se estructuraba un orden que combinaba la administración moderna, técnica e impersonal de ciertos asuntos,[11] con comportamientos claramente patrimonialistas impulsados por el propio Juan Vicente Gómez (Bautista, 1993:73-75).

El régimen gomecista se articula con el sistema capitalista a través de la acción económica estatal, que sustituye de algún modo el papel activo de la clase dominante agroexportadora (Carrera, 2006:39-40). La expansión petrolera[12] modifica la estructura productiva y el marco legal (leyes de Minas de 1910 e Hidrocarburos de 1920), otorgando sustento a los cambios institucionales (Morón, 1998:243), lo que permite cancelar (1930) la deuda

---

[9]   A partir de entonces, la idea de una especial eficacia gubernamental de los mandatos militares —supuestamente superior a la gestión civil— se convierte en un mito y legado cultural de la nación y sociedad venezolanas (Sucre, 2005:283) presente hasta hoy.

[10] La profesionalización del ejército (Caballero, 2009:48-49) va de la mano de la apelación a una tradición cívica, donde las figura de Bolívar —encarnación de las virtudes republicanas— y de la Historia Patria —interpretada como ruptura con el pasado colonial— son elementos centrales (Straka, 2005:115-116).

[11] Los ideólogos y funcionarios del régimen (Eleazar López Contreras) preveían el desarrollo de estructuras que permitieran el tránsito ordenado a otro régimen más avanzado en el futuro (Bautista, 1993:79).

[12] En 1928, Venezuela se convierte en el primer exportador y el segundo productor mundial —después de EE.UU.— de petróleo.

externa (Consalvi, 2004:64) y reducir la doméstica (Rodríguez, 1993:105) al multiplicar los ingresos nacionales[13] y emplear la renta petrolera en la modernización económica e institucional (Mendes, 1993:45-51). Con el régimen de Juan Vicente Gómez aparece un Estado «providencial» al amparo de la renta petrolera (Coronil, 2002), mediador entre los intereses nacionales y el capital extranjero, y establece —con su control de la producción y renta petroleras— los avances y límites del tránsito a la democracia (íd.). Sin embargo, esto no evita la existencia de tensiones entre el origen natural —y público— de la riqueza petrolera y el carácter relativamente privado —y discrecional— de su apropiación y redistribución.[14]

Bajo su régimen, la oposición era un fenómeno casi desconocido e incomprendido, incluso para el propio Gobierno (Mendes, 1993:52-57). Así, las protestas estudiantiles de la Universidad Central (1928), seguidas por la represión gubernamental y el subsiguiente estallido de una huelga general en Caracas, generaron inesperadamente el primer movimiento social urbano del país (Caballero, 2009:61-63) y desafiaron a la administración. Las ideas de justicia social y democracia, junto a la emergencia de nuevas formas y generaciones de políticos civiles y modernos cobraron fuerza (ibíd.:68-69).

La llamada Generación del 28 apostó a la despersonificación, la democratización y la masificación como componentes de la acción política moderna. Con el Plan de Barranquilla aparece un programa y análisis híbrido con influencia marxista (análisis económico, lucha clases, criticas a capital extranjero) y liberal (libertades de prensa, multipartidismo, autonomía universitaria) (Arraiz, 2007:127) para la transformación socioeconómica y política de Venezuela. Además, nació la Agrupación Revolucionaria de Izquierda, un antecedente del partido Acción Democrática (AD)[15] (Caballero, 2010:20-21).

---

[13] Pese a ello, para esas fechas, las compañías Standard Oil y Dutch Shell controlaban 88% de la producción (Rodríguez, 1993:89-90) acotando, incluso, los poderes del dictador (ibíd.:99).

[14] «La circulación de torrentes de dinero proveniente del petróleo no solo erosionó la actividad productiva y estimuló la diseminación de la especulación y la corrupción financieras, sino que también facilitó la concentración del poder en los más altos niveles del Gobierno. A su vez, los poderes extraordinarios del presidente alentaron un estilo vertical de diseño de políticas que, a menudo, condujo a acciones arbitrarias y contradictorias, y minó las prácticas democráticas» (Coronil, 2002:12).

[15] Partido político venezolano socialdemócrata y miembro de la Internacional Socialista, fundado en 1941. En sus orígenes, fue de izquierda policlasista, que abogaba por el papel activo del Estado, el nacionalismo y el antimperialismo; pero desde los años 80 adoptó una ideología y praxis más moderada. Fue la formación dominante dentro del régimen

Con la muerte de Juan Vicente Gómez (diciembre de 1935), asciende a la presidencia el general Eleazar López Contreras, antiguo ministro de Guerra y Marina, con la misión de continuar la obra desarrollista e impedir cualquier crisis social. Entre febrero y junio de 1936, la represión gubernamental —con suspensión de garantías— encuentra manifestaciones y huelgas amplias e inéditas en Caracas (Caballero, 2009:82). Si bien el régimen mantendrá el control político —abriendo una larga y accidentada etapa de transición hacia un orden democrático—, la sociedad venezolana pondrá fin al ambiente de miedo a la anarquía y la represión vigente de 1810 a 1930 (ibíd.:93-96), obteniendo relevancia los partidos y organizaciones sociales dentro de la vida política nacional, tradicionalmente dominada por el Estado.

TRANSICIÓN ACCIDENTADA A LA DEMOCRACIA

Para comprender el desarrollo del proceso de transición[16] (Cuadro 5.1) del régimen autoritario gomecista a la democracia bipartidista, es preciso abordar los acontecimientos de la etapa 1936-1958, en la cual el fortalecimiento de las capacidades estatales, la ampliación del protagonismo ciudadano y la implementación de un régimen más democrático tuvieron como telón de fondo la presencia amenazante del factor militar y la creciente dependencia del recurso petrolero. En esta etapa cobraron impulso la consolidación territorial, la expansión demográfica (Tabla 5.1) y el crecimiento/diferenciación económicos: se duplicó la población y fue creado con apoyo estatal un sector capitalista moderno pero débil y dependiente de un Estado propietario, inversor y regulador (Carrera, 1984:148-160). Junto al crecimiento de la población urbana e industrial, se expandieron la organización obrera, los intelectuales y los liderazgos políticos (García, 2010:32-35).

El gobierno de López Contreras (1935-1941) fue clave para el inicio de una transición no violenta a la democracia, al decretar la amnistía y la posibilidad de que los desterrados regresaran (Caballero, 2009:77-79), y transferir —al final de su mandato— el poder a un presidente electo por el Congreso. Aunque creó las Asociaciones Cívicas Bolivarianas —integradas

---

puntofijista —controlando la Confederación de Trabajadores de Venezuela, principal gremio del país— y hoy es uno de los principales partidos de la oposición antichavista.

[16] Entiéndase por transición un conjunto de transformaciones en las dinámicas de interacción política (simbólicas y prácticas) entre actores económicos, sociales y políticos, mediante las cuales es remplazado un régimen preexistente junto a sus valores, normas e instituciones (Romero, 2009:163).

por partidarios y funcionarios del Gobierno— en busca de la victoria en las elecciones municipales (1937) y la representación parlamentaria de los intereses oficiales, permitió también la cuidadosa apertura del campo político partidario, con la inclusión de fuerzas opositoras. La Constitución aprobada bajo su mandato (1936) mantuvo el rol activo del Estado, redujo el período presidencial de 7 a 5 años y eliminó la reelección inmediata; si bien mantuvo el voto indirecto, el veto al voto femenino y a las organizaciones de izquierda (Consalvi, 2010:14).

Bajo su gobierno, el culto bolivariano, que supuso la mimetización y canonización del binomio Patria-Bolívar, adquirió coherencia como ideología y política estatal —a través de la propaganda y educación públicas—, y reforzó las tendencias castrenses que, desde entonces, se autoperciben como guardianas del legado bolivariano.[17] Durante toda la transición, la relación entre los factores civiles y militares adquirieron los visos del pretorianismo, ligado a la existencia de un moderno ejército nacional y a administraciones autoritarias-corporativas y de una sustitución de la modalidad dictatorial por otras formas de influencia del sector castrense en los destinos de nación (Irwing, 2005b:313-315). Así, de 1935 a 1958, existiría un marcado contraste entre la fortaleza corporativa de las fuerzas armadas y la debilidad de las instancias civiles (ibíd.:319).

El mandato de López Contreras desarrolló las capacidades del Estado (Morón, 1998:256-262) gracias al incremento de los impuestos a la exploración y explotación petroleras[18] (1936), y a la aprobación de una Ley de Hidrocarburos (1938), que fijaba las prerrogativas nacionales en relación con el vital recurso (Consalvi, 2004:75-83). Su Programa de Febrero (1936) implementó un conjunto de medidas progresistas (Caballero, 2009: 85-88): apoyo y aceptación a la clase obrera —con una Ley de Trabajo que reconoció el derecho a huelga y la asociación colectiva—, planes sociales (construcción de obra pública, campañas de alfabetización y sanidad); así como cambios político-institucionales (revitalización del municipio y elección de concejales mediante el voto secreto), además de desarrollar una reorganización administrativa y ministerial (Arraiz, 2007:131).

---

[17] Dicha prédica bolivariana se ha revelado susceptible de ser manipulada para el desarrollo de los ideales (gerencia militar de la sociedad, tutela sobre los civiles) típicos del pretorianismo (Straka, 2005:102).

[18] Para 1936, solo 8,13% de las exportaciones correspondía al sector agrario (Cipriano, 1993:131-138), lo cual llevó a varios estudiosos a insistir en la necesidad de analizar el impacto social del petróleo a partir de nuevos campos del saber, como la antropología del petróleo (Quintero, 1978).

El gobierno de su sustituto, Medina Angarita (1941-1945), fue la expresión institucional de una alianza de sectores de la élite civil y los militares, orientada a tutelar el tránsito a la democracia (Consalvi, 2010:46), imponiendo límites al desarrollo de los procesos políticos y a la elección del próximo mandatario (García, 2010:36-45). Si bien coexistían posturas encontradas —una visión peyorativa sobre los partidos *versus* la necesaria despersonalización de la política y el poder (Caballero, 2009:73)—, existía consenso entre el oficialismo y la oposición sobre el deseo de un cambio en orden, en cuanto a la construcción de un proyecto nacional y la expansión de las libertades públicas (ibíd.:100-101). El Gobierno desarrolló el primer Plan Quinquenal de Obras Públicas con construcciones como la Ciudad Universitaria; impulsó una reforma petrolera (1943) que elevó el monto de las regalías percibidas por el Estado y su control de datos técnicos de la producción,[19] una Reforma Tributaria (1942) que recogió el ISR, una Ley Agraria (1945) que combatió el desalojo; y aprobó un Código Civil (1942) avanzado (Morón, 1998:265).

En esa etapa continuó el desarrollo de los partidos políticos, desiguales en su avance y poder (García, 2010:17). El Gobierno creó el Partido Democrático Venezolano como una maquinaria político-electoral oficial, encabezado por representantes de la élite intelectual, que promovió el apoyo a la Administración, la expansión de programas sociales, el voto secreto universal y la igualdad de la mujer, alcanzando en este último rubro el voto femenino en 1945. Se legalizó el Partido Comunista de Venezuela (PCV)[20] (1945) —en el marco de la lucha antifascista— y el partido Acción Democrática fue cobrando importancia dentro de la oposición, combinando la idea de un partido fuerte, organizado y centralizado de inspiración leninista —con términos como vanguardia y disciplina dentro de su léxico (Caballero, 2009:120)— con una ideología y programa claramente socialdemócratas (ibíd.:73-74).[21]

---

[19] Las Leyes de Hidrocarburos e Impuesto sobre la renta (1943) constituyeron la primera maximización de la renta petrolera por el Estado venezolano (Petkoff, 2010:124-125), sentando la base legal para el fin de las concesiones —a hacerse efectivo en 1945—; aunque antes de ese plazo se entregaron grandes concesiones a las empresas foráneas (Consalvi, 2004:75-83).

[20] Fundado en 1931, es la formación de mayor antigüedad existente en la izquierda política venezolana. Cambió varias veces de nombre a lo largo de su historia, donde tuvo que afrontar períodos alternos de ilegalización y legalización, enfrentando a los regímenes autoritarios y democráticos, y disputando a AD el control de los sindicatos. Hoy forma parte del bloque chavista.

[21] Durante esos años (1931-1937) se abre un debate dentro de las fuerzas opositoras venezolanas que enfrenta a los comunistas ortodoxos y los socialdemócratas heterodoxos de AD (García, 2010: 29).

Las reformas de 1945 no plantearon la elección presidencial directa, al sabotear el oficialismo el trabajo de la comisión para la reforma constitucional. Medina —apoyado por los comunistas— defendió su prerrogativa de designar a su sucesor, lo que generó la oposición de AD y otras fuerzas sociales y políticas (Consalvi, 2010:19).[22] Ante el fracaso de la búsqueda de un candidato de consenso Gobierno-oposición o de una figura independiente (ibíd.:29), se produce el Golpe o Revolución del 18 de Octubre de 1945; hecho relevante para el proceso de transición y que aun genera polémicas e interpretaciones encontradas.

Para algunos, este suceso fue fruto de la impaciencia ante los resultados de las reformas, que no dejó madurar los cambios en curso y abrió la puerta al golpe militar reaccionario de 1948[23] (Morón, 1998:267); mientras, otros lo valoran como el suceso más importante desde fundación de República en 1830 (Consalvi, 2010:9) que abre paso a la democratización.[24] Ha sido definido como una «revolución a la venezolana», en tanto cambia el régimen y la sociedad misma, comprometiéndolas en la democratización del poder (Caballero, 2009:115-118); también se le ha evaluado como una mera redefinición del proyecto de las clases dominantes (Ruiz, 2010:19). El Pronunciamiento Militar —encabezado por oficiales jóvenes junto a un pequeño grupo de civiles dirigentes de AD— acogía las demanda de elecciones directas, lucha contra la corrupción y democratización, enarboladas por los opositores y buena parte de la sociedad,[25] convirtiendo un programa político partidario (de AD) en uno nacional. Se abre paso al ingreso de las masas (jóvenes) a la política; transformando —por su apertura a civiles

---

[22] Rómulo Betancourt acusó a «dos fracciones del régimen (lopecista y medinista)» de tener «el deseo de continuar perpetuándose en el Gobierno contra la voluntad del pueblo» (Consalvi, 2010:37).

[23] Un factor a considerar es la persistencia, durante el trienio 1945-1948, de la asimetría de fuerzas entre el factor civil y el militar —favorable a este último—, lo que generó un control civil restringido sobre el sector castrense, que ejercía influencia indirecta sobre los civiles (Irwing, 2005b:315).

[24] Se explica el carácter revolucionario —y no meramente golpista— del hecho toda vez que sus protagonistas no se beneficiaron del poder y cumplieron sus objetivos, reforzando el control estatal del petróleo, realizando amplias reformas sociales (vivienda, agro, salud, educación) y políticas (expansión/legalización de partidos y organizaciones sociales, voto directo y masivo, desplaza viejas élites) (Consalvi, 2010:68).

[25] En Venezuela existía un régimen basado en elecciones indirectas, con varones mayores de 21 años que elegían a los concejales y estos, a los diputados nacionales; mientras, los diputados regionales elegían a los senadores; y diputados nacionales y senadores se encargaban de elegir al presidente (Caballero, 2009:103-110).

y programa de acciones— lo que, organizativamente, fue un golpe militar clásico en un hecho revolucionario (Caballero, 2009:117-129).

La Junta de Gobierno —en cuyo seno AD devino mayoría, con 7 de los 9 miembros— acordó que ninguno de sus integrantes sería postulable en los venideros comicios, acometió la creación de un jurado anticorrupción —empeñado en fiscalizar la gestión y peculio de los funcionarios gubernamentales— y convocó a elecciones generales ampliando la ciudadanía, al descender la edad de los electores a 18 años e incluir ambos sexos; lo cual multiplicó cinco veces el padrón hasta llegar a 1,5 millones de personas. Este proceso desembocó en la elección de diputados a una asamblea constituyente/parlamento provisional (1946), la elección directa del presidente (1947) y la elección a consejos municipales (1948) con la victoria los candidatos de AD.

El proceso impulsó el primer voto masivo de la historia venezolana —con la representación de AD, democristianos y comunistas— y desembocó en una avanzada Constitución (1947) que reconocía la elección directa del presidente, un amplio catálogo de derechos sociales y un papel decisivo del Estado a través de leyes y políticas específicas en las áreas educativa, impositiva y agraria (Consalvi, 2010:52). Además, la Junta estableció un impuesto extraordinario a las empresas extranjeras y consagró un reparto de utilidades «50-50» entre las empresas y el Estado —que luego se difundió como fórmula internacional—, orientados a la obtención de un flujo de recursos para sostener las políticas reformistas del régimen (Consalvi, 2004:89-90). Con estos ingresos,

> [...] el Estado venezolano, a partir de mediados de los años 40, se convirtió en una fuente de ingresos permanentes que no requería de esfuerzo productivo sistemático, de manera que la política entró en ese escenario como la forma en que se pactaba el acceso, disfrute y dilapidaciones de la riqueza petrolera entre los grupos acordados (Díaz, 2008:5).

Sin embargo, la conjunción de las contradicciones entre militares y civiles, unidas a la incidencia de diversos grupos económicos (nacionales y extranjeros) adversos a la democratización (Consalvi, 2010:60) llevó a la realización de un golpe militar (24 de noviembre de 1948) que ilegaliza a AD y condujo a la supresión ulterior (1952) del resto de los partidos (Morón, 1998:282) bajo la dictadura de Marcos Pérez Jiménez (1952-1958). Frente a la labor represiva del régimen militar —apoyado por EE.UU. en el marco de la Guerra Fría—, la resistencia e influencia de los partidarios de

AD se vio rebasada; mientras el Partido Comunista lograba mantener un pequeño aparato operativo y de propaganda.[26]

El régimen perezjimenista fue una dictadura autoritaria y personalista que silenció la prensa crítica y prohibió los partidos políticos, con intenciones de perpetuarse en el poder mediante el uso de mecanismos electorales y pleisbiscitarios. Pérez Jiménez no pudo eliminar la celebración de elecciones ni suprimir el voto universal; lo cual las ratificó como conquistas de la sociedad emanadas de la etapa democratizadora, temporalmente interrumpida en 1948 (Caballero, 2009:128). Su gobierno consolidó el papel del Estado venezolano como actor económico central (Ruiz, 2010:19).

Este mandato promovió la difusión de un proyecto político —denominado Nuevo Ideal Nacional— basado en el nacionalismo, el rol central del Estado como actor de progreso y armonización social, así como la modernización de la estructura económica y social (ver Cuadro 5.1). Para tal fin, el perezjimenismo defendió la existencia de una doctrina: el Bien Común; cuyos objetivos se materializaban a través de diversos Planes y Obras, con amplios planes de vivienda urbana, edificios públicos (museos y obras de la Ciudad Universitaria), infraestructuras de comunicación (carreteras, ferrocarriles, teleféricos y puentes) y proyectos económicos relevantes como la Siderúrgica del Orinoco. Se trató de la continuación de los procesos de cambio estructural (desarrollo estatal, movilidad urbana, cambio tecnológico) iniciados en años anteriores (Carrera, 1984:167), para lo cual respetó —y aprovechó— la cifra de 50% de participación estatal en las ganancias petroleras establecida durante el trienio democrático (Petkoff, 2010:124-125).[27]

La presidencia de Pérez Jiménez finalizaba en 1957, razón por la cual el dictador convocó a un plebiscito para ratificar su continuidad en el poder —por otros cinco años—, al igual que la de los miembros del Congreso Nacional, asambleas legislativas estatales y los concejos municipales. Ello contradecía lo estipulado en la Constitución vigente —aprobada en 1953—, que establecía la realización de elecciones libres y competitivas como única forma de renovar los poderes del Estado. Aunque los resultados oficiales mostraron un supuesto apoyo mayoritario a la continuidad del dictador —que aventajaron por cinco veces los votos adversos o nulos—, la oposición desconoció ese

---

[26] Los intentos de este último partido para lograr la unificación de las fuerzas civiles contra la dictadura chocaron con las reticencias anticomunistas del liderazgo de AD y otras fuerzas opositoras (Caballero, 2009:134).

[27] Esto no fue óbice para que se otorgasen nuevas concesiones a las empresas extranjeras, a pesar de que buena parte de las ya entregadas permanecían inexplotadas (Consalvi, 2004:92).

resultado. El descontento creció en sectores de la población y en el seno de las fuerzas armadas, desembocando el 23 de enero de 1958 en un alzamiento popular y militar que tomó por sorpresa al régimen, provocando su caída.[28]

RÉGIMEN PUNTOFIJISTA:[29]
ENTRE LA PARTIDOCRACIA DOMINANTE Y EL ESTADO MÁGICO

El 23 de enero de 1958 se produce en Venezuela una crisis política (Caballero, 2009), sostenida en las peculiares condiciones de una movilización social masiva —capturada por organizaciones partidarias— y la aparición de nuevas élites y clases medias (Uzcátegui, 2010:165), que dan cuerpo a una nueva clase política, no vinculada al régimen anterior (Rivas, 2007:32). A partir de entonces, la sociedad venezolana asume el reto de intentar conjugar un Estado liberal democrático —que asegurase las libertades en un marco institucional— con la planificación/dirección de la sociedad, capaz de superar la pobreza (Carrera, 1984:174). La Junta Patriótica quedó originalmente integrada por cuatro partidos [AD, Comité de Organización Política Electoral Independiente (COPEI),[30] PCV y la Unión Republicana Democrática (URD)][31] y buscó el apoyo de otros actores (estudiantes, la Iglesia y empresarios) para cumplir su objetivo de superar las divisiones entre partidos y la oposición de las fuerzas armadas. Los intelectuales desempeñaron un papel decisivo, al elaborar un manifiesto —difundido por los estudiantes— que logró conectar a la Junta con las masas y movilizar la vigilancia popular contra los intentos golpistas (Caballero, 2009:136-141).

---

[28] Para una exposición de las condiciones y factores que llevaron al triunfo del 23 de enero de 1958, ver Morón (1998:285).

[29] Por puntofijismo se entiende el conjunto de «prácticas de desarrollo del juego político entre los actores del sistema venezolano a partir de la firma de un acuerdo interpartidista (AD, COPEI y URD) que aseguró la gobernabilidad en el período comprendido entre 1958 —momento de la firma del Pacto— y 1989, cuando se produce el reajuste del sistema nacional y la pérdida del consenso» (Romero, 2005:235).

[30] El Comité de Organización Política Electoral Independiente (COPEI) es un partido inscrito dentro de la corriente demócrata-cristiana y seguidor de sus principios (subsidiareidad, solidaridad, respeto a persona y dignidad humanas, búsqueda del bien común) Surgido en la década de 1940 en los Estados andinos, fue —después de AD— la segunda formación más importante del puntofijismo y, actualmente, es una de las principales formaciones opositoras al chavismo.

[31] La URD, fundada en 1945, fue un partido progresista. Con su lema «Por pan, tierra y libertad», se definía seguidor de una doctrina democrática, popular y revolucionaria, y opuesto al latifundismo doméstico y el imperialismo foráneo. En la práctica fue un partido policlasista y reformista, que ha perdido peso en la actualidad, cuando forma parte de la oposición al chavismo.

El punto de arranque para el primer régimen democrático dentro de la llamada IV República lo constituyó el pacto de Punto Fijo (31 de octubre de 1958): un acuerdo entre grupos, organizaciones y élites políticas que establecieron los criterios de inclusión/exclusión de la democracia venezolana, sentando las bases del nuevo Gobierno y, en un sentido más amplio, de todo el régimen político. Sus objetivos eran defender la constitucionalidad y las elecciones como mecanismo de designación popular de los gobernantes —frente a tendencias que pugnaban por el establecimiento de un nuevo mandato de las fuerzas armadas—, conformar un Gobierno de Unidad Nacional —donde se incluyeran todos los partidos firmantes y otros actores relevantes de la sociedad en el gabinete ejecutivo del partido ganador— y elaborar un programa de Gobierno mínimo común, con demandas de fortalecer el papel activo del Estado, acometer políticas sociales y establecer los mecanismos institucionales y legales de la democracia. Dentro del acuerdo, se marginó al PCV —a pesar de su destacado desempeño en la oposición activa a la dictadura perezjimenista— como consecuencia del rechazo que originaba en los empresarios, la Iglesia y de sectores dominantes de AD y COPEI. En la práctica, estableció un régimen bipartidista, pues URD salió de este al perder peso electoral y cuestionar la política exterior venezolana —dirigida por gobiernos de AD— en el marco de la Guerra Fría.[32]

Al discutir el carácter y los niveles de radicalización del alzamiento del 23 de enero —y de los acuerdos y organización derivados de este—, se ha destacado la retórica democrática, reformista y pacifista imperante, soportada en una idea de unión de la sociedad con la institución armada y el rechazo a las facciones.[33] Así, la particular solución encontrada al escenario abierto tras esa fecha hizo posible el establecimiento de un orden político y social capaz de absorber los cambios que se producirían en los años 60 (ibíd.:146-147). Nacía el régimen político más duradero, estable e institucionalizado de la historia venezolana (ibíd.:150);[34] en el cual, el poder civil —abierto a la participación de diversos actores— logrará subordinar a un factor militar, implicado en un proceso de profesionalización y despoliti-

---

[32] Ver a Morón (1999); Arraiz (2007) y Caballero (2009).

[33] De tal suerte, «[…] la mayoría de los partidos integrantes de la Junta Patriótica venezolana no son ni pretenden ser revolucionarios: son (y a medida que pasa el tiempo lo confesarán más abiertamente) sin rubor alguno reformistas, gradualistas, y sobre todo, institucionalistas» (Caballero, 2009:145).

[34] Pese a las turbulencias en esta etapa —con presencia de guerrillas procubanas—, se amplió la legitimidad del régimen democrático, manteniéndose niveles de abstención menores a 20% de 1958 a 1988 (Romero, 2009:12).

zación inéditos en la historia del país. Dicho régimen (Cuadros 5.1 y 5.2) buscó conciliar los intereses de diferentes actores políticos preponderantes —y con el tiempo también de los subordinados— y consolidar/modernizar la estructura socioeconómica nacional; metas que cumpliría en alto grado hasta la década de 1980 (Romero, 2005:215-217).

Cuadro 5.2: Evolución y rasgos del régimen puntofijista (1958-1998).

ETAPA	DEFINICIÓN	CARACTERÍSTICAS
1958-1968	lucha y consolidación de mecanismos democráticos	estabilidad y participación electorales, alta identificación partidaria, politización, representación y agregación de intereses generales bajo modelo de conciliación de élites con inclusión de actores subordinados, exclusión temprana de la izquierda radical, enfrentamiento a guerrillas y posterior integración al juego democrático, fomento y control estatal/partidario de actores sociales (gremiales, comunitarios, etc.), centralización político-administrativa.
1973-1988	bipartidismo dominante, modelo de conciliación	estabilidad y participación electorales, politización, partidocracia, bipartidismo estable, expansión del sector público, representación y agregación de intereses generales bajo modelo de conciliación de élites con inclusión de actores subordinados, menor competencia inter/intrapartidista, crecimiento de la sociedad civil, centralización político-administrativa, reforma de Estado postergada
1989-1998	crisis del régimen puntofijista	inestabilidad y abstencionismo electorales, baja identificación partidaria, representación y agregación de intereses generales bajo modelo de conciliación de élites con exclusión de actores subordinados, antipolítica, multipartidismo inestable con emergencia de nuevos actores, descentralización político-administrativa, reforma del Estado mediatizada

Fuente: A partir de Morón (1999), Romero (2009), Rivas (2008) y Arraiz (2008).

Si se entendiera la etapa abierta en 1958 como el pleno advenimiento de la modernidad contemporánea (Domingues, 2009) en Venezuela, resultaría útil estudiarla en las coordenadas abiertas por ese contexto y en su continuidad/ruptura hacia el presente (Cuadro 5.3), con el desarrollo de los regímenes, proyectos y organizaciones políticos.[35] Se implementa una «democracia de partidos» (Rivas, 2007:19-21) que, luego de la fase de origen y composición (1958-1973), pasa a otra expansión de bipartidismo estable (1973-1988) —en los marcos de un Estado democrático fuerte y centralizado—, donde se debilitan progresivamente la competencia política y el desarrollo de ideologías y programas (Cuadro 5.2). Culminando en una etapa de crisis (1989-1998), donde cobran fuerza las apuestas a la tecnocratización y descentralización de la política —en medio de la crisis del bipartidismo—, las expresiones de crisis social e institucional —como el Caracazo y los golpes militares— y el ascenso de las figuras y discursos de la antipolítica.[36]

Aparece un régimen que otorga a los partidos un rol preponderante en la vida nacional, configurándose como organizaciones policlasistas, nacionales, jerarquizadas, disciplinadas y centralizadas (Rivas, 2007:11). En el seno de este orden partidocrático,[37] las posiciones dominantes las ocuparán AD y COPEI —en un esquema que incluyó varios partidos menores—, bajo un acuerdo que suponía la cooperación de ambas formaciones en tareas de Gobierno, la presencia garantizada del perdedor —y sus privilegios— en la administración, y aseguraba la participación de los opositores derrotados en las sucesivas elecciones (ibíd.:12-16).[38] Ello permitió el establecimiento

---

[35] Al respecto, se ha dicho que «el gran avance dentro de la evolución histórica venezolana fue lograr que, desde 1958, la selección del liderazgo político fuera un área predominantemente civil» (Irwing, 2005b:321), lo cual propició, hasta el presente, que «[…] la idea de democracia se asimiló mayoritariamente en la sociedad venezolana en solo una década (1960-1970), y nadie hoy día en Venezuela se proclama, aun cuando en realidad lo sean, abiertamente contrarios a esta» (ibíd.:337).

[36] En una perspectiva de continuidad —que trasciende a nuestros días— se pueden visualizar diferentes etapas dentro de la evolución política venezolana: un multipartidismo inestable (1958-1968), un bipartidismo (1973-1988), nuevamente un multipartidismo inestable (1988-1998) y un sistema de partido dominante (2000-) (Romero, 2009:183).

[37] Aquí, la partidocracia es definida, siguiendo a Norberto Bobbio, como el dominio de los partidos en toda la vida social (Rivas, 2007:36), que en el caso venezolano supuso el control partidario de las organizaciones sociales, los gremios e, incluso, la Iglesia y las fuerzas armadas (ibíd.:19). Ello lleva a definir al sistema político puntofijista como semicorporativo, dado el poco control de los electores y la preeminencia de un sistema de consulta entre élites (Calcaño, 2009:31) que trataba de cumplir tres objetivos principales: sostener el consenso entre los actores sociopolíticos principales, armonizar los intereses sociales dentro de las políticas públicas y consolidar —mediante programas nacionales— la economía y sociedad venezolanas (Romero, 2009:11)

[38] Las fases de consolidación, auge y declive de este régimen bipartidista quedan evidenciadas a partir de los resultados electorales (Tabla 4.3). Si para 1963 AD y COPEI obtendrían juntos más de 50 % de los votos en las elecciones generales, esta cifra ascendería a 80% en 1988 caería en 1993 frente a una abstención de 40% (Rivas, 2007:17-25).

Cuadro 5.3: Continuidades y discontinuidades de los regímenes políticos de la Venezuela postransicional (1958-2011).

	PERÍODO/ RÉGIMEN BOLIVARIANO/CHAVISTA (1998-2011)	
	continuidades	discontinuidades
PERÍODO/RÉGIMEN PUNTOFIJISTA (1958-1998)	economía rentista, dependiente del petróleo y sus fluctuaciones de precio	mayor control estatal directo de empresas petroleras, uso de ingresos con fines políticos (propaganda interna y exterior) y sociales (programas varios); la ideologización sustitye a la tecnocratización al interior de PDVSA
	sectores productivos domésticos insuficientes para satisfacer a plenitud demandas del mercado nacional	sectores productivos descapitalizados y/o afectados por política de expropiación e importaciones de bienes de consumo
	Estado extendido y comprometido con planes de desarrollo y gestión de recursos/políticas nacionales	Estado orientado al control y gestión directas de empresas no estratégicas
	política exterior activa a nivel regional y global	política exterior enmarcada por proyecto de hegemonía nacional y continental con claro sesgo ideológico
	políticas sociales amplias pero con cobertura y calidad deficitarias	políticas sociales amplias pero con cobertura y calidad deficitarias
	institucionalidad y legalidad democráticas: existencia de partidos, elecciones y libertades políticas	fomento y ulterior control gubernamental de innovación participativa: consejos, referendos, etcétera
	fenómenos antidemocráticos: clientelismo, personalismo e injerencia militar en la política	estamento militar asume papel decisivo en el orden político y la gestión administrativa: pretorianismo exacerbado

Fuente: Elaboración propia.

de un sistema de conciliación de élites —donde se reconocía una pluralidad de intereses— basado en un complejo conjunto de negociaciones entre grupos, con un papel central del Estado como promotor del desarrollo y la redistribución, y un rol decisivo de los partidos como instancias mediadoras entre el Estado y la sociedad civil (Uzcátegui, 2010:165-166).

Mientras en una primera etapa (1958-1973) se produjo una consolidación del sistema de partidos con tendencias bipartidistas, el bipartidismo se consolidó luego (hasta finales de los años 80), teniendo como marco la disponibilidad de una generosa renta petrolera y la existencia de niveles relativamente bajos de conflictividad social. El régimen puntofijista combinaba (Cuadros 5.1 y 5.2) el control partidista de los poderes públicos[39] con cierta debilidad institucional para responder a las demandas emergentes de la sociedad, trasladando las decisiones de los partidos dominantes a las agendas parlamentarias y la sujeción de los representantes a la maquinarias partidistas y no a sus electores (Rivas, 2007:31-38). Dentro del sistema, las elecciones operaban como un mecanismo de legitimación política y circulación de las élites dirigentes, que se turnaban en este pacto bipartidista (Tabla 5.3).

La modificación —a partir de Punto Fijo— del proyecto democratizador/modernizador originario de AD supuso la incorporación de la burguesía y la implementación de una política económica —la industrialización sustitutiva de importaciones— orientada a cubrir los intereses de diversos grupos y clases (Cuadro 5.1 y Tabla 5.2). Aparece, como complemento al pacto de las élites, un modelo socioeconómico que incorporó de forma parcial al resto de clases y organizaciones (gremiales, estudiantes, campesinos), institucionalizó la planificación estatal y desarrolló la redistribución de la renta petrolera mediante un crecimiento del empleo público —con 56% por encima de los niveles normales entre 1950 y 2002—, un auge del consumo y la importación desproporcionados respecto al crecimiento del PIB y una primacía del sector público respecto al privado, que favorecía al primero en una correlación de 70 a 30 (Ruiz, 2010: 21-25).

La estatización de la economía venezolana fue una constante (Cuadro 4.1 y Tabla 4.2) durante la etapa 1958-1998, cuando el Estado creó cierto empleo directo (empresas energéticas y siderúrgicas, expansión de la burocracia),[40] pero generó mucho más de forma indirecta —por la vía de las contrataciones

---

[39] Los partidos monopolizaban el proceso político formal y politizaban la sociedad por la línea partidaria (ibíd.:41).

[40] La burocratización operó como un mecanismo para premiar —con recursos de la renta petrolera— a los adeptos, ubicándolos en las estructuras del Estado. Este fenómeno se ha agudizado en la etapa chavista, al incrementarse el número de ministerios de 14 (1998) a 28 (2008) (Rivas, 2007:59), creciendo enormemente la cantidad de personas empleadas en el sector público.

Tabla 5.3: Resultados electorales en Venezuela (1958-2010).

FECHA Y TIPO DE ELECCIÓN	PARTIDOS/CANDIDATOS PRESIDENCIALES	TOTAL DE VOTOS	SENADORES (ESCAÑOS)	DIPUTADOS (ESCAÑOS)	ABSTENCIÓN (%)
7/12/1958 general	AD/Rómulo Betancourt	1 284 022	32	73	7,85
	URD/Wolfgang Larrazabal	903 479	11	34	
	COPEI/Rafael Caldera	423 262	6	19	
1/12/1963 general	AD/ Raul Leoni	957 574	22	66	9,22
	COPEI/Rafael Caldera	589 372	8	39	
	URD/Jovito Villalba	510 975	7	29	
1/12/1968 general	COPEI/Rafael Caldera	1 082 941	16	59	5,64
	AD/Gonzalo Barrios	1 051 870	19	66	
	URD/Miguel A. Burelli	829 397	3 (a)	18 (b)	
9/12/1973 general	AD/ Carlos A. Pérez	2 122 427	28	102	3,48
	COPEI/Lorenzo Fernández	1 598 929	13	64	
	MEP-PCV/Jesús A. Paz	221 864	2 (c)	8 (d)	
3/12/1978 general	COPEI/Luis H. Campins	2 478 318	21	84	12,44
	AD/Luis Piñerua	2 309 577	21	88	
	MAS/José V. Rangel	274 320	2	11	
4/12/1983 general	AD/Jaime Lusinchi	3 775 341	28	113	12,25
	COPEI/Rafael Caldera	2 298 176	14	60	
	MAS/Teodoro Petkoff	277 498	2	10	

209

Tabla 5.3: Resultados electorales en Venezuela (1958-2010). (cont.)

4/12/1988 general	AD/Carlos A. Pérez	3 868 843	22	97	18,08
	COPEI/Eduardo Fernández	2 955 061	20	67	
	MAS/Teodoro Petkoff	198 361	3	18	
5/12/1993 general	Convergencia-MAS/Rafael Caldera	1 710 722	6 (e)	26 (f)	39,84
	AD/Claudio Fermín	1 335 287	16	55	
	COPEI/Osvaldo A. Paz	1 276 506	14	53	
6/12/1998 general	Polo Patriótico/Hugo Chávez	3 673 685	19	73	36,5 presidencial; 47,5 parlamentario
	Proyecto Venezuela/H. Salas Romer	2 613 161	32 (g)	114 (h)	
	IRENE/Irene Sáez	184 568	3 (i)	17 (j)	
25/4/1999 referéndum consultivo	convocatoria de ANC	se aprueba convocar ANC por 3 630 666 votos (98,7%) se aprueban poderes del ANC por 3 382 075 votos (81,74%)			62,35
15/12/1999 referéndum consultivo	aprobación del CRBV	se aprueba el CRBV por 3 301 475 votos (71,78%)			55,22
30/7/2000 general	Polo Patriótico/Hugo Chávez	3 757 773	101 (k)		43,69 presidencial; 43,9 parlamentario
	LCR/Francisco Arias Cárdenas	2 359 459	64 (l) de oposición		
	Encuentro/Claudio Fermín	171 346			
15/8/2004 referéndum revocatorio	se aprueba la continuidad del mandao presidencial por 5 800 629 votos (59,10%)				30,08

4/12/2005 parlamentaria	3 604 741 votos (100%) otorgan control oficialista de 167 escaños de la Asamblea Nacinal (m)		74,74
3/12/2006 presidencial	Polo Patriótico/Hugo Chávez	7 309 080	25,3
	Unidad Nacional/Manuel Rosales	4 292 466	
27/12/2007 referéndum reforma constitucional	triunfo opositor en preguntas que aludían a dos bloques de artículos agrupados para reformas: pregunta A-4 521 494 votos (50,65%) pregunta B-4 539 707 votos (51,01%)		44,11
15/2/2009 referéndum enmienda constitucional	se aprueba la postulación para cargos de elección popular de manera continua (reelección) por 6 319 636 votos (54,86%)		30,08

Notas: (a): obtuvieron más votos para senadores el partido de izquierda MEP (5) y el derechista CCN (4); (b): obtuvieron más votos para diputados el partido de izquierda MEP (26) y el derechista CCN (21); (c): obtuvo más votos para senadores el partido de izquierda MAS (2); (d): obtuvo más votos para diputados el partido de izquierda MAS (9); (e): obtuvo más votos para senadores el partido de izquierda LCR (9); (f): obtuvo más votos para diputados el partido de izquierda LCR (40); (g) y (h): totales correspondientes a los partidos aliados dentro de la coalición antichavista; (i) y (j): totales correspondientes a pequeños partidos independientes; (k): por disensiones dentro del oficialismo esta bancada se reduce a 86 escaños al final de la legislatura; (l): por disensiones dentro del oficialismo esta bancada crece a 79 escaños al final de la legislatura; (m): resultados obtenidos tras el retiro —y denuncia— del proceso de los candidatos opositores.

Fuente: Elaborado a partir de Morón (1999:286-299), Romero (2009:12-17), Rivas (2008:96) y http://www.cne.gov.ve/web/index.php.

del sector público o mediante al estímulo al consumo—, asumiendo los roles de prestamista, cobertor de deudas y bancarrotas, e inversor (Corporación Venezolana de Fomento), lo cual generó arraigados mecanismos y mentalidades de clientelismo y asistencialismo social (Caballero, 2009:173-175). Las políticas sociales desarrolladas gracias al empleo de la renta petrolera permitieron al Estado garantizar, simultáneamente, la acumulación de la burguesía, las demandas de la clase media y la cobertura de buena parte de las necesidades populares (Rivas, 2007:56-57), reduciendo el analfabetismo y la insalubridad e incrementando la cobertura de establecimientos educativos y sanitarios (Uzcátegui, 2010:138-143) de una creciente población (Tabla 5.1).

El primer gobierno de Carlos Andrés Perez (1974-1979) nacionalizó (25 de agosto de 1975) —en el contexto de la crisis del Medio Oriente y bajo un esquema de indemnización de las compañías afectadas— la industria y el comercio de hidrocarburos (Consalvi, 2004:115), creando la empresa Petróleos de Venezuela S.A (PDVSA) con un personal especializado (Petkoff, 2010:127). Sin embargo, la afluencia de recursos provenientes del oro negro tornó crónicos el modelo rentista y las políticas de distribución populistas, en un país con incapacidad de absorber en actividades productivas el creciente desempleo y con una moneda peligrosamente sobrevaluada (ibíd.:15-16).[41]

En esta etapa, el país emergió como un actor decisivo en la conformación de las políticas energéticas mundiales, no solo por su peso productivo, sino por su acción estatal y la coordinación con otras naciones productoras. El aporte venezolano resultó clave en el proceso de creación (1959-1960) de la Organización de Países Exportadores de Petróleo (OPEP), con vistas a enfrentar el poderío de las trasnacionales petroleras (Consalvi, 2004:101). Más tarde —en medio de ese activismo internacional—, Venezuela estableció, junto a México y Colombia, el llamado Acuerdo de San José (1980), beneficiando desde entonces a 11 países de Centroamérica y Caribe (Petkoff, 2010:129-131).[42]

Durante esta etapa, la influencia castrense será mucho menos notoria que en otros momentos de la historia venezolana; lo que no fue óbice para que el sector militar incidiera, además de en asuntos específicos relacionados con la defensa nacional, en las agendas de seguridad interior, política exterior y

---

[41] La inexistencia de deuda externa —un legado del gomecismo— fue abandonada y sus montos de existencia y pagos a niveles manejables para la hacienda nacional ni siquiera fueron barajados (Caballero, 2009:171-73).

[42] Este activismo internacional se vio acompañado por revisiones de la «Doctrina Betancourt», que sería modificada por Caldera (1969) ante la proliferación de gobiernos autoritarios en América Latina (Arraiz, 2007:167); situación que también avaló los acercamientos de gobiernos como el de Carlos Andrés Pérez a Cuba y Nicaragua.

fronteras (Irwing, 2005b: 319). Las relaciones entre la Fuerza Armada Nacional (FAN) de la etapa democrática y el régimen político puntofijista atravesaron por diversas fases: una inicial, donde asimilan las nuevas condiciones políticas democráticas (1958-1973); otra de diferenciación/ profesionalización —con hitos como el Programa Andrés Bello— dentro de las normas del régimen (1974-1992); y una tercera de emergencia de la antipolítica y división en su seno (1992-1998) en el marco de crisis del régimen político, de una ruptura de consenso de élites y de un agotamiento de las capacidades estatales y las identidades políticas establecidas (Romero, 2009: 38-44).

El componente militar tuvo un lugar importante —aunque un tanto subordinado— dentro de la estructura de poder del régimen puntofijista (Cuadros 5.1 y 5.2). A partir de la década de 1960, diversos oficiales fueron incorporados a la gerencia de agencias y programas de desarrollo —como la Corporación Venezolana de Guayana y PDVSA—, al tiempo que se implementaban iniciativas como el Programa Carabobo (1974), que estipulaba la participación de las Fuerzas Armadas en tareas de desarrollo industrial, agrario, sanitario y educativo (Buttó, 2005:155).[43] Además, la FAN se le encomendó implementar el Plan República —vigente hasta la fecha— para supervisar y dar apoyo logístico a las elecciones, lo cual influyó en la politización y presencia pública del sector castrense (Irwing, 2005b:320).

Los sectores militar y civil interactuaron en el marco de las dinámicas y contexto político de la IV República: los militares usaron las rivalidades interpartidarias en beneficio corporativo y los civiles aprovecharon las rivalidades entre los diversos componentes de las Fuerzas Armadas para afianzar su control (ibíd.:320-322). Pese a la sujeción al poder civil, los primeros acumularon influencia —aprovechando su papel en la lucha antiguerrillera de la década de 1960—, al tiempo que toda una generación de oficiales accedía a una formación en estudios superiores en el marco del Programa Andrés Bello (1971).[44] Esta presencia y relativa autonomización de la FAN tributarían

---

[43] El teniente coronel William Izarra acuñó la noción de tecnocracia militar para promover la idea de que la FAN poseía la «[...] capacidad para administrar con criterios de mayor eficacia y racionalidad las empresas públicas y, eventualmente, asumir el control del propio Estado» (Buttó, 2005:165).

[44] Este Plan, centrado en diversas áreas temáticas (planificación, gestión y estudios sociales), conllevó una formación académica que no siempre reflejó de modo adecuado la compleja realidad social venezolana, tributando a la visión sesgada de la política nacional dentro del estamento militar (ibíd.:157-161). Favoreció cierta ruptura generacional de los involucrados hacia sus superiores, más la comunidad de visiones e intereses de algunos mandos medios con viejos perdedores de política venezolana (Irwing, 2005b:323-328).

al desarrollo del proyecto militar nacionalista (Sucre, 2005:280-281) y a la emergencia de focos conspirativos como los implicados en los fallidos golpes de Estado de 1992.

Crisis del puntofijismo y emergencia de actores alternativos

En las postrimerías de la década de 1970, la economía venezolana comenzó a sufrir un paulatino estancamiento y declive del PIB, un crecimiento inflacionario que se tradujo en mayor empobrecimiento (Petkoff, 2010:13) y auge de las demandas y protestas populares (López, 2005:106). Pese a los aportes del petróleo (Tabla 5.2), los sectores público y privado apelaron de forma creciente al endeudamiento externo para sostener los niveles tradicionales de gasto y consumo (Ruiz, 2010:28-29), empeorando la estabilidad económica nacional.

Así, se fue consolidando una fracción de la burguesía vinculada al control del aparato financiero y a la tecnocracia de PDVSA —con fuertes vínculos trasnacionales—, que impulsó una reforma administrativa (Plan Tinoco) y la creación de institutos autónomos alejados del control estatal y partidista (ibíd.:26-27), introduciendo las políticas neoliberales. Esta nueva élite sería la máxima responsable de impulsar la llamada Apertura Petrolera (1989) para la explotación y refinación de campos petroleros, a partir de la visión del nuevo equipo gerencial de PDVSA, empeñado en convertir la empresa en una corporación global orientada a la maximización de beneficios propios (ibíd.:43-44).

Los partidos y élites políticos comienzan a ser desacreditados por las prácticas clientelares, corruptas y despilfarradoras, expandidas en el contexto de bonanza petrolera de la primera mitad de la década. La crisis de la partidocracia (Cuadro 5.2) alcanzó al poder judicial, cuya corrupción e ineficacia hicieron que el fiscal general de la nación hablara de una virtual «inexistencia de Estado de derecho en Venezuela» (Calcaño, 2009:30). Las críticas a la corrupción, la ausencia de proyectos políticos y el bloqueo a la emergencia e inclusión de nuevos actores dentro del régimen democrático fueron *in crescendo* en los años siguientes (López, 2005:44).[45]

---

[45] Como antecedentes de esta crisis, se encuentra el estallido de conflictos estudiantiles en 1971 —que provocó la intervención gubernamental en la Universidad Central de Venezuela (UCV)—; mientras que, en 1974, el presidente Carlos Andrés Pérez solicitó y obtuvo amplios poderes para gobernar por decreto en materia económica y financiera, generando críticas por las dudosas credenciales democráticas de semejante proceder (Arraiz, 2007:175-178).

Durante la administración de Luis Herrera Campins (1979-1984), estalló la burbuja de la petroeconomía venezolana y se dio inicio a intentos —fallidos— por aplicar las políticas de ajuste macroeconómico y restructuración neoliberal. Estos esfuerzos se prolongaron durante tres mandatos —hasta el segundo gobierno de Rafael Caldera (1994-1999)—, generando la pérdida de confianza de la ciudadanía en la capacidad del régimen puntofijista para superar la crisis nacional (ibíd.:21-22).[46] Además, se agudizó la situación de los sectores empobrecidos —cuyo número crecía en las zonas urbanas— y de una clase media que veía caer de modo vertiginoso sus indicadores de calidad de vida.[47] Un parteaguas significó la devaluación de el bolívar en el llamado Viernes Negro (18 de febrero de 1983); decisión que generó un paulatino encarecimiento de las importaciones y una espiral inflacionaria ascendente, enmascarada en el control de precios y los subsidios estatales. Pese a la necesidad de un cambio en el estilo de desarrollo del país —acostumbrado a consumir e importar gracias a un petróleo circunstancialmente caro— y de la urgencia de emplear los recursos aún disponibles en desarrollar una industria y agricultura fuertes y competitivas, estas demandas no fueron acogidas con seriedad por ninguno de los actores políticos relevantes (Caballero, 2009:162-170).

En 1984, el mandatario Jaime Lusinchi rompió el acuerdo de designación compartida de cargos estatales —central en el pacto de Punto Fijo—, ignorando al partido opositor (COPEI), al tiempo que incrementaba el acoso sobre la prensa crítica de su gestión (Arraiz, 2007:189). Su gobierno implementó un paquete anticrisis heterodoxo, que combinaba iniciativas de corte neoliberal (devaluación monetaria, reducción burocracia y gasto

---

[46] Los efectos de esta percepción en la psicología del venezolano fueron diversos. Aparece una desconfianza en las posibilidades de lograr la recuperación económica y la movilidad social, se cuestiona el nacionalismo y modelo ISI del régimen puntofijista y se apuesta a soluciones antipartidistas y antipolíticas, de mano de las ONG, los medios o nuevas figuras sin pasado partidista visible (Caballero, 2009:178).

[47] Este deterioro se aprecia en los siguientes datos: la inflación pasa de 10% (1984) a 23% (1999); el desempleo, de 13,4% (1984) a 11,28% (1998) (López, 2005:32); se cultivaba (1998) solo 4,2% de la tierra agrícola, de la cual, 5% de los propietarios controlaban 80% del total de la superficie (Álvarez, 2009:104-105). Además, el empleo informal creció de 34,5% (1980) a 53% (1999) y el desempleo urbano, de 6,6% a 15,4% en igual período; mientras los gastos de educación decrecían (de 1978 a 1994) 40%, los de vivienda 70% y los de salud 37% (Fernandes, 2010:72-74). La pobreza y extrema pobreza pasan de 10% y 2% —respectivamente— en 1978, a 66% y 36% en 1995, llegando a 81% y 48% en 1999 (íd.). Por último, la tasa de homicidios se triplica de 8 por 1 000 habitantes (1986) a 25 por 1 000 habitantes (1999) (López, 2005:39).

estatal, aumento precios) con mecanismos compensatorios a los trabajadores (bonos de transporte y comedores laborales), que fueron insuficientes para resolver los problemas estructurales que aquejaban la economía y la sociedad venezolanas (Ruiz, 2010:29-30). Sin embargo, un hecho positivo fue la creación de la Comisión Presidencial para la Reforma del Estado (1984) con el objetivo de estimular los procesos de cambio institucional, las políticas de descentralización y la participación ciudadana (Cordova, Cilano y Chaguaceda, 2009). Pese al bloqueo de los partidos, sus propuestas se implementaron parcialmente a partir de 1989, mediante el impulso a la descentralización y a la celebración de elecciones internas en los partidos, y de comicios locales y regionales para la selección de concejales, alcaldes y gobernadores; medidas que debilitaban el control de los dirigentes y cúpulas partidistas y estatales (Rivas, 2007:42-45).

En su segundo gobierno (1989-1993), Carlos Andrés Pérez lanzó la promesa de mantener las políticas redistributivas e impulsar el desarrollo económico nacional mediante un plan llamado El Gran Viraje (López, 2005:26-31). Su desempeño como presidente durante la bonanza petrolera no era replicable en un contexto signado por el descenso de los precios del petróleo, la devaluación monetaria y el crecimiento galopante de la deuda externa y la inflación. Su administración consolidó la aplicación de políticas neoliberales y dejó un legado de desregulación y privatización económicas, flexibilización laboral, reducción de políticas sociales e incremento de la exclusión social y el delito.[48]

Andrés Pérez anunció —bajo los auspicios del FMI— un plan de austeridad que implicaba la liberación de las importaciones, la eliminación de los controles de precios, la privatización de varias empresas en manos del Estado —como la Compañía Anónima Nacional Teléfonos de Venezuela (CANTV)—, la congelación de salarios, una reducción del gasto público y, lo que resultó la medida más impopular, el aumento del precio de la gasolina, que desencadenó el llamado Caracazo (27 de marzo de 1989).[49] El Cara-

---

[48] Según otras lecturas, en Venezuela nunca hubo una aplicación del neoliberalismo, ya que los programas afines —como el de Andrés Pérez— fueron revertidos por la protesta social (Petkoff, 2010:14).

[49] Por su magnitud e impacto ulterior, el Caracazo fue calificado por el notable historiador Manuel Caballero como un «23 de enero social» (Morón, 1998:298) y constituye, según una conocedora de la Venezuela contemporánea, una auténtica ruptura del proceso sociohistórico venezolano (López, 2005:13). El hecho tuvo otros antecedentes en cuanto a protesta social violenta se refiere: la revuelta de Mérida (marzo de 1987), producto de la muerte de un estudiante a manos de un funcionario estatal; y la masacre de El Amparo

cazo fue una explosión social —seguida por la ulterior represión estatal— en diversas zonas de la capital, que ocasionó pérdidas por 3 000 millones de bolívares, entre 400 y 6 000 muertos, miles de heridos, apresados y torturados. Su causa fue el aumento del precio de la gasolina y del pasaje del autobús, que derivó en choques entre los pasajeros y transportistas, que se complicaron con la aparición de saqueos y la fuerte represión estatal una vez superado el incidente.[50] El acontecimiento reforzó la imagen de incapacidad de las autoridades para identificar y resolver las causas del conflicto y demandas sociales acumuladas (ibíd.:61-84), y demostró la imprevisión de unas élites políticas rebasadas por la realidad (Petkoff, 2010:14-19).

El declive de estas élites y sus organizaciones se hizo evidente con el inicio de una sostenida tendencia abstencionista (Uzcátegui, 2010:193), por la irrupción de nuevos partidos en las elecciones locales y regionales (3 de diciembre de 1989), que puso en manos de estos actores emergentes varias gobernaciones (Rivas, 2007:62-63) y con el incremento de la protesta social durante el resto del gobierno de Andrés Pérez (López, 2005:89-93). En el marco de la creciente erosión de los mecanismos de mediación establecidos por el régimen puntofijista, la membresía de los sindicatos decreció casi en un tercio (1988-1995); fenómeno reforzado por el auge del empleo informal y la emergencia de disensos al interior del sindicalismo oficial de la Central de Trabajadores de Venezuela (CTV) ligado a AD (Ruiz, 2010:33-34).

Sendos golpes protagonizados por grupos de militares —con apoyo civil— estremecieron, pese a su derrota, a la sociedad y al régimen político venezolanos, acelerando la crisis de los actores dominantes del puntofijismo (Cuadro 5.2) y la emergencia de nuevos protagonistas (López, 2005:110), como el movimiento bolivariano y el teniente coronel Hugo Rafael Chávez Frías. En el primero (4 de febrero de 1992), la asonada fue controlada por el Gobierno con relativamente pocas bajas de ambos lados, fracasando el objetivo de los alzados de apresar al Presidente y capturar las comunicaciones nacionales, así como controlar la capital. Una breve alocución de Chávez, quien asumió la responsabilidad del alzamiento y ordenó el cese de la resistencia, puso fin al acontecimiento y legó para la posteridad el famoso «por ahora», que aludía la continuidad de lucha (Barrera y Marcano, 2007). La

---

(octubre de 1988), donde una acción militar supuestamente desarrollada contra guerrilleros colombianos saldó la muerte de un grupo de pescadores (ibíd.:55-60).

[50] El Gobierno no aceptó que las recién creadas organizaciones defensoras de los Derechos Humanos investigaran lo ocurrido; tampoco se procesó a los responsables estatales (funcionarios, policías, militares) de la aplicación de violencia indiscriminada ni se asumió responsabilidad alguna (material o moral) por las víctimas (Coronil, 2002).

suspensión por Andrés Pérez de las garantías constitucionales, conllevó a un debate parlamentario en el cual el expresidente Rafael Caldera criticó la situación que vivía el país y marcó a la vez distancia —junto a buena parte de la población— de las posturas gubernamentales y golpistas.

El segundo golpe (27 de noviembre de 1992) fue más cruento e involucró la toma de estaciones televisivas y el bombardeo aéreo de zonas capitalinas. De nuevo, el Gobierno controló la situación y una parte de los complotados huyó a Perú, bajo el asilo del gobierno de Alberto Fujimori. Los involucrados en ambas intentonas fueron, en algunos casos, sobreseídos y, en otros, encarcelados —entre ellos Chávez— hasta que el nuevo gobierno de Caldera los indultó en 1994, como parte de una política de acercamiento hacia la ascendente izquierda venezolana. Estos golpes, entre otras consecuencias, pondrían fin a la imagen existente del ejército venezolano como un ente monolítico, defensor de las instituciones y legalidad vigente (Caballero, 2009:195).

Pese a las carencias programáticas de las propuestas golpistas y la poca presencia de civiles y/o líderes sociales en el comando de las intentonas, el cierre de fila de las dirigencia de los partidos en defensa del puntofijismo y la ausencia de autocríticas frente a la situación vigente generó en la población simpatías por el líder golpista, así como cuestionamientos al modelo de democracia. La izquierda radical, grupos militares, intelectuales críticos y diversos adversarios de AD asumieron los reclamos —e imagen— de Chávez y su movimiento como parte de una plataforma de proyección política, alcanzando por la vía electoral el gobierno de varias regiones del país y en el propio Distrito Capital (ibíd.:188-193).[51]

Para 1993, el notable descrédito de AD y COPEI favoreció el triunfo electoral de Caldera y su nuevo partido Convergencia —reunión de diversos pequeños grupos— (ibíd.:201-202), al tiempo que consolidó el ascenso de las nuevas formaciones de izquierda. Sin embargo, las reservas y desarrollos democráticos del régimen venezolano se hicieron palpables cuando —por primera vez en la historia venezolana— los poderes legislativo y judicial se impusieron al presidencial (Caballero, 2009:197-198), logrando la destitución y procesamiento penal de Andrés Pérez, acusado por delitos de malversación, convirtiéndose hasta la fecha en el único presidente venezo-

---

[51] Pese a la creación de una Comisión Bicameral Especial de Revisión de la Constitución (1989-1992), no se dieron cambios en el marco constitucional; incluso, el mencionado avance de las reformas descentralizadoras no supuso —a pesar de las noveles elecciones de autoridades regionales y locales— una transferencia de responsabilidades (Ruiz, 2010:35).

lano en funciones en ser removido mediante un proceso judicial. La causa, evaluada como un intento postrero del régimen puntofijista para garantizar la supervivencia de sus actores políticos (Romero, 2005:222-223), terminó incrementando la inestabilidad y la demanda de una figura fuerte que restaurase el orden, además del relanzamiento del ideal bolivariano frente a la ruptura de las identidades y lealtades partidarias (ibíd.:226-227).

El modelo de «democracia de partidos» devino partidocracia en los años 80 y 90 (Cuadros 5.1 y 5.2). La falta de autocrítica y relevo generacional dentro de estas formaciones, unida a los problemas de representación y participación en las diferentes instituciones y procesos políticos, provocaron el agotamiento de los partidos dominantes y el descenso de la afiliación de los ciudadanos (Rivas, 2007:XXII). La emergencia de nuevas formas no institucionalizadas —a través de organizaciones sociales, formatos participativos locales y redes ciudadanas varias— de hacer política se unió al efecto de la reforma descentralizadora —que afectó la cohesión y unidad de los partidos e hizo emerger liderazgos locales— y al mayor peso de la cuestión social dentro del debate político y las demandas de la gente. Todo lo cual fue aprovechado por las nuevas formaciones de izquierda y por el liderazgo ascendente de Chávez.[52]

Durante el puntofijismo, la izquierda revolucionaria tendría un peso social minoritario —concentrado sobre todo en sectores universitarios e intelectuales—, integrándose poco a poco al sistema. En 1971, a partir de un desprendimiento del PCV, aparece el Movimiento al Socialismo (MAS),[53] con éxitos electorales en los años 80 y 90 (Tabla 5.3), que aporta, sucesivamente, cuadros a los gobiernos de Caldera y Chávez, y logra cierta base social (ibíd.:23-27). En ese mismo año, otros grupos y líderes también se separaron del PCV, emergiendo con fuerza la figura de Alfredo Maneiro, quien criticó el funcionamiento del PCV, analizó el fracaso de la lucha armada en el contexto venezolano y esbozó la idea de un nuevo partido que

---

[52] Para una muy completa aproximación al proceso de formación de las diferentes organizaciones progresistas venezolanas, sus genealogías, liderazgos, agendas y principios ideológicos, véase la tesis doctoral de Mauricio Álvarez Arce en el repositorio virtual de FLACSO (México).

[53] En momentos en que uno de sus fundadores, el intelectual y dirigente Petkoff, es expulsado del PCV por sus posturas y escritos críticos del socialismo de Estado (Arraiz, 2007:174). El MAS ha recibido críticas desde la izquierda que le acusan de abrazar la agenda política neoliberal, a partir de la ejecutoria de Teodoro Petkoff al frente de la Oficina Central de Coordinación y Planificación en el gobierno de Caldera, cuando impulsó la llamada Agenda Venezuela, que buscaba reducir el sector y gasto público, en estrecha vinculación con las directrices del FMI. En épocas recientes, la organización ha formado parte del segmento centroizquierdista de la oposición antichavista.

se conforme como resultado de un movimiento social, sin imposición de estructuras y evaluando en todo momento la realidad social para poder, desde ella, transformarla. El proyecto de Maneiro visualizaba un movimiento de masas con organizaciones autónomas —ligadas por un consenso ideológico mínimo—, sustentado por prácticas de construcción desde abajo, debate interno y democracia radical (López, 2005:154). Con base en estas ideas, en la década de 1980, el movimiento estudiantil de la UCV, el popular urbano —con fuerte presencia y tradición en Caracas— y el sindicalismo combativo de la Siderúrgica de Orinoco, fuerza esta última que prevalecerá —impregnando su sello—, se articularon en diversas luchas e iniciativas, a lo que luego se convertirá en La Causa Radical (LCR).

LCR tuvo su origen en esta mencionada confluencia de líderes y activistas de los movimientos sociales (urbanos, sindical y estudiantil), razón por la cual devino rápidamente en un partido de cuadros (ibíd.:154). Con un ascenso paulatino, consiguió elegir 3 diputados (1988), la gubernatura del estado Bolívar (1989 y 1992) y la alcaldía de Caracas (1992), tornándose la tercera fuerza política en las elecciones de 1993 (ibíd.:133) y presentando una encomiable labor en los gobiernos locales de Caroní (estado Bolívar) y Caracas al impulsar procesos de gestión y presupuestación participativas y modernización administrativa (ibíd.:297-230). Más tarde, se escindió (1997) con la expulsión de varios dirigentes, quienes pasarían a fundar el partido Patria Para Todos (PPT) (Rivas, 2007:28-29), que recoge el legado de LCR[54] (López, 2005:155-157).

La continuidad entre LCR y PPT se aprecia también en el énfasis puesto en el consenso como mecanismo para la toma de decisiones —lo que dificultó la expansión organizativa y numérica del PPT—, al que luego se incorporaron mecanismos de rotación de los liderazgos y funciones. En el proyecto y discurso políticos del PPT, el pueblo es visto como sujeto a partir de la acción de diversos movimientos populares y el partido se concibe como una expresión organizada de esos movimientos; los cuales se diferencian —entre sí y con respecto al partido— y se articulan con el PPT a través de los activistas. Con poca presencia de la invocación a la historia o los liderazgos carismáticos —dos recursos utilizados en la política venezolana—, la identidad partidaria se constituye a partir del activismo y los debates internos, razones que le hacen una fuerza con mayor experiencia

---

[54] A saber: la idea de democracia como una forma de gobernar —y no solo de elegir—, la crítica a la corrupción, la defensa de los servicios públicos, la apuesta por un modelo de desarrollo basado en la industria transformativa y el rechazo a los megaproyectos.

organizativa y cohesión ideológica que otras organizaciones de izquierda (ibíd.:189-201);[55] aunque limitada en lo operativo por la insistencia en lo deliberativo, su inexperiencia en el ejercicio del poder y su apelación a la racionalidad (ibíd.:208).

La otra organización destacada del período fue el Movimiento Bolivariano Revolucionario 200 (MBR-200), matriz originaria del actual liderazgo y estructura política chavistas. Fundado en el bicentenario del natalicio de Simón Bolívar (1982) por un grupo de oficiales —entre ellos Chávez—, es una agrupación clandestina y básicamente militar —que luego incluirá civiles— que desarrolla un programa basado en el nacionalismo y el bolivarianismo. Su trayectoria puede dividirse en tres fases: la insurreccional (hasta 1992), la abstencionista y de convocatoria a la asamblea constituyente (1992-1997) y otra electoral (1997), donde operó como formación impulsora a la candidaturas de Hugo Chávez. Al inicio, se estructuró con células conspirativas y, luego, con estructuras de base —como los llamados Círculos Bolivarianos—, y estableció un mecanismo de ingreso controlado por los fundadores de la organización (Barrera y Marcano, 2007).

Para 1995, la popularidad del MBR, y del propio Chávez, marcó cierto declive, derivado de un desacertado discurso confrontacional que enajenaba el apoyo de las clases medias, reducía la historia a una victimización de las masas por la oligarquía decimonónica y los partidos puntofijistas, y desconocía los logros de la IV República (López, 2005:165-177).

Con las miras puestas en las elecciones generales de 1998 (Tabla 5.3), desde el seno del MBR se lanzó (1997) el Movimiento V República (MVR), agrupando una estructura electoral integrada por 60% de mbristas y 40% de independientes que apoyaban a Chávez. En el ideológicamente heterogéneo MVR[56] —que acabó remplazando al MBR—, el poder de decisión se concentraba en una cúpula nucleada alrededor de Chávez y estructurada con base a un sistema de cuotas y cargos (ibíd.:183-188), lo que no ayudaba a subsanar sus carencias de estructuras democráticas, bases organizadas y dirigentes unidos por una experiencia común (ibíd.:203).[57] El MVR era un

---

[55] Para PPT la patria es un patrimonio común que debe proteger el Estado, bajo un régimen democrático que garantice el acceso a todas las libertades, la información y la riqueza. En la visión partidaria, la justicia social se identifica como el fin de la exclusión, la inseguridad y el analfabetismo (López, 2005:203).

[56] Hay que considerar que su organización nodriza reunía civiles y militares con ideologías diversas (Petkoff, 2010:9).

[57] El discurso del MVR presenta al bravo pueblo como protagonista de su historia, con apelaciones a la emotividad; usa una retórica confrontacional de contenidos bélicos; defiende

partido de electores con poca militancia, necesitado de generar acciones para responder a las demandas ciudadanas y presa del liderazgo personalista, la burocratización y la dispersión ideológica; carencias frente a las cuales se conformaron —como respuesta social— los Círculos Bolivarianos (Romero, 2009:122-123).

En 1997, el MVR y el PPT formaron —alrededor de la candidatura presidencial de Chávez— el núcleo del llamado Polo Patriótico (Ruiz, 2010:45-46), al cual se incorporaría luego (1998) el MAS (López, 2005:220). La campaña de esta alianza estuvo basada en una mezcla de discursos encendidos —con expresiones de intolerancia al estilo de «barrer de la tierra a AD», «freír las cabezas de adecos y copeyanos», etc.—y de una postura crítica en cuestiones como la apertura petrolera y los efectos de las políticas neoliberales en la economía y sociedad venezolanas.

En las postrimerías de la IV República, los cambios en el cuadro político institucional trascendieron el campo de las formaciones de izquierda (ibíd.). Poco después, emergieron organizaciones como el partido de centroderecha Primero Justicia (2000) —con fuerza en el estado Miranda— y el centroizquierdista Un Nuevo Tiempo (1999) —arraigado en Zulia— (Rivas, 2007:46). El declive de los partidos tradicionales y el auge de formaciones fuertemente asentadas en nuevos liderazgos regionales y en redes locales/regionales —con discursos similares al chavista en temas como la apelación a la emotividad, la conexión líder-masas y los planes redistributivos (Romero, 2009)— se irá haciendo más visible en la medida que el proyecto bolivariano avanza en los diferentes escenarios de polarización y relegitimación abiertos a partir de unas elecciones presidenciales (1998), convertidas en la apoteosis de la antipolítica y la tecnopolítica.[58]

En estos comicios (Tabla 4.3) contendieron el teniente coronel Hugo Chávez —al frente del Polo Patriótico—, la exmiss Universo Irene Sáez —con la

---

la centralidad del Estado; e identifica la democracia con mecanismos que garanticen la igualdad en el acceso a la renta (López, 2005:195-203).

[58] La antipolítica reúne un conjunto de prácticas, mecanismos y movilizaciones de intervención pública y redefinición de espacios públicos diferenciados de la política institucional, que cuestiona las pautas dominantes en el quehacer partidario y gubernamental (Romero, 2005:233). Otras visiones definen la tendencia que aparece en el ocaso del régimen puntofijista como una corriente antipartido/antinstituciones, en cuyo seno la política se sale de las instituciones tradicionales y va a redes informales y líderes (Rivas, 2007:99-101; Arraiz, 2007:204). Por su parte, la tecnopolítica alude a un fenómeno donde la comunicación se involucra de forma total dentro del proceso político —semejante a una campaña electoral permanente— y la oferta política se asimila a los productos, servicios y flujos de información (Romero, 2005:233).

organización IRENE y el apoyo variable de otros partidos— y el empresario Henrique Salas Romer —encabezando el novel partido Proyecto Venezuela—, en una contienda donde los candidatos tuvieron como base estructuras bisoñas, creadas o nucleadas alrededor de sus personas. Los partidos hasta entonces dominantes oscilaron entre presentar candidaturas propias o apoyar las de estos tres contendientes, resultando al final una apabullante derrota de adecos y copeyanos.[59] La victoria de Chávez en 1998 se logró con un caudal de votos mayor que la suma de todos sus competidores (Rivas, 2007:96), en un triunfo sostenido en una agresiva retórica antipartido, en la convocatoria a refundar la república con una nueva Constitución y alusiones imprecisas al combate a la pobreza (Petkoff, 2010:11).

RÉGIMEN BOLIVARIANO/CHAVISTA: ¿DEMOCRACIA PARTICIPATIVA Y PROTAGÓNICA O AUTORITARISMO DEL SIGLO XXI? MITOS Y REALIDADES

A partir de 1998, el proyecto bolivariano irrumpe (Cuadros 5.1 y 5.3) y alcanza —de forma paulatina, conflictiva y accidentada— la hegemonía, impulsado por nuevos actores que acceden al poder y ponen en práctica sus iniciativas —hacia el conjunto de la sociedad—, generando una respuesta de sectores opuestos, en una suerte de «guerra de posiciones» (López, 2005:14-16). Cualquier análisis del acontecer histórico político venezolano subsiguiente al arribo de Hugo Chávez a la primera magistratura del país concede relevancia a la existencia de una aguda polarización[60] que divide lo en tres sectores más o menos definidos: los seguidores del mutante proyecto del Presidente, los adherentes a la plataforma opositora y una masa —coloquialmente definida como Ni-Ni— que se identifica de forma puntual con iniciativas del oficialismo y demandas opositoras. Dicha polarización es internalizada por la sociedad y explotada por el Gobierno[61] —como medio para penalizar el

---

[59] Ver Arraiz (2007), Rivas (2007), Lopez (2005) y Romero (2009).

[60] La polarización se define como un cruce perverso de estrechamiento del campo perceptivo de los sujetos, que genera quiebres del sentido común y una simplificación estereotipada de las causas del conflicto (Lozada, 2002). En el caso de la polarización sociopolítica vigente en Venezuela, esta es hija de los conflictos de los últimos veinticinco años, está territorializada y sectorializada —atravesando las familias y comunidades varias—, y escinde a la sociedad en torno al pasado, al presente y al futuro (López, 2008:269-271).

[61] La responsabilidad de Chávez dentro de la lógica polarizadora es alta —dada su responsabilidad política— y se vio acompañada —sobre todo durante los años de su primer mandato— por posturas opositoras análogas. Al interior del chavismo, su acción imposibilita

disenso dentro y fuera de sus filas— y por sectores de la oposición, mediante una suerte de victimización que pretende borrar sus errores históricos al desdibujar la existencia de consensos compartidos por el chavismo y sus adversarios[62] en torno a un modelo de modernización (Coronil, 2002) y de un crecimiento económico rentista y extractivista subordinado a las dinámicas de la globalización (Uzcátegui, 2010) con peso variable del Estado.

La evolución del proceso atraviesa por varias fases (Cuadros 5.1 y 5.3, y Tabla 5.3), cada una identificable por los acontecimientos acaecidos, las estrategias de los actores en pugna y los desenlaces ulteriores. En una perspectiva de mayor aliento —relacionada con las mutaciones del proyecto político oficial— es posible hablar de una primera fase larga bolivariana, que abarca hasta 2006 (Langue, 2005:26), y otra que se abre a partir de entonces, signada por la apuesta al socialismo. Al estudiarse la primera etapa (1999-2006), en la cual se establece el nuevo Gobierno, se puede ver que, a su vez, atraviesa por sucesivas fases de ascenso (1999-2001), crisis (2001-2004) y consolidación (2004-2006), atendiendo a conflictos internos con la oposición y disputa (institucional o insurreccional) de espacios de poder.

En una primera etapa, el avance de las fuerzas bolivarianas parecía imparable: en 1999, el Polo controlaba un tercio del Senado (18 escaños), algo más en la Cámara (75 diputaciones) y 8 gobernaturas (de un total de 24), y su candidato Chávez ganaba con 56,2% del total de votos (Ruiz, 2010:46). Esta presencia se consolidó en la serie de comicios celebrados en noviembre de 1998 a noviembre de 2000: dos elecciones presidenciales, dos de gobernadores, dos parlamentarias, una constituyente, una de alcaldes, una de concejales y tres referendos (López, 2005:231-232).[63] Se abría una etapa de transición nacional, con un dominio chavista de la opinión pública que se extendería hasta noviembre de 2001 (Romero, 2009:61); esto no impidió que la oposición mantuviese una presencia importante en el Parlamento y en gobernaciones clave (Petkoff, 2010:22-25), que serían de utilidad en coyunturas venideras.

---

la aparición de un sector moderado con relevancia política y práctica, toda vez que él mismo es tanto el «Jefe de la Revolución» como el líder de «los duros» (Petkoff, 2010:149-150).

[62] En ese sentido, una estudiosa de los movimientos populares de la Venezuela actual sostiene que el proyecto chavista busca integrar —dentro de su idea de nación y sociedad— una intelectualidad a cargo del saber experto, una nueva burguesía responsable del mercado y una nueva burocracia administrativa y judicial (Fernandes 2010:264). Algo que no lo diferenciaría de forma sustantiva —en fines aunque sí en los medios— del proyecto puntofijista.

[63] En las elecciones de julio de 2000 (Tabla 4.3), el Polo obtuvo 14 gobernaturas —además de la Alcaldía Metropolitana—, sus candidatos controlaron más escaños del Parlamento que la oposición y Chávez ganó la presidencia con casi 60% de los votos (López, 2005:242-250).

Durante estos primeros años, el Gobierno nacional aprobó las Líneas Generales del Plan de Desarrollo Económico y Social de la Nación 2001-2007, que reivindicaban al Estado como un protagonista del desarrollo y como agente proactivo de la participación ciudadana. Esta estrategia se inscribía dentro de un proyecto político que apostaba a la conciliación de clase, aunque ciertas iniciativas específicas impulsadas a finales de 2001 — los intentos de recuperar el control de PDVSA a manos de una gerencia adversa al nuevo Gobierno y aprobación de un paquete de 49 leyes habilitantes para que el presidente legislara en áreas clave de desarrollo socioeconómico—[64] pronto rebasarían el marco conciliador (Ruiz, 2010:59) e incrementarían las protestas políticas y ciudadanas (López, 2005:106). Además, la creciente presencia castrense en la política y administración pública venezolanas —con la inclusión de militares en la Asamblea Constituyente (1999) y el nuevo parlamento renombrado Asamblea Nacional (2000)— daría visibilidad a un rasgo central del régimen y proyecto bolivarianos: el militarismo (Buttó, 2005:166-167).

Se abría un ciclo (finales de 2001 a inicios de 2004) marcado por la apuesta insurreccional de la oposición, incluyendo un golpe de Estado (11 al 13 de abril de 2002), un paro petrolero, productivo y comercial (diciembre 2002-febrero 2003) y una estrategia de desobediencia civil urbana salpicada con cacerolazos, bloqueos de calle e incidentes violentos (primer trimestre de 2004); retomando, a mediados de 2004, la vía institucional con la convocatoria al referéndum revocatorio del Presidente (López, 2005:258). Las constantes movilizaciones y manifestaciones de desobediencia, y la emergencia de nuevos actores políticos —al margen de los partidos—, si bien constituyeron una oportunidad para expandir las formas de participación en el espacio público, expresaron también formas de exclusión del adversario mediante la agresión física o la descalificación a partir de expresiones xenófobas como las «hordas chavistas» o «escuálidos de la oposición» (Romero, 2005:259).

La oposición, agrupada en la Coordinadora Democrática —que reunía al gremio empresarial, la CTV, los medios, partidos de oposición y organizaciones ciudadanas—, pidió la derogación de las 49 leyes y la renuncia del Presidente. El 10 diciembre de 2001, convocó a un paro cívico —organizado por la Federación de Cámaras y Asociaciones de Comercio y Producción de

---

[64] La iniciativa contemplaba 49 leyes (tierra, agro, pesca, hidrocarburo) impulsadas sin debate ni participación, de forma tal que este «modo de aprobar leyes de gran potencial de cambio para la sociedad contradecía el contenido de democracia participativa respaldada por las fuerzas del Gobierno en la Constitución recién sancionada» (ibíd.:265).

Venezuela (Fedecámaras)— que fue la primera gran acción exitosa de una oposición que disponía, para la fecha, de una manifiesta capacidad movilizativa y organizativa, una plataforma política —el llamado Pacto de Gobernabilidad— y un ambiente político signado por cierta tolerancia a las manifestaciones (ibíd.: 251). Por su parte, el Gobierno, que amenazó con cerrar la Asamblea Nacional si sus fuerzas perdían la mayoría dentro del legislativo y expulsar a sus propios diputados si estos negociaban con la oposición (ibíd.:270), organizó a sus fuerzas (Comando Maisanta, Círculos Bolivarianos) para defenderse de las acciones opositoras.

Durante la crisis del 11 al 13 de abril de 2002, se rompieron los equilibrios sociopolíticos internos por efecto de la movilización masiva opositora, la cual derivó, tras el pronunciamiento militar y la ulterior deposición —por breve tiempo— del Presidente, en un golpe de Estado (ibíd.:254- 255). Un sector de la oposición, al comprometer el apoyo castrense a su causa, reafirmó la importancia dada al factor militar en la política interna venezolana y vulneró sus credenciales democráticas, concitando el rechazo de actores internacionales —incluidos gobiernos latinoamericanos— y la crítica de opositores como el veterano Teodoro Petkoff. La intentona fue derrotada por las fisuras dentro del mando golpista, la reacción popular y la acción de un sector leal de la Fuerza Armada, con la rápida restitución del ejecutivo y del orden constitucional vulnerado.

Tras el golpe, el Gobierno aceptó la necesidad de revisar algunas demandas de la oposición y moderó temporalmente su discurso (López, 2005:258-294). Sin embargo, los escenarios subsiguientes —en especial los emanados de los pronunciamientos de oficiales disidentes en octubre de 2002 y del paro petrolero-empresarial de 2002-2003— volvieron a proyectar dentro del panorama chavista el proyecto cívico militar (Langue, 2005:26), dando nuevo protagonismo a los «ciudadanos armados». El apoyo brindado por las Fuerzas Armadas al Gobierno nacional incrementó su dependencia con respecto al estamento militar, interesado en preservar privilegios y ocupar un rol tras el colapso de los partidos tradicionales (Irwing, 2005b:328-331).

El paro petrolero-empresarial —organizado por la Coordinadora Democrática— reunió por 62 días (diciembre 2002-febrero 2003) una huelga de los sectores energético, transportista, petroquímico y de distribución de alimentos, que provocó severos daños económicos al país y fue saldado con la derrota de la estrategia desestabilizadora, el afianzamiento del control gubernamental en la industria petrolera y mayor presencia militar en apoyo a las acciones gubernamentales (Ruiz, 2010:64-66). La oposición —encabezada por poderes empresariales y mediáticos— dilapidó a través de sus sucesivas apuestas golpistas los espacios y fuerzas de que disponía en la etapa 1999-2002, cuando el oficialismo no era aún una mayoría activa y sus fuerzas podían convocar las mayores movilizaciones conocidas en toda la historia del país. La mediación desarrollada por la OEA y el Centro Carter (finales de 2002 hasta mediados de 2004) desembocaría en el establecimiento de una mesa de negociación que condujo a la «Declaración contra la violencia, por la paz y la democracia», base de los acuerdos suscritos en mayo de 2003 entre el Gobierno nacional y la Coordinadora Democrática (Romero, 2009:109), quedando aisladas las expresiones insurreccionales y cobrando fuerza la resolución pacífica e institucionalizadas —mediante el voto— de las diferencias (Romero, 2005: 259).

La convocatoria y celebración del referéndum revocatorio (agosto 2004) dio como resultado una victoria del chavismo (Tabla 5.3) avalada por el Centro Carter y la OEA (Ruiz, 2010:70-75). Iniciaba así una etapa (2004-2006) de consolidación del proceso y régimen bolivarianos, tanto en la esfera económica (aprovechamiento de los altos precios del petróleo, fortalecimiento del control sobre PDVSA, impulso a la economía social, renegociación de la deuda externa, adopción de un control de divisas) como en la social (incremento del consumo y la demanda nacionales, mejora en la política social) (ibíd.:76-82) y política (creación del Comando Ayacucho y las Unidades de Batalla Electorales), que le garantizaron el control de 80% de las alcaldías y 20 gobernaciones —de un total de 22—, además de la mayoría en las diputaciones regionales (ibíd.:87-88).

A partir de ese momento comenzó una paulatina radicalización del discurso y proyecto político dirigidos por Hugo Chávez, con hitos como la reunión del Fuerte Tiuna, donde se anunció «El Nuevo Mapa Estratégico» orientado a la reorganización política, territorial y social del país (12 y 13 de noviembre de 2004), y la decisión opositora de boicotear las elecciones de 2005, que dejó en manos oficialistas el control total del legislativo, así como la mayoría de las gobernaturas y alcaldías (Petkoff, 2010:24-25). A nivel internacional, el gobierno de Chávez se enfrascó en una ofensiva antimperialista, aprovechando el rechazo a la política de Bush, las reticencias regionales al proyecto del Área de Libre Comercio para las Américas (ALCA) y las coincidencias con naciones como Irán, Libia, Rusia, China y Cuba. La integración regional pasó a ser un pilar central de su agenda, desconociendo antecedentes integracionistas como el Pacto Andino o el Acuerdo de San José, y utilizando el factor energético como carta política (ibíd., 2010:107-120).[65]

---

[65] La conducción personalista y beligerante de la política exterior venezolana adquirió notoriedad con el gobierno de Álvaro Uribe, a partir del involucramiento de Chávez en el

Sin embargo, a partir de 2007 —con la derrota de la Reforma Constitucional que buscaba impulsar el nuevo proyecto político oficialista (Tabla 5.3)—, se va a producir un paulatino estancamiento del apoyo chavista y una lenta, pero sostenida, recuperación del voto opositor. Este —reforzado por disensos dentro del propio chavismo— se reafirma en las elecciones regionales de 2008 con la captura opositora del Distrito Capital y Maracaibo —las dos ciudades principales—, además de los 3 estados con mayor población del país (Zulia, Carabobo y Miranda), dibujándose un nuevo mapa político electoral con 17 estados controlados por el chavismo y 5 por la oposición (Ruiz, 2010:96). A ello habría que sumar los resultados de las elecciones parlamentarias de septiembre de 2010 que desaparecieron el monopolio chavista sobre el órgano legislativo, lo cual posibilitó —pese a una disposición de circuitos electorales diseñada en el marco de la nueva Ley Orgánica de Procesos Electorales, favorable al partido gobernante— una composición más equitativa de la Asamblea Nacional, integrada ahora por 98 diputados oficialistas y 67 opositores.[66] Sin embargo, solo el análisis de las mutaciones ideológicas e institucionales dentro del bolivarianismo permite comprender los avances de su proyecto autoritario en detrimento de sus promesas y realizaciones democráticas.

Bolivarianismo y chavismo: conexiones, contenidos
y contradicciones en clave de proyecto político

El proceso iniciado en 1998, al intentar superar los déficits de la IV República, expandió en Venezuela los cauces de la participación ciudadana (López, 2011) y puso la deuda y agenda sociales en el centro del debate y las políticas públicas. Estos elementos —sin dudas positivos— se unieron a la redefinición del marco normativo —con nueva Constitución y leyes

---

conflicto interno colombiano y en su solidaridad con naciones como Ecuador en sus diferendos con Colombia. Esta situación —que casi desemboca en guerra abierta en 2007 y 2008— fue resuelta con la intervención mediadora de países latinoamericanos y la ulterior asunción de un nuevo Gobierno colombiano —encabezado por Juan Manuel Santos—, en cuya administración las relaciones colombo-venezolanas han mejorado de forma sustancial, acompañadas por una inédita colaboración de Caracas en el combate a las guerrillas colombianas.

[66] Esta estrategia de la oposición —identificada con la lucha y movilización pacíficas dentro del marco institucional y legal vigente— se define como la única posible y efectiva frente a un régimen de Estado fuerte como el chavista (Petkoff, 2010:176).

aprobadas— y la recuperación del papel del Estado como agente activo en la vida nacional, constituyendo los componentes centrales del proyecto (auto)identificado como *bolivariano*; sin embargo, resulta imprescindible señalarlo por su nexo —continuidades y rupturas— con la emergencia del actual proyecto/régimen político dominante en la vida nacional: el chavismo.

Desde la perspectiva del presente libro, lo bolivariano identifica el conjunto de ideas e iniciativas prácticas impulsadas por la heterogénea alianza sociopolítica que alcanzó el triunfo en las elecciones de 1998, así como las políticas impulsadas desde entonces y hasta 2006. Se trata de un proyecto político híbrido que nunca pudo encarnarse a cabalidad —verbigracia, la polarización y conflictividad políticas y los giros de timón presidencial— en un régimen consolidado, donde confluyen elementos de la tradición política local —en particular el culto bolivariano y la apropiación hecha de este por diversos sectores populares— junto a las agendas políticas de movimientos sociales, partidos de izquierda y grupos conspirativos cívico-militares de las décadas de 1980 y 1990; acompañados por elementos populistas —apegados a una retórica refundacional y el rechazo a mediaciones institucionales— como a partidos y sindicatos con larga trayectoria e identidad socialdemócrata (Uzcátegui, 2010:162-163). La Constitución de la República Bolivariana de Venezuela vigente expresa, en rasgos generales, los fundamentos de semejante proyecto, a partir del consenso entre posturas políticas diversas —en el seno de la Constituyente y en la sociedad misma— que promueven un Estado democrático y social de derecho, y de justicia (AA.VV., 2011b:100).

La Constitución bolivariana destaca por elevar al rango de un nuevo poder —ciudadano— a diversos entes dedicados a la defensa y protección de los Derechos Humanos, el control de ingresos, gastos y bienes públicos, y la administración de justicia (Chacín, 2011:74); así como reúne dos genealogías políticas y jurídicas: una liberal basada en la división y cooperación de poderes y otra democrática-radical, en la participación (Ruiz, 2010:48-50). La existencia en su seno de una coexistencia contradictoria entre elementos democráticos (énfasis en la participación, incorporación de la figura del referéndum, reconocimiento constitucional a los convenios internacionales relativos a Derechos Humanos, introducción de los derechos indígenas y ambientales) y potencialmente autoritarios (sujeción directa del poder militar al presidente, el fin del financiamiento público a los partidos y la consideración de leyes habilitantes que reforzarían el tradicional presidencialismo venezolano) impide una evaluación unilateral del documento (López, 2005:333-336). Se abría, así, la puerta a una relación simbiótica

Fuerza Armada-pueblo, un nuevo modelo de militar ciudadano —al que se le concede derecho a voto— y una mayor participación política/convergencia ideológica entre la Fuerza Armada y el proyecto oficial (Sucre, 2005:303).

Sin embargo, si bien la Constitución bolivariana no era suficiente para avalar el giro y el nuevo proyecto político del Gobierno,[67] este aprovecharía su control sobre la Asamblea Nacional y el Tribunal Supremo para convocar al Referéndum que permitiría reformarla. Se pretendía modificar un conjunto de elementos centrales del régimen político: la reelección indefinida del presidente, la recentralización del Estado, el fin de la autonomía de poderes, la supresión de la reelección de alcaldes y gobernadores, y el establecimiento de regiones especiales bajo control de vicepresidentes designados por Chávez, el control presidencial del Banco Central y el establecimiento de varias modalidades de propiedad que reforzarían el tradicionalmente vasto papel del Estado en la economía venezolana. Al final, el rechazo popular a la Reforma se expresó por un pequeño margen de ventaja (Tabla 5.3) y produjo una convergencia no calculada de posturas e intereses de actores chavistas[68] y opositores que posibilitó un proceso de diálogo nacional con la Constitución bolivariana como denominador común.

Sin embargo, luego del agrio reconocimiento presidencial de la derrota (Petkoff, 2010:88-90), se inició un proceso de franca desconstitucionalización, mediante la imposición presidencial (agosto de 2008) de un conjunto de 26 decretos-ley y sus correspondientes políticas, contrarios a la Constitución bolivariana y congruentes con objetivos de la derrotada reforma, que fueron avalados por los órganos correspondientes (Casals, 2011b:41). Semejante deriva es un proceso que favorece lo autoritario en detrimento de lo participativo, poniendo el protagonismo ciudadano frente a la vasta capacidad del Gobierno central para definir las fronteras ideológicas, los disensos permitidos y la organización de los sujetos populares en torno a la acción política y la gestión pública; revela un nuevo modo de concebir la relación entre el Estado y sus ciudadanos, entre el líder y sus bases y entre lo legal-instituido y lo *revolucionario*; y habla de la imposición de un «nuevo» proyecto, diferente del original.[69]

---

[67] Inclusive porque sus principios y redacción permiten oponerse a las acciones del chavismo (Petkoff, 2010:64).

[68] Incluida la actitud crítica de aquellos partidos aliados que cuestionaron la reforma, la cual, según un analista, tendría su explicación en la «[…] carga democrática de la cultura política venezolana, construida a lo largo de medio siglo […]» (ibíd.:79).

[69] Lo bolivariano y lo chavista siempre tuvieron límites difusos, pero reales. En ese sentido, es preciso destacar que la iniciativa en pro de mayor democratización y mejor redistribu-

El chavismo consiste en la evolución/exacerbación de ciertos rasgos inherentes al bolivarianismo —antes mencionados— más la adición de componentes nuevos, identificables con un modelo de socialismo de Estado y una tendencia totalitaria.[70] En la heterogeneidad de su discurso, se mezclan conceptos extraídos de la tradición de izquierda (lucha de clase, burguesía), la prédica cristiana (mercaderes, felicidad) y el léxico bolivariano (la oligarquía) dentro de una abigarrada y eficaz plataforma política que generó, durante algún tiempo, un sentido de pertenencia, identidad y autoestima en los pobres e indujo formas de organización y movilización populares. Bajo este proyecto, el poder presidencial ha tendido cada vez más a implementar políticas concretadas en un modelo centralizado y vertical de participación y administración pública, concebido como última estación del largo trayecto de evolución política republicana en Venezuela.

El chavista ha sido definido de forma sugerente como un régimen híbrido, que combina una «anatomía» institucional democrática y republicana con una «fisiología» autoritaria, con control personalista de los poderes del Estado y cuerpos paralelos, además de creciente presencia militar (Petkoff, 2010:29-31). La orientación autocrática del Gobierno nacional —que ha borrado casi totalmente la división de poderes— no ha logrado suprimir la existencia de partidos, sindicatos y elecciones competidas, así como el derecho a la expresión y manifestación, y su ejercicio concreto por la ciudadanía (ibíd.:53-54). Se trata de *un estilo autocrático de Gobierno que habita dentro de un esquema democrático*, con elecciones competitivas, pero con desequilibrios producto del dominio del poder público por el oficialismo (Urdaneta, 2011:18) —situación esta cuya existencia tributa a la esquizofrenia jurídica y política que afecta hoy a Venezuela (Rachadell, 2011:47).

---

ción de la riqueza —impulsada por amplios sectores populares y medios unidos a organizaciones de izquierda, comunitarias y religiosas, así como por intelectuales democráticos (Uzcátegui, 2010:9)— coexistió siempre con un componente personalista, militar y estatista que paulatinamente cobró fuerza y autonomía dentro del campo oficialista, abonado por la propia polarización política y las tradiciones históricas y político-culturales venezolanas. Pero, si bien el proyecto bolivariano siempre abrigó en su seno un importante componente autoritario —todo lo cual puede codificarse como el proyecto chavista— no se redujo, de forma completa, a este, ni extrajo de sus tesis los elementos fundamentales que le llevaron al poder —apoyo y voto popular mediante— en 1998.

[70] Otros autores destacan la confluencia, dentro del chavismo —en una perspectiva no identificable con la distinción entre bolivariano y chavista que trato aquí— de elementos populistas clásicos y de expresiones neopopulistas afines a cierta tendencia regional surgida en los años 90 (Arenas y Gómez, 2006).

Los contornos del régimen y proyecto chavistas se hacen claramente visibles en 2006,[71] con la difusión de la idea del «socialismo del siglo XXI» y el ulterior impulso a una nueva Ley Habilitante, la propuesta de Reforma Constitucional y la creación del Partido Único. Dicho régimen posee rasgos típicos de una dictadura, al reunir un poder personalista casi absoluto e incontrolado —en este caso con apoyo popular— con formas de sometimiento del derecho. Sin embargo, la existencia de una activa y legal esfera de crítica —con pocos presos y exiliados políticos— , la ausencia del terror de Estado —típico de un régimen de seguridad nacional— y la oposición de amplios sectores de la sociedad comprometidos con los espacios y luchas democráticas impedían definir el régimen chavista como totalitario (Petkoff, 2010:158-163).

Dentro de la izquierda, ha existido cierta tendencia a reconocer problemas del régimen excusando a Chávez de responsabilidades. Se reconoce que el proceso venezolano está supeditados a la dirección del chavismo «desde arriba» (Ruiz, 2010:99); pero se alega que «[...] el presidente Chávez se piensa a sí mismo como una fuerza contra el orden estatal existente, e intenta subvertir a este por un nuevo orden en donde lo popular tenga el mayor peso dentro de la fórmula; en este sentido se puede interpretar su relación con el pueblo» (ibíd.:94). Otras interpretaciones absolutizan el potencial democratizante de la conflictividad expandida por el arribo y consolidación del chavismo, con escasas menciones a los rasgos autoritarios desarrollados y su incidencia desdemocratizadora.[72] Se ha producido un fenómeno múltiple de concentración de poderes (político, militar, económico, legal, mediático) que convergen en la figura del presidente Hugo Chávez, basado en la relación líder-masa y la confrontación del enemigo (opositores) dentro de una estrategia donde las reglas no escritas suelen ser más importantes que las normas —incluida la propia Constitución bolivariana— y que conlleva la politización de justicia y la judicialización de política (Urdaneta, 2011:13).

---

[71] La tendencia abierta en 2006 se ha agudizado posteriormente; toda vez que, si en aquella fecha «[...] el chavismo, en algunos aspectos, poseía rasgos más próximos al largo predominio del PRI que de la dictadura fidelista, pero en su comportamiento a partir de 2009 se han hecho evidentes muy preocupantes mimetismos respecto de este último modelo político» (Petkoff, 2010:81).

[72] Se defiende la idea de que dicha conflictividad —y no la construcción de consensos— tributaría a un perfeccionamiento de la democracia y a una resignificación de la ciudadanía, a partir de movilizaciones y discusión que redefinen lo público-político más allá de las instancias representativas tradicionales y llegan a los espacios cotidianos (Romero, 2005:240).

El chavismo ha procedido al desmantelamiento de un grupo de instituciones creadas por la Constitución bolivariana,[73] que definen el Estado cooperativo y descentralizado: el régimen de estados y municipios, con sus autonomías y competencias, así como, en general, las bases y principios constitucionales sobre descentralización.[74] El Consejo Federal de Gobierno (CFG) —órgano encargado de la planificación y coordinación de las políticas y acciones descentralizadoras— y el Fondo de Compensación Interterritorial (FCI) —destinado a promover el desarrollo equilibrado y a atender los problemas de regiones y comunidades de menor desarrollo— han sido afectados por una Asamblea Nacional controlada por el chavismo, al modificar la gestión pública acorde a los planes oficialistas para una nueva división político-territorial. Comienza a hablarse de un Poder Popular/ Comunal, a la cual se transferirían recursos procedentes del FCI, suerte de estructura paralela a la legalmente avalada —estados y municipios— que ignora la participación de estos niveles de gobierno o del propio CFG en la formulación y gestión de las políticas (Sánchez y León, 2011:53-61).

Con la Ley de Reforma parcial de la Ley Orgánica de descentralización, delimitación y Transferencia de Competencias del Poder Público, y las modificaciones a la Ley de Aeronáutica Civil y la Ley General de Puertos (marzo de 2009), se sustrae el control de la infraestructura vial, portuaria y aeroportuaria de varios estados —en manos opositoras— con el pretexto de mejorar el servicio público a los usuarios. Los recursos y prerrogativas secuestrados pasan a manos de agencias del Estado central y también a las Autoridades Regionales designadas por el ejecutivo —mediante su Decreto-Ley de la Administración Pública (julio de 2008)—, y superpuestos a las autoridades electas de los estados (ibíd., 2011:58-63).[75] Además, el uso discrecional de recursos fiscales por parte del ejecutivo nacional —en un país donde la renta petrolera es captada por el Gobierno central y constituye la fuente principal de recursos —afecta el monto y modalidades— previstos

---

[73] Dentro del régimen chavista, el avance de las tendencias autoritarias es más nítido en las instituciones del Estado y la arquitectura jurídica de la nación (Petkoff, 2010:60).

[74] La Constitución bolivariana concibe la descentralización como una política nacional orientada a profundizar la democracia, regulada a través de leyes dictadas a nivel federal y estadual, a desarrollar mediante procesos planificados y paulatinos de transferencia de facultades del nivel federal a los Estados, así como a los municipios y comunidades (Sánchez y León, 2011:54).

[75] En ese mismo sentido opera la Ley Especial sobre la Organización y Régimen del Distrito Capital (marzo 2009), que desconoce las autoridades –de signo opositor- electas por voto popular y retrae la situación del Distrito federal a las tradicionales relaciones de dependencia del Poder Central previas a 1999 (Sánchez y León, 2011:66).

por la Constitución bolivariana, de las transferencias a los estados y municipios: el Situado Constitucional, con entre 15% y 20% de los ingresos nacionales; el FCI e Intergubernamental para la Descentralización (FIDES), que reúnen no menos de 15% de todo lo recaudado por el IVA;[76] y el Fondo de Inversión Pública para la Estabilización Macroeconómica, creado para la estabilización del gasto público (ibíd.:63-65).

Otro mecanismo utilizado por el chavismo para afianzar su hegemonía lo constituye el proceso de paulatina interferencia, sujeción y control de los poderes del Estado por parte del ejecutivo, a través de procesos simultáneos de judicialización de la política —y politización de la justicia—, de la banalización del principio de división de poderes —consagrado en la Constitución bolivariana— y la confusión interesada de la noción de colaboración de poderes que pasa a ser sumisión ante el ejecutivo (Chacín, 2011:77-78). La Asamblea Nacional —tanto por la hegemonía roja durante el período de 2005 a 2010, como por la pequeña mayoría chavista que luego controló su agenda— ha cedido la función de legislar al mandatario de turno (ibíd.:74-75). La aprobación en 2010 de una nueva Ley Habilitante constituyó un fraude a la voluntad popular —expresada en las elecciones parlamentarias del 26 de septiembre—, pues, bajo el pretexto de responder a una situación de emergencia creada por las lluvias, se otorgó al presidente una amplísima y difusa habilitación legislativa, orientada a acotar las posibilidades de actuación de una Asamblea Nacional más plural, y concentrar en el Ejecutivo el poder para implementar el Plan Nacional Simón Bolívar (AA.VV., 2011d:110). [77]

Al Consejo Nacional Electoral (CNE) le ha sido señalada su tibieza frente a reiteradas violaciones de la legislación electoral por parte del oficialismo (uso indiscriminado de bienes de Estado en proselitismo político, empleo de medios de comunicación estatales y cadenas nacionales para difundir los discursos y agendas del Presidente), así como por la conocida identificación de 4 de los 5 de los rectores del CNE con el chavismo (Chacín, 2011:75). La aprobación de una Ley Orgánica de Procesos Electorales que revierte el principio de representación proporcional —considerado conquista histórica del constitucionalismo venezolano (AA.VV., 2011b:101)—

---

[76] En el caso del FIDES, la participación de estados y municipios en dicho fondo disminuye en alrededor de 30%, monto que se transfiere al Poder Comunal.

[77] Además, la Reforma al Reglamento Interior y de Debates —aprobada por el oficialismo— afectó la regularidad y obligatoriedad de las sesiones ordinarias de la Asamblea Nacional, reduciendo sus plenarias a solo 4 mensuales, sin carácter obligatorio (AA.VV., 2011d:111).

y reorganiza los circuitos electorales para reforzar la captura de votos y zonas clave por parte del chavismo, los que constituyen otros elementos a ser considerados en este rubro.[78]

En cuanto al denominado poder ciudadano, las acciones de la fiscalía demuestran una relación inversa entre la diligencia en acusar y procesar opositores, y la lentitud o renuencia ante escándalos de corrupción de funcionarios. Por su parte, la contraloría ha inhabilitado administrativamente a varios líderes opositores, afectando su postulación a cargos de elección popular, practicando, *de facto*, una suerte de proscripción selectiva de la oposición. Mientras, la defensoría no enfrenta —o peor aún, justifica— acciones gubernamentales violatorias de los Derechos Humanos —testimoniadas por ciudadanos y organizaciones venezolanas o instancias internacionales— y evita tomar decisiones en favor de las garantías y derechos de aquellos ciudadanos víctimas de acciones de funcionarios del Gobierno nacional (Chacín, 2011:75-77).

Dentro del poder judicial, la Sala Constitucional del Tribunal Supremo de Justicia ha realizado un conjunto de acciones que amplían o reducen sus competencias (Berríos, 2011:87), casi siempre en direcciones favorables al poder ejecutivo. Además, ha reconocido el supuesto carácter orgánico de los Decretos-Ley introducidos por el presidente, sin tener en cuenta que esta condición solo aplica en aquellos casos —leyes— que estipule la Constitución bolivariana o contando con una mayoría de dos tercios de la Asamblea Nacional (AA.VV., 2011c:103). Asimismo, el nombramiento de jueces mediante concurso fue sustituido (2003) por el recurso de nombramientos temporales, cuyo resultado fue la existencia de 80% de jueces con carácter provisorio, lo cual los deja en una posición de permanente inestabilidad y revocabilidad. Y, si bien desde 2005 se reiniciaron los concursos, estos fueron circunscritos a aquellos jueces provisorios ya nombrados (Casals, 2011b:36-37).

La consolidación del régimen chavista va de la mano a una mayor ofensiva en los terrenos educativos y mediáticos, al ser ambos espacios clave para la difusión de un proyecto político. En las políticas de educación, la aprobación del Currículo Bolivariano (2007) redujo el peso de ciencias naturales y exactas e incrementó las sociales y humanísticas con un énfasis de contenidos ideológicos militaristas (Petkoff, 2010:99). Mientras, los intentos de modificar la Ley de Educación (2011) —y con esta las prerrogativas de

---

[78] La Asamblea Nacional ignoró el nuevo proyecto propuesto por el CNE e impuso la Ley Orgánica de Procesos Electorales (AA.VV., 2011c:104).

las universidades— fueron duramente confrontados por movimientos docentes y estudiantiles, generándose un debate y acciones de denuncia/protesta que llevaron al ejecutivo a suspender el proceso aprobatorio y llamar a revisión su proyecto de ley.

Las acciones para establecer una hegemonía comunicacional del Gobierno han avanzado bajo el régimen chavista mediante la presión a medios privados para modificar su línea, la satanización/descalificación de toda posición crítica y la creación de un sistema de medios comunitarios afín al Gobierno.[79] El Gobierno nacional —quien controla 6 canales de TV y 3 radios de alcance nacional, además de tener el apoyo de centenares de emisoras comunitarias y privadas— ha logrado reducir en 80% las fuentes autónomas de información no gubernamental de la audiencia, a partir de hechos como el cierre de la televisora Radio Caracas Televisión (2007), los acuerdos con Venevisión —que redujo la cobertura a acciones y discursos opositores— y el cierre de más de 30 emisoras de radio (ibíd.:80-81).

Organización y base social del proceso bolivariano

En 1998, Chávez contó con un voto claro y abrumador de sectores populares. Luego, su base social se pluralizó, obteniendo apoyo en algunos sectores medios,[80] como resultado de sus políticas redistributivas y de estímulo al consumo nacional. Diferentes estudios han constatado la existencia de un sector de la población venezolana identificable como «chavismo duro» —sólidamente encuadrado e ideologizado— que ha ido mutando su activismo de la movilización inicial autónoma a un encuadre en organizaciones oficiales (ibíd.:154-155), acompañado por diversos grupos culturales, políticos y comunitarios inmersos en el proceso (Fernandes, 2010:5). Otro autor desglosa la base oficialista en tres grupos: un chavismo popular y de-

---

[79] La supresión de la libertad de expresión y la pluralidad informativa son indispensables para el ejercicio dictatorial (Petkoff, 2010:160). Así, de 1999 a junio 2008 se habían realizado 1 731 cadenas nacionales del Presidente con una duración total de 1 067 horas (Correa, 2009:256), intervenciones que, para 2008, ocupaban un promedio de 90 minutos diarios (Bisbal, 2009:55).

[80] La oposición también diversificó su apoyo electoral entre la población pobre que habita en zonas marginales, como el barrio caraqueño de Petare (Lupu, 2010:9). Los programas sociales del chavismo —pese a su extensión— han tenido dificultades en cuanto a cobertura y calidad para atender a los más marginados, lo que se suma al fracaso en el combate a la violencia criminal y las garantías a la seguridad ciudadana, favoreciendo los avances opositores en áreas pobres otrora alejadas de su alcance (ibíd.: 25-27).

mocrático —plural y diverso—, otro compuesto por militares —más homogéneo desde un punto de vista cultural, con unidad de objetivos y sesgo antidemocrático— y uno marcadamente leninista —promotor del régimen unipartidista— (Rivas, 2007:194), que confluirían al interior del proceso en relaciones signadas por una asimetría de poder que, sin duda, beneficia al segundo y tercer grupos.

Otra visión define las bases de apoyo del régimen chavista en una diversidad de actores concretos que abarcan las fuerzas armadas, sectores populares urbanos y rurales, una burguesía bolivariana y la burocracia de Estado (Petkoff, 2010:31). Las Fuerzas Armadas Nacionales Bolivarianas han vivido desde 2008[81] un proceso de creciente ideologización con la adopción del lema «Patria, Socialismo o Muerte» y el renovado control interno mediante el monitoreo de sus comunicaciones y la separación o aislamiento de oficiales sospechosos. Se han creado milicias conformadas por partidarios de Chávez —con misiones que solapan las de la Guardia Nacional— que han introducido una dinámica anticonstitucional al armar a una de las fuerzas sociales y políticas —dominante— generando un potencial uso de las fuerza ante una eventual victoria opositora (ibíd.:34-39).

El pueblo chavista —mezcla de amas de casa, trabajadores informales, obreros poco calificados, desempleados, etc.— se estructura a partir de un vínculo emocional con Chávez y constituye una masa de maniobra con poco peso en la toma de decisiones. Son los beneficiarios de los programas sociales que —aún con sus déficits— han incrementado los ingresos y calidad de vida de los más pobres. Por su parte, la boliburguesía es un grupo de capitalistas que crece al amparo de los contratos y apoyos otorgados por el Estado, y representan un sector del capitalismo criollo, cuyos intereses materiales y cálculo político[82] los lleva a aspirar a una integración dentro de los planes estatales (Ruiz, 2010:76-82).[83] En cuanto a la burocracia, esta ha

---

[81] Ese año la reforma de la Ley Orgánica de la FAN añade al calificativo de bolivarianas y crea un cargo de Comandante en Jefe, específicamente designado para la persona de Hugo Chávez —y no por su actual condición presidencial— quien pasa a decidir los ascensos desde el grado de subteniente. Con la reforma desparecerá la subordinación del poder militar al civil para concretarse una fusión orgánica y directa entre jefatura del Estado y de las fuerzas armadas (Petkoff, 2010:33-34).

[82] Por ello se les ha calificado como bolivareros —en alusión a su amor por la moneda venezolana— antes que como bolivarianos (ibíd.:169).

[83] Agrupado en iniciativas como Empresarios por Venezuela, Confederación Nacional de Agricultores y Ganaderos de Venezuela, y Cámara Bolivariana de la Construcción, en su seno destacan miembros del grupo dirigente, como el vicepresidente Diosdado Cabello, reputado de ser uno de los hombres más ricos del país y ligado a diversas operaciones ile-

crecido muchísimo en un régimen donde la estatización y el incremento del sector público ha superado las cotas —ya altas— impuestas por el puntofijismo, convirtiéndose en una masa cautiva y movilizable por el Gobierno.[84]

La mutación del proyecto oficial ha ido acompañada por una evolución de sus estructuras organizativas, desde un MVR que —inadecuado para la organización allende el hecho electoral— resultó presa de disputas fraccionarias, del estancamiento de su propuesta política y la visible ausencia de liderazgos colectivos (Romero, 2009:128-129). A lo largo de 2007, se produjo una discusión dentro del oficialismo sobre la conformación de una estructura unificadora[85] que ayudase a organizar las fuerzas propias con vistas a garantizar la hegemonía en el proceso de cambios. La conformación del Partido Socialista Unido de Venezuela (PSUV) fue acompañada por un pedido de Chávez a las organizaciones aliadas del MVR para que se disolviesen, integrándose al PSUV; demanda rechazada por varios partidos [PPT, PCV y Por la Democracia Social (Podemos)], lo cual les valió la reprimenda del Presidente y el alejamiento de dos de ellos (PPT y Podemos) del bloque oficialista. Pese a los amagos rectificadores del Gobierno, hasta la fecha el PSUV se caracteriza por un conjunto de rasgos que lo definen —tanto en su estructura e ideología internas como en la relación con el régimen y proyecto político chavistas— como un partido clásico de corte leninista,[86] con un poder concentrado en la cúpula y en su secretario general, atomización de la militancia, disciplina militar y colonización de organizaciones sociales y aparato estatal (Petkoff, 2010:75). Se cumplía así —fatídicamente— la alerta hecha por un intelectual cercano al proyecto bolivariano, quien señalaba, hace varios años, que «en tanto el proceso político en Venezuela no esté tamizado por el control de ninguna organización política —ni siquiera del

---

gales. La actitud de Chávez respecto a este sector fue ambigua y cautelosa; pues recelaba de su fortalecimiento autónomo y debía responder a críticas de sectores más radicales de su base social, aunque tenía en su seno aliados e intereses familiares (ibíd.:40-43).

[84] Pasando de 900 000 empleados (1998) a 2,3 millones (2010), que representan 19% de la población económicamente activa; mientras que la nómina de PDVSA creció de 40 000 trabajadores (2002) a más de 90 000 (2010) (ibíd.:43-44).

[85] Sobre la calidad de ese debate existen reservas incluso dentro de defensores del proceso (Romero, 2009:40-142), toda vez que «[…] la nueva estructura política está pensada de una manera dominante sobre la base del culto personalista a Chávez» (ibíd.:157) y se estaría adelantando un proceso innecesario, generador de incertidumbre y miedo (ibíd.:158).

[86] El modelo de partido leninista no es ajeno a la historia política venezolana; pero, en un contexto de sociedad abierta y régimen democrático, la fisiología de los partidos que adoptaron ese modelo —como AD— fue cambiando al introducirse en su seno las tendencias, candidaturas y elecciones para dirigentes (Petkoff, 2010:75-76).

partido chavista, el MVR— se tiene la oportunidad de ampliar los espacios de discusión, de la esfera pública y del ciudadano...» (Romero, 2005:243).

Políticas económicas y sociales del gobierno chavista

El régimen chavista se sustenta en un modelo económico que tiene, entre sus rasgos esenciales, una expansión del gasto público, el consumo y la demanda internos, una rígida política de control cambiario[87] y una dependencia del petróleo; elementos que señalan la persistencia de rasgos económicos de viaja data e incapaces de impulsar una senda de desarrollo sostenible.[88] La ampliación del tradicional capitalismo de Estado venezolano por razones políticas —de medianas y pequeñas empresas de la Costa Oriental del Lago— ocurre dentro de un contexto político que permite extender el control estatal sobre las empresas a trabajadores, clientes y proveedores (Petkoff, 2010:54-58).

Favorecido por el incremento de los precios del petróleo y por un mayor control de PDVSA, el Gobierno consiguió, desde 2004, mejorar los ingresos nacionales, aunque sin resolver los problemas estructurales acumulados. Creció el empleo formal (de 44,5% a 49,4% de la población económicamente activa entre 1999 y 2006), lo cual se unió al crecimiento de la demanda interna (de 83% entre 2003 y 2008), mejorando el consumo y producción nacionales (Ruiz, 2010:83-86) e incrementando las importaciones de alimentos y la inflación.[89]

El Gobierno ha impulsado las estatizaciones, motivado por su afán de concentración de poder y por la identificación del Estado como agente central en la construcción del socialismo. Se trata de un proyecto cualitativamente

---

[87] Pese a la aplicación de este control cambiario —que sobrevaluó la moneda— se produjo (de 2003 a 2010) una fuga de capitales calculada en alrededor de 100 000 millones USD frente a un ingreso de 500 000 millones USD (Petkoff, 2010:172).

[88] Las exportaciones (centradas de forma casi total en los hidrocarburos, que proveen 90% de las divisas) aportan 47% PIB (Álvarez, 2009:204) y la mayor parte de la producción (75% de PIB) y la fuerza de trabajo y de los consumidores (2/3 de población) sigue concentrado alrededor de cinco grandes ejes industriales y urbanos (Distrito Capital, Maracay-Valencia, Maracaibo, Barquisimeto, Puerto Ordaz) (Álvarez, 2009:173), con lo cual se perpetúan los factores económicos heredados de la IV República.

[89] El incremento de la renta petrolera —a partir de un precio promedio de 70 USD el barril en los últimos años— ha beneficiado, en términos de ingreso, más a sectores de las clases rica y media que a los pobres, pues estos mejoraron en subsidios personales y planes sociales pero no necesariamente en la calidad de su empleo (Petkoff, 2010:55).

distinto al de la IV República, que trasciende de un capitalismo de Estado que controla áreas estratégicas de la economía a un control global de la industria y los servicios fundamentales, lo que no excluye el crecimiento de un empresariado privado leal al régimen y/o políticamente neutro. Las estatizaciones cobraron relevancia en mayo de 2007, al expropiarse la empresa de telecomunicaciones CANTV, la Siderúrgica del Orinoco y varias plantas cementeras de capital extranjero (mexicano, francés y suizo); primando la búsqueda de compensaciones a sus dueños. Durante 2009, numerosos contratistas nacionales de PDVSA en el estado Zulia —la mayoría empresas de pequeño y medio tamaño— fueron expropiados, procurando de esa forma el Gobierno anular la deuda que tenía con ellos la paraestatal y debilitar la base socioeconómica de una región opositora. Por la mismas fecha se retomó el control central de los puertos y aeropuertos en manos de gobernadores, se expropió la cadena de supermercados Éxito y arreció la presión contra el emblemático conglomerado alimenticio Polar (Petkoff, 2010:94-98).

Por otro lado, las formas de economía social se han visto acotadas —pese a la retórica del Gobierno— ocupando las cooperativas y otras empresas de producción social menos de 1,6% del PIB, frente a un sector privado que creció de 64,7% (1998) a 70,9% (2008) beneficiado por una política económica gubernamental de estímulo al consumo (Álvarez, 2009:208-210) y por las ineficacias de las empresas y servicios públicos estatales.[90] Experiencias como la de la Siderúrgica del Orinoco —estatizada con apoyo inicial de sus trabajadores en medio de un conflicto laboral—, donde el deterioro ulterior de las condiciones y niveles de producción generó descontento obrero, revela la ausencia de una política de promoción de la participación y la cogestión de los empleados en las empresas y se ha visto acompañado por un ataque deliberado al sindicalismo autónomo y sus derechos conquistados como la contratación colectiva y la huelga (Petkoff, 2010:57- 58).[91]

Un factor clave dentro del régimen y proyecto chavista es el desarrollo de una política energética; elemento decisivo para el logro de una hegemonía nacional y regional.[92] Dentro de las estrategias típicas de un Estado ren-

---

[90] Para un análisis de la economía venezolana realizado por sectores y formas de propiedad, véase Álvarez (2009:238-258).

[91] A pesar de la retórica en torno a la implementación de un nuevo modelo productivo, en la presentación oficial de la Misión Che Guevara —de apoyo a economía social— la referencia a lo productivo aparece después de ético, ideológico y político dentro de la definición de las metas de este programa (Álvarez, 2009:147).

[92] Con la Declaración de Caracas (septiembre de 2000) —apostando al relanzamiento de la OPEP—, el Acuerdo Energético de Caracas (octubre de 2000) —que adhiere a Cuba

tista —que posee la quinta reserva mundial de petróleo y gas, y el séptimo volumen de producción mundial (Uzcátegui, 2010:30)—, se ha mantenido la apertura petrolera (Faja del Orinoco y el Golfo de Venezuela) y se diversifican los mercados tradicionales —disminuyendo el peso de EE.UU. y creciendo China—; frente a lo cual no se aprecian diferencias cualitativas en las propuestas opositoras (Petkoff, 2010:140-143).[93]

Entre 1999 y 2010 los ingresos totales de PDVESA,[94] que comprenden las ventas de petróleo crudo en el exterior y en Venezuela, así como (desde 2006) el comercio de productos alimenticios en el mercado doméstico sumaron 876 224 000 USD. En el mismo lapso, los costos y gastos, que engloban compras de crudo y productos en el exterior, costos operativos y exploratorios, depreciación de activos, gastos administrativos y generales, regalías, impuestos de extracción y otros, aportes a presupuestos y programas sociales del Gobierno sumaron 726 121 000 USD. Así, en todo el período 1999-2010, los costos y gastos representaron casi 83% de los ingresos totales, marcando una constante durante casi todo el período en estudio (Prieto, 2011). Un problema persistente —agravado por la descapitalización de la empresa y la postergación de inversiones necesarias en las capacidades de refinación— es la necesidad de comprar petróleo crudo y otros derivados en el exterior, operaciones que totalizaron 327 034 000 USD entre 1999 y 2010, representando casi 46% de los costos y gastos totales de PDVSA en esa etapa.

Las políticas sociales son otro terreno de especial atención por parte del Gobierno nacional, como forma de su discurso justiciero y dirigido a sectores tradicionalmente desfavorecidos. Hay que considerar que durante

---

al Pacto de San José— y Petrocaribe (2005), la estrategia tendiente a intercambiar suministro energético por apoyo político se expande, dejando a PDVSA deudas por cobrar ascendientes, en 2010, a 20 000 USD (Petkoff, 2010:134-135).

[93] La oposición concuerda con el actual esquema de asociación en empresas mixtas, que permiten al capital trasnacional ampliar la explotación petrolera y al Gobierno vincularlas con PDVSA, garantizando su control (Uzcátegui, 2010:40-46). Los convenios con la empresa CHEVRON y alabanzas de su presidente a la gestión del Gobierno venezolano (ibíd.:53), así como la articulación de Venezuela a la Iniciativa para la Integración de la Infraestructura Regional Sudamericana (IIRSA), impulsada por la administración y empresas brasileñas (ibíd.:58-62) —pese a la repulsa de ambientalistas y comunidades de varios países de la región—, son algunos de estos ejemplos.

[94] Los ingresos fiscales petroleros comprenden las regalías, el impuesto sobre la renta, dividendos, impuestos de extracción y superficial. A partir de 2005, se expandieron —sin incrementarse de forma sustancial los volúmenes de producción— ante el aumento de los precios por barril (Prieto, 2011).

la etapa final del régimen puntofijista se produjo un paulatino deterioro de los servicios sociales, con un gasto público en áreas clave como la salud, que no rebasó (1985-1998) 1,9% del PIB y no más de 6% del presupuesto nacional (Resven, en Díaz, 2008:6).[95] En este sector, el incremento de la corrupción y el déficit en la atención pública, la proliferación de sistemas diferenciados —como el de las Fuerzas Armadas y los trabajadores petroleros— y la limitada cobertura en zonas pobres, incrementaron los problemas de insalubridad y la caída de indicadores en amplias franjas de la población empobrecida que habitaba áreas marginales. Frente a todo esto el Gobierno bolivariano impulsó una propuesta de reforma en áreas como la salud y la seguridad social, designándose una comisión presidencial que acogió una serie de propuestas de diversos sectores sociales y especializados para delinear los principios que deberían regir el nuevo sistema público nacional de salud: único, descentralizado, participativo, intersectorial y de financiamiento y provisión públicos (Díaz, 2008:8-10).[96]

Sin embargo, intereses particulares dentro del oficialismo bloquearon, en los primeros años, las iniciativas de reforma —con sustento legal— en las áreas de sanidad y seguridad; a partir de 2003, los cambios en los derroteros geopolíticos e ideológicos y las políticas públicas gubernamentales trajeron nuevos escenarios para la política de salud. Aparecen las llamadas misiones sociales, amparadas en el Convenio de Cooperación Integral entre Venezuela y Cuba,[97] con el envío de especialistas y recursos para atender déficits de ciertas áreas (salud, educación, deportes) e impedir una mayor

---

[95] Sin embargo, en cuanto a la obra pública, actualmente en operaciones, esta es en su mayoría —pese a lo que pudiera pensarse a partir de la renta petrolera usufructuada por el actual Gobierno— una herencia del puntofijismo: destacan entre estas obras 300 hospitales y 3 000 ambulatorios, columna vertebral del sistema de salud nacional (Petkoff, 2010:171).

[96] Según algunos autores, el gasto social creció de 8,2% del PIB (1998) a 15,9% en 2006, reduciendo la pobreza y el desempleo en alrededor de 50% (Fernandes, 2010:84). Otros hablan de un ascenso del gasto social de 8,2% PIB (1998) a 20,9% (2006) (Ruiz, 2010:83); así como de una disminución del desempleo formal de 15,3% (2000) a 7,2% (2008) y del informal de 52, 6% (2000) a 43,2% (2008), como resultado del crecimiento del empleo público y el estímulo a formas de autoempleo y consumo populares (Uzcátegui, 2010:116). Por su parte, se reconocen incrementos espectaculares en rubros clave como el de la salud, ascendentes (2005) a 9% del PIB —483% con respecto a los recursos asignados en 1998— en un contexto favorable por el incremento de los precios del petróleo (Díaz, 2008:85).

[97] Este Convenio —firmado en Caracas en octubre de 2000— ofrece especiales beneficios económicos para la Isla, ya que el acuerdo marco no permite la subida de los precios de petróleo —a pesar de las tendencias alcistas a nivel mundial durante varios años de vigencia del acuerdo— y posibilita que Cuba ensamble, elabore y venda medicamentos y equipos médicos a precios favorables para ella.

pérdida de apoyo del gobierno chavista. Posteriormente, las misiones se expandieron hacia distintas áreas (autoempleo, educación superior, atención a niñez), convirtiéndose *de facto* en el núcleo de las políticas sociales del régimen chavista y expandiéndose a países latinoamericanos —como las operaciones oftalmológicas de la Misión Milagro— con logística venezolana y personal cubano.

Según perspectivas afines al chavismo, las misiones responden a la ineficacia del sector público tradicional, apoyándose en un presupuesto extraído de la renta petrolera e implementado mediante la organización popular (Ruiz, 2010:69-70), procurando atender las necesidades más urgentes de sectores populares, ampliando y diversificando la cobertura de salud en las zonas marginadas (ibíd.:88-91). Sin embargo, se les ha cuestionado su escasa planificación y evaluación —previa y posterior—, su doble carácter —como política social y factor empleado para la legitimación y propaganda políticas— y las alusiones mítico-militares que invocan, dentro del estilo providencial del liderazgo y Estado venezolanos (Díaz, 2008:52-53). No obstante, han sido reconocidas —por chavistas y opositores— como una iniciativa para la inclusión social que no puede ser eliminada —y sí perfeccionada— en el contexto actual.

Una política exitosa del Gobierno nacional ha sido la gestión del Instituto Nacional de Tierras, que regularizó millones de hectáreas —en uso por productores y habitantes populares— y promovió la distribución estatal de tierra a cooperativas, ayudando en el combate a la existencia de latifundios improductivos (Ruiz, 2010:86-87).[98] Otra medida de impacto en sectores populares fue la creación de mercados subsidiados de víveres (Mercal) enclavados en los barrios; iniciativa que ayudó al crecimiento del consumo de alimentos básicos. Esto no ha impedido la aparición de casos de corrupción, los elevados costes del programa y las costumbres de acudir a mercados privados para la adquisición de productos de mayor calidad (Uzcátegui, 2010:149).

Sin embargo, existen dos áreas de especial preocupación para la población venezolana, donde los desempeños gubernamentales han sido deficitarios, pese a los recursos y la atención puestos en la solución de tales problemas que amenazan, incluso, la estabilidad y base social del régimen. En el área de la seguridad ciudadana, Venezuela ha adquirido el lamentable registro de ser la nación de mayor violencia urbana del hemisferio, con una

---

[98] Sin embargo, se ha señalado que las adjudicaciones de tierra van unidas a una propiedad que permanece en manos estatales (Petkoff, 2010:59).

tasa de homicidios que se triplicó de 1999 a 2008 (ibíd.:98), alcanzando en una década las 100 000 víctimas (1999-2009) (Petkoff, 2010:173) y desbordando todos los planes gubernamentales diseñados para frenarla. El otro rubro de notorio rezago gubernamental es la construcción de viviendas, donde, pese a la disponibilidad récord de recursos provenientes de la renta petrolera y los contratos suscritos a tal efecto con empresas constructoras de diversos países (Irán, Brasil, China), la renovación o ampliación del fondo habitacional deja mucho que desear. Baste señalar que durante la década terminal del régimen puntofijista (1990-1999) se construyeron 64 000 viviendas anuales, cifra que se reduce a apenas 26 000 en los diez años del gobierno de Hugo Chávez (1999-2008) (Uzcátegui, 2010:147).

6

POLÍTICAS DE PARTICIPACIÓN Y PRÁCTICAS
DE AUTONOMÍA EN VENEZUELA (2006-2011)

INTERACCIONES ESTADO-SOCIEDAD Y POLÍTICA EN VENEZUELA

El régimen puntofijista se sustentó en una democracia tutelada, mediante diversos pactos y prácticas clientelistas desplegados bajo el papel activo de un Estado modernizador y rentista (Maingon, 2010:152-155). La participación ciudadana resultó mediatizada por la preeminencia de lo político partidista (Romero, 2005:239) y el rol redistributivo de un Estado, que dejaba a la sociedad limitadas posibilidades de desarrollo autónomo (Gómez, 2009).[1] El Estado buscó incidir en los barrios a través de centros comunitarios, a los que canalizaba recursos desde instancias nacionales como la Oficina Central de Coordinación y Planificación, el Consejo Nacional de la Comunidad y la Fundación para el Desarrollo y la Promoción de la Comunidad.[2]

La democracia participativa comienza a aparecer como tema en foros y grupos organizados desde finales de los años 60, con la confluencia del movimiento cristianismo progresista —con presencia de la Doctrina Social y la Teología de la Liberación— y las ideas de educación popular de Paulo Freyre. En las acciones de formación y activismo urbanos del Centro Gumilla, los colectivos obreros del grupo Izquierda Revolucionaria —disidente de COPEI—[3] y en las propuestas de una Juventud Revolucionaria

---

[1] En esta época se incorporaron sectores populares a la política y se introdujo una noción de derechos, acompañada de un rechazo al desempeño de las élites en buena parte de la población venezolana (Fernandes, 2010:47).

[2] AD crearía Comités de Barrio para llevar la influencia del partido a la comunidad; mientras la izquierda radical favorecía formas de insurgencia urbana que luego servirían de cantera para el liderazgo barrial, como el agrupado en la Coordinadora Simón Bolívar (ibíd.:45-48).

[3] Durante los años 70, la dirigencia de COPEI abordó en una serie de seminarios y documentos el tema de la democracia participativa, como forma de expandir la acción ciudadana y renovar sus dirigencias.

Copeyana que buscaba una reforma participativa del partido, del modelo económico y la política territorial, se encuentran algunas de las primeras expresiones del «fenómeno participativo». Desde las organizaciones y liderazgos de izquierda destacan las propuestas de Alfredo Maneiro, tendientes a crear un «movimiento de movimientos» integrado por activistas militantes, donde la autonomía y participación de organizaciones populares evitaría el verticalismo del partido; y de Teodoro Petkoff, quien en su crítica al «socialismo real» apostó por la creación de prácticas democráticas en instituciones y organizaciones, donde trabajadores y ciudadanos elijan a sus dirigentes y participen en procesos de gestión y control (López, 2011:7-23). Este proceso anticipó la política defendida por sectores reformistas en la década siguiente, orientada al perfeccionamiento de la Constitución vigente, la ampliación de la participación —allende los partidos— y el impulso a la descentralización administrativa (íd.).

En los años 70, la política de pacificación del presidente Rafael Caldera trajo el desarme de la mayor parte de la insurgencia, propiciando su conversión en partidos —como MAS— y el crecimiento del activismo cultural. En 1978, la Ley Orgánica de Régimen Municipal (LORM) otorgó la representación exclusiva de las comunidades a las Asociaciones de Vecinos[4] —algunas cooptadas por AD—, generando un boom asociativo. Esta Ley formaría parte de una política descentralizadora de resultados ambiguos, que promovió la participación y el debilitamiento del corporativismo tradicional, al tiempo que se incrementaba la desigualdad entre las zonas pobres y ricas (Fernandes, 2010:57-59).

En los años 80 y 90, ante la crisis del sistema político, el acelerado crecimiento urbano[5] y la irrupción del neoliberalismo, se expandió la organización autónoma y las demandas de participación de diversos sectores sociales. Los movimientos populares pugnarían por derechos, recursos y reconocimiento; y radicalizarían la protesta con bloqueos y acciones —ajenos al repertorio de la clase media— cuyo clímax llegaría con el Caracazo de 1989 (López, 2005). Las clases medias articularían sus propuestas cívicas por canales más institucionalizados, reuniendo las Asociaciones Vecinales y las ONG en diversas redes en torno a iniciativas —y discursos— como el

---

[4] Las Asociaciones de Vecinos han sido identificadas como un antecedente de los actuales CC (Evans, 2009:29-30), aun cuando no emulen con estos en lo relativo al volumen de recursos manejados.

[5] Dicho crecimiento urbano estuvo acompañado por una expansión de la marginalidad, la violencia y la informalidad, apareciendo nuevas ciudades de pobres (Fernandes, 2010:16-17).

ambientalismo, la lucha por los derechos humanos y la planeación urbana (Gómez, 2009). Este fenómeno se vería acompañado por avances como la aprobación de la Ley de Elección Directa Popular y Secreta de Gobernadores, y la Ley Orgánica de Sufragio y Participación Política, que llevaron la elección a los poderes subnacionales y expandieron la capacidad ciudadana de proponer y votar por candidatos alternativos a los impuestos por los «cogollos partidistas» (López y Lander, 2010: 202).[6]

Políticas de participación bajo el gobierno de Hugo Chávez

Con el ascenso de Hugo Chávez a la presidencia en 1998, se produce una repolitización ligada a la polarización que divide a la sociedad, en cuyo marco se expandieron, a la vez, el conflicto social y la apelación a los procesos electorales como forma de probar fuerzas y dirimir pugnas (Maingón, 2010: 161). La exclusión política y simbólica de los pobres, afectados por las políticas neoliberales, se tradujo en la constitución de un frente electoral *ad hoc*, capaz de imponerse en las elecciones y entablar una dura batalla para aprobar una nueva Constitución (CRBV, 1999) y la ratificación del nuevo liderazgo presidencial, ante la férrea resistencia de las clases medias y altas urbanas. Se generaron procesos de inclusión social y política de los pobres, al amparo de la voluntad estatal y la renta petrolera, ampliando su base social. Pero su efecto democratizador se ha visto paulatinamente matizado por el creciente personalismo y burocratización políticos, la construcción de un régimen hiperpresidencialista —imbricado con un partido unificado (PSUV) que suplanta la pluralidad del frente oficialista originario— y un Gobierno que desarrolla, desde arriba, mecanismos de participación popular muy diversos, que transitan de etapas de apogeo a otras de declive (Evans, 2009:39).[7]

Existe una prolija producción académica en torno al fenómeno de la participación en la etapa posterior a 1999. Unos estudios trazan el decurso de su génesis y evolución como discurso y proceso políticos (López, 2011); otros permiten comprenderla en relación con la estatalidad (Lander, 2007) y en su nexo con las —incompletas— reformas institucionales y los mecanismos de

---

[6]   Para un análisis exhaustivo de las leyes y proceso descentralizadores, ver López (2005:115-118).

[7]   Para algunos, el bajo nivel organizativo de las bases chavistas es el factor que hace recaer las principales iniciativas del proceso en el líder y su pequeño grupo, en una forma de cesarismo progresivo (Ruiz, 2010:54).

gestión pública (Cilano, Córdova y Chaguaceda, 2009). El vínculo entre las experiencias de participación —y su calidad— y el Estado de la representación (Arenas, 2011) ha sido abordado críticamente; así como la evolución de las políticas de participación en relación con los diferentes objetivos y etapas del proyecto «chavista» (Ochoa, 2010), apreciados de forma laudatoria. También se ha tomado nota de la coexistencia de la institucionalización de lo participativo y las expresiones de polarización que enfrentan diversos actores (García, 2003) en los marcos de una sociedad fuertemente politizada.

El actual modelo participativo ha ido evolucionado de una fase temprana (1999-2002), donde incorporaba los sujetos preexistentes, transitando por otra (2003-2006) donde se crearon las primeras estructuras del nuevo régimen —como los CC—, hasta llegar al enfoque de participación centralizada actual, impulsado desde 2007 (León y Smilde, 2009). En la etapa temprana destacaron por su impacto los Comités de Tierra Urbana (CTU), constituidos por decreto presidencial, en febrero de 2002, para la resolución de los problemas del hábitat, regularizando la tenencia de la tierra. Los Comités fueron aprobados en asambleas vecinales y se apoyaban en organizaciones preexistentes,[8] alcanzando un número de 6 000 en 2006, en el marco de un proceso —típico de los primeros años del chavismo— en el cual los diversos grupos populares adquirieron mayores niveles de organización, conciencia e identidad política (Ruiz, 2010:58). De estos, los CTU fueron las organizaciones que mostraron mayor potencial de autonomía —pese a su integración en las estrategias gubernamentales—, acompañados por otras instancias enfocadas en los servicios, como las Mesas Técnicas de Agua y las Mesas de Energía (García, 2008).

Otras instancias fueron los Círculos Bolivarianos (CB), creados (2001) bajo el auspicio del MVR, con la misión de operar como gestores comunitarios frente a las instituciones (ibíd.:57), ayudar a implementar las políticas sociales del Gobierno en zonas populares y confrontar las acciones opositoras (Uzcátegui, 2010:197-201).[9] Los CB —integrados por un máximo de 12 personas— desaparecieron, transformándose en organizaciones

---

[8] Un antecedente de los CTU puede hallarse en la Asamblea de Barrios de Caracas (1991), integrada por dirigentes de 200 barrios, que desarrolló propuestas relativas al reordenamiento territorial, gestión y política local (ibíd.:56).

[9] Los CB han sido valorados como intentos fallidos de conformar una mítica «comunidad total», como instancias excluyentes del diálogo y el disenso interno, destinados a la homogeneización ideológica y a la canalización de demandas populares, para crear a escala nacional una base social chavista que fusionase lo social y lo político (Arenas y Calcaño, 2006:109-128).

de objetivo políticamente más acotado —(Unidades de Batalla Electoral) en un proceso realizado sin consulta alguna a sus millones de miembros. Mientras, en el campo opositor, se conformaron Asambleas de Ciudadanos dentro de las urbanizaciones de clase media (García, 2008), las cuales politizaron aún más la participación comunitaria al adscribirse a la opositora Coordinadora Democrática.

Estructuras promisorias fueron los Consejos Locales de Planificación Pública (CLPP), dotados de una visión descentralizadora del poder local, que combinaba los principios de representación y participación, y legitimaba la pluralidad de organizaciones sociales existentes en el ámbito municipal (García, 2008). Sin embargo, aún amparados por el marco constitucional, los CLPP fueron copados poco a poco por la burocracia chavista (Ruiz, 2010:94), limitados por la injerencia de alcaldes —tanto oficialistas como opositores—, preocupados por el impacto de su función contralora (Uzcátegui, 2010: 203) y, a la postre, menguados en su poder por la aparición de los CC, enlazados directamente —en la doble dimensión material y simbólica— con el poder presidencial. A la anulación de los CLPP tributaron la escasa información existente a escala comunitaria sobre sus potencialidades y la mayor representación de los actores de Gobierno —en instancias como los CC—, en detrimento de la sociedad civil local (Evans, 2009: 37-38).

De 2007 a la actualidad se producirá una paulatina sustitución del proyecto de «democracia participativa y protagónica» por el «socialismo del siglo XXI», lo que conduce a un estrechamiento y homogeneización de los espacios de participación abiertos, acompañados por una expansión de la acción colectiva de toda la sociedad —oficialista y opositora— como reclamo de derechos al Estado (López y Lander, 2010). El giro de timón afectó el desarrollo de las distintas formas de participación preexistentes (López, 2010:278-294), toda vez que la mayor parte de estas dependían materialmente del Estado (Fernandes, 2010:29); el cual monopoliza, en buena medida, el discurso de la participación al identificarlo con las marchas y organizaciones que promueve (ibíd.:251).

En años ulteriores (2007-2011) ha disminuido la inserción de actores autónomos del chavismo en los programas y discursos del Gobierno; el cual ha privilegiado sus nexos con los CC y potenciado las inestables estructuras locales del PSUV. Se revela una tensión permanente entre la autonomía de un movimiento social afecto a Chávez y las «nuevas» prácticas de cooptación clientelar por parte del Estado venezolano —herederas de la denunciada tradición de la IV República—; cuya apelación a un asambleísmo abstracto y la sustitución del pueblo por el líder constituyen caricaturas de la democracia directa (Sosa, 2007:42). Un componente destacado dentro del modelo de participación chavista lo constituyen las estructuras del llamado Poder Comunal, en particular los CC.

Los CC son actores comunitarios cuya constitución y accionar los define como entes híbridos (Gómez y Ramírez, 2007), ubicados en los intersticios de la sociedad y el Estado e influidos —simultáneamente— por las lógicas comunitarias e institucionales. Su actividad principal ha sido la formulación de proyectos en el ámbito territorial para recibir recursos gubernamentales, lo cual ha estimulado el despilfarro y la corrupción en ausencia de una contraloría social independiente (García, 2008). En medio de la tensa campaña para las elecciones de diciembre de 2006, nacieron con la doble misión de gestionar servicios comunitarios vinculados con las misiones sociales (salud, educación, alimento) y otros programas gubernamentales; además de servir como la piedra angular a la construcción del nuevo Poder Popular (LCC, 2006). Así enfocada, la participación a través de los CC —orientada a la construcción del «socialismo del siglo xxi»— circunscribió *de facto* el derecho de su ejercicio pleno a quienes se identifican con el oficialismo.[10]

La aparición de los CC ha ido acompañada de una intención de uniformar el espacio sociopolítico local y suplantar la diversidad de actores preexistentes, tanto aquellos procedentes de la IV República, como los surgidos durante los primeros años del proceso bolivariano.[11] Su constitución y organización fue fuertemente impulsada por el Presidente y quedó definida por lo estipulado en la Ley Orgánica de los Consejos Comunales; donde se señala que el Acta Constitutiva del CC debe reflejar un ámbito geográfico, con su ubicación y linderos, así como la base poblacional específica. Ellos no responden a una demarcación territorial —tradicional—, sino so-

---

[10] Unidas en el tiempo, las Leyes Orgánicas de los CC y del Poder Popular conforman lo que el Gobierno considera el bloque de leyes dirigidas al establecimiento del Estado comunal. En la segunda, el poder popular es definido como el ejercicio «pleno» de la soberanía popular, a través de las «... formas de organización, que edifican el Estado comunal» (art. 4); las cuales serían los CC, instancias de participación para ejercer el gobierno comunitario, las comunas, las ciudades, federaciones y confederaciones comunales, y las demás que surgieren por iniciativa popular; teniendo todas como rasgo común el llamado «autogobierno comunal» (art. 14).

[11] Al respecto, un líder barrial zuliano declaró que su gestión de la política pública viene desde las Asociaciones de Vecinos, pero que se resiente la pérdida de vocación de servicio y la sujeción al proyecto oficialista (Activista, CC Eleazar L Contreras, 25 de marzo de 2011). Otros señalan la ausencia de servicios y la existencia de una comunidad dividida por conflictos políticos (vecinos de los barrios La Bandera y La Ceiba, Taller sobre Participación Ciudadana, Alcaldía de Lagunillas, 31 de marzo de 2011).

cial; un grupo de personas y familias, vinculadas por intereses comunes históricos, culturales, económicas, sociales y territoriales pueden constituir una comunidad, base para crear un futuro CC.[12]

Su dependencia hacia el ejecutivo —a través de una estructura con autoridades designadas por el Presidente— definió una relación clientelar, donde los afectos al proyecto chavista reciben recursos y sus adversarios sufren innumerables trabas burocráticas o se les niegan los apoyos (Bozo de Carmona, 2007:65). Entre tanto, la gente ha buscado fórmulas para esquivar las dificultades de obtención del mencionado código y constituir su CC como vía para lograr «algo» del Gobierno y solucionar problemas particulares antes que como una forma de ejercer su derecho a la participación.[13] De hecho, solo un grupo reducido de CC —derivados de algunos de los movimientos sociales preexistentes a la llegada de Chávez— o ligados a zonas y grupos activas de la oposición se han reconfigurado de una manera algo más autónoma alrededor de instancias tales como el Frente Nacional Campesino Ezequiel Zamora o las radios comunitarias —en el caso chavista— o en el Frente Nacional de Consejos Comunales Excluidos —vinculado a la oposición—.[14] Solo algunos CC integrados por opositores han logrado la inscripción legal que les permite el acceso a los recursos canalizados por entidades como el ente rector y canalizador de recursos en el área de participación y desarrollo comunal, conocido por sus siglas Fundacomunal.

La inserción de los CC, como un actor relevante dentro de las dinámicas barriales comunitarias, sufre los efectos de la polarización «oposición-oficialismo» y sus estructuras son frecuentemente secuestradas por las lógicas de los partidos políticos y del funcionariado público, tanto por acciones procedentes del Gobierno nacional[15] como de gobernadores y alcaldes. Estas dificultades han inducido a muchos ciudadanos a tratar de utilizar pragmáticamente

---

[12] La Ley se refiere específicamente a entre 150 y 400 familias en el ámbito urbano, desde 20 en el rural y apenas 10 familias en el caso de los indígenas, comunidades base «indivisibles», como requisito para la conformación del «gobierno comunitario» y la democracia protagónica (arts. 4.1 y 4.3).

[13] Una testimoniante expresó que eran pocos quienes participan en los CC, pero que la gente va si siente que le darán algo (Coordinadora de Ambiente del Consejo Comunal Constitución, 25 de marzo de 2011). Esto está en sintonía con estudios recientes que testimonian «[…] la búsqueda de beneficios propios obedeciendo a motivaciones personales y la baja participación […] en las organizaciones comunales del centro de país» (López Maya, 2011).

[14] Ver al respecto http://consejoscomunalesexcluidos.blogspot.com/.

[15] «Se ha dificultado el registro de CC (clave para obtener recursos) ante Fundacomunal y el Consejo Federal de Gobierno: de los 103 CC electos en el período 2009-2011, solo 13 o 14 han recibido código. Las listas de convocados a las reuniones con el Gobierno no son representativas

estos espacios de participación, en función de solucionar sus problemáticas e intereses muy específicos o, al menos, acceder a la información de lo que allí se discute, sin comulgar con el proyecto político oficial.[16]

Orientación estatal del modelo:
espacio para el conflicto y la dominación políticos

El papel asignado por el Gobierno nacional a los CC se hizo más evidente al ser llamados a constituirse en el «Quinto Motor» de la Revolución Boliva-riana, hacia el socialismo del siglo xxi. Plasmado este último en el Proyecto Nacional Simón Bolívar 2007-2013, en el aparte acerca de la participación protagónica revolucionaria, se hace una serie de consideraciones en referencia a la necesidad de privilegiar la actuación de la «sociedad civil organizada» —chavista—, antes que la de los funcionarios públicos, en la atención de las necesidades colectivas, así como la promoción de la intervención directa en los CC como el exclusivo instrumento de ejercicio de la soberanía popular. En esa dirección, actores relevantes del oficialismo han relacionado ex-plícitamente el fortalecimiento del Poder Popular mediante el desarrollo de los CC, con el debilitamiento de los gobiernos regionales y locales identificados con la democracia representativa (Rodríguez y Muller, 2009:32).

Resulta evidente que su consideración como medios de construcción del nuevo modelo socialista y como detentadores exclusivos de la soberanía popular responde a una visión del proyecto político oficial. De hecho, las leyes de 2006 y 2009 acerca de los CC se encuadran en una planificación que, desde la presidencia de la República, se dirige a la «refundación de la Nación Venezolana», en la que la democracia pasa de participativa a revo-lucionaria.[17] Asimismo, dentro de los «Cinco Motores Constituyentes de la

---

de la membrecía de todos los CC; tienen una lista de contactos con la que citan, que son puros rojos» (funcionario de la Alcaldía de Lagunillas, 25 de marzo de 2011).

[16] Al respecto, un activo líder barrial —cercano al partido Un Nuevo Tiempo— expresó la necesidad de no dejar espacios vacíos para impedir que los cope el oficialismo (activista, CC Eleazar L Contreras, 25/3/2011).

[17] Es lo que se refiere en el Proyecto Nacional Simón Bolívar, Primer Plan Socialista del Desarrollo Económico y Social de la Nación (PPS), con vigencia 2007-2013, y en cual se presentan un conjunto de directrices, entre las que se plantea incluso modificar la estructura socioterritorial de Venezuela, «[…] a través de un nuevo modelo de desarrollo territorial desconcentrado, definido por ejes integradores, regiones programa, un sistema de ciudades interconectadas y un ambiente sustentable» (PPS, 2007) .

República Bolivariana de Venezuela» se esboza una «Nueva Geometría del Poder», que considera «[…] el reordenamiento socialista de la geopolítica de la nación» (Chávez Frías, 2007), así como una «Explosión del Poder Comunal», que hace referencia a nuevas formas de Gobierno no representativas, emanadas desde núcleos urbanos por iniciativa popular. Esta «Explosión…», dirigida a potenciar la «democracia protagónica, revolucionaria y socialista», plantea igualmente la creación de ciudades comunales —que deberán ser avaladas por una reforma constitucional concebida como «Segundo Motor» dentro de la «Geometría…»—; de forma que, «[…] no hagan falta juntas parroquiales, alcaldías, ni concejos municipales, sino Poder Comunal» (íd.).

Por último, el texto legislativo de 2009[18] tiene otro punto de referencia en la propuesta de reforma constitucional planteada como «motor» indispensable en 2007; en la que se preveía que «el Poder Popular» habría de desarrollar formas político-territoriales con autogobierno y democracia directa, así como ciudades comunales, sin duda, a expensas de los actuales municipios. Por lo que, si bien el origen de otras instancias de democracia participativa y representativa provendría del texto constitucional de 1999, en el caso específico de los CC —y la concepción «comunal» como forma de Gobierno— remiten al nuevo proyecto oficialista promovido desde 2007.

El Ministerio del Poder Popular para la Participación y el Desarrollo Social señaló en aquel año que la nueva regulación acerca de los CC debía ser «[…] el combustible fundamental del motor habilitante de la discusión de nuevas leyes que deben producirse para que la Revolución avance […] del motor constituyente que debe reformar la Constitución Bolivariana de Venezuela, para hacerlo ajustado a la demanda de construir la sociedad socialista» (Velásquez, 2007); lo que evidencia un cambio jurídico y político. Además, es objetivo expreso de los CC, de acuerdo con la Ley Orgánica de los Consejos Comunales, la «[…] construcción del nuevo modelo de sociedad socialista» (art. 2) como elemento de trascendencia que permite su relación con el proyecto bolivariano ya enunciado; y la concepción de los CC «[…] como instancia de participación para el ejercicio directo de la soberanía popular...» (íd.).

---

[18] El cambio de la legislación ha sido valorado negativamente por entrevistados: «Cuando se propuso modificar la ley en 2009 todos [rojos y opositores] nos alegramos porque pensamos que iba a haber debate […] pero las preguntas estaban pre hechas, hicieron una convocatoria selectiva, con pura gente de las misiones en la sede del Gobierno […] Allí se llegó a decir "esto es comunismo por la calle del medio", pero no nos levantamos, nos quedamos para ver que decían […] hemos obtenido información de cómo piensan y operan» (activista, CC Eleazar L Contreras, 25 de marzo de 2011).).

En principio, esta concepción tendría su origen, igualmente, en el Proyecto Nacional Simón Bolívar, cuya premisa es que la representación no es soberanía, sino delegación del poder por parte de la ciudadanía. Por tanto, si bien el «Poder Constituido» —conformado por maneras de ejercicio no comunitarias del poder— no sería «popular» (Chávez Frías, 2007), quedaba la preocupación por si este cuestionamiento a las formas de democracia representativa y participativa reconocidas por la CRBV no era otra cosa que un desafío —discursivo y efectivo— dirigido a los diversos poderes regionales/locales y a cualquier formas de control y participación ciudadanos no disciplinados por el ejecutivo. Es decir, el poder popular sería el ejercicio de la soberanía directa en espacios territoriales (comunidades) conformados por los propios ciudadanos, que se articularían en comunas y estas, a su vez, conformarían el Estado comunal; estableciendo la incidencia de los CC sobre los niveles políticos-territoriales y los órganos y entes del poder público, sobre las propias instancias y organizaciones del llamado poder popular y frente las organizaciones sociales o comunitarias y personas privadas cuyas actividades incidan en los intereses generales o colectivos.[19]

La consagración de los CC como espacios de conflicto y control político en el seno de las comunidades significa una reproducción en el espacio local de la polarización vigente en el país, exacerbada por actores políticos dominantes en el Gobierno y la oposición. La partidización de su participación en las Asambleas de Ciudadanos supone que, en tanto quien no participe no tiene derecho a oponerse a las decisiones (García, 2008), se afecta a los no adherentes, en especial al segmento de la población no representada en el CC, como consecuencia de su exclusión por motivos políticos. Así, mientras el discurso presidencial habla de empoderamiento y democratización, los resultados apuntan hacia el clientelismo, la cooptación, la centralización y la exclusión por razones de polarización política (García, 2008);[20] todo lo cual se articula con la injerencia castrense en la conducción de las políticas de participación.[21]

---

[19] Esto —por el peso decisivo del ejecutivo en la conducción de semejante modelo de participación— reforzaría la interferencia presidencial sobre todos los poderes y espacios estatales y sociales.

[20] Incluso defensores del modelo reconocen que el excesivo control partidista, el personalismo y el rol estatal como impulsor de masificación de la participación son contrasentidos a la lógica de los CC (Evans, 2009:197) y se hacen llamados a reconocer la persistencia del clientelismo, la corrupción y la ineficacia estatal; así como a la necesidad de constituir CC donde todos quepan, sin imposición de una ideología, ni confundirlos con estructuras de PSUV (Monedero, en Evans, 2009:13-15).

[21] El primer coordinador nacional de los CB fue un alto oficial de la inteligencia venezolana (Dirección de los Servicios de Inteligencia y Protección); mientras que el Ministro de Participación

Si bien la Ley de los Consejos Comunales de 2006 tan solo los señala como instancias de participación dirigidas para permitir «al pueblo organizado» ejercer de modo directo la gestión pública, bajo el manto «de una sociedad de equidad y justicia social» (art. 2), la Ley Orgánica de 2009 los presenta como parte integrante «... del nuevo modelo de sociedad socialista de igualdad, equidad y justicia social» (íd.). Actualmente, se los ratifica como instancias participativas, aunque una nueva reforma legislativa apunte hacia la sustitución a futuro, tanto de la representación como del ejercicio soberano del poder, en los términos de la ley originaria. Los «nuevos» CC, nacidos de la Ley de 2009, serán una suerte de «controladores controlados», que operen como instancias de exclusión de los opositores y participación subordinada de los adherentes, bajo el control supremo de la presidencia de la República.

La conflictividad y polarización políticas adquieren visos agudos en determinadas coyunturas locales, como consecuencia del enfrentamiento de algunos CC al mal desempeño de entidades y burocracias gubernamentales o el rechazo de líderes barriales a las retaliaciones que sufren sus comunidades como consecuencia de la confrontación chavismo-oposición.[22] Sin embargo, en otras ocasiones, la polarización se mezcla —de forma abigarrada— con el compromiso por el barrio[23] al procurar los líderes comunitarios mantener abiertos canales de comunicación y colaboración con el oficialismo y con la oposición. En ese sentido, se observó en varios CC estudiados que algunos cargos son «repartidos» —preasignados— dentro del Consejo, de acuerdo al apoyo con el que cuenten los líderes/promotores en la base electoral de la Asamblea; y a partir de sus niveles de acceso partidista y gubernamental, en un modelo similar al aplicado en sus dinámicas internas por los partidos políticos.

Este mismo pragmatismo ha llevado a ciertos líderes comunitarios a buscar la atención del Gobierno nacional adoptando una mezcla de peticiones,

---

Popular y Desarrollo Social encargado de implementar los CC fue el general José Luis García. También se ha destacado la participación de los CC en las labores de la llamada «inteligencia social», como auxilio de funciones policíacas del Estado (Uzcátegui, 2010:197-206).

[22] En Lagunillas, los vecinos tomaron las calles y secuestraron los camiones de basura incautados por el Gobierno nacional, asumiendo el servicio con recursos de la comunidad (activista, CC Las Morochas 3, 25 de marzo de 2011).

[23] Un líder de tendencia opositora expresó «Yo tomé el CC para que los chavistas que hay aquí no lo cojan y porque me gusta trabajar por la comunidad, hay un poco de población chavista en el barrio pero no han podido con nosotros [...] hay chavistas que quieren a su comunidad y reconocemos su trabajo...» (activista, CC Las Morochas 3, 25 de marzo de 2011).

reivindicaciones y mimetismo político; algo evidente cuando se conocen CC tradicionalmente integrados por opositores que asumen de repente la simbología y retórica oficialistas para acceder a los recursos del poder central.[24] Ello inscribe a los CC «pragmáticos» como piezas clave dentro de la estrategia del Ejecutivo nacional por arrebatar al tradicional dominio opositor regiones y localidades como las de la Costa Oriental del Lago.[25] El apoyo a determinado partido, bien sea de la oposición o del oficialismo, es imprescindible a la hora de lograr recursos para sus proyectos y enajena a aquellos CC que apuestan por integrar en sus filas la pluralidad política de sus comunidades, con apego a lo establecido en la ley.[26]

Sin embargo, subsisten actores muy críticos con estos procesos y los efectos que generan en la cohesión y participación de su comunidad.[27] Aunque reconocen la complejidad y altibajos que caracterizan esta relación[28] con críticas que alcanzan también al accionar opositor —allí donde este es Gobierno— por replicar el tratamiento errático, sesgado y/o políticamente

---

[24] Un ejemplo es el Consejo Comunal Constitución, en Lagunillas, saturado de símbolos rojos y con una bandera del PSUV en el frente de la Casa Comunal. La explicación del «cambio» la dan los propios protagonistas: «Con el tiempo y cuando los recursos fueron aumentando, los chavistas no nos dejaban recursos porque no estábamos registrados, ahora le introducimos recursos al Consejo Federal de Gobierno […] ahora es que las instituciones vienen a vernos aquí» (contralor social y de salud, CC Constitución, 25 de marzo de 2011). «Ahora estamos recibiendo un curso de formación de 5 días con 8 horas cada uno, con una profesora cubana y otra indígena, se dan clases políticas, etc. […] antes el gobierno municipal nos ayudó con agua, alumbrado y gas, la gobernación con las aceras […] ahora el Gobierno nacional aprobó casas y una escuela bolivariana […] Los primeros años tenía yo la marca de opositora y no me daban recursos en Fundacomunal» (líder femenina del CC Constitución, 25 de marzo de 2011).

[25] «Aquí se hará la Sala de Batalla, porque somos los únicos que estamos organizados, nos reuniremos todos los CC los Sábados» (líder femenina del CC Constitución, 25 de marzo de 2011).

[26] «[…] otros CC están divididos entre chavistas y opositores y no reciben recursos» (líder femenina del CC Constitución, entrevista, 25 de marzo de 2011).

[27] Un líder expuso su negativa a avalar fraudes, como cuando en cierta comunidad se creó un CC paralelo, marcadamente oficialista, luego de se vencérsele el tiempo al que había, no registrado (activista, CC Los Robles, 25 de marzo de 2011).

[28] En esa dirección se reconoce que «existe un costo de trabajar en lo organizativo en la comunidad e interactuar con los gobiernos locales y nacionales. Aunque aquí en Los Robles han sabido convivir oposición y chavismo, contando con el apoyo del alcalde quien ha apoyado talleres de formación y actividades para obtener recursos, ha instalado el gas, albañales, electrificación, solo falta terminar las calles pero estamos sufriendo el efecto del conflicto nacional […] presentamos un bulevar que fue iniciativa del Consejo Comunal apoyado por la Alcaldía, pero no recibimos respuesta del Gobierno nacional» (activista, CC Los Robles, 25 de marzo de 2011).

interesado del Gobierno nacional.[29] Inmersos en los procesos políticos locales, algunos líderes de CC han apostado por fortalecer formas emergentes de autogestión y acciones para promover la identidad comunitaria.[30]

Igual que en el acápite anterior, en la medida en que esta es la propuesta de participación política creada desde el Estado, vale la pena analizar el régimen político y relacionarlo claramente con él.

Incidencia societal del modelo:
orientación e impacto de las políticas públicas

El texto constitucional de 1999 asume la gestión, administración y políticas públicas como fenómenos vinculados a la participación. Según la Constitución bolivariana, la gestión no puede verse aislada al derecho ciudadano a la participación, tanto directo como indirecto y en forma «protagónica» (art. 62), en las fases de formación y diagnóstico, ejecución y control externa e interna. La administración pública debe atender en forma predominante la satisfacción de las necesidades colectivas como actuación «al servicio de los ciudadanos» (art. 141) y las políticas públicas corresponden a los fines del accionar estatal, en tanto defensa y el desarrollo de la persona y ejercicio democrático de la voluntad popular (art. 3). Nociones todas que hoy se confrontan con las realidades políticas del poder comunal.

Los alcances de la implicación real de los CC en el proceso de las políticas públicas son objeto de debate pues, aunque en la Constitución bolivariana se define la participación como incidencia ciudadana en la formación, ejecución y control de la gestión pública (Exposición de Motivos, título III, cap. IV), ya en la Ley de CC queda limitado el poder popular a la gestión —y no a la formulación— de las políticas (Sosa, 2007:48-50). A partir de lo expuesto por la Ley de 2006, los CC fueron vistos por la población como instrumentos y elementos de acceso a la renta petrolera no distribuida (León, 2010); como ejecutores de las políticas nacionales en las comunidades e, incluso, como mecanismos para canalizar las más variadas aspiraciones

---

[29] Un activista vinculado al partido COPEI reconoció: «Yo hablé con el gobernador Pablo Pérez el problema de la cancha y la vialidad, aun estamos esperando respuesta» (CC Los Robles, 25 de marzo de 2011).

[30] Así, un activista testimonió con orgullo la elaboración de tambores conmemorativos con las caras de los fundadores del pueblo, utilizados en las fiestas del santo local; así como una recogidas de fondos para ampliar la plaza y arreglar la iglesia local (activista, CC Las Morochas 3, 25 de marzo de 2011).

y demandas. En concreto, su actividad principal ha sido la formulación de proyectos en el ámbito territorial para recibir recursos gubernamentales (García, 2008), lo cual ha estimulado la corrupción en ausencia de una contraloría social independiente —realizada por los propios CC— y frente a las carencias culturales, legales y formativas que erosionan su capacidad para ejercer sus funciones frente a la administración pública.

La propuesta de 2006 planteó, en consonancia con la Constitución bolivariana, un ejercicio descentralizador desde el poder nacional hacia el estadual y municipal, como política dirigida a «[…] acercar el poder a la población» (art. 158), en el cual parroquias y barrios asumirían servicios, previamente atendidos por los mismos estados y municipios, en una suerte de «administración pública paralela» (Córdova, 2008:24). Sin embargo, el inadecuado manejo de tales recursos por parte de los CC, las dificultades emanadas de la complejidad de la intermediación financiera y de las formalidades jurídicas que se evidenciaron en su desempeño generaron críticas en el propio Gobierno y en la opinión popular.

Mientras en el texto de 2006 el encuadre administrativo es más evidente, en la Ley Orgánica de los Consejos Comunales de 2009, y las acciones políticas con ellas relacionadas, resulta visible la intención de querer integrar a los CC dentro de la institucionalidad estatal o convertirlos en una suerte de «burocracia comunitaria», orientada a la solución de problemas concretos (Courlaender, 2007); en un entorno donde la acelerada transferencia de competencias —responsabilidades para la gestión de diferentes servicios públicos— evidenció voluntarismo y ausencia de planificación. Aunque en el texto legislativo de 2009 se encuadra como una prerrogativa de los CC «[…] el ejercicio de la gestión directa de las políticas públicas»(art. 2), para los actores del chavismo la «planificación desde arriba es una forma de arrebatar al pueblo la producción social de la ciudad […] resulta imprescindible fortalecer los medios de participación protagónica del pueblo en la formulación, ejecución y control de las políticas públicas» (Comités de Tierras Urbanos y Movimiento de Pobladores, 2009:41). Asimismo, han destacado la necesidad de integrar los CC en la formulación de leyes y políticas públicas, y no solo en su ejecución; además de potenciar la capacitación técnica y la reflexión política nacidas desde su propio seno (Evans, 2009:198).

En correspondencia con la amplitud de competencias transferidas a los CC —que ha generado una explosión de demandas sin que estos cuenten con la infraestructura ni con la capacitación adecuadas—, buena parte de los entrevistados (oficialistas y opositores) testimonian su aspiración a recibir sueldos estatales, como ocurre con los funcionarios públicos. Así, las confusiones entre el ciudadano involucrado en la política y el administrador público (Cilano, Córdova y Chaguaceda, 2009) se amplifican, llevando nuevas tensiones y distorsiones al seno de los procesos de democracia participativa y, en general, al campo de la política comunitaria.

Recientemente, la reforma de la Ley contra la Corrupción ha incluido como sujetos de control a los voceros de los CC; por lo cual se aprecia que el Gobierno venezolano busca reafirmar más su papel de cogestores en lugar de fomentar su papel como actores de una sociedad civil organizada. Sin duda, la incorporación de los CC como sujetos en la lucha contra la corrupción en 2011 los separa de las formas amplias —y a menudo incontroladas— de acceso a los ingresos públicos de 2006. Ello permite evaluar su tránsito de una idea de involucramiento generoso, sostenido a partir de las expectativas sobre su desempeño y de la amplia disponibilidad de recursos, a una administración desconfiada, donde el Estado recupera control sobre estos y recursos delegados, y acota sus funciones y capacidades de gestión.

Muy vinculados a áreas específicas de las políticas públicas, y a las necesidades/expectativas de los sectores populares, los temas del desempleo, la inseguridad y la vivienda continúan siendo problemas irresueltos que gravitan sobre la política comunitaria y el desempeño de los CC. En particular, el problema habitacional —una de las preocupaciones mayoritarias de los miembros de los CC estudiados— ha atentado contra la legitimidad y encantamiento de estas instancias participativas, como resultado de los pobres resultados obtenidos en la materia a partir de la improvisación e inestabilidad con que la política de construcción de viviendas —dirigida desde el Gobierno central— ha sido implementada en la comunidad.[31]

Las políticas de participación del gobierno venezolano —en particular la aparición y desarrollo de los CC en su doble condición de actores políticos y administradores de la política pública— pueden ser estudiadas en relación al contexto general de polarización y al conflicto político vividos por la sociedad venezolana, a las mutaciones del proyecto político oficial y a la (re)construcción del régimen político nacional. El propio Gobierno reconoce que, al ser rechazada en referéndum su propuesta de reforma constitucional

---

[31] «Del Gobierno nacional bajaron recursos para la sustitución de ranchos por casas, pero eso fue a través de Fundacomunal, en un proceso mal manejado» (coordinador, CC Los Robles, 25 de marzo de 2011). Por su parte, un funcionario entrevistado expresó: «La única obra que se ha priorizado es la "sustitución de rancho por casa", con recursos canalizados a CC cercanos al Gobierno nacional. La gente ha perdido interés en participar porque no ve soluciones y el proceso técnico de aprobación es demorado y complicado» (funcionario de la Alcaldía de Lagunillas, 25 de marzo de 2011).

en 2007, leyes como las Orgánicas de los Consejos Comunales y la del Poder Popular deben ser introducidas mediante nuevas fórmulas, como los decretos presidenciales. Dentro de estas leyes la soberanía popular, perteneciente a los ciudadanos, se concretarían dentro de formas paralelas (comunas) de división político-territorial en Venezuela —sin claro soporte constitucional— y los gobiernos regionales y municipales dejarían de ser el espacio fundamental de atención de las necesidades públicas y representación territorial de las opciones políticas, para dar paso a los CC, comprendidos como centros de democracia comunitaria y control social.

En tanto la conformación de nuevos actores como los CC, de acuerdo a la Ley Orgánica de 2009, exige como requisito previo el registro ante el Poder Ejecutivo Nacional —a fin de su reconocimiento y su «personalidad jurídica» (art. 17)— y consagra su dependencia de este para el otorgamiento de recursos, su carácter autónomo quedaría, en principio, en entredicho. Las decisiones, y hasta la constitución de las instancias participativas, serían una competencia nacional fuertemente influida por el clima de polarización vigente y sujeta a la partidización que emana de él.

En los CC se constatan dificultades en el Estado de la participación,[32] emanadas de la decepción respecto a su funcionamiento y el incumplimiento de expectativas materiales[33] o por el rechazo a acciones del Gobierno nacional, fundamentadas específicamente en su proyecto político, del cual son excluidos los opositores. Esta exclusión también se reproduce en zonas donde la oposición es Gobierno, aunque la vinculación de los CC con la presidencia hace que la inmensa mayoría de dichas instancias tengan nexos más o menos orgánicos con el oficialismo. Como pude apreciar en mi investigación, quienes sufren son aquellos CC que buscan mantenerse al margen de la polarización y, sobre todo, son las comunidades las afectadas por las diversas formas de participación partidizada y excluyentes.

Algunos autores destacan que la expansión de la participación bajo el gobierno de Hugo Chávez solo es comparable a la ocurrida en las etapas

---

[32] «Aquí trabajan realmente 8 o 10 de los 25 que conforman el Consejo Comunal» (coordinador, CC Los Robles, 25 de marzo de 2011). «De los 34 miembros de nuestro Consejo Comunal aproximadamente la mitad trabaja y participa en las actividades, en un Consejo Comunal donde el 75% es opositor» (activista, CC Eleazar López Contreras, 15 de agosto de 2011).

[33] «[…] el alcalde y otros funcionarios apoyan la participación, pero eso es porque lo necesitan o conviene, la gente se desencanta cuando ve que se discuten en presupuestos participativos obras que luego no se hacen» (funcionario de la Alcaldía de Lagunillas, 25 de marzo de 2011).

del fin de las dictaduras de Juan Vicente Gómez y Marcos Pérez Jiménez[34] (Romero, 2009:87). Sin embargo, en la Venezuela actual lo que se constata es la persistencia —y el reforzamiento— de diversos obstáculos a la participación autónoma de la ciudadanía, como la adopción y generalización de una idea de poder popular vaciada de contenidos reales por la expansión del poder estatal centralizado y reforzada por diversas formas de cooptación/criminalización de la organización social (Uzcátegui, 2010:224-227).

Prácticas de autonomía en Venezuela (2006-2011)

Para comprender el estado de las prácticas de autonomía emergentes desde el espacio asociativo venezolano, hay que enmarcar la relación Estado-sociedad en Venezuela dentro de un desarrollo histórico caracterizado —desde su independencia y hasta la primera mitad del siglo xx— por la relativa debilidad de organizaciones sociales y un gran peso de élites e instituciones políticas dominantes. Una sociedad civil con escasa autonomía y una ciudadanía precaria operaban dentro de un marco institucional formalmente liberal, donde destacaba la ausencia de un Estado de derecho, y en cuyo seno los sectores populares buscaban la movilidad social mediante su vinculación a caudillos y la participación en conflictos internos (Gómez, 2009:10-11).

A partir del Pacto de Punto Fijo (1958) aparece una sociedad civil numéricamente mayor pero subordinada en lo político (ibíd.:24-25), cuyas organizaciones (gremiales, comunitarias, etc.) operarían como suerte de prolongación estatal/partidaria, y con fuerte control/colonización de sus estructuras y agendas.[35] Un ejemplo es la entidad representativa del empresariado venezolano (Fedecámaras), creada a instancias del Estado, que solo logra cierta independencia de este a partir de los años 90 (ibíd.:60-63). La iniciativa y fortaleza de este accionar partidista en un terreno casi virgen de organización social también los llevó a fundar el movimiento sindical (Caballero, 2009:124-125) representado por la emblemática CTV.

No sería sino hasta 1978, cuando —bajo el influjo de la LORM— se otorga un papel activo a las asociaciones de vecinos, identificadas como nuevo

---

[34] Etapa esta última de la cual se ha dicho que «nunca antes en la historia de Venezuela se había logrado generar tanto entusiasmo, tanta mística, tanto deseo de participar» (Caballero, 2009:126).

[35] Un destacado historiador señaló sin ambages a los partidos de masas de la IV República como fundadores de la sociedad civil venezolana (ibíd.:216).

escalón de base del régimen semicorporativo (Gómez, 2009:20), que poco a poco irán sustrayendo —junto a otros movimientos y acciones— la iniciativa ciudadana al dominio estatal/partidario. A lo largo de esa década se constató una crisis dentro de la gestión local que tributaría a la expansión de las asociaciones vecinales de clase media, a una demanda de ampliación de derechos sociales y de una mayor participación directa de la ciudadanía como complemento a la representación, y frente a la crisis de la partidocracia del sistema electoral (ibíd.:27-29).

En una dirección más caracterizada por la confrontación y autonomía respecto a las políticas gubernamentales, desde finales de la década de 1960 van apareciendo diversas organizaciones sociales[36] cuyo discurso y accionar enfatizan la necesidad de mayor autonomía y participación ciudadana dentro de la sociedad y el sistema político, lejos de la lógica dominante estatal-partidista.[37] Este impulso continuó en los años 80 y 90 con la creación de organizaciones de Derechos Humanos [Programa Venezolano de Educación-Acción (PROVEA)], ambientalistas (Unión Nacional Ecológica y Social) e indígenas (Consejo Nacional Indígena de Venezuela), que impulsan una lucha reivindicativa de derechos políticos, sociales, económicos, culturales y ambientales (Uzcátegui, 2010:184-187).

Para los años 80,[38] sectores reformistas de la élite buscaron —dentro del esfuerzo modernizante de la Comisión Presidencial para la Reforma del Estado— cierta redefinición de los marcos de la relación Estado-sociedad civil. Pero fue durante la crisis iniciada en 1983 cuando dentro de la sociedad venezolana comenzó a cobrar fuerza la idea de una mayor organización propia

---

[36] Algunas de estas organizaciones —como las cooperativas y de defensa y promoción de derechos— han producido una valiosa reflexión sobre las prácticas y culturas democráticas, cuyos aportes pueden encontrarse referenciados en el acápite bibliográfico correspondiente de la investigación.

[37] Según una académica vinculada a luchas sociales en diversos países, la racionalidad política instrumental de la administración estatal —visible en ámbitos tan disímiles como los de las políticas culturales, comunicacionales o de combate a la pobreza— está guiada por lógicas —incluidas las del cálculo costo-beneficio— opuestas a las políticas de la vida cotidiana de los barrios y movimientos sociales, las cuales incluyen la valorización de la herencia cultural y la memoria histórica locales y populares (Fernandes, 2010:3).

[38] Por esos años se confrontaron varias visiones sobre el estado de la sociedad civil en Venezuela: la definida como «liberal» —Grupo Roraima— rezumaba optimismo sobre su desarrollo; otra, «escéptica» —con intelectuales como Inés Quintero—, la concebían políticamente inmadura por la perdurable injerencia estatal; y la «analítica» —Lander, Calcaño, García Guadilla— enfatizaba su heterogeneidad e inserción en un contexto sociopolítico específico (Gómez, 2009:13-14), el cual, para entonces, iniciaba su mutación.

y de encontrar sujetos imaginarios «alternativos» a los actores hegemónicos: frente al partido y la militancia se exaltó la independencia y el apartidismo; frente al centralismo, la democratización y descentralización; frente a los pactos, el enfrentamiento; frente a la articulación Estado-partido-pueblo, la ciudadanía como actor relevante (Gómez, 2009:12-15). A partir de esa época, el Estado recibiría un conjunto de demandas que, de cierta forma, persisten hasta la actualidad, delineando las continuidades/contradicciones de las agenda de amplios sectores de la ciudadanía venezolana: al Estado se le exige que siga redistribuyendo y, a la vez, que se convierta en un inversor racional; se cuestiona la función de los partidos pero no se apela seriamente a sustituir el esquema rentista que los amparaba, se demanda una realización plena de Estado de derecho y, a la par, que se otorgue más lugar al mercado (ibíd.:26).

Cobró fuerza una visión antipolítica, que privilegiaba la participación directa de los ciudadanos, la elección de representantes sin intermediación partidista y la apelación mítica a la sociedad civil. Con semejante trasfondo, el ideal asociativo de la clase media reuniría una crítica al clientelismo y la injerencia estatal/partidista en la vida comunitaria, promoviendo un prototipo de buen ciudadano defensor de la propiedad y la seguridad, que impulsa campañas de reeducación y limpieza urbanas, y percibe a los pobres —que se organizarían frente a los desalojos provocados por los planes estatales de vivienda— como entes ajenos y amenazantes (Fernandes, 2010). Las clases medias articularán sus propuestas cívicas por canales de corte más institucional, reuniendo Asociaciones Vecinales y ONG en diversas redes en torno a iniciativas —y discursos— ambientalistas, la lucha por los derechos humanos y planeación urbana (García, 2008). Por su parte, los movimientos populares demandarían derechos, recursos y reconocimiento. Asimismo, se radicalizaría la protesta con bloqueos y acciones ajenos al repertorio de la clase media, cuya clímax llegaría con el Caracazo de 1989 (López, 2005).

Desde ese mismo año, se produce una incorporación paulatina de organizaciones populares en el manejo de la política social,[39] con más transparencia, cobertura y focalización de problemas; mientras las asociaciones de vecinos —de clase media— se enfrentaban a los problemas de seguridad y segregación urbanas (Gómez, 2009:42-45). De 1992 a 1998, diversas organizaciones

---

[39] La política social comienza a ser guiada por valores de mercado, como la eficiencia y la competitividad, y delegada a una sociedad civil integrada —a mediados de los años 90— por aproximadamente 2 600 ONG y otros actores (Fernandes, 2010:70- 71). Según otras fuentes, en esa época existían 10 000 asociaciones (ibíd.:116).

civiles se involucran en las propuestas de reforma política: abanderan la idea de una constituyente, la regulación de medios y las reformas electorales que impliquen el voto uninominal, así como las listas abiertas y la despartidización de los organismos electorales (ibíd.:32-40).

Para los años 90, puede distinguirse en Venezuela la existencia de una sociedad civil más compleja y diversa —en identidades y funciones— que en las etapas precedentes. Se ha aportado una tipología abarcativa a partir de su relación con diferentes ejes analíticos: Estado-mercado, identidad-solidaridad, privado-publico, que las clasifica en económico/corporativas —gremios y sindicatos—, comunitarias —incluidas aquellas cooperativas y otras formas socioeconómicas que implican solidaridad grupal, así como los Círculos Bolivarianos y CC—, culturales/identitarias —género, ambientalismo, religiosas—, cívico/políticas —que trabajan en público por intereses colectivos—[40] y de servicios/acción social (ibíd.:57-58). Según otro analista, la actual sociedad civil venezolana se caracteriza por ser una realidad social y culturalmente diversa, resistente a los modelos de organización política tradicionales y que aloja en su seno cierto predominio del pragmatismo y la desideologización (Romero, 2009:122).

Con el arribo al poder del presidente Hugo Chávez, se abre un proceso de transición política, caracterizado por cambiantes asimetrías de poder, con viejas élites enfrentadas a grupos emergentes en la búsqueda de posiciones de ventaja dentro de la política nacional. Todo ello dentro de un marco institucional amenazado por las tensiones y las pretensiones hegemónicas de un nuevo proyecto político. En ese contexto, las demandas de participación y la expresión de ciudadanía impulsaron a numerosos actores sociopolíticos —como las organizaciones civiles— a incidir más activamente en la esfera pública, estableciéndose una compleja relación entre sociedad política chavista (funcionarios, burócratas) y organizaciones bolivarianas la de sociedad civil (Ruiz, 2010:69).

Como síntoma de las indefiniciones programáticas y las urgencias prácticas de la oposición, algunas organizaciones civiles comienzan a «usurpar» el papel de los partidos, articulándose con estos dentro de la llamada Coordinadora Democrática —a pesar de recelos y conflictos anteriores no resueltos—, frente a lo que perciben como una amenaza común (Gómez, 2009:16-17). La

---

[40] Las organizaciones cívico-políticas se orientan a influir en los debates que definen los rumbos de las políticas públicas, se ubican en los linderos con el sistema político y con frecuencia lo cruzan en coyunturas de crisis. Tal es el caso de las organizaciones de Derechos Humanos (Gómez, 2009:70).

incursión de las organizaciones civiles opositoras en la política se expresó a través de las asambleas de ciudadanos (2002-2003), compuestas por clases medias, que a menudo compartieron las idealizaciones en torno a la participación, la democracia directa y el asambleísmo, abrazadas por sectores chavistas (ibíd.:86-105). Estos últimos, por su parte, buscaron ocupar el espacio social y político, así como ampliar su base electoral, amparados en recursos y estrategias del Estado.

Dentro del campo chavista se reunieron organizaciones preexistentes (barriales, indígenas, grupos evangélicos y armados urbanos) y otras creadas por el Gobierno y sus aliados coyunturales. Algunas de las primeras —incluidas varias integrantes del Foro por la Vida como la internacionalmente reconocida organización de Derechos Humanos PROVEA— participaron en la Constituyente de 1999, apoyando a los candidatos y propuestas chavistas o postulando personal propio,[41] y lograron incorporar cerca de 50% de sus propuestas de OSC a la nueva Constitución. Otro fenómeno relevante fue la multiplicación de centrales sindicales —nacidas de la crisis del CTV, amplificada por el compromiso de su dirigencia con el golpe de 2002 y el paro petrolero— bajo la continuidad del patrón de control «desde arriba» establecido por AD. La aparición de una Fuerza Bolivariana de Trabajadores dentro de la CTV y la creación de la Unión Nacional de Trabajadores (2003) —chavista y enfrentada a la CTV— vino de la mano de conflictos derivados de la división entre tendencias (Ruiz, 2010:66-67), la injerencia gubernamental y las acciones de sicariato (Uzcátegui, 2010:119-138).[42]

Sin embargo, desde el inicio del proceso comenzó a constatarse la diferencia de ruta entre las propias organizaciones adscritas al proceso bolivariano, que se ha profundizado con el avance a la nueva fase del «socialismo del siglo xxi». Algunas replican la lógica de correas de transmisión de corte leninista y la añeja tradición de subordinación estatal-partidista venezolana, como la organización juvenil del chavismo (Frente Francisco de Miranda) caracterizada por una estructura militarizada, jerárquica y fuertemente ideologizada —verbigracia el adoctrinamiento recibido en Cuba— y

---

[41] En ese proceso emergió el problema de la representatividad social de las organizaciones civiles y a la postre fue evidente la cooptación por Chávez de candidatos provenientes de estas (ibíd.:77-85).

[42] En la coyuntura abierta en diciembre de 2000 —con un referendo donde se decidía la continuidad de dirigencias sindicales en espera de elecciones organizadas por el poder electoral— los sindicalistas disidentes de la CTV escogieron a un candidato del PPT —cercano al Gobierno pero crítico— en vez de a Nicolás Maduro, propuesto por el MVR (Ruiz, 2010:54-55).

oscilante en su membresía y misiones (Calcaño, 2009:78-79). Frente a esta tendencia, se encuentran aquellas que muestran mayor apego al tema de su identidad y autonomía, como acontece con ciertas organizaciones indígenas, de Derechos Humanos y ambientales (Gómez, 2009:18-19), que han salido de la alianza chavista, asumiendo posiciones de confrontación a algunas de sus políticas.

En ese contexto, cobra renovada vigencia la sentencia de un reconocido experto, quien resumió:

> *[...] mientras la lucha política de la sociedad civil en los 70 y 80 consistía en evitar el control partidista, la lucha política en la actualidad es por evitar la exclusión, el control e incluso la desaparición de esta modalidad de sociedad civil y su sustitución por una [...] estimulada y dirigida desde arriba. De la lucha contra la partidización hemos pasado a la lucha contra el Estado (Salamanca, en Gómez, 2009:15).*

Así, la coexistencia entre un conjunto de movimientos y organizaciones sociales que defienden su derecho a incidir en las políticas públicas, preservar su autonomía y expandir los derechos ciudadanos, así como actores sectoriales y/o comunitarios fuertemente vinculados y/o subordinados a las agendas estatales, permite comprender este universo asociativo como un campo donde confluyen las prácticas ciudadanizantes y la injerencia del Gobierno nacional, revelándolo como un terreno de lucha en la pugna democratización/desdemocratización.

7

EPÍLOGO SOBRE VENEZUELA: UN ANILLO QUE SE CIERRA (2012-2020)

El discurso populista de confrontación contra las antiguas élites y la institucionalidad existente le fue particularmente útil a Hugo Chávez y al chavismo para conseguir la victoria electoral en 1998. Luego, la continuidad en la lógica de confrontación polarizada después de asumir el Gobierno, oponiendo una nueva democracia participativa a una vieja democracia representativa, fue usada para demoler las instituciones democráticas existentes y construir una nueva hegemonía política.

Como bien se ha analizado en el presente texto, la promoción de los mecanismos de participación y la creación de formas de organización social, incluso popular, estuvieron marcadas por la desinstitucionalización y personalización; así como por la construcción de relaciones de poder centralizadas en torno a un mando único, que concentraba todo acceso a una única fuente de financiamiento. Este diseño dificultó el ejercicio de la autonomía de tales formas se organización y, sin ella, era muy difícil avanzar en términos de una «democracia participativa».

Por ende, este despliegue de iniciativas políticas, impulsado en el marco de un ciclo de altos precios del petróleo que lo dotó de un gran volumen de recursos, fue más útil para debilitar hasta demoler las instituciones de la democracia representativa que para construir una forma alternativa de democracia participativa. En resumen, el impulso a formas dirigidas de participación fue un instrumento en la construcción de una hegemonía política no democrática, inhibiendo el ejercicio de la autonomía en las formas asociativas de la sociedad.

Bajo el liderazgo carismático de Hugo Chávez, quien tuvo acceso a una gigantesca cantidad de recursos derivados de la exportación petrolera, se desarrolló un proceso de autocratización del sistema político venezolano, empleando para ello estrategias de confrontación y polarización populista. Venezuela pasó de ser una democracia frágil a finales de los años 90 a convertirse en un autoritarismo competitivo bajo la hegemonía chavista.

La idea de una democracia participativa que superara las limitaciones de la representativa —que había sido instaurada en 1958— creció alrededor de una vida asociativa emergente en la Venezuela de los años 80 y 90, alimentó también un debate académico e intelectual que se articulaba con las políticas de descentralización y reforma del Estado, planteadas como profundización de la democracia. Al mismo tiempo, el chavismo, desde sus violentos orígenes, expresaba una cultura política autoritaria. La especial confluencia entre la tradición militarista y el radicalismo vanguardista del comunismo más ortodoxo también se encontraba inserto dentro de este movimiento aluvional.

Si bien el proceso de autocratización del régimen político venezolano se inició con el primer decreto de Hugo Chávez, el 2 de febrero de 1999, su historia dista mucho de ser lineal. Dentro del mismo chavismo pudo más el proyecto político autoritario que la tradición democrática que lo precedía. En gran parte porque la voluntad de poder del líder, y de su entorno, era claramente reactiva a la deliberación pública igualitaria y la vocación totalitaria de los más ortodoxos le era más útil a la idea de construir una hegemonía política personalista con visos de permanencia.

El carácter antipluralista y antiliberal, consustancial con el fenómeno populista, facilitó la desdemocratización y la autocratización del régimen político: no solo otorgó carta blanca a la élite para destruir la institucionalidad liberal, sino que bloqueó la pervivencia de las disidencias internas e impidió la deliberación.

La historia interna del chavismo puede leerse como el rebanar progresivo y constante de sus moderados, a favor de sus más radicales. Finalmente, no había cabida para la autonomía de la vida societal ni para la independencia de las organizaciones comunales. La democracia participativa terminó convertida en fachada necesaria para implantar un dominio centralizado y autoritario.

Tras catorce años de gobierno, el régimen político había devenido en un autoritarismo competitivo, la abundancia de recursos públicos y el liderazgo personal de Hugo Chávez habían consolidado una manera de ejercer el poder que, aunque lejana a las promesas de una democracia participativa, mantenía algunas formas y procedimientos propios de esta, aunque cada vez menos vinculantes y menos protegidos.

Sin embargo, a partir de 2012, dos eventos impulsaron un nuevo cambio en el régimen político venezolano. La desaparición física de Hugo Chávez y el descenso de los precios internacionales del petróleo, que redujeron de manera significativa el margen de maniobra de la élite chavista, liderada ahora por Nicolás Maduro. Por otro lado, la estrategia electoral, dominante entre los sectores opositores desde las elecciones presidenciales de 2006, le habría brindado al movimiento democrático un crecimiento político elección tras elección. Era previsible, por tanto, que ambos procesos debían de cruzarse en un tiempo cercano, poniendo en riesgo la continuidad del Gobierno autoritario, al menos en su versión competitiva.

En la medida en que se redujeron, casi hasta desaparecer, las condiciones que hacían posible una política populista, el régimen venezolano descansó cada vez más en sus aparatos de represión, reduciéndose sus niveles de competencia política. Así, bajo el gobierno de Maduro, en medio de una crisis económica sin precedentes, que derivó rápidamente en una crisis humanitaria, se pasó de un autoritarismo competitivo a uno hegemónico. El primer paso de este tránsito está vinculado con la resolución de la crisis sucesoral derivada de la muerte de Hugo Chávez.

La crisis sucesoral constituye una de las encrucijadas más difíciles para un régimen autoritario; dificultad que se incrementa en caso de que su funcionamiento haya estado atado a un liderazgo personalista carismático. Este trance le sobrevino al chavismo durante el año 2013. La muerte de Hugo Chávez fue anunciada por Nicolás Maduro, acompañado de gran parte del tren ejecutivo, el 5 de marzo. Las nuevas elecciones presidenciales fueron anunciadas para el 14 de abril. La oposición decidió volver a postular a Henrique Capriles Radonsky, gobernador del estado Miranda, y candidato presidencial derrotado por Chávez en octubre de 2012.

En una muy breve campaña se enfrentaron Maduro, como presidente encargado y con el apoyo de todo el aparato del Estado, y Capriles. El chavismo tuvo que afrontar su primera elección presidencial sin su figura líder, y Maduro demostró múltiples debilidades al momento de desarrollar una campaña sólida. A pesar del abrumador ventajismo del que gozó Maduro, los resultados electorales anunciados por el Consejo Nacional Electoral (CNE), dominado por el oficialismo, mostraban una muy pequeña ventaja de votos, poco más de 200 000, por encima de Capriles.

El candidato opositor desconoció el boletín oficial y, sospechando que el Gobierno había realizado un masivo fraude electoral, impulsó movilizaciones a varias juntas electorales regionales, exigiendo un conteo manual de todas las papeletas y anunciando una gran movilización al CNE en Caracas.

El régimen dirigido por Maduro reprimió las protestas realizadas en el interior del país. La represión trajo consigo el asesinato de manifestantes. En ese momento, Capriles retiró la convocatoria a la movilización nacional, sustituyéndola por un cacerolazo. Las denuncias por irregularidades en el proceso electoral fueron tramitadas ante el CNE, luego ante el Tribunal Supremo de Justicia, que las desestimó, y, finalmente, fueron llevadas a la Comisión Interamericana de los Derechos Humanos el 9 de septiembre.

A pesar de que en las elecciones municipales de diciembre de 2013 el chavismo venció en la mayor parte de los municipios, la oposición se alzó con victorias significativas, incluyendo cuatro de los cinco municipios que constituyen la capital del país. Antonio Ledezma, tradicional dirigente opositor, se convirtió en alcalde del Distrito Metropolitano, con lo que le tocaba coordinar las políticas públicas de Caracas y varios municipios aledaños.

El gobierno de Maduro procedió a avanzar en el proceso de autocratización, mediante una mayor centralización de competencias y recursos de las Alcaldías donde había triunfado la oposición, creando múltiples estructuras paralelas controladas directamente desde la presidencia. Por ejemplo, Ernesto Villegas, candidato oficialista que había sido derrotado por Ledezma, se convirtió en ministro de Estado para la Transformación Revolucionaria de la Gran Caracas.

El descenso de los precios del petróleo y de la cantidad de crudo exportado incorporó otro elemento al entorno: la reducción de los ingresos petroleros, que trajo consigo una reducción sustancial de las importaciones que surtían al mercado interno, dada la reducción de la capacidad productiva del país. El aumento de la inflación, vinculada con la escasez de bienes y con la inyección monetaria, redujo el poder adquisitivo de los salarios. Todo esto se expresó en un creciente malestar social al que el Gobierno respondía con una escalada represiva. A lo largo de 2013 se fue incrementando la protesta social en Venezuela, registrándose un total de 4 410 protestas, de acuerdo a las informaciones del Observatorio Venezolano de la Conflictividad Social.

El año 2014 se caracterizó por la movilización y la represión. El asesinato de un estudiante de la Universidad Latinoamericana en Mérida, el 5 de enero, y el intento de violación de otra alumna en San Cristóbal, el 4 de febrero, generaron una serie de protestas en ambas ciudades. La represión policial derivó en varios estudiantes detenidos y sometidos a abusos y tratos vejatorios. El abuso policial fue contestado por una expansión de nuevas manifestaciones de protesta en otras ciudades.

El 23 de enero, al conmemorarse cincuenta y cuatro años del derrocamiento de la dictadura militar, Leopoldo López —exalcalde de Chacao y fundador de Voluntad Popular—, junto con María Corina Machado —dirigente de Vente Venezuela— y el alcalde Antonio Ledezma, anuncian La Salida, con una serie de asambleas de calle para impulsar una «salida pacífica, democrática y constitucional» del gobierno de Nicolás Maduro con carácter perentorio.

El 12 de febrero, en ocasión del Día de la Juventud, se desplegó una masiva manifestación estudiantil en el centro de Caracas para protestar contra la inseguridad, exigir la liberación de los detenidos en las protestas previas y finalizar la violación de los Derechos Humanos y la tortura, el desarme de los grupos violentos que usaba el Gobierno, el fin de la criminalización de la protesta, la renovación de los poderes públicos y el cese de la censura en los medios de comunicación. A la movilización estudiantil se incorporaron dirigentes políticos, como el mismo Leopoldo López. Al terminar la movilización estudiantil su recorrido, fueron atacados por grupos con armas de fuego; muchos, organizados bajo la figura de *colectivos*, destinados a apoyar la gestión gubernamental del chavismo. El asesinato del estudiante Bassil Da Costa durante las protestas dio inicio a un ciclo de manifestaciones, respondidas con violencia por las fuerzas policiales, la Guardia Nacional y distintos células armadas cercanas al gobierno de Maduro.

Entre el 12 de febrero y el 29 de mayo de ese año fueron asesinadas 43 personas en medio de las protestas. Durante estas, la respuesta gubernamental fue particularmente violenta, combinando uso de armas de fuego, torturas, abuso sexual y violaciones de los Derechos Humanos. Muchos dirigentes fueron perseguidos y apresados; como fue el caso del mismo Leopoldo López, detenido el 17 de febrero de 2014. En ese tiempo, el Gobierno retiró la señal a varios canales de televisión internacional que estaban informando de los hechos, el Tribunal Supremo de Justicia prohibió la realización de manifestaciones sin autorización y se incrementó el despliegue militar en las calles para amedrentar y reprimir a la oposición.

Mediante el uso de diversos grupos y asociaciones dependientes del poder, que habían crecido sin autonomía, al amparo de los recursos públicos, el gobierno de Nicolás Maduro promovió la realización, el 26 de febrero, de una Conferencia Nacional por la Paz, controlada centralmente. La Mesa de Unidad Democrática se negó a participar, exigiendo al Gobierno el desarme de los grupos armados y la liberación de los estudiantes presos durante las protestas, así como del dirigente Leopoldo López.

Al mismo tiempo, el ciclo de protestas fue usado por el Gobierno para incrementar los niveles de represión y control de la población, lo que incrementó su dependencia del aparato armado. A principios del mes de abril, en la medida que se incrementaba la violencia represiva, las protestas reducían su convocatoria y eran cada vez menos generalizadas, localizándose en zonas específicas de las ciudades. El ciclo de movilización se estaba agotando.

Ese agotamiento abrió paso a un nuevo intento de mediación entre el Gobierno y la oposición, iniciado el 10 de abril, en el Palacio de Miraflores, con la participación de los cancilleres de María Ángela Holguín (Colombia), Ricardo Patiño (Ecuador) y Luiz Alberto Figueiredo (Brasil), y del nuncio apostólico Pietro Parolín, como testigo de la Santa Sede.

Once representantes de la oposición se reunieron, en sesión televisada, con igual número de representantes del chavismo, encabezados por el presidente Nicolás Maduro. El contraste de monólogos transcurrió sin deliberación ni diálogo real, y con escasos resultados concretos. Al terminarse el ciclo de protestas, desapareció cualquier tipo de incentivo para que el gobierno de Maduro introdujera alguna reforma democratizadora en medio de su encuentro con los opositores.

Sin embargo, el encuentro generó tensiones dentro de la misma oposición, ampliando la distancia entre sectores más radicalizados que persistían en las movilizaciones y los más moderados que enfocaron la mayor parte de sus esfuerzos en retomar la estrategia de crecimiento electoral con miras a las elecciones parlamentarias de 2015. Estas tensiones, especialmente entre moderados y radicales, se expresaron dentro de la Mesa de Unidad Democrática (MUD). Aumentaron las presiones de los partidos más pequeños, así como de los más radicales, contra la dirección política dominante.

Ramón Guillermo Aveledo, secretario ejecutivo de la coalición desde su fundación, renunció el 30 de julio. Jesús Torrealba lo sustituyó el 24 de septiembre, tras dos meses de deliberaciones. La Secretaría Ejecutiva había sido debilitada, fortaleciendo el papel de las direcciones nacionales de los partidos políticos; pero sin resolver por completo las disputas en torno a la estrategia a seguir.

Las parlamentarias del 6 de diciembre de 2015 fueron las últimas elecciones competitivas realizadas en Venezuela, aunque sus condiciones distaron mucho de ser plenamente limpias, libres, abiertas o justas. Según el informe de la Misión del Instituto Interamericano de Derechos Humanos, la campaña se desarrolló con restricciones en el ejercicio de los derechos políticos, privación de libertad e inhabilitaciones de líderes opositores, bajo estados de excepción en municipios fronterizos. El ventajismo a favor del oficialismo se expresó de múltiples maneras, desde la disposición ilimitada de los recursos del Estado hasta el control gubernamental sobre los medios de comunicación. La observación electoral internacional también tuvo restricciones para el desarrollo de sus funciones.

Estos comicios estuvieron precedidos de movilizaciones y presión de los sectores de la oposición democrática, exigiendo mejores condiciones electorales y el ejercicio de los derechos políticos de los ciudadanos, así como la liberación de los presos políticos. En el mismo sentido, la comunidad internacional, incluyendo la OEA, exhortó al Estado venezolano a garantizar condiciones electorales competitivas.

Bajo el incentivo electoral, la MUD volvió a coordinarse a su interior y logró presentar una plataforma unitaria en todas las circunscripciones, con listas y candidaturas unificadas. La conjunción de crisis económica, el incremento de la represión y la violencia política, la inseguridad ciudadana y el retroceso de la capacidad del Estado para cumplir sus funciones generaron las condiciones para una derrota del chavismo. La oposición, luego de nueve años de la puesta en práctica de una estrategia de crecimiento expresada electoralmente, había acumulado capacidades políticas para convertirse en mayoría en el nuevo Parlamento. La MUD ganó las elecciones de manera contundente, obteniendo la mayoría calificada de dos tercios en la nueva Asamblea Nacional, con 112 diputados de los 167, que le otorgaba amplias capacidades de acción política y legal.

Esta derrota tuvo un gran impacto sobre el chavismo. Desde el mismo momento en que fue anunciada la victoria de la MUD, el chavismo empezó a desplegar acciones para evitar que los sectores de oposición convirtieran el triunfo electoral en un cambio en el funcionamiento efectivo del poder o en su distribución en términos concretos. Es decir, las instituciones controladas por el Gobierno iniciaron un proceso de bloqueo contra la nueva mayoría que debía asumir la Asamblea Nacional a partir del 5 de enero de 2016.

La anulación de la elección de los diputados opositores de Amazonas fue el primer paso para evitar el funcionamiento de la mayoría opositora en el Parlamento. Al mismo tiempo, el Gobierno avanzó en el blindaje de las instituciones existentes, violentando la Constitución y las leyes, para evitar que la nueva mayoría ejerciera sus funciones. El 23 de diciembre, luego de las elecciones, la Asamblea Nacional saliente, de mayoría oficialista y dirigida por Diosdado Cabello, designó y juramentó a los magistrados, principales y suplentes, del Tribunal Supremo de Justicia, evadiendo lapsos y requisitos.

En la oposición, el ambiente de triunfo en la coalición democrática derivó pronto en una disputa por la selección del nuevo presidente de la Asamblea Nacional. Un acuerdo previo había establecido las pautas de funcionamiento del Parlamento bajo el control de la coalición, con cargos designados de manera rotativa entre las organizaciones políticas, si bien no fijaba la pauta de selección de la cabeza del poder legislativo. Mientras Primero Justicia insistió en la designación de la fuerza con mayor cantidad de diputados, AD sostuvo la necesidad de que los diputados votaran directamente por el nuevo presidente del legislativo.

La fracción se decantó por la votación secreta. En ella, los diputados dieron su apoyo mayoritario al diputado Henry Ramos Allup, de AD. La escogencia del mecanismo de selección y el resultado final generaron tensiones con Primero Justicia. El incremento de las tensiones internas afectó la capacidad de coordinación de la coalición, dentro y fuera del Parlamento, lo que tuvo consecuencias negativas al momento de definir una estrategia para la nueva etapa que parecía abrirse.

El régimen presidido por Nicolás Maduro decidió avanzar en el proceso de autocratización. El 11 de enero, antes de que se cumpliera una semana de la instalación del Parlamento, el Tribunal Supremo de Justicia decidió declarar a la Asamblea en desacato por no retirar a los diputados de Amazonas, considerando que cualquier decisión del poder legislativo sería nula. Con esa decisión, anulaba los resultados de las elecciones parlamentarias. Durante los primeros cuatro meses de 2016 fueron dictadas una docena de sentencias que limitaban el funcionamiento de la Asamblea Nacional.

A lo largo de ese año, empezaron a confrontarse dos interpretaciones de la victoria del 6 de diciembre dentro de la nueva mayoría democrática. Algunos sostenían que los ciudadanos habían decidido votar por la oposición para solucionar sus problemas, de donde se derivaba que la misión de la Asamblea Nacional era legislar para enfrentar la crisis social y económica. Otros sostenían que la misión del nuevo Parlamento era impulsar de manera perentoria el desplazamiento de Nicolás Maduro del poder porque los ciudadanos habían votado por una ruptura del orden político establecido. La confrontación entre estas dos interpretaciones recorre gran parte de los conflictos vividos por las fuerzas democráticas entre 2016 y 2020.

Las dificultades de coordinación de la mayoría opositora tuvieron un impacto negativo en la selección de una estrategia común. Para impulsar el cambio político, es decir, la salida de Maduro del Gobierno, se presentaron iniciativas distintas, desde la enmienda y la reforma constitucional, pasando por una Constituyente, hasta la convocatoria a un referéndum revocatorio. Una tras otra, cada alternativa fue siendo bloqueada.

Las movilizaciones para convocar un referéndum revocatorio marcaron la dinámica política durante 2016. En marzo, la oposición hizo las primeras solicitudes oficiales al CNE, que fueron negadas por el ente comicial por razones técnicas. La ralentización del proceso, por parte del encargado de facilitarlo, fue respondida por movilizaciones ciudadanas. Tras una cadena de obstáculos colocados por las instituciones para evitar la realización de la consulta, fue finalmente bloqueada a finales del mes de octubre. El uso de mecanismos judiciales y administrativos para impedir el ejercicio de un derecho constitucional para revocar el mandato presidencial marcó un nuevo paso de autocratización del sistema.

En un conjunto de sentencias consecutivas, la Sala Constitucional del Tribunal Supremos de Justicia prosiguió en marzo de 2017 la anulación de la Asamblea Nacional de mayoría opositora. Una primera sentencia, del 28, limitó la inmunidad parlamentaria, haciendo a los diputados susceptibles a persecuciones, al día siguiente, el Tribunal asumió las facultades constitucionales del Parlamento, transfiriéndolas al poder ejecutivo el 31 de marzo. Ese mismo día, en un acto de disidencia que parecía mostrar una fisura en el bloque de poder, Luisa Ortega Díaz, fiscal general de la República, rechazó las sentencias al considerar que violaban la Constitución.

Estos hechos actuaron como disparadores de un nuevo ciclo de protestas masivas que se extendió entre el 1 de abril y el 12 de agosto de 2017. La represión contra las manifestaciones fue particularmente violenta, destacando la acción de grupos armados que las amedrentaban y atacaban con armas de fuego. Durante las protestas murieron 157 personas, hubo cerca de 3 000 detenidos, 15 000 heridos y más de 1 300 encarcelados. Alcaldes opositores fueron destituidos y apresados, y las instalaciones de la Asamblea Nacional fueron asediadas por grupos violentos. Se incrementó el ataque contra periodistas, así como la ejecución de mecanismos de censura de los medios de comunicación.

Durante las protestas, el Gobierno decidió impulsar la creación de un órgano asambleario que pudiera controlar. El 1 de mayo, Nicolás Maduro anunció la convocatoria a una nueva Asamblea Nacional Constituyente sin referéndum previo. Las bases comiciales de la convocatoria iban a contravía de toda la tradición constitucional democrática, introduciendo criterios corporativos y mecanismos. La oposición, considerando írrito, inconstitucional y antidemocrático todo el proceso constituyente, tomó la decisión de no participar. El 30 de julio, en un proceso sin la oposición, resultó electa con total dominio del chavismo.

El 16 de julio, la oposición realizó una consulta nacional para rechazar la convocatoria a una Constituyente que había propuesto Maduro, exigir la obediencia constitucional de las Fuerzas Armadas y de todos los funcionarios públicos, y aprobar la renovación de los poderes públicos por medios constitucionales, incluyendo elecciones libres y transparentes.

En septiembre de 2017 se inicia, en Santo Domingo, un nuevo proceso de mediación. La oposición exigió, entre otras cosas, la apertura de un canal humanitario para medicinas y alimentos, un nuevo CNE, la liberación de los presos políticos y la restitución plena de los poderes de la Asamblea

Nacional. El Gobierno exigía el reconocimiento de la Asamblea Nacional Constituyente. La iniciativa, que se extendió con muchos altibajos hasta febrero de 2018, fue infructuosa.

Maduro se encaminaba a una nueva elección presidencial, sin la oposición. Inmediatamente después del fracaso de las negociaciones en República Dominicana, el CNE anunció la realización de unas nuevas elecciones presidenciales, con líderes de oposición inhabilitados, dirigentes y diputados presos, partidos ilegalizados e incapaces de postular candidatos.

El 20 de mayo de 2018, en un proceso no reconocido por la Asamblea Nacional, por la oposición, ni por una parte importante de la comunidad internacional, Nicolás Maduro fue reelecto para el período 2019-2025. El proceso, convocado por la Asamblea Nacional Constituyente, se realizó sin las mínimas garantías. Se presentaron las candidaturas de Henri Falcón y de Javier Bertucci, que resultaron más simbólicas que reales. El régimen había perdido su carácter competitivo, descendiendo a un autoritarismo hegemónico.

El no reconocimiento de las elecciones presidenciales de 2018 por parte de la Asamblea Nacional ni la comunidad internacional democrática es la base sobre la que se estructura la crisis político-institucional que se desarrolla en Venezuela hasta hoy 2020. El período electo en 2013 de Nicolás Maduro finalizaba el 10 de enero de 2019; tras esta fecha, a efectos del poder legislativo, se convertía en un usurpador.

La elección del diputado Juan Guaidó como presidente de la Asamblea Nacional, el 5 de enero de 2019, y como presidente encargado, en el marco de las atribuciones constitucionales de la Asamblea Nacional, inicia una disputa por la legitimidad del poder entre este y Maduro. Esta disputa entre el régimen autoritario y el movimiento democrático que se sostiene sobre la Asamblea Nacional coincide con el agravamiento de la crisis humanitaria venezolana, que ha traído consigo el desplazamiento de millones de migrantes a los países vecinos. A la movilización interna se corresponde también una mayor presión internacional, que parece incapaz de iniciar un proceso de democratización del sistema político.

Esta última etapa del proceso de autocratización del régimen político venezolano ha escalado a niveles geopolíticos en un contexto mundial crecientemente polarizado. La coalición internacional que reconoció a Guaidó en 2019, conformada por EE.UU., la Unión Europea y el Grupo de Lima, confronta sus posiciones con aliados de Maduro como China, Cuba, Rusia o Turquía. En el medio de estas iniciativas, como la del Grupo de Contacto, se encuentran en el difícil trance de propiciar algún tipo de solución a la crisis.

El proceso de desdemocratización del sistema político venezolano, hasta consolidarse como un régimen autoritario hegemónico, parece cerrarse durante el año 2020. El período dominado por Chávez, quien convirtió a Venezuela en un autoritarismo competitivo, debilitó a través del uso de las herramientas populistas la capacidad institucional de la sociedad para resistir la autocratización. Así, Maduro representa la etapa postpopulista de la autocratización venezolana, usufructuando la desinstitucionalización que Chávez promoviera durante sus catorce años de hegemonía.

Ysrrael Camero,
Universidad Central de Venezuela

8

REGÍMENES POLÍTICOS Y PROCESOS DESDEMOCRATIZADORES EN NICARAGUA Y VENEZUELA: MIRADA CRUZADA A DOS CASOS NACIONALES

En el presente capítulo, a partir de una perspectiva secuencial, se establecen los pasos y procesos específicos a través de los cuales se combinan variables y mecanismos[1] que sustentan el decurso desdemocratizador de los regímenes políticos de Nicaragua y Venezuela contemporáneas. El propósito de semejante mirada es profundizar el conocimiento de ambos casos, ubicando las singularidades y semejanzas dentro de un marco histórico, regional y nacional[2] que enfatiza, en correspondencia con la investigación que dio origen al presente texto, lo acaecido en ambas naciones. Todo esto, dentro de una narrativa coherente que permita ubicar los acontecimientos en procesos evolutivos de largo aliento y con finales abiertos, donde la historia es «narrada» incluyendo los juicios, interpretaciones y preferencias del investigador, sin obviar por ello los matices y complejidades objetivos de los procesos concretos (Whitehead, 2011a:337).

Se exploran las trayectorias de ambos regímenes políticos comprendiendo que los avances y retrocesos democráticos no se producen en secuencias estandarizadas, sino mediante combinaciones de mecanismos específicos de democratización y/o desdemocratización (Tilly, 2010:113). Los cuales abarcan, entre otros: a) la emergencia/repliegue de *redes de confianza*

---

[1] El análisis comparativo de procesos como estos supone la contrastación de secuencias evolutivas, la detección de variables causales en un número pequeño de casos (Badie y Hermet, 1993:55) y el establecimiento de su comparabilidad a partir de la reunión de elementos relevantes y correlacionables (Whitehead, 2011:256-257).

[2] Mirada que perfecciona «[...] la precisión de análisis comparativos más amplios [...] especificando subtipos y aclarando su alcance y limitaciones; o recalibrando categorías generales de clasificación y esquemas interpretativos de acuerdo con la retroalimentación de dos casos examinados conjuntamente» (Whitehead, 2011:279); de forma tal que al «plantear preguntas similares o buscar las analogías entre solo dos instancias de democratización» sea posible «llegar a conclusiones claras e instructivas (a generalizaciones de medio rango, en lugar de a leyes regulares generales o a estimaciones de probabilidad) que se abocan al «espesor» o complejidad e indeterminación de los procesos individuales» (ibíd.:289).

amplias —capaces de relacionar diversos grupos social y políticamente dominantes con sectores populares y/o excluidos del poder—; b) el fortalecimiento o eliminación de *centros de poder autónomos* —como la burocracia estatal y los líderes regionales—; c) la ampliación o disolución de redes clientelares —a través de la política social—, que aumentan o disminuyen *desigualdades* de todo signo; d) la expansión o acotamiento de *mecanismos institucionalizados* que requieren el concurso ciudadano —como elecciones para la aprobación y/o legitimación de las autoridades—; e) la expansión o represión de *ciclos de movilización* que buscan mejorar los derechos ciudadanos; y f) el protagonismo o contención de *fuerzas militares.*[3]

El peso de la historia

La evolución de los regímenes políticos en Nicaragua y Venezuela está ligada, en cada caso, a los procesos de consolidación de una economía y aparato estatal, desplegados desde las primeras décadas de la pasada centuria. Procesos que revelan, por un lado, modos históricos específicos de producción de lo político y de desarrollo e institucionalización de la política en cada contexto —donde diversos mecanismos se alimentan en su origen de características culturales específicas (Badie y Hermet, 1993:65-70)—;[4] y, por otro, el influjo ejercido sobre los procesos nacionales por la inserción en un orden económico y político internacionales. Estos, vistos en su secuencialidad, revelan cómo «[…] la configuración inicial de un poder, territorializado o no, y más o menos centralizado o penetrante, influye en la forma que adquiere después como Estado o sistema de dominio», y el modo en que tal «secuencia de la estatización determina el cuadro territorial, administrativo, humano e incluso mental de las posteriores secuencias de formación de los grupos dirigentes, así como el aumento o la limitación de la participación popular» (ibíd.:92).

---

[3] En consonancia con tal perspectiva, los gráficos insertados en el texto solo procuran visibilizar mejor las dimensiones y mecanismos que operan en cada caso —señalando las semejanzas y diferencias entre estos.

[4] Dentro del análisis comparativo, Badie y Hermet destacan la necesidad de poner «[…] en perspectiva a los diferentes sentidos que dan a lo político, en el espacio y el tiempo, diferentes colectividades, y, por ende, las diferentes construcciones de lo político que de aquí se derivan» (1993:38) para evitar, entre otros factores, los riesgos de considerar «[…] *a priori* que las mismas variables tienen la misma pertinencia y la misma categoría explicativa en las diferentes historias que se comparan» (ibíd.:56).

En ambos casos —como en toda Latinoamérica—, se desarrollan tras la independencia «Estados periféricos» que reúnen en su seno un aparato institucional, contenidos de dominación de clase y formas específicas de control territorial. Estos responden simultáneamente a intereses y dinámicas externas —que favorecen relaciones de dependencia— y a actores internos preocupados en mantener la gobernabilidad. Estados que han coexistido con sociedades frágiles y dependientes, marcadas por la fuerza de poderes periféricos tradicionales y —durante mucho tiempo— por la precariedad e inestabilidad del poder central (ibíd.:180-181).

En las primeras décadas del siglo xx, tanto en Nicaragua como en Venezuela aparecieron regímenes de nuevo tipo que combinaron el personalismo,[5] la centralización político-administrativa y las prácticas autoritarias y clientelares, estableciendo los cimientos de una moderna estatalidad. También abrigaron formas de modernización conservadoras —aprovechando recursos financieros y administrativos foráneos—, combinadas con una estrategia de apropiación completa del poder político, que supuso la eliminación o neutralización de poderes tradicionales (caudillos regionales y grupos oligárquicos) y la penetración/protección de ámbitos sociales extensos —mediante prácticas clientelares y neopatrimonialistas—, para evitar la resistencia y/o emergencia de competidores políticos (ibíd.:182).[6]

Sin embargo, la naturaleza de los recursos económicos y el control ejercido por el Estado sobre estos parecen marcar pautas diferenciadoras en los procesos histórico-políticos de ambas naciones. Aunque a inicios del siglo xx el panorama de Nicaragua y Venezuela presentaba notables semejanzas (predominio del mundo rural, protagonismo de caudillos locales, economía de autoconsumo, limitada vinculación a la economía y política internacionales), a partir de la tercera década de esa centuria la diferencia entre ambas realidades nacionales fue notoria; tanto en la escala de los procesos socioeconómicos como en la naturaleza de los fenómenos políticos. Sin que ello supusiera la desaparición, en ninguno caso, de elementos

---

[5]   Así, según Badie y Hermet «El voluntarismo y el talento de los principales responsables de los procesos de cambio, o de estabilización, proporcionan uno de los ejes para el análisis comparativo, respecto de su capacidad para actuar en un ambiente impuesto» (ibíd.: 93).

[6]   Ante el debate sobre si las estrategias y mecanismos implementadas para construir la capacidad estatal obedecieron a lógicas acabadas o si fueron resultado de coyunturas «[…] lo más probable es que las estrategias dignas de ese nombre pueden configurarse poco a poco, en el transcurso de los períodos decisivos de profundos disturbios, mientras que la práctica golpista define la normalidad de la rutina política» (íd.).

(militarismo,[7] personalismo, desfase entre la norma y la práctica social) ligados a una tradición política común, recurrente en la región.

En Nicaragua la economía agroexportadora (Kinloch, 2008) supuso la existencia de diversas élites locales,[8] con las cuales el gobierno central debió negociar cuotas de poder, incluso en las etapas de mayor capacidad estatal cuando esta negociación operaba básicamente en los términos definidos por el dictador y sin disputar su hegemonía en los marcos del régimen neopatrimonialista. Una estructura social con fuerte presencia del componente campesino (proletario o propietario), con una clara rivalidad regional que trasladaba sus disputas al terreno político-partidario (Partidos Liberal y Conservador) y la desconexión de un amplio segmento del territorio nacional con los centros y redes de poder político y económico, fueron factores que sirvieron de contexto para el desarrollo de situaciones de conflicto (Esgueva, 1999) y, en correspondencia, de regímenes y cultura políticos claramente definidos por sus rasgos autoritarios (Pérez, 2008). Además, EE.UU. operaba como factor de poder en la política doméstica, que solo se vio parcialmente atenuada por el régimen emanado de la Revolución de 1979.

Semejante cuadro histórico de la institucionalidad nicaragüense corresponde al patrón de un Estado débil que ha padecido numerosos obstáculos para avanzar en la democratización, en tanto fracasa en acotar la incidencia de los centros de poder autónomos —en este caso insertos en la propia estructura estatal y la camarilla dirigente—, en integrar en la política pública[9] las redes de confianza existentes —de la propia oligarquía, así como de sectores medios y populares— y en reducir las desigualdades (Tilly, 2010:206) de todo signo (socioeconómico, étnicas, políticas, etc.) presentes en el panorama nacional. Posteriormente, aunque el proceso revolucionario expandió —de forma inédita— la capacidad estatal, inició pasos democratizadores (convocatorias a elecciones y ampliación de la participación popular) y redujo las formas más agudas de desigualdad —sobre todo en áreas de políti-

---

[7]   La presencia del componente militar —lógica pretoriana y espíritu de cuerpo— ofrecieron a los gobernantes de estas naciones importantes recursos de poder —formas de organización, orden jerárquico y medios de coerción, además de capacidad tecnológica— e impulsaron al esfuerzo modernizador (ibíd.:282).

[8]   Élites que, con frecuencia, no buscan dirigir por sí mismas el Estado, pero sí que este les garantice el acceso a los recursos y la fuerza de trabajo, el control social y la estabilidad económicas (Tilly, 2010:242).

[9]   Utilizo aquí la noción en el sentido que le otorga Tilly en su obra y no en el uso corriente dado en los textos de ciencia política y administración pública para identificar las agendas y acciones de Gobierno orientadas a atender demandas y problemas específicos de la población.

cas sociales—, no pudo —por una mezcla de presión externa, precariedad material y errores de sus dirigentes— profundizar de forma cabal el proceso democratizador y la transformación de la cultura política tradicional (Pérez, 2008). Su saldo más visible —y positivo— fue el respeto a la fórmula electoral y la alternancia política desde las elecciones de 1990 (Kinloch, 2008).

A partir del fin del gobierno sandinista, si bien se incrementó el componente democratizador dentro de la vida política nacional —con la estabilización de un sistema de partidos, la constitución de entes reguladores en el área electoral y/o hacendaria, así como cierta expansión y pluralización de la sociedad civil (Martí y Close, 2009)—, la capacidad estatal se vio disminuida no solo por el enorme coste económico producido por la guerra civil, sino también por la nueva orientación neoliberal de las políticas económicas nacionales, al calor de las directrices de los organismos internacionales emanadas del Consenso de Washington.[10] Por otra parte, la ampliación de las desigualdades sociales de todo género, la reemergencia de viejas élites y posturas conservadoras —en los terrenos políticos y religiosos—, así como la persistencia de agudos conflictos territoriales, sociales y políticos (Esgueva, 1999), impidieron la integración de redes de confianza y la reducción de los centros de poder autónomos dentro del panorama político nacional (Gráfico 8.1).

Por su parte, la experiencia venezolana muestra, a pesar de la persistencia de elementos comunes con la nicaragüense (factor militar, autoritarismo, debilidad de ciudadanía), el paulatino peso que el control estatal sobre los ingresos provenientes del petróleo (Caballero, 2009) y la aparición de un vasto aparato y burocracias impulsoras de un culto al mito bolivariano y el paternalismo estatal (Carreras, 1984) tuvieron en la configuración, durante el siglo pasado, de regímenes no democráticos de alta capacidad (Tilly, 2010:208). De tal suerte, el caso venezolano parece confirmar la hipótesis de que

> *[...] en los Estados que prosperan gracias a sus monopolios sobre recursos comercializables, como el petróleo, los gobernantes defienden sus monopolios por medio del empleo de una parte significativa de sus ingresos en reproducir las separaciones entre los miembros de sus propias instituciones para el mantenimiento de obligaciones y todas las demás,*

---

[10] Centroamérica sigue siendo una región anclada en el subdesarrollo, con enormes franjas poblacionales lastradas por la pobreza y la desigualdad, que dependen del autoempleo y su inserción en empresas basadas en la baja tecnología (maquilas, textil) y la explotación intensiva de mano de obra barata, con estructuras tributarias atrasadas y sistemas de seguridad social casi inexistentes.

Gráfico 8.1: Regímenes políticos en Nicaragua (1900-2011).

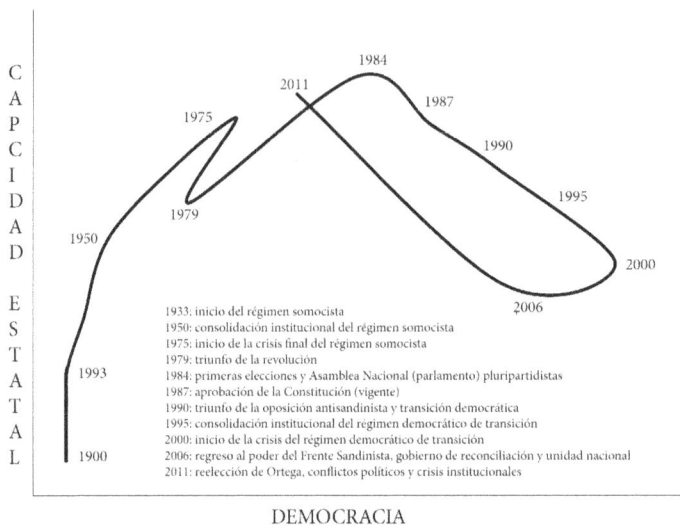

CAPCIDAD ESTATAL

1984
2011
1987
1975
1990
1995
1950
1979
2000
1993
2006
1900

1933: inicio del régimen somocista
1950: consolidación institucional del régimen somocista
1975: inicio de la crisis final del régimen somocista
1979: triunfo de la revolución
1984: primeras elecciones y Asamblea Nacional (parlamento) pluripartidistas
1987: aprobación de la Constitución (vigente)
1990: triunfo de la oposición antisandinista y transición democrática
1995: consolidación institucional del régimen democrático de transición
2000: inicio de la crisis del régimen democrático de transición
2006: regreso al poder del Frente Sandinista, gobierno de reconciliación y unidad nacional
2011: reelección de Ortega, conflictos políticos y crisis institucionales

DEMOCRACIA

Fuente: Elaboración propia a partir de bibliografía sobre el país.

formando parte de un universo de experiencias nacionales que «abarcan muy variadas ideologías pero que emplean abundantes ingresos procedentes del petróleo en construir redes de apoyo a los gobernantes y de exclusión de su oposición» (ibíd.:154).[11]

Esta evolución tuvo una peculiar trayectoria histórica y antecedentes políticos. A lo largo del siglo xix, gobiernos autoritarios promovieron en Venezuela formas de participación subordinadas (movilizativas, con una ciudadanía armada y caudillos dirigentes); acompañadas de un acendrado personalismo político y profundas carencias democráticas (Carreras, 1984) en lo relativo a la necesaria protección y consulta vinculante que ligan Estado y ciudadanía. Para inicios del siglo xx, el venezolano era un Estado débil tomado por militares (Caballero, 2009), con una ciudadanía de baja intensidad y un régimen no democrático de poca capacidad. La situación comenzó a cambiar de forma rápida con la producción petrolera, a finales

---

[11] Así: «Tanto en las economías capitalistas como en las no capitalistas, la dependencia de estos recursos genera amplias desigualdades de categoría entre aquellos que los controlan y aquellos que o bien carecen de acceso a ellos o bien están bajo su influencia» (ibíd.:154).

de la segunda década. Desde entonces —y hasta nuestros días— se incrementaría muchísimo la capacidad estatal, fenómeno acompañado a partir de 1935 y hasta 1958 por una modesta —e intermitente y temporalmente revertida—[12] trayectoria de modernización (ibíd.) y democratización (Tilly, 2010:213-216). Con lo cual parece demostrarse la tesis que postula que en trayectorias de Estado fuerte la capacidad estatal suele crecer antes de existir una democratización significativa. Aun cuando el fortalecimiento de Estado puede activar procesos de subordinación de las élites a la política pública, de eliminación de las desigualdades y crecimiento de poder popular, esa capacidad también puede servir para bloquear —en algún momento de la trayectoria— el propio proceso democratizador (ibíd.:203-204).

Con la expansión de la renta petrolera en las décadas de 1970 y 1980, aumentó la integración parcial de redes de confianza —procedentes de clases medias y trabajadores sindicalizados (Gómez, 2009)—, erosionada debido a la crisis combinada del sistema político populista de conciliación de élites y del modelo económico rentista a finales de la etapa.[13] Durante los años 90, la confluencia de esta crisis, el auge de la antipolítica y el cuestionamiento a la función reguladora y redistributiva del Estado llevaron a sectores de la población a apostar a un *outsider* que refundara el orden sociopolítico vigente.

Para el arribo de Hugo Chávez, se produjo un proceso de integración más o menos amplia de una sociedad civil afín (íd.) con instancias de participación y redes de confianza procedentes de sectores populares y/o marginados (Tilly, 2010:214). Al tiempo, se avanzó a un régimen de alta capacidad no democrático, de tempranos rasgos personalistas y autoritarios (Arenas y Gómez, 2006). Régimen que alega —y apela— constantemente a una legitimidad «revolucionaria» y al uso sistemático «[…] de un recurso privilegiado de poder que ya no es equilibrado por la intervención de otros

---

[12] En Venezuela, «[…] la ausencia de antecedentes útiles parece haber contribuido a un camino errático, en el cual no estaba garantizada la transición inicial a la democracia, y se requería una década más de política coercitiva antes que las élites relevantes encontraran una forma para diseñar reglas mutuamente tranquilizadoras del juego democrático» (Whitehead, 2011a:307).

[13] Según Tilly, en la Venezuela de finales del pasado siglo concurrieron dos factores que tributan a los procesos desdemocratizadores en regímenes con Estados fuertes y relativamente democráticos: «[…] la deserción del pacto democrático de actores políticos de élite que previamente lo habían aceptado, y las crisis económicas tan agudas que agotan la capacidad del Estado para mantenerse a sí mismo y cumplir sus compromisos» (2010:218). De hecho, plantea que en la historia del país los «[…] múltiples períodos de desdemocratización combinaron de forma característica la crisis económica con la deserción de las élites de los consensos parcialmente democráticos» (íd).

recursos» (Badie y Hermet, 1993:194-195), tanto por el control del aparato burocrático, el ejercicio del poder carismático del líder o por su empleo de recursos económicos estatales y la captura de aquellos pertenecientes a la empresa privada nacional y extranjera.

En medio de escenarios de conflictividad y polarización políticas, aunados a magros desempeños estatales —a pesar de la inédita expansión de su capacidad— en el área de políticas públicas, Venezuela enfrenta un proceso desdemocratizador, cuyos efectos se han acumulado durante años (Arenas y Gómez, 2006) (Gráfico 8.2). Aparece el recurso del factor militar como estrategia autoritaria frente a los progresos de la oposición y, en un sentido amplio, a los propios efectos sociales de un populismo (Badie y Hermet, 1993:281) que, en inicios, expande cierto empoderamiento local y genera inclusión social de sectores populares; a lo que habrá que añadir el efecto en estos sectores beneficiados de las promesas incumplidas en diversos rubros. También existe la posibilidad —cercana tras los inéditos avances de la oposición— de modestos desplazamientos potencialmente democratizadores en el país, en el sentido de que «la represión gubernamental podría unir a la oposición, en lugar de fragmentarla en rivales que reclaman para sí el control del Estado» (Tilly, 2010:247).

Gráfico 8.2: Regímenes políticos en Nicaragua (1900-2011).

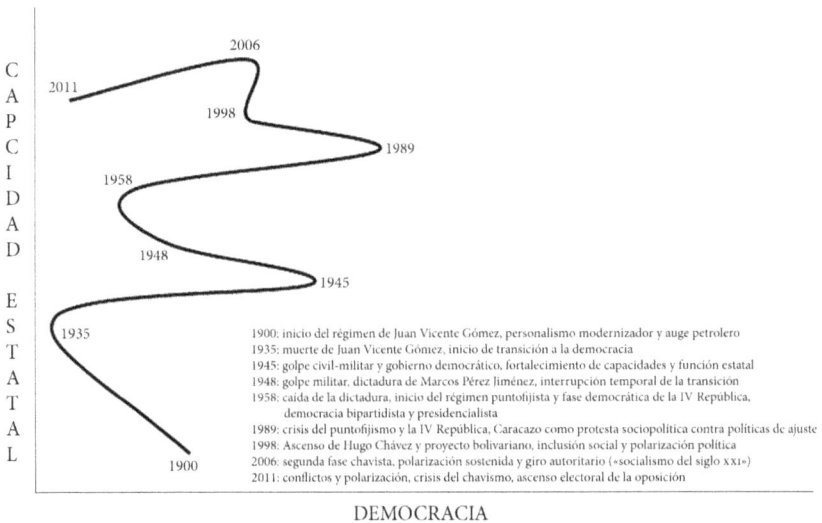

1900: inicio del régimen de Juan Vicente Gómez, personalismo modernizador y auge petrolero
1935: muerte de Juan Vicente Gómez, inicio de transición a la democracia
1945: golpe civil-militar y gobierno democrático, fortalecimiento de capacidades y función estatal
1948: golpe militar, dictadura de Marcos Pérez Jiménez, interrupción temporal de la transición
1958: caída de la dictadura, inicio del régimen puntofijista y fase democrática de la IV República, democracia bipartidista y presidencialista
1989: crisis del puntofijismo y la IV República, Caracazo como protesta sociopolítica contra políticas de ajuste
1998: Ascenso de Hugo Chávez y proyecto bolivariano, inclusión social y polarización política
2006: segunda fase chavista, polarización sostenida y giro autoritario («socialismo del siglo xxi»)
2011: conflictos y polarización, crisis del chavismo, ascenso electoral de la oposición

Fuente: Elaboración propia a partir de bibliografía sobre el país.

La mecánica del cambio

Si queremos explorar dentro de las trayectorias particulares de los regímenes cuáles son los elementos que afectan las posibilidades de democratización y desdemocratización, hay que recordar que dependen de cambios en tres dimensiones de análisis: integración de redes de confianza, niveles de desigualdad existentes e incidencia de centros de poder autónomos —que seleccioné dentro del propio modelo analítico— (íd.), tomando en cuenta las interacciones producidas entre diversos mecanismos. Entre estos se encuentran la existencia de redes que relacionan, de forma plural, segmentos de las élites y de los excluidos; u otras que ligan actores pertenecientes a los grupos social y políticamente dominantes respecto a sectores populares y/o excluidos del poder; el fortalecimiento o eliminación de centros de poder autónomos (burocracia estatal y líderes regionales); la ampliación o disolución de redes clientelares a través de la política social que inciden en el aumento o disminución de las desigualdades; la expansión o disminución de actividades que requieren el concurso ciudadano (elecciones para la aprobación y/o legitimación de las autoridades); la expansión o represión de ciclos de movilización que mejoren derechos ciudadanos y el protagonismo o contención de fuerzas militares. De forma tal que los avances y retrocesos democráticos no se producen en secuencias estándar, sino en combinaciones de mecanismos específicos dentro de estas dimensiones, para facilitar o dificultar el sometimiento estatal a la política pública y la influencia popular sobre esta (ibíd.:113).

En ambos países, las redes de confianza han sufrido procesos desdemocratizadores. En Nicaragua se ha reforzado el papel de movimientos religiosos y organizaciones productivas/territoriales (cooperativas) vinculadas a iniciativas del Gobierno; mientras que la situación de confrontación ha obligado a las organizaciones de la sociedad civil autónoma a defenderse del acoso gubernamental, reduciendo los recursos recibidos por una cooperación internacional en retirada. La Iglesia Católica y las asociaciones empresariales mantienen —y en algunos casos amplían— su incidencia social, en tanto una buena parte del movimiento popular entrega su trabajosamente ganada autonomía —y la autogestión que a esta se liga—, al ser subsumido en las redes clientelares del partido gobernante. Redes que se amplían de forma selectiva para incluir aquellos actores considerados relevantes —procedentes de sectores populares y/o medios— que estén dispuestos a sacrificar su agenda por recursos y protección oficial. Como se aprecia, la extendida pobreza, el reducido tamaño del territorio nacional y la relativa simplicidad de la estructura social nicaragüense —con una poco desarrollada clase media— facilitan que el oficialismo desarrolle su labor de cooptación y control de las redes tradicionales y bloquee la emergencia de otras alternativas que disputen —a nivel simbólico o efectivo— su poder e influencia sociales, así como el lugar de los grupos dominantes dentro de la sociedad y política locales.

El caso venezolano difiere cualitativamente del nicaragüense, a partir de la mayor complejidad y equidad sociales, la extensión territorial y la correlación de fuerza de actores en pugna. Aunque la labor de expansión de redes de confianza vinculadas a la política y organización sociales promovidas por el Gobierno —al amparo de la renta petrolera— ha sido apreciable en barrios populares y zonas urbanas, en el país existen regiones —entre ellas estados de peso económico como el Zulia y fronterizos como Táchira— donde las redes de confianza relacionadas con actores de clase media, religiosos u organizaciones civiles mantienen una vitalidad apreciable, que los vincula al trabajo de los partidos y liderazgos de la oposición, así como a amplios sectores populares. Además, el creciente descontento de estos últimos con los resultados de las políticas sociales gubernamentales —en términos de sostenibilidad, cobertura y calidad— hace que la labor de cooptación y control de las estructuras políticas del PSUV —cuya solidez y operatividad más allá de las directrices y apoyos oficiales son siempre cuestionados— no sea decisiva. Si bien han aparecido actores colectivos directamente vinculados al proceso (organizaciones populares y sectoriales bolivarianas), se constata un creciente protagonismo de actores (estudiantiles, comunitarios, civiles) ajenos al oficialismo o que asumen de modo abierto una posición opositora, lo cual complejiza el campo político a partir de su incidencia relevante en dominios estatales y societales, y en las arenas participativas y autonómicas.

En lo relativo a los comicios, en ambos países se han realizado desde 2006 diversos procesos para la elección de las autoridades regionales, nacionales y parlamentarias, cuyos resultados han sido analizados detalladamente en capítulos anteriores. Si bien en ambos casos nacionales el oficialismo ha dispuesto de ventajas en cuanto al empleo de recursos públicos y los tiempos de emisión de propaganda en medios masivos,[14] entre ambos existen diferencias apreciables.

---

[14] Cabe recordar que este tipo de elecciones semicompetitivas —que constituye una categoría amplia de experiencias históricas— se ven mediatizadas por factores que abarcan desde la imposición de restricciones al número y tipo de partidos concurrentes y el veto a partidos pequeños, hasta el establecimiento de un partido hegemónico o frente oficial (Badie y Hermet, 1993:249) que controla asimétrica y abrumadoramente el acceso a los recursos y medios de propaganda de cara al proceso electoral.

En Nicaragua, la directa cooptación y sujeción del poder electoral, así como de buena parte del sistema judicial por parte del FSLN, la renuencia a implementar formas de veeduría ciudadana y observación foránea, unidos al empleo de la intimidación —y, en algunos casos, de la represión— a ciudadanos que intentaban fiscalizar el proceso electoral o protestar por lo que consideraban manifestaciones de fraude, son signos reveladores de la precariedad de este mecanismo democrático. Sumado a ello, el impacto que tienen las prácticas clientelares en la intención de voto de amplios sectores populares (urbanos y rurales) permite explicar el estado de la cuestión en la nación centroamericana.

En el caso venezolano, es destacable la existencia de un ente regulador (Consejo Nacional Electoral), cuyo desempeño fue durante un tiempo relativamente profesional e imparcial;[15] así como la amplia fiscalización electoral opositora —y en general ciudadana— y la observación internacional, que se han constituido en garantes de la democracia. Ello, unido a la rearticulación y renovación parcial de las estructuras y liderazgos opositores dentro de la Mesa de la Unidad Democrática, permitieron un paulatino y sostenido avance en las preferencias electorales, que se vio reflejado en la victoria obtenida en varias entidades territoriales clave (Lara, Miranda) en comicios regionales y en la composición del nuevo Parlamento electo en 2010; donde la oposición recuperó una presencia significativa, perdida tras su fatal decisión de no concurrir a los comicios legislativos de 2005.

Otro elemento para comparar, es el estado de los ciclos de movilización social —que apuntan a la mejora de derechos ciudadanos—, donde se generan prácticas de autonomía relevantes; así como las políticas de participación mediante las cuales los ciudadanos pretenden incidir en el desarrollo de políticas públicas y agendas de Gobierno, sobre todo a nivel local. Si bien en ambos casos se aprecia la expansión de modelos de participación partidizados y vinculados al poder estatal —unida a formas de criminalización de la protesta social—, los informes de entidades especializadas de ambos países dan cuenta de importantes diferencias cualitativas. [16]

En la historia política de Nicaragua, la tardía construcción de una estatalidad moderna y el marco autoritario en que se implementó —de forma visible en la época somocista y ambigua en la revolucionaria— conllevó a

---

[15] En sus decisiones, aunque el oficialismo cuenta en su composición con una apreciable ventaja de 4 a 1.

[16] Véase al respecto las investigaciones desarrolladas por organizaciones civiles como CINCO (Nicaragua) y PROVEA (Venezuela).

que, hasta inicios de la década de 1990, no se presenciara la coexistencia de políticas de participación debidamente normadas e institucionalizadas, y una sociedad civil emergente que reivindicase la autonomía como valor esencial de su identidad y accionar, para diferenciarse de los actores paraestatales de regímenes anteriores. Emanados de la lucha contra los gobiernos y políticas neoliberales de finales del siglo xx, existe hoy en Nicaragua un conjunto de actores organizados de la sociedad civil autónoma (movimiento de mujeres, organizaciones juveniles y de derechos humanos) que se enfrentan de forma más o menos activa a lo que consideran un avance autoritario del Gobierno nacional. Sin embargo, ese accionar no es acompañado por una buena parte de sectores y organizaciones populares, que se encuentran cooptados por políticas del FSLN.

Asimismo, las estructuras de participación reconocidas por la ley —como los Consejos de Desarrollo Municipal— han visto casi desaparecer su presencia por el protagonismo de los Gabinetes y Consejos de Poder Ciudadano, junto a la capacidad de gestar y redistribuir recursos procedentes del aparato estatal y la cooperación venezolana, lo cual ha generado dinámicas predominantes de cooptación y exclusión, así como conflictos con organizaciones y comunidades opositoras (Chaguaceda y Stuart, 2011). Después de las elecciones generales de noviembre de 2011, el oficialismo alcanzó una mayoría dentro del Parlamento, que, sumada al control del aparato estatal central, de buena parte de gobiernos locales, a la presencia de su «tendido organizacional» partidario y social en todo el territorio nacional, configura escenarios de conflicto para la acción de aquel sector de la ciudadanía no identificado con la orientación de su proyecto político y la consolidación de un régimen de rasgos acusadamente neopatrimonialistas (Gráfico 8.3).

En Venezuela, si bien el desarrollo de políticas de participación (López, 2011) y la emergencia de una ciudadanía beligerante a través de la sociedad civil (Gómez, 2009) son fenómenos un tanto recientes —de 1958 en adelante—, el período de gobierno chavista, en especial los últimos cinco años, ha sido el escenario de una aguda disputa por la inserción ciudadana en los procesos participativos y de enfrentamiento a las pretensiones autoritarias y estatizantes del régimen político vigente.

La expansión de un modelo de participación (poder comunal) —que busca subsumir la institucionalidad en el ámbito local y dispone de importantes recursos para ello— no ha cristalizado por un conjunto de factores que van desde la complejidad de la estructura social y territorial, la dinámica imprimida por los frecuentes cambios institucionales y diversos conflictos políticos, así como por la misma resistencia ciudadana —de adversarios y

Gráfico 8.3: *Relación entre políticas de participación y prácticas de autonomía en Nicaragua (1900-2011).*

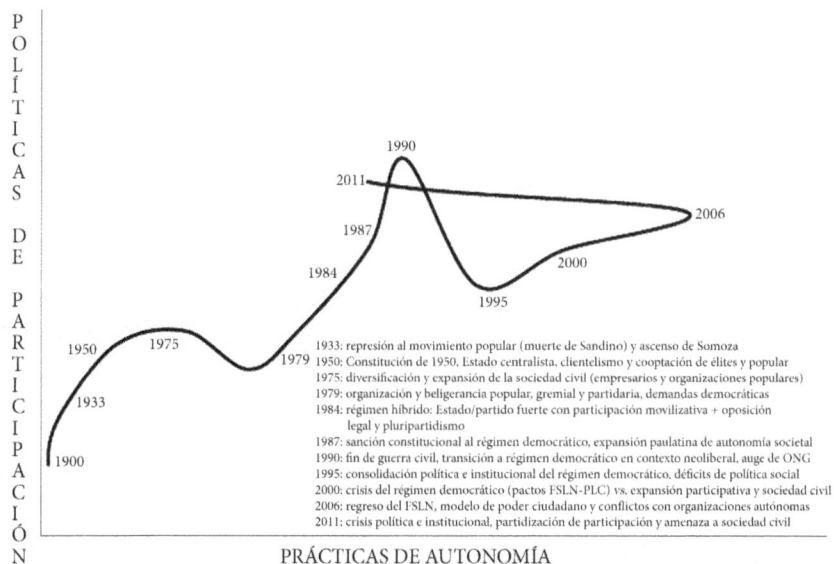

1933: represión al movimiento popular (muerte de Sandino) y ascenso de Somoza
1950: Constitución de 1950, Estado centralista, clientelismo y cooptación de élites y popular
1975: diversificación y expansión de la sociedad civil (empresarios y organizaciones populares)
1979: organización y beligerancia popular, gremial y partidaria, demandas democráticas
1984: régimen híbrido: Estado/partido fuerte con participación movilizativa + oposición legal y pluripartidismo
1987: sanción constitucional al régimen democrático, expansión paulatina de autonomía societal
1990: fin de guerra civil, transición a régimen democrático en contexto neoliberal, auge de ONG
1995: consolidación política e institucional del régimen democrático, déficits de política social
2000: crisis del régimen democrático (pactos FSLN-PLC) vs. expansión participativa y sociedad civil
2006: regreso del FSLN, modelo de poder ciudadano y conflictos con organizaciones autónomas
2011: crisis política e institucional, partidización de participación y amenaza a sociedad civil

Fuente: *Elaboración propia a partir de bibliografía sobre el país.*

simpatizantes del chavismo— a aquellos elementos del poder comunal que perciben como nocivos, tanto por su magro desempeño en el área de las políticas públicas como por el sesgo excluyente y polarizador que han mostrado al utilizarlos como actores locales del oficialismo (López, 2011). A ello se une la expansión de una acción societal que, enarbolando el amplio catálogo de derechos consagrados en la Constitución bolivariana, hace uso de diversos mecanismos de protesta y denuncia ciudadana, para confrontar tanto los déficits de los servicios públicos como los retrocesos y agresiones contra los derechos civiles y políticos de la población (Gráfico 8.4).

Otro factor clave para comprender el alcance de los procesos desdemocratizadores lo constituye la función que desempeñan los militares dentro del orden social y su incidencia en la limitación de los derechos ciudadanos. La experiencia previa de regímenes autoritarios en la historia nicaragüense y venezolana revela un papel destacado de los castrenses como impulsores de los procesos de modernización y desarrollo de la capacidad estatal, agentes represores de las diversas formas de disidencia y oposición antigubernamentales. No sería hasta el advenimiento del régimen puntofijista (1958)

Gráfico 8.4: Relación entre políticas de participación
y prácticas de autonomía en Venezuela (1900-2011).

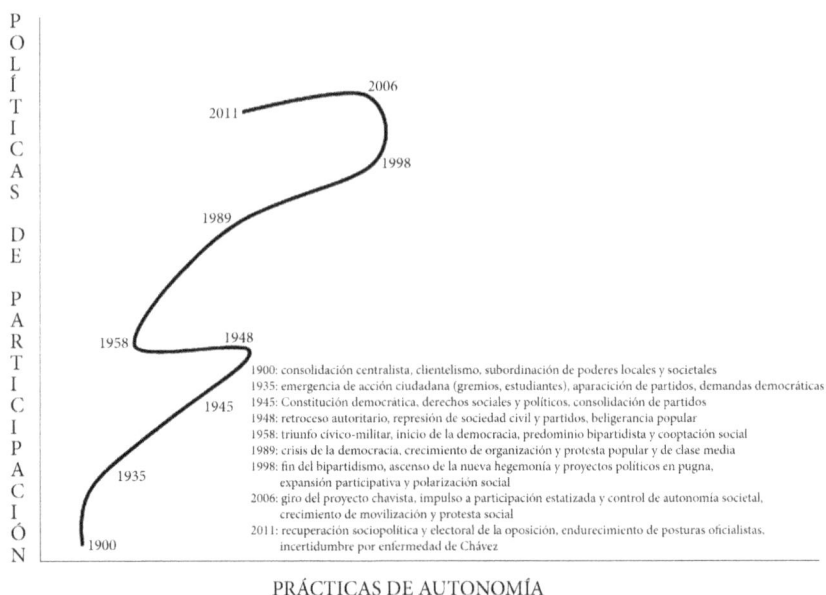

PRÁCTICAS DE AUTONOMÍA

Fuente: Elaboración propia a partir de bibliografía sobre el país.

y durante la etapa de transición en Nicaragua (a partir de 1990) cuando la sujeción del mando militar al poder civil, así como la mayor incidencia de la sociedad civil, van a configurar escenarios en los cuales la ciudadanía organizada podrá incidir en la política pública sin que los conflictos político-institucionales corran, salvo excepciones, el riesgo de degenerar en confrontaciones armadas entre sectores de la sociedad, y de estas con el aparato estatal y la institución armada.[17]

---

[17] Esta situación debe ser presentada con dos importantes matices. En el caso venezolano, la institución armada confrontó movimientos guerrilleros y populares durante la década de 1960, cuya represión implicó afectaciones a los derechos humanos de segmentos de la población; además, para finales de los años 80 y principios de la década siguiente, la represión del Caracazo y los alzamientos militares de 1992 pusieron en duda la solidez del proceso de despolitización y profesionalización del cuerpo armado. Por su parte, en Nicaragua, si bien el ambiente de guerra civil y las restricciones emanadas del diseño del régimen revolucionario —con fusión de partido, Estado y fuerzas sandinistas, incluidos

298

En los últimos años, el proceso de implicación de los militares en la política ha sido variable en ambos países. En Nicaragua el Gobierno mantiene relativamente fuera del juego al ejército y la policía —los cuales se profesionalizaron y redujeron sus efectivos—, contentándose con garantizar la impunidad de sus adherentes cuando, por ejemplo, se trata de reprimir marchas opositoras con la recurrente pasividad de agentes policíacos. Si bien la movilización de tropas en el conflicto con Costa Rica por el río San Juan y el apoyo del presidente Ortega a la permanencia en el cargo de la jefa de la policía, Aminta Granera —institución cuya profesionalidad ha sido reconocida por la opinión pública—, parecen sugerir un interés en acercar/cooptar a los cuerpos armados y de interior. El esquema de poder construido por el orteguismo —mezcla de poder estatal/partidario, control de instituciones y organizaciones sociales afines y alianza con sectores económicos y países extranjeros donantes— hasta el momento parece prescindir del factor militar como variable relevante en su ecuación desdemocratizadora. Se asiste a un caso donde la desdemocratización no ha ido de la mano de un mayor protagonismo del elemento castrense, toda vez que el resto de los recursos en manos del Estado y la debilidad de sus oponentes y de la sociedad civil tornan innecesario el uso de la fuerza armada y policíaca como mecanismo de proyección del poder.

En Venezuela, el factor militar fue esencial desde los orígenes del actual proceso, tanto por la procedencia del máximo líder, por el antecedente expresado en los dos golpes militares de 1992 —matrices del movimiento bolivariano y su iconografía—, como por su imbricación con elementos civiles —pertenecientes al universo partidista y societal de la izquierda venezolana— para configurar la alianza cívico-militar que accedió al poder por vía electoral en 1998. Desde los primeros años del gobierno chavista, los militares —quienes recuperaron el derecho al voto con la CRBV— tuvieron protagonismo —aprovechando sus recursos y capacidad organizativa— en la implementación de diversos planes sociales, labores de vigilancia comicial y reconstrucción ante desastres naturales. Tras el golpe de Estado de abril de 2002, la presencia de jefes militares en instituciones clave —en la administración y la estratégica producción petrolera— y en las candidaturas oficialistas a los gobiernos de disputadas regiones opositoras —o en el

---

los cuerpos armados y de seguridad— limitaron la expresión plural, pacífica y protegida de la ciudadanía, fue esa institucionalidad castrense la que se convirtió en factor clave para el desarrollo y respeto al proceso electoral que llevó a la derrota del gobierno sandinista, así como a la implementación relativamente pacífica del proceso de transición.

comando de autoridades paralelas, creadas por el Presidente para disputar los gobiernos regionales y locales opositores— se incrementaron de forma exponencial, casi al unísono de la expansión del gasto militar (mejoras salariales, compra de armamento a Rusia, activación de nuevas unidades) y la mayor presencia de lo militar (marchas, celebraciones, desfiles, lenguaje) dentro del activismo y discursos chavistas.

Sin embargo, pese a la rotación de comandos (jubilación de oficiales poco confiables y ascenso de otros vinculados al Presidente), la penetración del adoctrinamiento político y el control de inteligencia dentro de los cuerpos armados, la situación no parece haber sido del todo favorable al control del elemento castrense por el régimen. Una fuerza militar de tamaño y complejidad relativamente importantes opera como un mecanismo de poder que acompaña al mandatario, en tanto sus decisiones no pongan en riesgo la estabilidad del país y la cohesión del instituto armado. Además, la vitalidad y capacidad de innovación de la oposición y sociedad civil venezolanas supera con creces la de sus homólogas nicaragüenses, dando al factor civil mayores oportunidades en la posible reversión de los cursos desdemocratizadores. Los escenarios actuales presagian que el factor militar será decisivo —pero no único— en la configuración del orden político venezolano.

Balance final: cruzando los casos y sus enseñanzas

La experiencia de los llamados gobiernos progresistas ha evidenciado —a la par de una apuesta por la inclusión social— procesos de clara concentración de poder en el ejecutivo, la implementación de formatos participativos carentes de autonomía y colonizados por el Estado —a su vez controlado por el partido oficial— y la penalización o acoso a organizaciones e iniciativas de la sociedad civil. Todo ello apunta a la conformación de nuevos campos de lucha, simbólica y material, en torno a la participación y acción colectiva ciudadanas, donde los actores impulsarán sus respectivas agendas de cambio y representación de identidades. A partir de este precedente, es posible presentar una relación de los mecanismos y procesos que caracterizan la actual deriva desdemocratizadora en Nicaragua y Venezuela, en el período 2006-2011.

En el primer caso, es notable la existencia de una aguda polarización de actores y conflictos —como los relacionados con las elecciones de 2008 y 2011—, que se une a la reforzada incidencia de redes tradicionales (iglesias católica y protestantes) a partir de su vínculo con las agendas gubernamentales; y la coexistencia de niveles aceptables de participación electoral normal y de un modelo, promovido, partidizado y excluyente, de manera oficial, de participación en los ámbitos locales a partir de la implementación de las estructuras (Gabinetes y Consejos) del denominado poder ciudadano. A la vez, el acceso ampliado —pero desigual y selectivo— de la población a recursos, a través de diversos programas desarrollados por el Gobierno nacional (Hambre Cero, Usura Cero) mediante la canalización selectiva de la abundante ayuda venezolana, apunta a la consolidación de estrategias selectivas —por regiones y grupos poblacionales considerados relevantes— de clientelismo y a la utilización de elementos formalmente ciudadanizadores (como la cedulación electoral) como mecanismos para el control/movilización políticos por parte del partido gobernante.

La autonomía del grupo dirigente —que ha purgado de su seno aquellas figuras y/o grupos que pudieran en potencia amenazar el dominio de Ortega y su esposa— y la fusión en su seno de intereses estatales y privados, los beneficios concedidos a aliados (empresariales, eclesiales) y la capacidad de control de poderes públicos (electoral, justicia) y el éxito en la confrontación con los partidos opositores y la sociedad civil, revela un incremento —relativo— de la capacidad estatal y una menor influencia ciudadana —sobre todo aquella que se canaliza de forma institucionalizada por mecanismos de Gobierno e incidencia en políticas específicas— dentro de la política pública. Así, las relaciones entre el Estado y ciudadanía van adquiriendo —y consolidando— en Nicaragua ciertas características que las hacen tendencialmente asimétricas, desprotegidas y no vinculantes, tributando a la paulatina desdemocratización del régimen político y orden social del país centroamericano (Esquema 8.1).

En cuanto al caso venezolano, si bien persiste —y a ratos se agudiza— la polarización sociopolítica, esta se ha expresado de forma privilegiada a través de mecanismos institucionales; en especial en procesos electorales, donde la participación ha sido, como promedio, alta en los diferentes estratos poblacionales. Durante los últimos años, a la existencia de segmentos de voto «duro», afectos al oficialismo y la oposición, se han añadido nuevas redes y actores (populares, estudiantiles, ambientalistas, liderazgos y grupos emergentes de la oposición), que compensan la expansión de un modelo de participación ciudadana partidizada y excluyente como el llamado poder comunal. Algunas de estas redes pueden tener su sustrato en elementos no explícitamente político-partidarios (grupos de clase media, regionalismos, juveniles, etc.); pero se activan e inciden en su entorno inmediato y a nivel nacional en coyunturas relevantes desde un punto de vista político, como las electorales.

Esquema 8.1: Conexiones causales entre las configuraciones del poder
y la desdemocratización en Nicaragua (2006-2011).

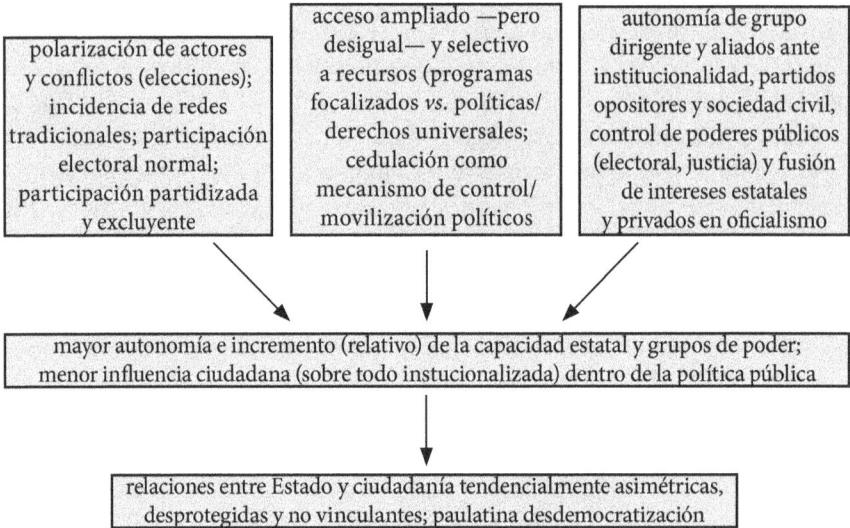

| polarización de actores y conflictos (elecciones); incidencia de redes tradicionales; participación electoral normal; participación partidizada y excluyente | acceso ampliado —pero desigual— y selectivo a recursos (programas focalizados *vs.* políticas/ derechos universales; cedulación como mecanismo de control/ movilización políticos | autonomía de grupo dirigente y aliados ante institucionalidad, partidos opositores y sociedad civil, control de poderes públicos (electoral, justicia) y fusión de intereses estatales y privados en oficialismo |

mayor autonomía e incremento (relativo) de la capacidad estatal y grupos de poder; menor influencia ciudadana (sobre todo instucionalizada) dentro de la política pública

relaciones entre Estado y ciudadanía tendencialmente asimétricas, desprotegidas y no vinculantes; paulatina desdemocratización

Fuente: Elaboración propia a partir de Tilly (2010:179).

La ampliación de programas y políticas sociales —con sus déficits de calidad, sostenibilidad e impacto—, si bien ha sido utilizada por el Gobierno nacional —y por gobiernos regionales opositores— para fines proselitistas, también ha expandido el estatuto de ciudadanía de sectores excluidos y los ha dotado de derechos que pueden esgrimir frente a los funcionarios públicos (Esquema 8.2). Ello explica la expansión de la protesta y acción colectivas (oficialista y opositora) en los últimos años, pese a los esfuerzos por criminalizarla. Sin embargo, no ha sido impedimento para la extensión del poderío de diversos centros de poder autónomos (Ejecutivo, Fuerza Armada, líderes regionales), cuya capacidad ha crecido frente al resto de la institucionalidad, los partidos opositores y la sociedad civil; lo que se une al control oficialista de algunos poderes públicos (justicia) y el crecimiento a su amparo de un sector empresarial identificado como boliburgués.

Como saldo, coexisten una amplia capacidad y autonomía estatal, encarada por una variable influencia ciudadana —mayor a través de mecanismos de protesta, menor en formas institucionalizadas— dentro de la política pública. Ello configura relaciones entre Estado y ciudadanía tendencialmente asimétricas, poco protegidas y no muy vinculantes, donde la

Esquema 8.2: Conexiones causales entre las configuraciones del poder y la desdemocratización en Venezuela (2006-2011).

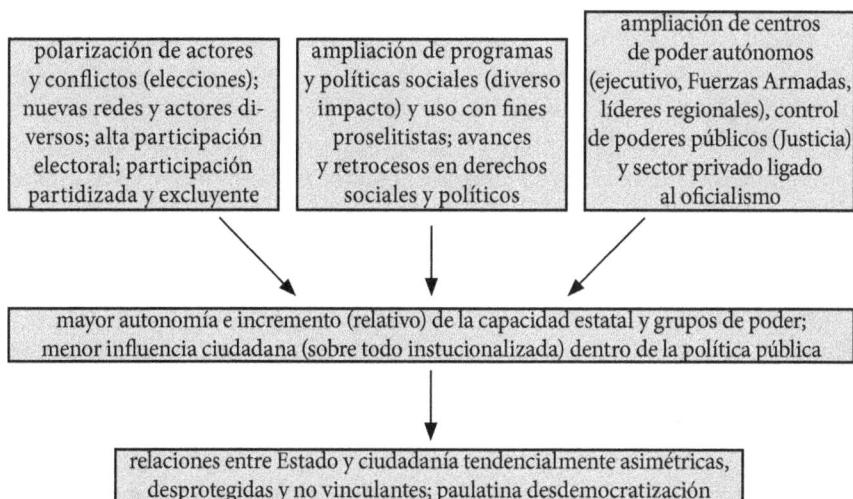

polarización de actores y conflictos (elecciones); nuevas redes y actores diversos; alta participación electoral; participación partidizada y excluyente	ampliación de programas y políticas sociales (diverso impacto) y uso con fines proselitistas; avances y retrocesos en derechos sociales y políticos	ampliación de centros de poder autónomos (ejecutivo, Fuerzas Armadas, líderes regionales), control de poderes públicos (Justicia) y sector privado ligado al oficialismo

↓

mayor autonomía e incremento (relativo) de la capacidad estatal y grupos de poder; menor influencia ciudadana (sobre todo instucionalizada) dentro de la política pública

↓

relaciones entre Estado y ciudadanía tendencialmente asimétricas, desprotegidas y no vinculantes; paulatina desdemocratización

Fuente: Elaboración propia a partir de Tilly (2010:179).

tendencia desdemocratizadora en curso encuentra expresiones de resistencia —y potencial reversión— por parte de la ciudadanía.

En ambos casos, las coordenadas institucionales, legales y los mecanismos específicos de interacción Estado-ciudadanía se ven afectados por relaciones caracterizadas por la asimetría, la conflictividad y la contingencia, entre representantes del Estado y ciudadanos organizados, que pareciera favorecer la imposición de regímenes claramente autoritarios y no simples expresiones de la democracia delegativa identificada por Guillermo O Donnell años atrás. En los dos países, resalta la tardía integración de las economías y sociedades nacionales a las dinámicas del capitalismo global, la persistente dependencia económica de la producción de productos primarios (agrícolas en Nicaragua, hidrocarburos en Venezuela) a lo largo de las dos pasadas centurias, así como la vulnerabilidad de modelos productivos y estructuras políticas altamente dependientes de los mercados, inversiones e injerencia política de las potencias foráneas. También resultan visibles los procesos de construcción de las capacidades estatales, conducidos por regímenes autoritarios durante la primera mitad del siglo XX. A la par, se revela la diferenciación en los cursos de evolución política respectivos, ante la consolidación en Nicaragua de un régimen sultánico de carácter familiar —la dinastía de los Somoza— y la transición, prolongada y convulsa, a un régimen democrático —controlado por los partidos— en el caso venezolano.

Desde esos marcos, se explica la debilidad de la capacidad estatal y la precariedad del orden democrático en el caso nicaragüense, que son correlativos a la persistencia de una estructura social conservadora y profundamente desigual, una lenta evolución histórica y la constante sujeción de las dinámicas de su política interna a la injerencia estadounidense. Se llama también la atención de los efectos que el factor petróleo —y su derivación cultural, el rentismo— ha tenido en la economía y política venezolanas, caracterizada por esfuerzos modernizadores, conducidos por medio del protagonismo del Estado y de los partidos políticos instituidos.

A partir del análisis de los procesos antes descritos, es posible sostener que se asiste a la consolidación —precaria y nunca irreversible— de nuevas formas de dominación que incorporan de forma subordinada y distorsionada las lógicas y demandas (redistributivas, ciudadanizantes) de movimientos sociales originariamente identificados con un rescate de la justicia social, el rol regulador y activo del Estado y la expansión e innovación democráticas. Sin embargo, los liderazgos nacionales de ambos países han procurado afianzar el poder estatal y construir regímenes políticos caracterizados, cada vez más, por sus rasgos estatistas, autoritarios y personalistas. En tanto resulta precario contraponer la defensa de la inclusión social y respeto al ejercicio integral de los derechos políticos de mayorías y minorías, bajo estos regímenes se construye una hegemonía estatal no equiparable —sino más bien, enajenante— a cualquier visión de hegemonía socialista o progresista, pensada en clave del pensamiento de E. Laclau, Ch. Mouffe y otros autores afines.

Todo ello permite concluir enfatizando que, en los últimos años, a pesar del desarrollo de amplias políticas sociales, el rescate de ciertas capacidades estatales y de la retórica *progresista* al uso, tanto en Nicaragua como en Venezuela se ha ido consolidando un tipo de relación conflictiva entre las políticas de participación —generadas desde la estatalidad— y las prácticas de autonomía societales —y en un sentido macro entre quienes controlan el aparato gubernamental y amplios sectores de la ciudadanía—, que presagian escenarios mucho más hostiles para quienes propugnen una mayor democratización de la vida política y son propicios al estallido de situaciones de conflicto que ponen en riesgo la convivencia al interior de esas sociedades. Convivencia que debería hallar formas virtuosas (pacíficas, democráticas) de concreción, para que el gobierno de los hombres y la administración de las cosas dejen de ser patrimonio exclusivo de poderes profesionalizados y fácticos; aún de quienes dicen gobernar(nos) *en el nombre del pueblo.*

BIBLIOGRAFÍA

AA.VV. (2011a): «Declaración de la Asociación Venezolana de Derecho Constitucional ante la situación jurídica nacional» en Casals, Jesús M (coordinador): Defender la Constitución, Universidad Católica Andrés Bello, Caracas.

_____ (2011b): «Declaración de Decanos y Profesores universitarios ante la situación jurídica nacional» en Casals, Jesús M (coordinador): Defender la Constitución, Universidad Católica Andrés Bello, Caracas.

_____ (2011c): «El Gremio de Abogados de Venezuela ante la crisis institucional del país» en Casals, Jesús M (coordinador): Defender la Constitución, Universidad Católica Andrés Bello, Caracas, .

_____ (2011d): «Pronunciamiento de la Asociación Venezolana de Derecho Constitucional Frente al cerco normativo contra la Asamblea nacional recién elegida y contra la Universidad Venezolana» en Casals, Jesús M (coordinador): Defender la Constitución, Universidad Católica Andrés Bello, Caracas.

ACOSTA, VLADIMIR (2007): «El Socialismo del siglo XXI y la Revolución Bolivariana. Una reflexión inicial», en Margarita López Maya (ed.): *Ideas para debatir el Socialismo del siglo XXI*, vol. I, Editorial Alfa, Caracas.

AGUILAR, A.; SILVA, A. E.; SANDINO, A. Y M. ZEPEDA (2014); *Novena reforma constitucional 2014: el cambio de las reglas del juego democrático en Nicaragua*. Managua, IEEPP.

ALEMÁN, VERÓNICA (2009): «"Yo, sí puedo" concluye el largo camino hacia la alfabetización», en *Correo*, año 1, no. 5, julio-agosto, Managua.

ALEXANDER, JEFFREY (1994): «Las paradojas de la sociedad civil», en *Revista Internacional de Filosofía Política*, no. 4, noviembre, Madrid.

ALIANZA FEMINISTA CENTROAMERICANA PARA LA TRANSFORMACIÓN DE LA CULTURA POLÍTICA PATRIARCAL (2010): *Democracia en Centroamérica. Más mujeres en el poder, más hombres asumiendo las tareas domésticas*, Alianza, San Salvador.

ALMOND, G. (1999): *Una disciplina segmentada. Escuelas y corrientes de las Ciencias Políticas*, Fondo Cultura Económica, México D.F.

ALMEYRA, GUILLEMO (2004): *La protesta social en la Argentina (1990-2004). Fábricas recuperadas, piquetes, cacerolazos, asambleas populares*, Ediciones Continente, Buenos Aires.

ALVAREZ, GABRIEL Y JUAN VINTRÓ (2009): «Evolución Constitucional y cambios institucionales en Nicaragua (1987-2007)», en Salvador Martí y David Close (ed.): *Nicaragua y el FSLN (1979-2009). ¿Qué queda de la revolución?*, Edicions Bellaterra, Barcelona.

ÁLVAREZ, VÍCTOR (2009): *Venezuela: ¿hacia dónde va el modelo productivo?*, Centro Internacional Miranda, Caracas.

AMNISTÍA INTERNACIONAL (2018): «Disparar a matar. Estrategias de represión de la protesta en Nicaragua», en https://www.amnesty.org/es/documents/amr43/8470/2018/es/.

ARATO, A. Y JEAN COHEN (2000): *Sociedad Civil y Teoría Política*, Fondo de Cultura Económica, México D.F.

ARENAS, NELLY Y LUIS GÓMEZ CALCAÑO (2006): *Populismo autoritario: Venezuela 1999-2005*, CENDES-UCV, Caracas.

ARRAIZ, RAFAEL (2007): *Venezuela: 1830 a nuestros días. Breve historia política*, Editorial Alfa, Caracas.

ASAMBLEA NACIONAL (s. a.): «Constitución Política de la República de Nicaragua», en http://www.asamblea.gob.ni/opciones/constituciones/ConstitucionPolitica.pdf.

ASDI/BID (2006): «Mapeo y caracterización de las organizaciones de la sociedad civil de Nicaragua. Informe preliminar», ASDI/BID, Managua.

ASPRINO, GLADYS (2008): «Revue filosófico-político sobre la participación», en *Frónesis*, vol. 15, no 3, Maracaibo.

AVRITZER, LEONARDO (2001): «Democracia deliberativa. La recuperación del concepto de deliberación publica en la teoría democrática contemporánea», en *Metapolítica*, vol. 5, abril-junio, México D.F.

AZZELLINI, DARÍO (2011): «De las cooperativas a las empresas de propiedad social directa en el proceso venezolano», en Camila Piñeiro (comp.): *Cooperativas y socialismo: una mirada desde Cuba*, Editorial Caminos, La Habana.

BADIE, BERTRAND Y GUY HERMET (1993): *Política comparada*, FCE, México D.F.

BALTODANO, MÓNICA (2009): *Sandinismo, pactos, democracia y cambios revolucionarios. Contribuciones al pensamiento político de la izquierda nicaragüense*, Fuzión de Colores, Managua.

BALZA, RONALD (2009): «Sobre comunas y colectivos: antecedentes del socialismo del siglo XXI», en Margarita López Maya (ed.): *Ideas para debatir el socialismo del siglo XXI (volumen I)*, Editorial Alfa, Caracas.

BARBER, BENJAMÍN (1998): «Un marco conceptual: política de la participación», en Rafael del Águila y Fernando Vallespín (coords.): *La democracia en sus textos*, Alianza, Madrid.

BARRERA, ALBERTO Y CRISTINA MARCANO (2007): *Hugo Chávez sin uniforme*, Random House Mondadori, México D.F.

BASTIDAS, OSCAR (2005): *Innovación y éxito en el cooperativismo venezolano. El caso de las ferias de Consumo de Lara*, Centro de Estudios de la participación, la autogestión y el cooperativismo (CEPAC), Universidad Central de Venezuela, Caracas.

BAUMEISTER, EDUARDO (2009): «Treinta años de agricultura nicaragüense (1978-2008)», en Salvador Martí y David Close (eds.): *Nicaragua y el FSLN (1979-2009). ¿Qué queda de la revolución?*, Edicions Bellaterra, Barcelona.

BAUTISTA, DIEGO (1993): «El sistema político gomecista», en Elias Pino (comp.): *Juan Vicente Gómez y su época*, Monte Ávila Editores Latinoamericana, Caracas.

BENDAÑA, ALEJANDRO (2007): *Sandino: mística, libertad y socialismo*, Centro de Estudios Internacionales, Managua.

BERRÍOS, JUAN ALBERTO (2011): «Bases para la comprensión de la politización de la justicia constitucional en Venezuela (2000-2011): ensayo de aproximación», en Jesús M. Casals (coord.): *Defender la Constitución*, Universidad Católica Andrés Bello, Caracas.

BIARDEAU, JAVIER (2007): «Los errores del estalinismo burocrático frente al Socialismo del siglo XXI», en Margarita López Maya (ed.): *Ideas para debatir el socialismo del siglo XXI*, vol. I, Editorial Alfa, Caracas.

BISBAL, MARCELINO (2009): «La comunicación masiva como política del gobierno de Hugo Chávez Frías», en Marcelino Bisbal (ed.): *Hegemonía y control comunicacional*, Editorial Alfa-Universidad Católica Andrés Bello, Caracas.

BOBBIO, NORBERTO (2006): *Liberalismo y democracia*, Fondo de Cultura Económico, México D.F.

BORCHGREVINK, A. (s. a.): «Nicaragua: A Study of Civil Society», en http://www.nupi.no/content/download/637/13061/version/6/file/699.pdf.

BORÓN, ATILIO (2006): «Teoría Política Marxista o Teoría Marxista de la Política», en Atilio Borón, Javier Amadeo y Sabrina González (comps.): *La teoría marxista hoy. Problemas y perspectivas*, CLACSO Buenos Aires.

Bourdieu, Pierre (1991): *Language and Symbolic Power*, Harvard University Press, Cambridge, Massachusetts, .

_____ (1999): *Intelectuales, política y poder*, Eudeba, Buenos Aires.

_____ y Loic Wacquant (2008): *Una invitación a la sociología reflexiva*, Siglo XXI Editores, Buenos Aires.

Boves, Velia C. (2010): «De la revolución a la movilización. Confluencias de la sociedad civil y la democracia en América Latina», en *Nueva Sociedad*, no. 227, mayo-junio, Buenos Aires.

Bow, J. C. (2019): «General Avilés rinde al Ejército de Nicaragua ante la dictadura», en https://confidencial.com.ni/general-aviles-rinde-al-ejercito-ante-la-dictadura/.

Bozo de Carmona, Ana Julia (2008): «La Democracia, la Soberanía Popular y el Poder Popular a la Luz de la Reforma Constitucional Venezolana de 2007», en *Frónesis*, vol. 15, no. 1, [s. l.].

Buttó, Luis (2005): «Nuevo profesionalismo militar de seguridad interna y desarrollo nacional e intervención política de militares populistas y radicales en Venezuela», en *Militares y poder en Venezuela. Ensayos históricos vinculados con las relaciones civiles y militares venezolanas*, Universidad Católica Andrés Bello y Universidad Pedagógica Experimental Libertador, Caracas.

Burchardt, Hans J. (2006): *Tiempos de Cambio: repensar América Latina*, Fundación Heinrich Boll, San Salvador.

Burke, P. (1997): *Historia y Teoría Social*, Instituto Mora, México D.F.

Caballero, Manuel (2010): «Instauración del Estado moderno y auge de la república liberal autocrática (1899-1935)», en *Serie Antológica Historia Contemporánea de Venezuela*, Fundación Rómulo Betancourt, Caracas.

_____ (2009): La crisis de la Venezuela contemporánea (1903-1992), Alfadil Ediciones, Caracas.

Cabrales, S. (2019): *El terremoto sociopolítico en Nicaragua. Procesos, mecanismos y resultados de la inesperada ola de protestas de 2018,* Universidad de Pittsburg.

Cajina, Roberto (2000): «Nicaragua: de la seguridad del Estado a la inseguridad ciudadana», en Andres Serbin y Diego Ferreira (comps): *Gobernabilidad democrática y seguridad ciudadana en Centroamérica. El caso de Nicaragua*, CRIES, Managua.

Calcaño, Luis G. (2009): *La disolución de las fronteras: sociedad civil, representación y política en Venezuela*, CENDES, Caracas.

_____ (1998): «Las Ferias de Consumo Familiar del Estado Lara, Venezuela: una experiencia de organización participativa», Informe para la División de Estado y Sociedad Civil del BID, Caracas.

CANTO, MANUEL (2009): «La participación ciudadana como una relación socio–estatal acotada por la concepción de democracia y ciudadanía», en *Andamios*, vol. 5, no. 10, abril, México D.F.

CANSINO, C. (2010): *La revuelta silenciosa. Democracia, espacio público y ciudadanía en América Latina*, BUAP/CEPCOM, Puebla.

CAPELÁN, JORGE (2010): «La Maldición de la Malinche. La traición de los intelectuales», en *Correo*, febrero/marzo, Managua.

CATTANI, ANTONIO DAVID (2003): *La otra economía*, Veraz Editores, Porto Alegre.

CARRERA, GERMAN (2006): *Venezuela proyecto nacional y poder social*, Universidad de los Andes, Mérida.

_____ (1984): *Una nación llamada Venezuela. Proceso socio histórico de Venezuela (1810-1974)*, Monte Ávila Editores, Caracas.

CASALS, JESÚS M. (2011a): «Presentación», en Jesús M. Casals (coord.): *Defender la Constitución*, Universidad Católica Andrés Bello, Caracas.

_____ (2011b): «Proceso Constituyente, Constitución y Justicia Constitucional», en Jesús M. Casals (coord.): *Defender la Constitución*, Universidad Católica Andrés Bello, Caracas.

CASELLA MELO, ANTONIO (2010): «El socialismo del siglo XXI: consejos comunales y alcaldías en Venezuela». en *Cuestiones Políticas*, vol. 26, no. 44, enero-junio, [s. l.].

CASTILLA, MIGUEL DE (2009): «Educación para salir del infierno de la pobreza», en *Correo*, año 1, no. 5, julio-agosto, Managua.

CECOSESOLA (2002): *Estatutos del Organismo de Integración Cooperativa*, [s. n.], Barquisimeto.

_____ (2003): *Buscando una convivencia armónica, Escuela Cooperativa Rosario Arjona*, [s. n.], Barquisimeto.

_____ (2007): *Construyendo aquí y ahora el mundo que queremos*, [s. n.], Barquisimeto.

_____ (2009): *¿Hacia un cerebro colectivo? De reuniones… a espacios de encuentro*, [s. n.], Barquisimeto.

CEN (2014): *En búsqueda de nuevos horizontes para una Nicaragua mejor*, [s. n.], [s. l.].

CHACÍN, RONALD (2011): «Balance de la eficacia del principio de la División de Poderes en Venezuela o constitucionalismo erosionado», en Jesús M. Casals (coord.): *Defender la Constitución*, Universidad Católica Andrés Bello, Caracas.

CHAHIM, D. Y A. PRAKASH (s. a.): «Grass without Roots. Foreign Funding and the Underdevelopment of Nicaraguan Civil Society». en http://

deanchahim.files.wordpress.com/2010/10/chahim-prakash-arnova-2010-grass-without-roots_10-20-10.pdf. Consultado el 2 de noviembre de 2010.

CHAGUACEDA, ARMANDO Y JOHANNA CILANO (2011): «Democracia participativa versus autoritarismo: confluencias recientes en el progresismo latinoamericano», en *Cuestiones Políticas*, vol. 27, enero-junio, Maracaibo.

_____ Y ROBERT STUART (2011): «¿Democracia participativa en Nicaragua? Los Consejos del Poder Ciudadano y el gobierno del FSLN (2006-2011)», en *Revista Centroamericana de Ciencias Sociales*, vol. 2, no. VIII, diciembre, [s. l.].

CHAKRABARTY, D. (2008): *Al margen de Europa*, Tusquets, Barcelona.

CHAMORRO, C. (s. a.): «El golpe y la oposición», en http://www.confidencial.com.ni/articulo/5612/el-ldquo-golpe-rdquo-y-la-oposicion. Consultado el 12 de enero de 2012.

_____ (s. a.): «El poder ciudadano de Ortega en Nicaragua: ¿participación democrática, o populismo autoritario?», en http://www.wilsoncenter.org/events/docs/Chamorro.pdf. Consultado el 10 de octubre de 2010.

CHAMORRO ELIZONDO, L. (2013): «Carta abierta a la Comisionada Granera», en https://confidencial.com.ni/archivos/articulo/12784/carta-abierta-a-la-comisionada-granera.

CHATERJEE, P. (2008): *La nación en tiempo heterogéneo y otros estudios subalternos*, CLACSO- Siglo XXI, Buenos Aires.

CHÁVEZ FRÍAS, HUGO (2007): «5 Motores Constituyentes de la Revolución Bolivariana de Venezuela». en http://www.nodo50.org/plataformabolivariana/ConoceLaRevolucion/CincoMotores.htm. Consultado el 5 de febrero de 2011.

CHINCHILLA, N. (1994): «Feminism, Revolution, and Democratic Transitions in Nicaragua», en J. Jaquette (ed.): *The Women's Movement in Latin America: Participation and Democracy*, 2da ed., Westview Press, Boulder.

CILANO, JOHANNA; CÓRDOVA, EDGAR Y ARMANDO CHAGUACEDA (2009): «Participación ciudadana y reforma del Estado en Venezuela. Entender la política a través del ciudadano», en *OSAL*, no. 26, octubre. CLACSO. Buenos Aires.

CIDH (2018). *Graves violaciones a los derechos humanos en el marco de las protestas sociales en Nicaragua*, CIDH, Washington.

CINCO (2008): «La revelación autoritaria», en *Boletín mensual Perspectivas*. CINCO Managua.

312

_____ (2013): «El precio de una patria», en *Boletín de análisis Perspectivas*. CINCO, Managua.

Cipriano, Luis (1993): «Gómez y el agro», en Elias Pino (comp.): *Juan Vicente Gómez y su época*, Monte Ávila Editores Latinoamericana, Caracas.

Close, David (2009): «La otra cara de la política: los antisandinistas», en Salvador Martí y David Close (eds.) : *Nicaragua y el FSLN (1979-2009). ¿Qué queda de la revolución?*, Edicions Bellaterra, Barcelona.

Colectivo de Derechos Humanos Nicaragua Nunca Más, Acción Penal, Fundación para el Debido Proceso, Movimiento Campesino de Nicaragua (2019). *Situación de los derechos humanos de la población campesina*, [s. n.], Washington.

Combessie, J. C. (2003): *La méthode en sociologie*, La Découverte, Paris.

Comités de Tierras Urbanas/Movimiento de Pobladores (2009): «Socialismo y tenencia de la tierra urbana popular» en Margarita López Maya (ed.): *Ideas para debatir el socialismo del siglo XXI*, vol, 2, Editorial Alfa, Caracas.

Confidencial (2019): «Exilio forzado de monseñor Báez "deja mal sabor", afirma obispo Mata», en https://confidencial.com.ni/exilio-forzado-de-monsenor-baez-deja-mal-sabor-afirma-obispo-mata/.

Consalvi, Simón Alberto (2004): *El petróleo en Venezuela*, Fundación Bigott, Caracas.

_____ (2010): *La revolución de Octubre (1945-1948) la primera república liberal democrática*, Fundación Rómulo Betancourt, Caracas.

«Constitución de la República Bolivariana de Venezuela» (1999), en *Gaceta Oficial*, no. 36860, 30 de diciembre.

«Constitución de la República de Nicaragua» (1950), en http://bib.cervantesvirtual.com/portal/constituciones/pais.formato?pais=Nicaragua&indice=constituciones.

«Constitución de la República de Nicaragua» (1987), en http://bib.cervantesvirtual.com/portal/constituciones/pais.formato?pais=Nicaragua&indice=constituciones.

«Constitución de la República de Nicaragua» (1987), en www.asamblea.gob.ni/opciones/constituciones/1987-01-09.doc.

Coordinadora Civil (s. f.): «La Nicaragua que queremos desde la Coordinadora Civil (2007-2011)», en www.ccer.org.ni/files/doc/1202173987_Agenda__de_Nacion.pdf. Consultado el 10 de octubre de 2010.

_____ (2009): *Coordinadora Civil: Memoria, Desafíos y Retos Octubre 1998-2008*. Coordinadora Civil, Managua.

Córdova Jaimes, Edgar (2008): «Construcción política ciudadana y desarrollo en Venezuela», en *Frónesis*, vol. 15, n. 2, [s. l.].

Coronil, Fernando (2002): *El Estado mágico. Naturaleza, dinero y modernidad en Venezuela*, Universidad Central de Venezuela/Nueva Sociedad, Caracas.

Correa, Carlos (2009): «La trama de la libertad de expresión en Venezuela», en Marcelino Bisbal (ed.).: *Hegemonía y control comunicacional*, Editorial Alfa-Universidad Católica Andrés Bello, Caracas.

Cortés Ramos, A.; López Baltodano, U. y L. Moncada Bellorin, (2020): *Anhelos de un nuevo horizonte. Aportes para una Nicaragua democrática*, FLACSO, San José.

Courlaender, E. (2006): «Participación ciudadana protagónica y corresponsable en el contexto de la Constitución Venezolana», ponencia presentada en International Conference of Latin American Center for Development (CLAD) on State and Public Administration Reform, noviembre, Guatemala.

Courtney, Roberto (2011): «Vaticinios inquietantes en vísperas del 6 de noviembre», en *Envío*, no. 356, noviembre, Managua.

Cruz, Héctor (s. a.): «Los CPC en Nicaragua: un análisis sobre la articulación, el diseño la implementación del poder ciudadano», en http://hectormcruz.blogspot.com. Consultado el 15 de octubre de 2010.

Cruz, Jesús y Camila Piñeiro (2011): «Una introducción a las cooperativas», en Camila Piñeiro (comp.): *Cooperativas y socialismo: una mirada desde Cuba*, Editorial Caminos, la Habana.

Cuadra Lira, Elvira (1998): «Inseguridad ciudadana en Nicaragua. Un análisis de la policía», en E. Cuadra, M. Baltodano y A. Saldomando: *Orden social y gobernabilidad en Nicaragua. 1990-1996*, CRIES, Managua.

_____ (2016): El nuevo protagonismo militar, en E. Jarquín: *El régimen de Ortega. ¿Una nueva dictadura familiar en el continente?*, PAVSA, Managua.

_____ (2018a). «Dispositivos del silencio: control social y represión en Nicaragua», en A. Aguilar Antunez, E. De Gori y C. Villacorta: *Nicaragua en crisis*. Sans Soleil, Buenos Aires.

_____ (2018b) «La esperanza en resistencia. Nuevos conflictos y movilización social en Nicaragua. 2014-2017», (inédito), Managua.

_____ (2020): *La espiral de violencia en Nicaragua*, CINCO, Managua.

_____ y J. Jiménez (2009): *El movimiento de mujeres y la lucha por sus derechos en Nicaragua: movimientos sociales y ciudadanía en Centroamérica*, Centro de Investigación de la Comunicación, Managua.

«43 meses de gobierno FSLN La pobreza retrocede» (2010), en *Correo*, año 2, no. 11, agosto-septiembre, Managua.

CUNILL, NURIA (1991): *La participación ciudadana*, Centro Latinoamericano de Administración para el Desarrollo, Caracas.

_____ (1997): *Repensando lo público a través de la sociedad. Nuevas formas de gestión pública y representación social*, Centro Latinoamericano de Administración para el Desarrollo, Nueva Sociedad, Caracas.

DAGNINO, EVELINA; OLVERA, ALBERTO J. Y ALDO PANFICHI (coords.) (2006): *La disputa por la construcción democrática en América Latina*, Fondo de Cultura Económica, CIESAS, Universidad Veracruzana, México.

DAHL, ROBERT (1989): *La poliarquía. Participación y oposición*, Tecnos, Madrid.

DEGENNE, ALAIN Y MICHEL FORSÉ (1999): *Introducing Social Networks*, SAGE Publications, London.

DE GORI, E., VILLACORTA, C. E. Y A. AGUILAR ANTUNES (2019): *Nicaragua en crisis*, Sans Soleil Ediciones, Buenos Aires: .

DE SOUZA SANTOS, BOAVENTURA (2005): *Reinventar la democracia, reinventar el Estado*, Editorial José Martí, La Habana.

DÍAZ, JORGE (2008): *Salud y hegemonía en Venezuela: barrio adentro, continente afuera*, Centro de Estudios del Desarrollo (CENDES)-Universidad Central de Venezuela (UCV), Caracas.

DÍAZ LACAYO, ALDO (2009a): «El derecho a reelegir», en *Correo*, año 1, no. 3, marzo-abril, Managua.

_____ (2009b): «La saga de la Revolución Sandinista», en *Correo*, año 1, no. 4, mayo/junio, Managua.

_____ (2009c): «El Frente en el frente mediático», en *Correo*, año 1, no. 6, septiembre-octubre, Managua.

_____ (2010): «El pensamiento social de Sandino», revista *Correo*, año 2, no. 11, agosto-septiembre, Managua.

«18 meses de desafíos» (2008), en *Correo*, año 1, no. 1 noviembre-diciembre), Managua.

DOGAN, M. Y R. PHARÉ (1991): *Las nuevas ciencias sociales*, Grijalbo México D.F.

DOMÍNGUEZ, JOSÉ M. (2009): *La modernidad contemporánea en América Latina*, CLACSO Coediciones-Siglo XXI, Buenos Aires.

ELÍAS, ANTONIO (comp.) (2006): *Los gobiernos progresistas en debate. Argentina, Brasil, Chile, Venezuela y Uruguay*, CLACSO-Instituto Cuesta Duarte, Montevideo.

ELLNER, STEVE (2007): «El dilema de la profundización de la revolución bolivariana en la etapa actual», en Margarita López Maya (ed.): *Ideas para debatir el socialismo del siglo XXI (volumen I)*, Editorial Alfa, Caracas.

Equipo Envío (2011): «Elecciones 2011: Perdió Nicaragua», en *Envío*, no. 356, noviembre, Managua.

Esgueva, Antonio (1999): «Conflictos y paz en la historia de Nicaragua», en *Serie Taller de Historia*, no. 7, Instituto de Historia de Nicaragua y Centroamérica, Managua.

_____ (2003): *Historia Constitucional de Nicaragua*, LEA Grupo Editorial, Managua.

Evans, Nicmer (2009): *Democracia y participación desde los Consejos Comunales*, Fundación El perro y la rana, Caracas.

Fernandes, Sujatha (2010): *Who can stop the Drums. Urban Social Movements in Chavez´s Venezuela*, Duke University Press, Durkham.

Feres, Claudia (2000): «El concepto de democracia deliberativa. Un dialogo entre Haberlas, Cohen y Bohman», en *Metapolítica*, vol. 4, no. 14, abril-junio, México D.F.

Figueroa, Carlos y Nicolás Iñigo (2010): «Reflexiones para una definición de Historia Reciente», en Margarita López, Carlos Figueroa y Beatriz Rajland: *Temas y procesos de la Historia Reciente de América Latina*, Editorial ARCIS/CLACSO, Santiago de Chile.

Fonseca, Carlos (2009a): «En el lugar y el momento correcto de la historia», en *Correo*, año 1, no. 4, mayo-junio, Managua.

_____ (2009b): «La democracia directa y el poder ciudadano en el socialismo del siglo XXI», en *Correo*, año 1, no. 5, julio-agosto, Managua.

_____ (2010a): «Verdades y mentiras sobre el carácter del gobierno sandinista», en *Correo*, año 2, no. 9, abril-mayo, Managua.

_____ (2010b): «Ser revolucionarios en la Nicaragua de hoy», en *Correo*, año 2, no. 10, junio-julio, Managua.

Font, Joan y Ricard Gomá (s. a.): «El proceso de democratización en Nicaragua: actores, estrategias y conflictos», en http://www.raco.cat/index.php/revistacidob/article/viewFile/27849/51977. Consultado el 15 de septiembre de 2011.

Fox, Jonathan (1992): *The Politics of Food in Mexico. State Power and Social Mobilization*, Cornell University Press, Ithaca.

Freitez, Nelson (2007): «El cooperativismo en el Estado Lara, Venezuela, en los años de 1960: Promoción religiosa y crisis política», en *Cayapa, Revista Venezolana de Economía Social*, año 7, no. 13, enero-junio, [s. l.].

Frente Sandinista de Liberación Nacional (s. a.): «Estatutos». en http://idbdocs.iadb.org/wsdocs/getdocument.aspx?docnum=35321509. Consultado el 20 de septiembre de 2011.

FULLER, C.; ALVAREZ, L. E Y. MENDOZA (2020): «Estados Unidos sancional al jefe del Ejército de Nicaragua y al ministro de Hacienda», en https://www.laprensa.com.ni/2020/05/22/politica/2676838-estados-unidos-sanciona-al-jefe-del-ejercito-de-nicaragua-y-al-ministro-de-hacienda.

FUNDACIÓN LAS MOROCHAS HACIA EL SIGLO XXI (2009): *Las Morochas hacia el siglo XXI*, J & Eme Editores, Maracaibo.

GALLEGOS, N. A. (2016): «Sociedad civil marchó acosada por fuerzas de choque del gobierno», en https://www.laprensa.com.ni/2016/08/27/politica/2090632-sociedad-civil-marcha-acosada-por-fuerzas-choque.

GARCÍA, ANTONIO (2010): «Ocaso de la república liberal autocrática: estudio introductorio (1935-1945)», en *Serie Antológica Historia Contemporánea de Venezuela*, Fundación Rómulo Betancourt, Caracas.

GELLNER, ERNEST (1996): *Condiciones de la libertad. La sociedad civil y sus rivales*, Paidos Ibérica Barcelona.

GERTSCH, E. (s. a.): «De los CDS a los CPC», en http://www.laprensa.com.ni/2010/05/16/politica/24768. Consultado el 10 de octubre de 2010.

GIEI NICARAGUA. (2018). *Informe sobre los hechos de violencia ocurridos entre el 18 de abril y el 30 de mayo de 2018*, GIEI, Managua.

GIL, JORGE Y SAMUEL SCHMIDT (1999): *La red política en México. Modelación y análisis por medio de la teoría de gráficas*, UNAM, México D.F.

GRAMSCI, ANTONIO (1981): *Cuadernos de la cárcel*, Ediciones Era, México D.F.

_____ (1984): *Notas sobre Maquiavelo, sobre la política, y sobre el Estado moderno*, Editorial Nueva Visión, Buenos Aires.

GRIGSBY, WILLIAM (2009): «Comicios municipales 2008-2009 Triunfo legítimo vs Conspiración», en *Correo*, año 1, no. 2, enero-febrero, Managua.

GRUPO VENANCIA (2002): *Soñando lo imposible...haciéndolo posible. Once años de experiencia del Grupo Venancia construyendo en el feminismo entre mujeres*, Grupo Venancia. Matagalpa.

_____ (2009): *El Estado de la democracia en Nicaragua y nosotras las mujeres*, Grupo Venancia, Matagalpa.

GUARDIA, INÉS (2005): «La acción política de los caudillos venezolanos de finales del siglo XIX: un ejercicio pragmático», en *Militares y poder en Venezuela. Ensayos históricos vinculados con las relaciones civiles y militares venezolanas*, Universidad Católica Andrés Bello y Universidad Pedagógica Experimental Libertador, Caracas.

GUEVARA, ONOFRE (2008): *Cien años de movimiento social en Nicaragua*, Instituto de Historia de Nicaragua y Centroamérica, Managua.

Habermas, J. (1987): *Teoría de la acción comunicativa*, 2 ts., Taurus, Madrid.

Held, David (1992): *Modelos de democracia*, Alianza Editorial, México.

Hevia, Felipe (2009): «Relaciones sociedad-Estado: análisis interactivo para una antropología del Estado», en *Espiral*, no. 45, Guadalajara.

Hintze, Susana (2010): *La política es un arma cargada de futuro: economía social y solidaria en Brasil y Venezuela*, CLACSO, Buenos Aires.

Hudson, J. P. (2010): «Formulaciones teóricos conceptuales de la autogestión», en *Revista Mexicana de Sociología*, no, 72, octubre-diciembre, México D.F.

IFAM/OIM (2019): *Estudio preliminar de flujos migratorios mixtos nicaragüenses. Abril 2018 - Junio 2019*, IFAM-OIM, San José.

Instituto para el Desarrollo y la Democracia (2009): «Informe Final–IPADE-Elecciones municipales 2008-2009», Managua.

Irwing, Domingo (2005a): «Presentación», en *Militares y poder en Venezuela. Ensayos históricos vinculados con las relaciones civiles y militares venezolanas*, Universidad Católica Andrés Bello-Universidad Pedagógica Experimental Libertador, Caracas.

_____ (2005b): «Sencillamente complicado: ¿Reformulando las relaciones civiles y militares en Venezuela; un decálogo de buenas intenciones?», en *Militares y poder en Venezuela. Ensayos históricos vinculados con las relaciones civiles y militares venezolanas*, Universidad Católica Andrés Bello-Universidad Pedagógica Experimental Libertador, Caracas.

Isunza Vera, Ernesto (2001): *Las tramas del alba. Una visión de las luchas por el reconocimiento en el México contemporáneo (1968-1993)*, CIESAS-Miguel Ángel Porrúa, México.

_____ y A. Olvera (2006): *Democratización, rendición de cuentas y sociedad civil. Participación ciudadana y control social*, CIESAS-Porrua- Cámara de Diputados, México.

_____ y Felipe Hevia de la Jara (2006): «Relaciones sociedad civil-Estado en México. Un ensayo de interpretación», en *Cuadernos para la democratización*, no. 4, CIESAS–UV, México.

_____ y Adrián Gurza (coords.) (2010): *La innovación democrática en América Latina tramas y nudos de la representación, la participación y el control social*, Publicaciones de la Casa Chata, CIESAS-Universidad Veracruzana, México D.F.

Iuorno, Graciela (2010): «A propósito de la Historia Reciente: ¿Es la interdisciplinaridad un desafío epistémico para la Historia y las Ciencias Sociales?» en Margarita López, Carlos Figueroa y Beatriz Rajland: *Temas y procesos de la historia reciente de América Latina*, Editorial ARCIS-CLACSO, Santiago de Chile.

JACOBS, KARLA (2010a): «Los cambios en la infraestructura de Nicaragua. Nuevos caminos y puertos para la gente y la producción», en *Correo*, año 2, no. 10 junio–julio, Managua.

_____ (2010b): «Construir viviendas, asegurar porvenir», en *Correo*, año 2, no. 11, agosto-septiembre, Managua.

KAMPWIRTH, K. (2009): «Feminismo, antifeminismo y la lucha del aborto terapéutico. La memoria y consecuencias inesperadas de la revolución», en en Salvador Martí y David Close (eds.): *Nicaragua y el FSLN (1979-2009). ¿Qué queda de la revolución?*, Edicions Bellaterra, Barcelona.

KEANE, JOHN (1992): *Democracia y sociedad civil*, Alianza Editorial, Madrid.

KINLOCH, F. (2008): *Historia de Nicaragua*. 3ra. ed., IHNCA-UCA, Managua.

KRAUZE, ENRIQUE (2008): *El poder y el delirio*, Tusquet, México D.F.

LANDER, EDGARDO (1998): «Límites actuales del potencial democratizador de la esfera pública no estatal», en N. Cunillgran y L. C. Bresser (coords.): *Lo público no estatal en la reforma del Estado*, Paidós Ibérica, Argentina.

_____ (2007): «El Estado y las tensiones de la participación popular en Venezuela», en *OSAL*, año 8, no. 22. CLACSO. Buenos Aires.

LANGUE, FREDERIQUE (2005): «El acontecer histórico en la historia reciente de Venezuela: algunas reflexiones en torno a una fábrica de emociones del tiempo presente», en *Militares y poder en Venezuela. Ensayos históricos vinculados con las relaciones civiles y militares venezolanas*, Universidad Católica Andrés Bello-Universidad Pedagógica Experimental Libertador, Caracas.

LEÓN ÁLVAREZ, MARÍA ELENA (2010): «Problemas de control social en las administraciones públicas de cogestión: caso consejos comunales», en *El desarrollo institucional de la Constitución de 1999 y los obstáculos para su plena vigencia*, Cooperativa Lacoms R.S., Maracaibo.

LEÓN, LUIS VICENTE Y DAVID SMILDE (2009): «Understanding Populism and Political Participation: the Case of Venezuela». en http://www.wilsoncenter.org/topics/pubs/Venezuela.pdf. Consultado el 18 de febrero de 2011.

LEYTON, J. C.; RAUS, D. Y C. MOREIRA (coords.) (2008): «Introducción», en *La nueva política en America latina. Rupturas y continuidades*, Flacso Uruguay-Universidad Nacional de Lanús- Universidad Arcis-Ediciones Trilce, Montevideo.

«Ley 331 Electoral» (2000), en www.bcn.gob.ni/banco/legislacion/LeyElectoral2000.pdf.

«Ley 475 de Participación Ciudadana» (2003), en www.oas.org/juridico/spanish/mesicic3_nic_ley475.pdf.

«Ley de Municipios» (1988), en http://legislacion.asamblea.gob.ni/Normaweb.nsf/($All)/A9659A4CEC31974B062570A10057805E?OpenDocument.

«Ley 376 de Régimen Presupuestario Municipal» (2001), en http://legislacion.asamblea.gob.ni/normaweb.nsf/d0c69e2c91d9955906256a400077164a/07063f0a644958bc062570a10058114a?OpenDocument.

«Ley 466 de Transferencias Presupuestarias a los Municipios de Nicaragua» (2003), en http://www.transmuni.gob.ni/docs/Ley466.htm.

«Ley Orgánica de los Procesos Electorales (LOPE)», en http://www.cne.gov.ve/web/normativa_electoral/ley_organica_procesos_electorales/indice.php. Consultado el 8 de mayo de 2011.

«Ley de los Consejos Locales de Planificación Pública» (2002), en *Gaceta Oficial de la República Bolivariana de Venezuela*, no. 37463, 12 de junio.

«Ley de los Consejos Comunales» (2006), en *Gaceta Oficial de la República Bolivariana de Venezuela*, no. extr. 5806, el 10 de abril.

«Ley Orgánica de la Administración Pública» (2008), en *Gaceta Oficial de la República Bolivariana de Venezuela*, no. extr. 5890, 31 de julio.

«Ley Orgánica de los Consejos Comunales» (2009), en *Gaceta Oficial de la República Bolivariana de Venezuela*, no. 39335, 28 de diciembre.

«Ley Orgánica del Poder Popular» (2010), en *Gaceta Oficial de la República Bolivariana de Venezuela*, no. extr. 6011, 21 de diciembre.

LONG, N. (2007): *Sociología del Desarrollo. Una perspectiva centrada en el actor*, México, CIESAS.

LÓPEZ, I. (2018): «Cómo fue vivir más de 15 horas bajo el asedio de fuerzas paramilitares en una iglesia llena de estudiantes», en https://www.laprensa.com.ni/2018/07/16/reportajes-especiales/2449302-como-fue-vivir-mas-de-15-horas-bajo-el-asedio-de-fuerzas-paramilitares-en-una-iglesia-llena-de-estudiantes.

LÓPEZ MAYA, MARGARITA (2008): «El Estado Venezolano y la Revolución Bolivariana», en Adolfo Chaparro *et al.* (eds.): *Estado, democracia y populismo en América Latina*, CLACSO-Universidad del Rosario, Bogotá.

_____ (2010): «Caracas: Estado y sujeto popular en el proyecto Bolivariano», en Isidoro Cheresky: *Ciudadanos y política en los albores del siglo XXI*, Ediciones Manantial, Buenos Aires.

_____ (2011): *Democracia participativa en Venezuela (1999-2010) orígenes, leyes, percepciones y desafíos*, Fundación Centro Gumilla/Universidad Católica Andrés Bello, Caracas.

_____ y EDGARDO LANDER (2010): «Acciones colectivas beligerantes y cívicas y su aporte al proceso democratizador venezolano actual», en

Margarita López Maya, Carlos Figueroa Beatriz Rajland: *Temas y procesos de la historia reciente de América Latina*, CLACSO- ARCIS. Santiago.

_____; Figueroa, Carlos y Beatriz Rajland (2010): *Temas y procesos de la Historia Reciente de América Latina*, Editorial ARCIS/ CLACSO, Santiago de Chile.

López, Roberto (2009): «Autonomía sindical y soberanía popular», en Margarita López Maya (ed.): *Ideas para debatir el socialismo del siglo xxi*, vol. 1, Editorial Alfa, Caracas.

Lozada, Mireya (2002): «Violencia política y polarización social: desafíos y alternativas», en http://www.analitica.com/BITBLIO/mireya lozada/violencia politica.asp. Consultado el 8 de marzo de 2011.

Luhmann, Niklas (1993): *Teoría política en el Estado de bienestar*, Alianza, Madrid.

Lupu, Noam (2010): «Who votes for chavismo? Class voting in Hugo Chavez's Venezuela», en *Latin American Research Review*, vol. 45, no. 1, Pittsburgh.

Machado, Jesús A. (s. a.): «Estudio de los Consejos Comunales en Venezuela», en http://www.gumilla.org.ve/files/documents/Estudio.pdf. Consultado el 2 de febrero de 2011.

_____ (coord.) (2008): *Estudios sobre cooperativas en cuatro estados de Venezuela*, Observatorio de participación y convivencia social en Venezuela, Fundación Centro Gumilla, septiembre.

Maingon, Thais (2010): «Ciudadanía y elecciones en Venezuela. ¿Campos en tensión?» en Isidoro Cheresky: *Ciudadanos y política en los albores del siglo xxi*, Ediciones Manantial, Buenos Aires.

Maíz, Ramón (2001): «Democracia participativa. Repensar la democracia como radicalización de la política», en *Metapolítica*, vol. 5, abril-junio, México D.F.

Marshall, T. H. y T. Bottomore (1998): *Ciudadanía y clase social*, Alianza, Madrid.

Martí, Salvador (2009): «El FSLN. Análisis de una mutación», en Salvador Martí y David Close (eds.) : *Nicaragua y el FSLN (1979-2009). ¿Qué queda de la revolución?*, Edicions Bellaterra, Barcelona.

_____ y David Close (2009a): «Introducción: los sandinistas y Nicaragua desde 1979», en Salvador Martí y David Close (eds.): *Nicaragua y el FSLN (1979-2009). ¿Qué queda de la revolución?*, Edicions Bellaterra, Barcelona.

_____ (2009b): «Conclusiones: ¿La excepción nicaragüense?», en Salvador Martí y David Close (eds.): *Nicaragua y el FSLN (1979-2009). ¿Qué queda de la revolución?*, Edicions Bellaterra, Barcelona.

Martínez, Elena (2009): «El sistema judicial ¿el secuestro de una Corte Suprema?», en Salvador Martí y David Close (eds.): *Nicaragua y el FSLN (1979-2009). ¿Qué queda de la revolución?*, Edicions Bellaterra, Barcelona.

Martínez, M. (2018): «Cosep pide al gobierno que respete al derecho a la protesta», en https://www.laprensa.com.ni/2018/04/19/nacionales/2406473-cosep-frenar-protestas.

Marx, Karl (2004): «El dieciocho Brumario de Luis Bonaparte», en *Páginas Escogidas*, Grupo Editorial Tomo, México D.F.

McConnell, Shelley, A. (2009): «La evolución incierta del sistema electoral nica», en Salvador Martí y David Close (eds.): *Nicaragua y el FSLN (1979-2009). ¿Qué queda de la revolución?*, Edicions Bellaterra, Barcelona.

Meiksins Wood, Ellen (2006): «Estado, democracia y globalización», en Atilio Borón, Javier Amadeo y Sabrina González (comps.): *La teoría marxista hoy. Problemas y perspectivas*, CLACSO, Buenos Aires.

Mendes, Rosalba (1993): «Gómez ¿Un período histórico?», en Elías Pino (comp.): *Juan Vicente Gómez y su época*, Monte Ávila Editores Latinoamericana, Caracas.

Meschkat, K. (2002): *Una crítica a la ideología de la Sociedad Civil*, Pasos, San José.

Migdal, Joel S. (1988): *Strong Societies and Weak States. State-Society Relations and State Capabilities in the Third World*, Princeton University Press, Princeton.

_____ (2006): *State in Society. Studying How States and Societies transform and Constitute one Another*, Cambridge University Press, New York.

Ministerio de Relaciones Exteriores de la República de Nicaragua (2009): *Libro Blanco. La realidad del proceso electoral municipal del 2008 en Nicaragua*, [s. n.], Managua.

Miranda, W. y O. Enríquez (2013): «Agresión: órdenes de arriba. El asalto a #OcupaInss paso a paso», en https://confidencial.com.ni/archivos/articulo/12854/agresion-quot-ordenes-de-arriba-quot.

Modonessi, Massimo (2010): *Subalternidad, antagonismo, autonomía. Marxismo y subjetivación política*, CLACSO Coediciones/Prometeo/Facultad de Filosofía y Letras (UBA), Buenos Aires.

Molina, Jose Luis (2001): *El análisis de redes sociales. Una introducción*, Edicions Bellaterra, Barcelona.

Monsiváis, A. (2006): «¿Escuelas de democracia? Participación, prácticas asociativas y competencias cívicas en México», en A. Hernández:

Transparencia, rendición de cuentas y construcción de confianza en la sociedad y el Estado mexicanos, Instituto Federal de Acceso a la Información Pública-Centro Mexicano para la Filantropía, México D.F.

MONEDERO, JUAN CARLOS (2007): «Sobre el Partido Socialista Unido de Venezuela: potencialidades y riesgos», en Margarita López Maya, (ed.): *Ideas para debatir el socialismo del siglo XXI*, vol. I, Editorial Alfa, Caracas.

MONTENEGRO, S.; CUADRA, E. Y A. Saldomando (2009): *Nicaragua: entre la democracia y el autoritarismo*, Centro de Investigación de la Comunicación Managua.

_____ (2011): «Una apuesta con los dados cargados», en *Perspectivas*, no. 59, agosto, Centro de Investigación de la Comunicación, Managua.

Montenegro, S. y A. Solís (2012): *Comunidad y «desciudadanización» en el modelo de los CPC*, IEEPP, Managua.

MUNGUÍA ARGEÑAL, I. (2017): «Grupos de choque reprimen a jubilados», en https://www.laprensa.com.ni/2017/05/30/nacionales/2237798-grupos-choque-reprimen-jubilados.

_____ (2019): «En las iglesias no hay delincuentes, ni los sacerdotes somos terroristas», en https://confidencial.com.ni/en-las-iglesias-no-hay-delincuentes-ni-los-sacerdotes-somos-terroristas/.

_____ Y M. CALERO (2018): «Turbas orteguistas agreden a los obispos y periodistas en Diriamba, Carazo», en https://www.laprensa.com.ni/2018/07/10/departamentales/2446554-turbas-orteguistas-agreden-los-obispos-y-periodistas-en-diriamba-carazo.

MURILLO, ROSARIO (2009): *La Revolución desde la conciencia*, Gobierno de Reconciliación y Unidad Nacional, Managua.

_____ (2011): «Con orgullo sandinista y el bien común como objetivo supremo», en *Correo*, año 3, no. 14, febrero-marzo, Managua.

NAVAS, L. (2020): «El general Julio César Avilés inicia crítico tercer mandato al frente del Ejército», en https://www.laprensa.com.ni/2020/02/20/politica/2642751-el-general-julio-cesar-aviles-inicia-critico-tercer-mandato-al-frente-del-ejercito.

NEIRA, OSCAR (1998): «Reforma económica y consenso social», en E. Cuadra, A. Baltodano y A. Saldomando: *Orden social y gobernabilidad en Nicaragua. 1990-1996*, CRIES, Managua.

NJAIM, HUMBERTO (2011): «Reflexiones sobre el pluralismo a más de 10 años de "vigencia" de la Constitución», en Jesús M. Casals (coord.): *Defender la Constitución*, Universidad Católica Andrés Bello, Caracas.

Núñez, Orlando (2004): *La Sociedad Civil*, Universidad Centroamericana, Managua.

_____ (s. a.): «El asalto al Estado nacional», en http://www.radiolaprimerisima.com/noticias/17200. Consultado el 5 de octubre de 2010.

_____ (2009a): *La revolución rojinegra*, CIPRES, Managua.

_____ (2009b): «Entre la democracia y la justicia social», en *Correo*, año 1, no. 2, enero-febrero, Managua.

_____ (2009c): «La lucha por el gobierno y la lucha por el poder», en *Correo*, año 1, no. 3, marzo-abril, Managua.

_____ (s. a.): «Itinerario histórico del sandinismo», en *Correo*, año 1, no. 4, mayo-junio, Managua, 2009d.

_____ (2009e): «Economía política de la reforma tributaria», en *Correo*, año 1, no. 5, julio-agosto, Managua.

_____ (2009f): «La revolución social y el proletariado por cuenta propia», en *Correo*, año 1, no. 6, septiembre-octubre, Managua.

OACNUDH (2018): *Violaciones de derechos humanos y abusos en el contexto de las protestas en Nicaragua. 18 abril-18 agosto, 2018*, OACNUDH, Ginebra.

O'Donnell, Guillermo (2010): *Democracia, agencia y Estado. Teoría con intención comparativa*, Prometeo Libros, Buenos Aires.

_____; Schmitter, Philippe C. y Laurence Whitehead (1994): *Transiciones desde un gobierno autoritario*, Paidòs, Madrid.

Offe, Claus (1991): *Las contradicciones del Estado de bienestar*, Conaculta, México D.F.

Olivares, I. (2018a): «Gobierno impone "paquetazo" de aumentos al INSS. *Confidencial*», en https://confidencial.com.ni/gobierno-impone-paquetazo-de-aumentos-al-inss/.

_____ (2018b): «Cámaras empresariales llaman a marchar el lunes», en https://confidencial.com.ni/camaras-empresariales-llaman-a-marchar-el-lunes/.

Olvera, Alberto J. (1999): «Apuntes sobre la esfera pública como concepto sociológico», en A. Olvera (comp.): *La Sociedad Civil. De la teoría a la realidad*, COLMEX, México D.F.

_____ (2007): «Notas sobre la Participación Ciudadana desde la óptica de las OSC», en *Agenda ciudadana de políticas públicas para el fortalecimiento de la sociedad civil*, Incide Social, [s. l.].

_____ (2008): «Ciudadanía y democracia», en *Cuadernos de Divulgación de la Cultura Democrática*, Instituto Federal Electoral, México D.F.

Ortega, Daniel (2010): *Crear riqueza para compartirla. Discurso en la Inauguración del ciclo agrícola solidario*, Gobierno de Reconciliación y Unidad Nacional, Managua.

Ortega Hegg, M. et al. (2020): *La insurrección cívica de abril: Nicaragua 2018*, UCA Publicaciones, Managua.

Pérez, Andrés (1998): «Una perspectiva histórica comparativa del orden social», en A. Saldomando, E. Cuadra y M. Baltodano: *Orden social y gobernabilidad en Nicaragua. 1990-1996*, CRIES, Managua.

_____ (2008): *Entre el Estado Conquistador y el Estado Nación. Providencialismo, pensamiento político y estructuras de poder en el desarrollo histórico de Nicaragua*, IHNCA UCA, Managua.

_____ (2009): «La cultura política nicaragüense y el FSLN: de la utopía al pragmatismo», en Salvador Martí y David Close (eds.): *Nicaragua y el FSLN (1979-2009). ¿Qué queda de la revolución?*, Edicions Bellaterra, Barcelona.

Pérez- Díaz, V. (1995): «The Possibility of Civil Society:Traditions, Character and Challenges», en J. Hall: *Civil Society: Theory, History and Comparison*, Polity Press, Cambridge.

Perla, Héctor (2009): «La revolución sandinista y la solidaridad internacional», en Salvador Martí y David Close (eds.): *Nicaragua y el FSLN (1979-2009). ¿Qué queda de la revolución?*, Edicions Bellaterra, Barcelona.

Peruzzotti, Enrique (2006): «La política de accountability en América Latina», en E. Isunza y A. Olvera (coords.): *Democratización, rendición de cuentas y sociedad civil. Participación ciudadana y control social*, CIESAS-Porrua-Cámara de Diputados, México.

Peters, Guy (2003): *El Nuevo Institucionalismo. La teoría institucional en ciencia política*, Gedisa. Barcelona.

Petkoff, Teodoro (2010): *El chavismo como problema*, Editorial Libros Marcados, Caracas.

Poulantzas, Nicos (1969): *Poder político y clases sociales en el Estado capitalista*, Siglo XXI, México.

_____ (1991): *Estado, poder y socialismo*, Siglo XXI, México.

Prado, Silvio (2010): *Libro Blanco de las relaciones Estado-sociedad civil*, Centro de Estudios y Análisis Políticos, Managua.

_____ (s. a.): «El modelo de organización y participación de la sociedad civil. ¿Qué aportó la cooperación internacional en los procesos de desarrollo tras el Mitch?», en http://archivo.ecodes.org/pages/especial/mitch2009/doc/Silvio_Prado.pdf. Consultado el 5 de octubre de 2010.

PRESIDENCIA DE LA REPÚBLICA BOLIVARIANA DE VENEZUELA (s. a.): «Proyecto Nacional Simón Bolívar para el Desarrollo Económico y Social de la Nación 2007-2013», en http://www.cendit.gob.ve/uploaded/pdf/Proyecto_Nacional_Simon_Bolivar.pdf.

PRIETO, CÉSAR (s. a.): «Análisis parcial de los ingresos fiscales petroleros de Venezuela entre 1999-2010», en http://www.aporrea.org/actualidad/a116646.html. Consultado el 5 de abril de 2012.

QUINTERO, RODOLFO (1978): *El petróleo y nuestra sociedad*, Ediciones de la Biblioteca, Universidad Central de Venezuela, Caracas, .

RACHADELL, MANUEL (2011): «Reescribir la Constitución», en Jesús M. Casals (coord.): *Defender la Constitución*, Universidad Católica Andrés Bello, Caracas.

RADIO LA PRIMERÍSIMA (s. a.): «Desde ayer, el CONPES está encabezado por la dirigencia nacional del FNT». en http://www.radiolaprimerisima.com/noticias/13169. Consultado el 5 de octubre de 2010.

RAMÍREZ, SERGIO (1999): «Adiós muchachos. Una memoria de la revolución sandinista», Santillana, San José.

RIVAS LEONE, JOSÉ ANTONIO (2008): *Los desencuentros de la política venezolana. Nacimiento, consolidación y desinstitucionalización de los partidos políticos, 1958-2007*, Fundación Para la Cultura Urbana, Caracas.

REINOSO, DIEGO (2008): «La brecha entre mayorías institucionales y preferencias ciudadanas en los gobiernos post-Consenso de Washington», en J. C Leyton, D. Raus y C. Moreira (coords.): *La nueva política en America latina. Rupturas y continuidades*, Flacso Uruguay-Universidad Nacional de Lanús-Universidad Arcis-Ediciones Trilce, Montevideo.

REVILLA, M. (2010): «América Latina y los movimientos sociales: el presente de la rebelión del coro», en *Nueva Sociedad*, no. 227, mayo-junio, Buenos Aires.

ROCHA, JOSÉ LUIS (2010): «Crisis institucional en Nicaragua: entre un Estado monárquico y un Estado privatizado», en *Nueva Sociedad*, no. 228, julio-agosto, Buenos Aires.

_____ (2011): «Elecciones 2011-FSLN: por las buenas y por las malas», en *Envío*, no. 356, noviembre, Managua.

RODRÍGUEZ, SERGIO (2009): «Las raíces bolivarianas del ALBA», en *Correo*, año 1, no. 2, marzo-abril, Managua.

RODRÍGUEZ, ALÍ Y ALBERTO MULLER (2009): «Ideas socioeconómicas y políticas para debatir el socialismo venezolano», en Margarita López Maya (ed.): *Ideas para debatir el socialismo del siglo XXI*, vol. II, Editorial Alfa, Caracas.

Rodríguez, Irene (1993): «Perfil de la economía venezolana durante el gobierno gomecista», en Elias Pino (comp.): *Juan Vicente Gómez y su época*, Monte Ávila Editores Latinoamericana, Caracas.

Romero, E. y J. A. Silva (2015): «Pistolero es fuerza de choque oficialista», en https://www.laprensa.com.ni/2015/09/05/nacionales/1896576-pistolero-es-fuerza-de-choque-oficialista.

Romero, Juan E. (2005): «La democracia en la Venezuela de Hugo Chávez: una aproximación al conflicto socio-político (1998-2004)», en *Militares y poder en Venezuela. Ensayos históricos vinculados con las relaciones civiles y militares venezolanas*, Universidad Católica Andrés Bello y Universidad Pedagógica Experimental Libertador, Caracas.

_____ (2009): *Venezuela siglo xxi: democracia y movilidad social*, Fundación Centro Nacional de Historia, Caracas.

Ruiz, Miguel (2010): *Venezuela: crisis estatal y lucha de clases*, Instituto de Investigaciones Histórico Sociales, Universidad Veracruzana, Xalapa.

Saldomando, Ángel (1996): *Nicaragua con el futuro en juego*, CRIES, Managua.

_____ (1998): «Construcción del orden y la gobernabilidad», en A. Saldomando, E. Cuadra y M. Baltodano: *Orden social y gobernabilidad en Nicaragua. 1990-1996*, CRIES, Managua.

_____ (2002): «Participación y gobernabilidad», en *Gobernabilidad: entre la democracia y el mercado*, COSUDE, Managua.

_____ (2010): «El retorno del Frente Sandinista al gobierno. Una estructura de poder exitosa y una bancarrota política» (documento compartido por el autor).

_____ (s. a.): «La lenta mutación del FSLN», en http://www.confidencial.com.ni/cinco/5.2011.pdf.

Salinas, Carlos (s. a.): «IPADE: no se puede avalar resultado CSE», en http://www.confidencial.com.ni/articulo/5509/ipade-no-se-puede-avalar-resultado-cse. Consultado el 11 de enero de 2012.

«El Ministerio de la Verdad, la información y el miedo» (2008), en *Correo*, año 1, no. 1, noviembre-diciembre, Managua.

«Programa Hambre Cero: Soberanía alimentaria y dignidad» (2008), en *Correo*, año 1, no. 1, noviembre-diciembre, Managua.

«Ley Especial de Asociaciones Cooperativas» (2010), ed. comentada, Escuela Cooperativa CECOSESOLA, Barquisimeto, septiembre.

Salazar, Temístocles (2007): «Partido único, el reencuentro de Antigona y la distorsión del liderazgo», en Margarita López Maya (ed.): *Ideas para debatir el socialismo del siglo xxi*, vol. I, Editorial Alfa, Caracas.

Sánchez, Enrique y María Elena León (2011): «La muerte del federalismo y las falacias que pretenden esconderla», en Jesús M. Casals, (coord.): *Defender la Constitución*, Universidad Católica Andrés Bello, Caracas.

Santana, Elizabeth (2007): *Barrio Adentro: misión esperanza, misión vida*, Fundación Editorial El perro y la rana, Caracas.

Scott, James (1998): *Seeing like a State: How Certain Schemes to Improve Human Condition have failed*, Yale University Press, New Haven.

Serna de la Garza, J. (2009): *Procesos constituyentes contemporáneos en América Latina. Tendencias y perspectivas*, Instituto de Investigaciones Jurídicas-UNAM, México D.F.

Serra, Luis (1989): «Limitada por la guerra; pendiente a futuro. Participación y organización popular en Nicaragua», en *Nueva Sociedad*, no. 104, noviembre-diciembre, Caracas.

_____ (1995): «Una democratización peculiar: Nicaragua en los 80», en K. D. Tangermann (ed.): *Ilusiones y dilemas la democracia en Centroamérica*, FLACSO, San José.

_____ (2007): *La Sociedad Civil Nicaragüense. Sus organizaciones y relaciones con el Estado*, Universidad Centroamericana-Centro de Análisis Sociocultural, Managua.

_____ (2010): *El Comité de Desarrollo Municipal de Kukra Hill Una Experiencia de Concertación entre el Estado y la Sociedad Civil*, Red Nicaragüense por la Democracia y el Desarrollo Local, Managua.

Serra, L. (2016): «El movimiento social nicaragüense por la defensa de la tierra, el agua y la soberanía», en *Encuentro*, no. 104, [s. l.].

Selser, Gregorio: Sandino (1960): *General de hombres libres*, Imprenta Nacional de Cuba, La Habana.

Silva, J. A. (s. a.): «Una funesta recurrencia histórica», en http://archivo. elnuevodiario.com.ni/2007/11/30/nacionales/65043. Consultado el 20 de octubre de 2010.

Skocpol, Theda (1984): *Los Estados y las revoluciones sociales. Un análisis comparativo de Francia, Rusia y China*, Fondo de Cultura Económica, México.

Solá, Roser (2007): *Un siglo y medio de economía nicaragüense: las raíces del presente*, Instituto de Historia de Nicaragua y Centroamérica, Managua.

_____ (2009): «Nicaragua: consentimiento fabricado e izquierda neocolonial», en *Correo*, año 1, no. 2, marzo-abril, Managua.

Solo, Toni (2010): «El ALBA cava la tumba del liberalismo en América Latina», en *Correo*, año 2, no. 9, abril-mayo, Managua.

_____ (2011): «En respuesta a la supina crítica intelectual. Vísperas del epitafio del neoliberalismo», en *Correo*, año 3, no. 14, febrero-marzo, Managua.

SOSA, ARTURO (2007): «Reflexiones sobre el poder comunal», en Margarita López Maya (ed.): *Ideas para debatir el socialismo del siglo XXI*, vol. 1, Editorial Alfa, Caracas.

SPALDING, ROSE J. (2009): «La política de combate a la pobreza en Nicaragua», en Salvador Martí y David Close (eds.): *Nicaragua y el FSLN (1979-2009). ¿Qué queda de la revolución?*, Edicions Bellaterra, Barcelona.

STENBER, K. (s. a.): «NGOs and target groups in Nicaragua. A minor field study about grassroots effects of Professionalization», en http://vfsn.se/assets/files/Ovrigt/non_governmental_organizations.pdf. Consultado el 10 de octubre de 2010.

STUART, ROBERTO (2009): *Consejos de Poder Ciudadano y gestión pública en Nicaragua*, Centro de Estudios y Análisis Políticos, Managua.

STRAKA, TOMÁS (2005): «Guiados por Bolívar. López Contreras, bolivarianismo y pretorianismo en Venezuela», en *Militares y poder en Venezuela. Ensayos históricos vinculados con las relaciones civiles y militares venezolanas*, Universidad Católica Andrés Bello y Universidad Pedagógica Experimental Libertador, Caracas.

_____ (2010): «Instauración de la república liberal autocrática: claves para su interpretación (1830-1899)», en *Serie Antológica Historia Contemporánea de Venezuela*, Fundación Rómulo Betancourt, Caracas.

SUCRE, RICARDO (2005): «Fuerzas Armadas y cultura política: una aproximación a partir de un estudio de opinión en Venezuela», en *Militares y poder en Venezuela. Ensayos históricos vinculados con las relaciones civiles y militares venezolanas*, Universidad Católica Andrés Bello y Universidad Pedagógica Experimental Libertador, Caracas.

SVAMPA, MARISTELLA (2008): *Cambio de época. Movimientos Sociales y Poder Político*, Siglo XXI, Buenos Aires.

TAMAYO, SERGIO (2010): *Crítica de la ciudadanía*, Siglo XXI Editores - Universidad Autónoma Metropolitana, Azcapotzalco, México D.F.

TÉLLEZ, DORA M. (2000): «Nicaragua: entorno económico y social», en Andrés Serbin y Diego Ferreira (comps.): *Gobernabilidad democrática y seguridad ciudadana en Centroamérica. El caso de Nicaragua*, CRIES, Managua.

TILLY, CHARLES (1991): *Grandes estructuras, procesos amplios, comparaciones enormes*, Alianza Universidad, Madrid.

_____ (1993): *Las revoluciones europeas, 1492-1992*, Grijalbo Mondadori, Barcelona.

_____ (2010): *Democracia*, Akal, Madrid.

THOMPSON, JOHN B. (1993): *Ideología y cultura moderna. Teoría crítica social en la era de la comunicación de masas*, UAM, México.

UNIÓN EUROPEA (2011): «Un proceso carente de neutralidad y transparencia. Informe Preliminar de la Misión de Observación Electoral de la Unión Europea», en *Envío*, no. 356, noviembre, Managua.

URDANETA, ARGENIS (2011): «Constitución de 1999 y régimen político: a 10 años de dificultosa vigencia», en Jesús M. Casals (coord.): *Defender la Constitución*, Universidad Católica Andrés Bello, Caracas.

UZCÁTEGUI, RAFAEL (2010): *Venezuela: la revolución como espectáculo. Una crítica anarquista al gobierno bolivariano*, El Libertario-Editorial La Cucaracha Ilustrada-La Malatesta Editorial-Tierra de Fuego-Libros de Anarres, Caracas-Madrid-Tenerife-Buenos Aires.

VARGAS, OSCAR R. (2000): «Marco institucional y político de la gobernabilidad en Nicaragua», en Andrés Serbin, y Diego Ferreira (comps.): *Gobernabilidad democrática y seguridad ciudadana en Centroamérica. El caso de Nicaragua*, CRIES, Managua.

VELÁSQUEZ, DAVID (2007): «Ministro del Poder Popular para la Participación y el Desarrollo Social. Consejos Comunales: Combustible de los Cinco Motores Constituyentes». en http://es.scribd.com/doc/81243/Consejos-Comunales-Combustible-de-los-cinco-motores-constituyentes. Consultado el 12 de abril de 2011.

WALLERSTEIN, I. (1999): *Abrir las Ciencias Sociales*, Siglo XXI, México D.F.

WALTER, KNUT (2004): *El régimen de Anastasio Somoza: 1936-1956*, INHCA/UCA, Managua.

WEBER, MAX (1993): *Economía y Sociedad*, Fondo de Cultura Económica, Madrid.

_____ (2007): *Sociología del Poder: los tipos de dominación*, Alianza Editorial, Madrid.

_____ (2008): *El político y el científico*, Universidad Autónoma de la Ciudad de México, México D.F.

WELP, YANINA y UWE SERDULT (2011): «¿Jaque a la representación? Análisis de la revocación de mandato en los gobiernos locales de América Latina», en Yanina Welp y Laurence Whitehead: *Caleidoscopio de la innovación democrática en América Latina*, FLACSO México-Nuffield College-Center for Research on Direct Democracy, México D.F.

WHEELOCK, J. (s. a.): «Jaime Wheelock responde a Orlando Núñez», en http://www.radiolaprimerisima.com/noticias/17413. Consultado el 10 de octubre de 2010.

WHITEHEAD, LAURENCE (2011a): *Democratización. Teoría y experiencia*, FCE, México D.F.

_____ (2011b): «Prólogo», en Yanina Welp y Laurence Whitehead: *Caleidoscopio de la innovación democrática en América Latina*, FLACSO México-Nuffield College-Center for Research on Direct Democracy, México D.F.

WOLF, ERIC (1987): *Europa y la gente sin historia*, Fondo de Cultura Económica, México D.F.

WOODS, ALAN (2005): *La revolución bolivariana. Un análisis marxista*, Fundación Federico Engels, Madrid.

WUNDERICH, VOLKER (2010): *Sandino. Una biografía política*, INHCA-UCA, Managua.

ZIEMS, ÁNGEL (1993): «Un ejército de alcance nacional» en Elias Pino (comp.): *Juan Vicente Gomez y su época*, Monte Avila Editores Latinoamericana, Caracas.

ZIBECHI, RAÚL (2008): *Autonomía y emancipaciones. América Latina en movimiento*, Bajo Tierra Ediciones, México D.F.

ACRÓNIMOS Y SIGLAS

ACJD	Alianza Cívica por la Justicia y la Democracia
AD	Acción Democrática
ALBA	Alternativa Bolivariana para las Américas
Alianza PLC	Alianza Partido Liberal Constitucionalista
ALN	Alianza Liberal Nicaragüense
ANDEN	Asociación Nacional de Educadores de Nicaragua
APRE	Alianza por la República
BM	Banco Mundial
BID	Banco Interamericano de Desarrollo
CANTV	Compañía Anónima Nacional Teléfonos de Venezuela
CB	Círculos Bolivarianos
CC	Consejos Comunales
CDD	Comités de Desarrollo Departamentales
CDM	Comités de Desarrollo Municipal
CFG	Consejo Federal de Gobierno
CINCO	Centro de Investigación de la Comunicación
CLPP	Consejos Locales de Planificación Pública
CNE	Consejo Nacional Electoral
CONPES	Consejo Nacional de Planificación Física y Electoral
COPEI	Comité de Organización Política Electoral Independiente
COSEP	Consejo Superior de la Empresa Privada
CPC	Consejo del Poder Ciudadano
CSE	Consejo Supremo Electoral
CTN	Central de Trabajadores de Nicaragua
CTU	Comité de Tierra Urbana
CTV	Central de Trabajadores de Venezuela
FAN	Fuerza Armada Nacional
FCI	Fondo de Compensación Interterritorial

Fedecámaras	Federación de Cámaras y Asociaciones de Comercio y Producción de Venezuela
FETSALUD	Federación de Trabajadores de la Salud
FIDES	Fondo Intergubernamental para la Descentralización
FMI	Fondo Monetario Internacional
FSLN	Frente Sandinista de Liberación Nacional
GN	Guardia Nacional
GPC	Gabinete del Poder Ciudadano
GRUN	Gobierno de Reconciliación y Unidad Nacional
IRENE	Integración y Renovación Nueva Esperanza
JGRN	Junta de Gobierno de Reconstrucción Nacional
JRV	Junta Receptora de Votos
LCR	La Causa Radical
LORM	Ley Orgánica de Régimen Municipal
MAM	Movimiento Autónomo de Mujeres
MAS	Movimiento al Socialismo
MBR-200	Movimiento Bolivariano Revolucionario 200
MRS	Movimiento Renovador Sandinista
MUD	Mesa de Unidad Democrática
MVR	Movimiento V República
OEA	Organización de Estados Americanos
ONG	Organización no gubernamental
OPEP	Organización de Países Exportadores de Petróleo
OSC	Organizaciones de la sociedad civil
PC	Partido Conservador
PCD	Partido Conservador Demócrata
PCN	Partido Comunista de Nicaragua
PCV	Partido Comunista de Venezuela
PDVSA	Petróleos de Venezuela S.A.
PIB	Producto Interno Bruto
PLC	Partido Liberal Constitucionalista
PLI	Partido Liberal Independiente
PLN	Partido Liberal Nacionalista
Podemos	Por la Democracia Social
PPSC	Partido Popular Social Cristiano
PPT	Patria Para Todos
PRI	Partido Revolucionario Institucional
PROVEA	Programa Venezolano de Educación-Acción
PSN	Partido Socialista Nicaragüense

PSUV	Partido Socialista Unido de Venezuela
UCV	Universidad Central de Venezuela
UNAG	Unión Nacional de Agricultores y Ganaderos
UNAN	Universidad Nacional Autónoma de Nicaragua
UNO	Unión Nacional Opositora
URD	Unión Republicana Democrática

ÍNDICE

www.ingramcontent.com/pod-product-compliance
Lightning Source LLC
Chambersburg PA
CBHW031423270326

41930CB00007B/556